WUYUAN
THE BIOGRAPHY

中国最美乡村

何况　何宇昭　洪忠佩——— 著

引　言 / 1

第一章　婺水之源
　　清华立县 / 7
　　弦高筑城 / 19
　　武口判事 / 27
　　婺源回皖 / 33

第二章　聚族而居
　　居必有祠 / 45
　　耕读传家 / 63
　　水口园林 / 83

第三章　文公阙里
　　朱子还乡 / 105
　　"以夷制夷"第一人 / 116
　　兄弟尚书 / 125
　　江永造碣 / 138
　　齐彦槐问天 / 146
　　詹天佑祭祖 / 155

第四章　寄命商海

　　江南江北 / 173

　　茶路致远 / 185

第五章　纸上云烟

　　龙尾宝砚 / 203

　　墨里春秋 / 217

　　窑神之殇 / 229

第六章　霜月满天

　　古道漫漫 / 239

　　水上虹飞 / 249

　　码头帆点 / 261

　　义行天下 / 273

第七章　山水邂逅

　　李白醉酒 / 287

　　苏东坡求砚 / 292

　　岳飞赠诗 / 296

　　辛弃疾招游 / 303

　　黄道周被俘 / 308

　　左宗棠征剿 / 315

第八章　乡愁万里

乡村典仪 / 323

方婆遗风 / 333

味蕾上的追寻 / 343

第九章　只此青绿

树的荣光 / 359

鸟的天堂 / 375

和谐家园 / 383

婺源大事记 / 394

参考文献 / 400

后　记 / 410

引　言

婺源，早已名声在外。

"南畿名邑数婺源，笃生人杰昭代繁。"

清末政治家林则徐盛赞婺源为南畿名邑。在这位勤政爱民、刚正不阿的民族英雄眼里，婺源，当得起"名邑"二字。

婺源位于赣浙皖三省交界处，东邻浙江开化，南接江西德兴，西连江西景德镇，北界安徽休宁，历史上长期属于古徽州"一府六县"之一，后来脱离徽州划归江西管辖，现在是江西上饶下辖的一个县，但其历史绵延不断，徽派建筑遍布婺源青山绿水间。

地以人传。婺源是理学集大成者、"孔子之后第一人"朱熹的祖籍地。朱熹言必称"婺源邑人"，两次返乡省墓，认祖归宗，传学桑梓，身后仍遗泽乡里。婺源人也向来喜以朱子为荣，历代文风鼎盛，名人辈出。据史料记载，山区偏僻小县婺源出过500多位进士，出仕官员众多，载入《宋史》《元史》《明史》《清史稿》等正史者就有270余人，至今乡间还流传着"一门九进士，六部四尚书""父子天官""兄弟尚书""同胞翰林"等佳话；这些从"书乡"走出的婺源官员几乎个个都能著书立说，更为难得的是，他们"多尚高行奇节，在朝在外，多所建树"，几无贪官。

一方水土养一方人。婺源"千崖献奇，万谷汇碧"，山川钟秀，藏金纳玉。余秋雨曾经这样介绍婺源：

> 在介绍国内好去处的时候，如果不是说大城市、大名胜，而是说村落、田野、城镇，我首先脱口而出要推荐的，一定是婺源。
>
> 确实，婺源没有大名胜。但是谁都知道，大名胜所在大多不适合寻常居住。婺源最适合寻常居住，而又风景绝佳。青山环绕，而山势秀雅；绿水荡漾，而水道蜿蜒；植被极好，却并不过于茂密；气候温润，却并不过于潮湿。这种处处美丽却又不险峻、不崎岖、不汹涌、不奔泻的环境，似乎就是专门为人类居息准备的。……农、茶、鱼、桑，一切都妥妥贴贴相溶共处。初一看，是自然景观中渗入了人文生态，其实久而久之，这些人文生态都变成了自然景观。你看，茶园绿绿地紧贴着山坡，菜花金黄地铺展到天际，一个个富庶村落里炊烟袅袅，而宗祠边的傩戏又要开场……天人合一的和谐景象，在婺源的山川间呈现得特别透彻。

婺源有绵长和值得记忆的历史，今天的婺源，让无数人来了又来，成为许多人的"梦里老家"，成就今日乡村该有的模样。

清代康熙年间徽州府通判署婺源县事蒋灿曾讲："婺邑之雄视新安者二，一曰朱子，一曰山川。即吾今日决婺邑之转衰为盛者亦有二，一曰朱子之褒崇，一曰山川之培护。"换一种表达角度来说，婺源有美丽的山水，有令人称羡的文化遗存，对山川与文化的守护，成就了婺源。

婺源是鸟儿的天堂。

月亮湾为星江河中间冲刷而成的沙洲，形似月牙，故名。它是婺源饶河源国家湿地公园的中心区域，也是国际鸟类红皮书极危物种——蓝冠噪鹛繁殖地之一。婺源全县森林覆盖率为83.67%，充分满足了其筑巢与觅食需求。2009年起，婺源县全面禁伐天然常绿阔叶林，进一步加强对蓝冠噪鹛的动态监测与保护。《荀子·天论》中写道："万物各得其和以生，各得其养以成。"自古以来，生态环保理念就烙在婺源人的热爱中。

婺源美在青山绿水。

"古树高低屋，斜阳远近山。林梢烟似带，村外水如环。"清代诗人齐彦槐笔下的婺源，如同一幅古韵悠悠的水墨画卷，也是今天"中国最美乡村"的真实写照。这里的春天，江岭、篁岭成了壮观的梯田花海，没有人掐指去算山花的准确花期，花开得随意，赏花的人也看得随意。婺源以2001年10月获评全国唯一一个全县域命名的国家3A级旅游景区——"婺源文化与生态旅游区"为起点，乡村旅游业发展可谓一路"高歌"，四面八方的游客慕名而来。2011年11月，婺源获批全国第一个"国家乡村旅游度假实验区"。2023年10月，婺源县江湾镇篁岭村成功入选联合国世界旅游组织"最佳旅游乡村"。

婺源有活起来的古村落。

作为全县域3A级旅游景区的"中国最美乡村"，婺源美在青山，美在绿水，更美在历史文化积淀深厚的古村落古建筑。这里古村落古建筑之丰富，全国几无县域可比。据詹显华著《婺源古村落古建筑》一书统计，婺源县境域内建村较早、古建筑保存较多、自然环境和历史风貌保留较完好的古村落有近百个，其中理坑、汪口、延村、虹关、思溪、篁岭、西冲等7个古村落，被评为中国历史文化名村。有古村落必有古建筑，古建筑是古村落的灵魂与构成要件。婺源兴建历史在百年以上的民居、商铺等生活、生产建筑，道路、桥梁等基础设施建筑，县衙、城墙等社会管理建筑，祠堂、书院等文教礼制建筑，寺观、庙坛等宗教祭祀建筑，留存至今的有近5000处，它们大多散落于古村落中，归于寻常生态，被一代代人守护着。

婺源，千年茶乡，茶为重礼。

婺源县是江西茶叶出口第一大县，唐代"茶圣"陆羽留下了"歙州（茶）生婺源山谷"的记述。这里气候温暖，光照充足，四季云雾缭绕，环境适宜茶树生长。处于中国绿茶"金三角"核心产区的婺源，从"万里茶道"重要节点走向"全域有机、茶旅融合"，一步步打开了通往世界的绿色通道。2014年，婺源绿茶制作技艺入选第四批国家级非物质文化遗产名录，2021年，婺源先后荣获"中国茶旅融合发展示范区""中国茶业百强县"。

人们期待的"建设中国最美乡村，勇当绿色崛起先锋"的婺源，就流淌在青山绿水中，就藏在一棵棵古树的绿荫下，就绽放在云霞般的花朵中。一山一水，一草一木，一泉一井，一桥一巷，甚至水口的古树老藤，以及茶韵缭绕的村落，都让人刹那心动。

天南地北的旅人，在婺源，寻到了心目中乡土家园原初的样子。

WUYUAN
THE BIOGRAPHY

婺源传

第一章 婺水之源

清华立县

婺源的历史，应该从唐开元二十八年（740年）立县开始说起。此前几乎未见文献记载，说东道西都是一笔糊涂账。有人指着婺源博物馆展柜中境内出土的石器、印纹陶片说，专家们考证，四千多年前这片土地上就有人类繁衍生息，还建了不止一个原始群居点。很自豪的样子。

其实，婺源人真不必用这种所谓的考古发现壮胆。文公阙里，新安名邑，千岩万壑，孕秀争奇——婺源的份量已经够厚重了。诚如康熙《婺源县志》"沿革"题下所言："开元以前不书，以无可书且又不必书也。"民国《婺源县志》承袭了此观点。

问题的关键是婺源的"史前史"说不清楚，"无可书"。从婺源考水迁居绩溪上庄的"明经胡"后裔胡适有一句名言："大胆假设，小心求证。"假设可以想象，求证则必须有看得见摸得着的材料。可婺源的情况是，别说立县以前，就是立县后几百年的许多事情，要搞清楚也很难。

为什么呢？原因很多，但无可弥补的缺失在于，婺源虽然设县较早，这期间的建置又几经变化，但却一直没有单独编修县志，直到建县五百多年后，时任知县洪从龙才仿佛从梦中惊醒，认识到无论是从"存史"还是"教化"的层面，都应该用县志把本县的发展历史专门记录下来，

婺源风光——浙源岭脚村（詹东华 摄）

　　于是力邀国史馆编校、婺源人胡升纂修了婺源历史上第一部县志《星源图志》。虽说此后修志"接力棒"一直未断（元至元间汪幼凤撰《星源续志》；明正德八年教谕傅鼎纂《婺源县志》六卷，嘉靖、天启又先后重修；清康熙八年知县刘光宿重修，三十三年知县蒋灿重修；清乾隆五十二年，知县彭家桂修、张图南纂《婺源县志》三十九卷正式刊刻；民国间，邑人江峰青总纂《婺源县志》七十卷……），但由于第一部县志修得太晚，往事多缺，百不存一，许多史实叩之茫然，故无凭决断。明代陈洪谟在嘉靖《江西通志·序》中表达过这种无奈："流光事迈，恒性健忘，倏忽之间，遂成陈迹，通都大邑之中，求之数年之前，十已遗其四五，穷乡下邑，学士大夫之所罕及，而欲取证于数年之前，其所遗益多矣，志之修之不可后也如此。"

　　更要命的是，这部建县529年后才修的《星源图志》今已不存，现在能够看到的只有辗转留存下来的几条佚文及知县洪从龙所撰宋咸淳己巳《婺源县志序》。史料难得，抄录"洪序"于后：

> 婺源为邑，由唐迄今，五百有余年矣。因革废置，不知其几，未有笔之书以传远者，邑一大缺典也。某承乏来此，首尾四载，闲尝摭一二叩左右，率莫能对，益知是书不可不作。久欲作而未暇，行将代归，虑复因循，亟奉书国史胡公升，属为之志，公许焉。不两月而书成，门分汇别，井井有条。盖公以史馆名笔志一邑，余事尔。况公生长于斯，耳目所睹记，胸中有全书久矣。至若紫阳先生集诸儒之大成，公之搜纂特加详焉，是又大有功于名教也。志云志云，纪录云乎哉！咸淳五年己巳四月望日，钓台洪从龙记。

标点是引者加的。"望日"指月亮圆的那一天，通常指农历每月十五日。洪从龙是浙江杭州桐庐人，桐庐境内富春山麓有严子陵钓台，因东汉名士严子陵隐居于此得名。严子陵的朋友刘秀当了皇帝后，曾力邀朋友出来做官，但严子陵坚拒不仕。因崇仰严子陵的高洁品质，钓台慢慢演化成了桐庐的雅称。有研究者把"钓台"释读为"钧台"，显然是不知有此典也。

洪知县这篇序不长，但信息量颇大，值得细品。序中说"不两月而书成"，本意是为胡升的水平能力点赞，但两个月编成一部志书，怎么说都太匆促了。这或许也从一个侧面说明，胡升手头能用的资料太少，严谨的太史公不愿臆说，能短则短，"有几分证据说几分话"。不管怎么说，婺源县志首创于此，功莫大焉。

史载，胡升为婺源清华胡氏始迁祖胡学十世孙，"字潜夫，号愚斋，制机阆休之曾孙，知府焨之子。淳祐庚戌，以布衣领荐，登壬子进士第，入史馆，授国史编校。尝以知县洪从龙属撰《星源图志》"。逾年，"史进赐迪功郎，所著有《四书增释》及《丁巳杂稿》"。可以肯定《星源图志》是真实存在过的，因为《永乐大典》曾收录此书，弘治年间程敏政编纂

《新安文献志》也曾引用过。另据《中国古方志考》，20世纪30年代张国淦先生曾从《永乐大典》中辑出一部洪从龙修、胡升纂《星源志》，收录在《蒲圻张氏大典辑本》中，惜此书当时未及刊印出版。虽然《星源志》与《星源图志》存在一字之差，但学界普遍判定是同一部书。

应该说，洪知县请胡升编纂婺源第一部县志，可谓找对人了，因为胡升不仅是修史的专业人士，而且他的家乡清华还是婺源建县时的治所，虽然他出生时县政府早搬走了，但衙门气息尚存，他从小耳濡目染，知道的总比外人多些。倘若书还在，后人的某些困惑或许就能迎刃而解。

婺源立县始于一场叛乱应是共识。查《徽州府志》《休宁县志》《乐平县志》《婺源县志》等相关旧志，对立县原由的记述基本相同：唐开元二十四年（736年），有个叫洪真的本地人"谋叛"，他以休宁县回玉乡鸡笼山为营寨，啸聚于歙州、衢州、睦州这三个州的遂安、开化、休宁等县四百余里地区，打家劫舍，袭击官府，闹得动静很大。但洪真为何叛乱，却各说各话，有的说官府待他不公，有的说一股土匪抢了他家的瓷器店，明弘治《徽州府志》则提供了另一种可能更接近事实真相的视角：

鸡笼山在休宁县南八十五里，高一百五十仞，周五十里，形如鸡笼。《祥符经》云："唐开元中有道士谋卜居，视黄山曰'确而寒'，视飞布山曰'高而无辅'，至此山曰'是宜为葬地，高可致王侯，下当致妖异'。"时有休宁县人洪真"师事之，道士归卧室中，真窃视状如蛟龙，俟觉遂辞去。道士亦去之番（鄱）阳，真遂迁父骨葬此。真归回玉乡，本好方伎，颇能以小术动人，乃潜谋起事，州发兵捕杀数十人，而真竟不获"。

那时是唐玄宗李隆基统治前期，励精图治，任用贤能，发展经济，提倡文教，开创了中华文明史上著名的"开元盛世"。盛世应太平，岂容几个毛贼胡闹！朝廷一声令下，参将郎敬奉命率军征剿。但山高林密，行踪飘忽，四百里腾挪跳跃，近千人威震三州，荡平可不是一句话的事情。中山郎氏二十八世郎敬用了近三年时间才彻底搞定他们，匪首洪真最后被就地正法。为一劳永逸地求取当地长治久安，州府奏请朝廷设县镇之。雄才大略的唐玄宗拍板准奏，"乃割休宁回玉乡并割鄱阳怀金乡立婺源县，是岁正月初八日县成"（民国《婺源县志》）。早前的康熙《婺源县志》"沿革"记得更详细："开元二十四年，剧盗洪真谋叛，……三年讨平之，因割其地并鄱之怀金乡，共为地纵横二百余里为婺源县，治于清华以镇之，为上县，是为建置之始。"后在"分野"中再次强调："婺之地系休宁之回玉乡、鄱阳之怀金乡分出……"

所谓上县，是县的等级之一，以经济地理等因素对县级行政区划进行的等级划分。北魏始分县为大、中、小三级，北齐改称上、中、下，每级中又分上、中、下，共为九等。隋初除京县外，依北齐之制，分县为九等，开皇十九年（599年）起，唯分上、中、下三等。唐制以六千户以上为上县。宋制以二千户以上为上县。金制以万户以上为上县。元分县为上中下三等，至元三年（1266年）以六千户以上为上县，至元二十年（1283年）又定江淮以南三万户以上者为上县。至明初，以税粮多少定县的等级，税粮十万石以上为上县，六万石以下为中县，三万石以下为下县。

县的等级不同，官员的品级也不一样。据《新唐书·百官志》："上县：令一人，从六品上；丞一人，从八品下；主簿一人，正九品下；尉二人，从九品下。"如果婺源立县即是上县（罗愿《新安志》记"元和六年九月升上县"），那么第一任县令郎敬的官阶就应为从六品上，高于"七品芝麻官"。郎敬心情不错，爱上了婺源山清水秀，遂举家居此。其后子孙繁衍极盛，代有出众人才。今居婺源之郎氏，皆为郎敬后人。现在游客在"中国铁路之父"詹天佑故里——婺源庐坑牌坊两侧读到的对联，即为郎敬后裔、老中医郎革成所撰："黄石仰遗风，品节清高，千载

中华詹氏大宗祠（詹东华 摄）

以来垂典范；隐公荫后裔，人文昌盛，九州之外播名声。"

遗憾的是，婺源第一任县令郎敬是武将，不是文官，没有留下笔记文献，又未及时修志，以至当时清楚明白的一些事情，到了后人这儿却成了一团扯也扯不清的乱麻。

比如，婺源建县划的是哪儿的土地？旧志原本说得明确，"婺之地系休宁之回玉乡、鄱阳之怀金乡分出"。弘治《徽州府志》这样记："本隋休宁县地，唐开元中土人洪真叛既平，遂分休宁回玉乡，并割番（鄱）阳怀金乡置婺源县，治清华。"康熙《休宁县志》如此记："洪真叛既平，分休宁回玉乡并鄱阳怀金乡置婺源县。"康熙《婺源县志》和民国《婺源县志》对此都无异议，但1987年版《乐平县志》却说："唐开元二十八年（740年），划本县东北境怀金乡地入置婺源县。"查1993年版《婺源县志》和2006年版《婺源县志》，皆云"析休宁县之回玉乡和乐平县之怀金乡为县域"。1993年版《婺源县志》"建置沿革"下专附《婺源置县区划考》一节，说鄱阳与婺源非接壤之地，中有浮梁、乐平两县相隔，经致函时称波阳（旧称鄱阳）县志办公室调查，答复划鄱阳怀金乡置婺源县一事"本县几部旧志，皆无记载"。据此，应订定：婺源建县时划入的怀金乡原是乐平的辖区，非鄱阳地域。翻手边的康熙《鄱阳县志》，的确不见划地置婺源县的记载。

因此，用现在的眼光来打量，当年划归婺源的怀金乡应该是乐平县的土地。但请注意，旧志里的"鄱阳怀金乡"不是指"鄱阳县怀金乡"，而应是"鄱阳府、鄱阳州怀金乡"（旧时鄱阳府、县同城）。记名鄱阳府，并没有否定它是乐平的土地。正如为何把婺源龙尾砚称作歙砚？因为婺源归歙州管，以州府命名地方名产、特产是古代通例，称歙砚并没有否定它是婺源龙尾砚。同理，之所以把"乐平怀金乡"记为"鄱阳怀金乡"，是因为乐平县归鄱阳郡、鄱阳府管，按古代通例理应记在州府名下，若记名"乐平怀金乡"则是一种失礼的冒犯了。而休宁在本州府范围内，内外有别，记名"休宁回玉乡"而非"徽州回玉乡"正符合表述通例。所以，旧志有旧规范，新志有新思维，不妨兼容并存。但从尊重历史、遵从学术规范的角度，新志理应照录，加注说明即可。

您瞧，考察婺源历史，颇像做智力游戏，一不小心就有可能被带偏。都说婺源是书乡，但婺源第一任县令就是武将，由于社会动荡不宁，后来还有多位武将兼判县事，这也是耽误修志的一个原因吧。那年头书写不便，文献保存难，修志者又无法穿越时空回到现场，许多历史记述只能靠追溯，这就很难保证准确无误。就像婺源县名来由这样比上述土地归属更加重要的问题，至今也仍未形成共识。

南宋徽州人罗愿所撰《新安志》，是现存徽州乃至安徽省唯一的一部宋代志书，也是全国现存33种宋代志书之一，史料价值很高。它这样记述婺源沿革："婺源，望县，本休宁西南之回玉乡，唐开元二十八年正月九日置以为县，治今清化镇，以县旁婺水为名。"或许是口径不同吧，其他志书都说"正月初八日县成"，较之此处记载早一日。

另据弘治《徽州府志》记述："《寰宇志》及《祥符经》言：'婺水绕城三面，故名。'又云：'婺星乘鳙鱼上天，遂以名水，今县有大鳙岭是也。'又按，《东阳记》云：'东阳上应婺女，旧与黟、歙接境，隋废黟歙，并入海宁（休宁），以属婺州，水亦流如婺，故以为名也。'"《寰宇志》（《太平寰宇记》）撰于宋太宗太平兴国年间（976—983），《祥符经》为北宋祥符间（1008—1017年）著作，距建县时间相对近些。

康熙《婺源县志》则说："婺者，旧以县本休宁地，曾属婺州，取上应婺女之说。又以县东大鳙山水流如婺州，按《寰宇志》及《祥符经》言，婺水绕城三面，故名。"

民国《婺源县志》赞成"婺水绕城三面"说："其曰婺者，旧以县本休宁地，曾属婺州（隋时曾属婺州），取上应婺女之说（昔有婺女庙及古迹，吴山里亦名婺女里）。又以县东大鳙山水流如婺州，按《寰宇志》及《祥符经》言，婺水绕城三面，故名（按，诸说未知孰是，似以婺水绕城三面之说为优。婺女既非分野，而大鳙岭界外之水已是衢地，未必因此立名也）。"

在上述各说中，1993年版《婺源县志》旗帜鲜明地主张取"水流如婺"之说，以"婺州水之源"名"婺源"。此说的依据是，县东大鳙山东流的"鳙水"流向浙江开化，经衢州、兰溪、金华至富春江，为这一带江水的发源地之一，而这一带正是隋唐时设置的婺州地域，是"水流如婺"之地。

认真推敲起来，此说似站不住脚。大鳙山非婺源本县境内最知名的山，大鳙水更非境内主要河流的发源地，且屡屡更名的婺州与新置婺源县不构成任何隶属关系，倡立婺源县的歙州领导层不大可能以八杆子打不着的婺州来命名自己地盘上的一个新县。

本书倾向于《新安志》"以县旁婺水为名"的说法。清光绪《婺源地理教科书》这样描述"婺水"：婺水发源于大鄣、大广之间，至清华西合月岭水，至清华东合浙、沱二水，至武溪会东北汪口合流之水，至太白乃赴饶之鄱阳湖，"此婺水之正流也"。

大鄣山是本县境内最高名山，婺水是本县境内主要河流，最初县治清华距离婺水源头大鄣山、大广山（又名大尖山）很近，故1936年版《辞海》在"婺源"条下注："地近婺水之源故名。"因此，本书的基本判断是：婺源县名源自"婺水之源"，而非"水流如婺"。

那么，婺水之名又是怎么来的呢？与婺女庙有关。婺源地处万山之中，"山踞八九，水与土逼处其间才一二耳"（康熙《婺源县志》），即丰收年份，所产粮食亦不够敷用，故男丁多外出从事商贾或做官，女子在家侍奉舅姑，照顾儿女，正应了婺女星的"婺"字，能文能武，智勇双全。久而形成风气，塑婺女像，建婺女庙，拜婺女星，以此表达对女子的敬意。据罗愿《新安志》"婺源祠庙"条下记："东岳庙、城隍庙在县东。婺女庙在县西北……"大鄣山正处于县西北，古时山上有婺女庙，由此山发源之水取名婺水，情理皆合。婺水后来延伸出星江，仍与"婺女星"勾连。笼而统之说，婺源之名源于婺水之名，婺水之名源于婺女庙之名，婺女庙之名源于婺女星崇拜，如此而已。

另外，从一些宗谱保存下来的旧图看，当年婺水的确是绕县治清华三面，然后汇合诸水南去。据《清华胡仁德堂续修世谱》记载：婺水绕镇环流，"吴楚舟楫俱集于此"，热闹得很。不能因为现在地理位置改变而否定"婺水绕城三面"的历史记载，更不能因为县治迁弦高后护城河绕城三面而否定清华时期也三面环流。环绕清华古镇的河流上曾建有三座壮观的廊桥，一座是彩虹桥（上街桥），一座是聚星桥（下街桥），一座是高奢桥（种德桥）。时光无情，三座桥三种结局：高奢桥灰飞烟灭，聚星桥拆除后重建钢筋水泥的公路桥，只有街西通向景德镇的彩虹桥如今依旧风光，成为网红打卡点。

清华得名于"清溪萦绕，华照增辉"，承担县治功能百多年，古时地处赣皖浙三省要冲，往来商贾络绎不绝，不用闭眼就能想象其繁华程度。据《清华古县图》载，当时清华有"茱岭屯云、藻潭浸月、花坞春

彩虹桥（詹东华 摄）

游、寨山耸翠、东园曙色、南市人烟、双河晚钓、如意晨钟"等八大景。清华五里古街更是婺源第一长街，环街上下有四坊、九井、十三巷，繁盛时期街两侧林立店铺300余家，间或建有宗祠、庙宇和府邸，如今已难窥其旧貌了。有清华人撰文介绍说，这些店堂大多为两开间，一间设曲尺形柜台，一间开放，都是铺板门面。开放的一间一般都设有太师壁，上挂中堂画和对联，下置八仙桌和扶手椅，并有茶水供顾客取饮。卖货的那间，柜台的两端都有匾额，叫"万年牌"，一般黑底金字，书写着与店铺经营有关的熟语，如药店写"橘井流芳"，酱园写"梅葛遗制"，笔墨店写"千载存真"等。街的东段，靠近船坞码头，从宋至明，是有名的瓷器街。三户一家窑货铺，五户一间瓷器店。只因清华镇附近盛产

高岭土。镇上出产的青瓷、影青瓷、青花瓷等瓷窑业，曾经对景德镇产生过不小的影响。老街不远处花园村建有"九思堂"，名出《论语·季氏》："孔子曰：君子有九思，视思明，听思聪，色思温，貌思恭，言思忠，事思敬，疑思问，忿思难，见得思义。"婺源人功成名就之后总要衣锦还乡造间房子并取名"××堂"，连只有四五十户人家的泽山村也有间"世德堂"，现今婺源方言斥责那些不分是非不务正业者仍称"没名堂"。

遗憾的是，后来治所搬走了，白云苍狗，原来位于清华古街东部偏南的老县衙早已不复存在，旧址仅留存一株千年苦槠树，树高20米，胸径2.5米，林业部门测定它确为唐树。清初有个叫戴程的人到此一游，触景生情，写下一首《清华怀古·旧县基》，诗云：

胜地风光此日移，南村凋谢北村宜。
　　冢高旧市堆残骨，草长交衢失故基。
　　半亩方塘蛙独占，几层古井鸟间窥。
　　新花细草年年放，拾屐人争觅新碑。

诗不算高明，但流露的情绪让人伤感。

弦高筑城

俗话说，两水交汇，必有大镇。

婺源建县，选择清华为治所，除了水运发达之外，还看中这里是古驿道的枢纽：向北可达古徽州府，向西可到景德镇，向南可至古饶州、古信州、古衢州，"地控要津"。但最重要的一条，还是康熙《婺源县志》说得明白："今考鸡笼山在十六都洪源，与清华相近……"用现在的话来说，就是考量地缘政治，向谋叛者宣示官府力量存在，这是立县的初衷。当年王阳明平定南赣匪患和宁王之乱后，奏立福建平和县、广东和平县、江西崇义县，目的也是加强领导，教化民众。

一百多年过去了，鸡笼山不再闹匪患，全县社会经济快速发展，清华治所已经容纳不下日渐膨胀的政府部门，应另谋出路。弘治《徽州府志》开列婺源上县职能部门有：典史厅、架阁库、县狱、税课局、阴阳学、医学、僧会司、道会司、馆驿、申明亭、旌善亭、存留仓、征输库、县前总铺、樟木铺、鹄溪铺、古箭铺、古坑铺、汪口铺、湖山铺、中平铺、芙蓉铺、茗坦铺、官亭铺、塔坑铺、梅林铺、清华铺……都说旧时是小政府，现在看也未必。

但治所搬迁是大事，分步走比较稳妥。

唐咸通五年（864年），歙州来了个想干事的状元刺史卢肇。此人是袁州宜春人，出身贫寒，从小聪敏好学。武宗会昌三年（843年），卢肇进士及第，高中头名状元。曾任秘书省著作郎，以仓部员外郎充集贤院直学士，后外放为歙州刺史。他向以文章知名海内，被赞为"其为文驰骋上下，伟丽可观。自长庆以来，虽善鸣者罕有其比。常时达官宿儒，皆推重之"。他去婺源调查研究一番回来，又和身边人合计了几天几夜，于到任的第二年即咸通六年（865年），正式向朝廷奏请在婺源增设弦高、五福二镇。朝廷很快准奏。想想这事有点蹊跷。那时的"镇"不是指现在县区下辖的行政区域，而是一个军事机构。早在北魏，就在北方边区设置沃野镇、怀朔镇、武川镇、抚冥镇、柔玄镇、怀荒镇等六个军镇，以防御柔然族的南下，各镇统辖军民者称"镇将"。唐代于边防要地设镇，各设镇将、镇副等，掌一方军政乃至兼理民政。朝廷一下子批准在婺源增设两镇，给编制，拨经费，说明婺源区位重要但治安形势严峻。

如此这般，婺源历史上一个重要人物汪武就要出场了。

前面说过，婺源第一任县令是郎敬。但民国庚申年（1920年）《婺源县志》在"县职"项下列名的县令，排在首位的却是唐乾符四年（877年）到婺源任镇将的歙州游奕使汪武，"由歙州衙内指挥代武"的朱瑰排在第二位。朱瑰是婺源茶院朱氏始迁祖，墓在婺源博物馆院墙旁，因第九代出了"孔子之后第一儒"朱熹而名垂青史。但汪武留存下来的资料少之又少，现在能看到的仅有一些语焉不详的零星片断。由于年代久远，汪武之前的县官更失之记载了，真正的婺源第一任县令郎敬的事迹只载宗谱，正史缺失。

县令本是文臣，但郎敬的"参将"、汪武的"游奕使"、朱瑰的"衙内指挥"都是武职，说明婺源局势动荡，武将才能镇守一方。民国《婺源县志》对此有记："迄唐之季，盗贼蜂起，县令俱是武臣，镇将当时谓之制置，或兼他官，迨及五季皆然。宋太平兴国初始以文臣知州事，以京朝幕官知县事，旧志载汪武一人。武于弦高镇创县基，判县事，虽为县令，实亦镇将也。"

汪武军政一肩挑，有职有权，在任二十多年，做成了几件大事：创县基，迁县治，拒寇患，斗豪强，最后死于歙州刺史陶雅之手，"邑人立汪司空庙祀之"。但从目前掌握的材料看，汪武的真面貌还模糊不清，甚至这份材料里的汪武与另一份材料里的汪武互相矛盾、掐架，不少谜团待解。

清人董钟琪、汪廷璋著《婺源乡土志》，介绍汪武比较详细，说汪武是婺源曹门人，唐僖宗乾符年间，担任歙州游奕使。乾符四年（877年）爆发黄巢起义，天下农民起义蜂起。婺源镇将罗芟追寇于铜步，溺水而死。汪武奉命继罗芟之任，镇守婺源。到任后，即于弦高上游十里的武口创立镇军之营。中和元年（881年），大批农民起义军攻入歙州，危及婺源。中和二年（882年）汪武从武口退守弦高，在腰滩（旧为蚺城港，今之西湖凼）设立军营，率领将士多次打退入侵之敌，立下显赫战功。他又拿出自己的大量钱财购买民众土地，建木栅城堡，立腰滩为营，形成现今县治的最初雏形。

龙纪元年（889年），汪武因战功被宣歙观察使杨行密提拔为节度押衙检校司空顺义军使，并授予汀州、滁州刺史。他干得更欢，索性于天复元年（901年）将县治迁来弦高（即今之县城紫阳镇）。设县治以后，改变河道，在蚺蛇港北面筑港口，南面筑港尾，使星江河水绕城三面而去；又"建鼓角楼，并挟城楼"。可见汪武是婺源筑城第一人。

汪武把县治迁到易守难攻的弦高主要还是考虑防御问题。据一些地方史料说，当时，歙州刺史陶雅大幅度增加田赋税收，横征暴敛，百姓不堪忍受，民不聊生。汪武上书请求减征田赋，陶雅不允。汪武为了保护地方利益，只能抗税不交或少交。二人于是彼此心生怨结，日积月累，矛盾深不可解。天复三年（903年），陶雅为攻打洪州（今南昌）的镇南军节度使、南平王钟传，带兵经过婺源，汪武一时大意，毫无戒备前往迎接拜见，被早有预谋的陶雅趁机缚于军营杀害。家乡人念他的好，为他设立汪司空庙进行祭祀。汪武被杀后，陶雅派遣押衙内指挥朱瑰来婺源镇守，巡辖婺源、浮梁、德兴、祁门四县，从此开启婺源茶院朱氏的千古佳话。

但在另一些材料里，汪武的形象却有些不堪。比如《新唐书·杨行密传》是这么说的："（杨行密）遣田頵攻歙州。于是，刺史裴枢有美政，民爱之，为拒战，頵兵数却。枢，朝廷所命者，食尽欲降，遗行密书，请还京师。行密以鲁郜代枢，州人不肯下，请陶雅代。雅于诸将最宽厚，以礼归枢于朝。……是时，杜洪困甚，且禽。会田頵、安仁义绝行密，行密召神福、存还计事，洪复振。頵之败，更以台濛为宣州观察使，复遣神福、存攻鄂州。顺义军使汪武与頵连和，歙州刺史陶雅攻钟传，兵过武所，迎谒，缚武于军。"主要意思是说汪武叛变了。

《新唐书》是北宋时期欧阳修、宋祁、范镇、吕夏卿等合撰的一部记载唐朝历史的纪传体断代史书，前后修史历经17年，于宋仁宗嘉祐五年（1060年）完成，属于"二十四史"之一，可信度应该还是比较高的。

北宋时期另一部史书《九国志》也提到汪武。路振编撰的《九国志》，记五代时吴、南唐、吴越、前蜀、后蜀、东汉（即北汉）、南汉、闽、楚九国史事，有世家、列传之目。其后张唐英补撰北楚二卷，虽足十国，仍因旧名。原本久佚，清人邵晋涵自《永乐大典》中辑出，周梦棠重编为十二卷，凡列传一百三十六篇，并补世家目于卷首，略注始末。有多种刊本，独守山阁本末附《拾遗》一卷。

商务印书馆1937年根据守山阁本排印的《九国志（附拾遗）》，卷一列传"陶雅"条下记："雅，字国华，合肥人，本儒家子，仪形魁伟，眉目甚秀。乾符中，天下将乱，始投笔和门。……田頵攻歙州，时给事中裴枢守新安，将归，款于行密，以宣州副使鲁郜往代之。是时诸将授郡，鲜不以虐敛为事，惟雅宽厚，人多便之。枢因遣问政山人聂师道，往说頵曰：苟得池阳陶牧为守州，人孰不承命。頵驿报行密，因令雅治新安。入见枢，尽州郡礼。枢奇之，及枢至京师，奏雅为歙州刺史。天复三年，田頵以宣州叛，雅以州兵助台濛伐之。頵出战，桥陷堕马，为帐下小卒许渥、王绶所杀。宣州平，兼西南面招讨使。先是顺义军使汪武聚盗据婺源，行密以为滁州刺史。婺源歙属邑，武恃险，未尝谒雅。及頵叛，武多行剽劫，至是雅移檄，声言讨洪饶，由婺源往。武引弟姪十余人就路迎谒，雅顾左右擒杀之……"

按照学界取舍材料的一般标准，《新唐书》《九国志》是正史，《婺源乡土志》《婺源县志》是地方志，且修史时间前早于后，如果拿不出硬核史证，还是应该以正史为准绳。或许汪武曾经有过拒向本州交纳税金的"豪举"，但读遍正史，没有看到任何陶雅在歙州刺史任上暴征赋税的记录。

综合《新唐书》《九国志》《资治通鉴》等史书的相关描述，可以推测汪武被杀的主要原因不是抗税，而是他与田頵"连和"，背叛杨行密集团，且"多行剽劫"。战争年代危机四伏，最恨反叛者突然掉转枪口。像朱延寿虽然是杨行密的小舅子，但他后来与田頵、安仁义一起反叛，杨行密毫不手软，坚决除之而后快，还废黜了他的姐姐朱夫人。汪武在这个原则问题上挑衅，杨行密和陶雅不会放过他。

汪武或有功于家乡，但他在正史中的形象却是一个投靠叛将的地方豪强形象，地方保护主义严重，从当时当地的情况看，陶雅代表官府将其捉拿归案，就地正法，后人也不好说什么。但民间有自己的评价体系，老百姓知道谁对他好，所以婺源现在还有奉祀汪武的汪司空庙。

汪武留给继任者朱瑰的城池有点模样，但朱瑰一到任就被陶雅催着收税，没精力管什么城墙、城门。汪武之后真正有功于婺源城建者，应该是巡辖婺源、浮梁、德兴、祁门的都制置使、检校司空刘津。

婺源人不会忘记刘津。南唐昇元二年（938年），刘津率1500名关西军镇守婺源。古代有关西郡，在陕西函谷关一带，离婺源很遥远。因当时国家分裂成五代十国，他们即使退役也无法回家乡。刘津便将部下安置在县内垦荒屯田，以耕为业，不至于成为流寇。婺源有大量山越族荒废的田地，稍加开垦就成良田。据县志载，婺源带"田"字的村落，比如车田、言田、丰田、杨田、梅田、罗田、荷田、香田、冲田、万田、石田、福田、大田、仰田等，几乎都是他们垦荒屯田的地方。这是地方一笔永远的财富。

刘津的贡献不止于此。他喜爱婺源的山水，但对婺源旧城不满意。于是他利用统辖四县的权力，选三农之余，调集四县人力、物力、财力共筑婺源新城，半年之内"尽易雉堞"，"西筑西湖，北东南则绣水环绕，因以为池"；在西面的冲山坞（今军营山）又建一处营地（军队的驻地），新修建城墙三里；在北边"筑平蛇穴，接出蛇城（婺源县城旧称蚺城，以地形似蚺蛇名）"，高一丈八尺，周围九里三十步，新开两座城门，一座叫"升门"，一座叫"元门"。还建了东南两市，便利交易。这才像座城池的样子，整个格局到宋代都没有改变。刘津曾作《婺源诸县都制置新城记》，"径记岁月之事"，民国《婺源县志》全文收录。

婺源城代有兴废。元元贞元年（1295年），婺源县升格为婺源州，至明洪武二年（1369年）复降为县，期间婺源城池最大的变化是本地人汪同以枢密院判镇婺源的时候，新修城墙五百三十一丈，东北高一丈，厚一丈五尺；西南高一丈三尺，厚二丈。开启东西南北四座城门，东曰"天泽"，南曰"星溪"，西曰"临江"，北曰"通济"。同时筑护城河，架设吊桥通行。此前的四座城门东"迎恩"、南"望城"、西"临江"、北"来苏"早已毁于战火。这次汪同筑城仍属草创应急，"无经久图"，用木栅围拦，"寻遂坍废"。后来倭寇祸乱东南，朝廷要求没有城墙的郡县立即筑城以防。但婺源久安于边陲，又没有经费来源，拖了很长时间未动工。明嘉靖四十四年（1565年），徽州知府、山西猗氏人何东序长材雄略，"拳拳以筑城保民为虑"，督促婺源县领导采取有效措施速筑石城墙。当时的婺源县令李志学办事不力，何东序请来慈溪一位冯先生代县令兼理筑城。冯先生不敢怠慢，到婺源后立即召集民众训话：

三面环溪的婺源，图为汪口村。（詹东华 摄）

惟婺源南北三面环溪为险，贼不能渡，而偶有昨失者，以奸人贪利，引诸浅水而入之也。贼既入县，民遭荼毒，吾为尔甚痛。令为尔筑城，上以奉天子之命，下以保尔民之生，以及尔子孙千万年之利。财之不逮，食之惟艰，吾为尔议助。大役既兴，王事有程，惟吾命是遵，则何如？

说理通透，情真意切，"众叩首曰：'诺'。"接着"颁条约、授成算"，齐心协力开干。用了四个多月时间，修筑城墙八百四十八丈，开启大小城门八座：正东叫"锦屏"，小东叫"瑞虹"；正南叫"环带"，小南叫"嘉鱼"；正西叫"宝婺"，小西叫"弦歌"；正北叫"璧月"，小北叫"保安"。据明王大受《纪婺源县新城大功记》描述，"民至是欣欣相告"，说："役之初兴，众谓当以岁计，今速成如此。昔人于文王咏其灵台灵沼，今之城可不谓灵城矣乎！"

这是婺源城墙的高光时刻。我们知道，城墙是冷兵器时代的重要防御工事，随着冷兵器时代的终结，城墙的防御作用逐渐萎缩乃至消失。时光流转，婺源城墙已难觅踪影。2009年，在婺源县江湾镇与溪头乡交界处的灵山发现一处明代古城墙遗址，城墙整体高约6米，宽约12米，通体用巨大的条石砌成。南北墙头之上分别刻有"玉京云路"和"宝婺天关"字样的石质匾额，落款清晰可见。据当地文史专家介绍，"宝婺"是当年进京的交通要道和重兵把守的军事要塞，山脚下的中平村就是古代常年驻兵的"中平营"。

城墙消失了，县城名字也一改再改。旧名弦高，1938年以城址山形似蚺蛇改称蚺城，1947年以朱熹号紫阳改称紫阳，解放后先改称城关镇，1984年复名紫阳镇。县城东南北三面环水，西面连山，状呈靴形，平面似舌状半岛，从高空俯看美极，但雨季涨水令一城人寝食难安。

一位本地作家这样描述当下的婺源县城："蚺城山与儒学山牵手，向着锦屏山蜿蜒，环抱着的星江生发出无尽的气象。粼粼波光之中，古老的渡口埠头还在，朱熹命名的廉泉清澈如初，然而星江河畔却早已是景观桥拱立飞架。古朴的婺源延展开来，呈现出一江两岸的城区格局……"

武口判事

婺源有几处县治？查新版县志、查官方文献，得到的答案与上文叙述的一致：两处，一处清华，一处弦高。1993年版《婺源县志》对此有记："当时县城设清华，天复元年（901年）迁弦高（今之县城紫阳镇）。"2006年版《婺源县志》也持同样观点："建县之初，县治设清华，唐天复元年（901年），县治由清华迁至弦高。"

果真如此吗？

问题似乎没这么简单。民国庚申年（1920年）《婺源县志》收有乡贤游震得的一篇文章，里面提供了全新的材料。

民国庚申年（1920年）《婺源县志》由江峰青总纂。据陈五元《婺源历代作者著作综录》，江峰青（1860—1932年），字省三，号湘岚、襄楠，婺源县人。清光绪十二年（1886年）进士，由浙江嘉善知县累官至江西道员。光绪二十八年（1902年），大学士孙家鼐奏保经济特科第一，侍郎李昭炜亦专折奏保，光绪二十九年（1903年）召试钦取优等十七名。宣统元年（1909年），礼部尚书葛宝华专折奏保"硕学通儒"。宣统间任江西省审判厅丞，后奉母还山，公举省议员，任婺源县紫阳学社社长等职。著有《金川教案述略》《中国自强论》《魏塘署斋随笔》《借箸编》《莲廊雅集》《江峰青四种》《嘉善县志》《婺源县志》等。这样的饱学之士下功夫修家乡志书，不仅收罗资料全，而且可信度高，值得信赖。

明代邑人游震得所作《重修婺源县厅路记》一文，载《婺源县志》卷六十五《艺文四·序记一》，开篇便不同凡响："始唐开元中置婺源县治清华咸通中迁武口再迁弦高镇即今之治也。"

咸通中迁武口，不是像常说的直接从清华迁弦高？

这么说，婺源县治有三处？

此说有几分可信度？不妨考察一下作者背景。游震得（1505—1574年），字汝潜，号蛟潭，婺源济溪人，明嘉靖十七年（1538年）进士，授行人擢监察御史，官至副都御史、巡抚福建，以兴化（今福建莆田）失守罢归，复起督辖南京粮储。归田后热心家乡公益，创建虹东书院，设立常平粮仓，所居北涯濒啮于水，割其半让于溪，郡守题赠"让溪书屋"，故称"让溪先生"。有《周易传义会通》《湖北民隐录》《性理纂要》《三书附注》《谈艺要录》《怡晚录》《让溪甲集》《让溪先生集》等著作行世。

可以相信，像游震得这样一位进士出身、品行高洁的巡抚老爷，绝不会弄错故乡的历史大事件，更不可能凭空捏造以混淆视听。况且县治总共只有三处，记错的概率几乎为零。

那么，问题来了：如果婺源县治的确如游巡抚所记，曾在咸通年间（860—874年）从清华迁往"武口"，其历史地位怎么会不被后来的文献承认呢？

是因为"武口"充任县治的时间太短吗？按照游文所记，"咸通中"始迁，满打满算也就二三十年，在历史长河中不过是一瞬间，但对一个县来说，二三十年会产生重大影响，不可能被忽略。中国没有这样的治史传统。

奇怪的是，无论是当地文史研究者，还是管辖一方的官员，都表示从来没有听说过婺源除了清华、弦高外，还有武口这个县治，应该是游

婺源风光——月亮湾（詹东华 摄）

震得搞错了。但明代《清华胡氏统宗正谱》所收《清华开县本末》一文，却为游震得的清华—武口—弦高"三县治"说提供了有力佐证：

> 唐玄宗开元二十四年（736年）丙子岁，歙州地西南接饶州界有洪真作妖，讹云县遥远，民不自安，遂奏乞置县。至开元二十八年（740年）敕下歙州立婺源县，今清华是也。县在清华一百四十二年。僖宗中和二年（882年）壬寅岁迁下武口判县。
>
> 懿宗咸通六年（865年）乙酉岁刺史卢肇奏于婺源管内置弦高，五福两镇。今县治是弦高镇，还珠是五福镇。镇将罗艾因捕盗于铜埠溺水而死。僖宗乾符四年（877年）丁酉岁歙州差游奕使汪英武（1993年版《婺源县志·人物传》作汪武——引者注）克弦高，镇将即汪司空也，其时英武创一都镇。僖宗中和二年（882年）壬寅岁八月英武又率百姓于浛州义腰岭蚺城港畔造克山营。至十月英武遂

于克山营内判遣县事。昭宗光化四年（901年）辛酉岁四月改元天复。杨行密立婺源县都镇，造鼓角挟城楼七间。

天祐元年（904年）乙丑岁汪英武卒。当年移县下克山营。本州陶雅相公差都衙指挥朱环克新县，制置巡辖婺源、浮梁、德兴、祁门四县，旧县改为清华镇。刺史刘津驱四县之众堆筑新城，塞断平蛟陆接出蚺城港。周回十余里，造屋百余间，造昇元门、置挟城楼门、造昇元楼、立街市，渐次开辟居民辏集，本县须知，似与婺州略同。

婺女三星逢戊日下降，戊日上升，乘鳙鱼归天。今大鳙小鳙岭是其上升之处，因此县名婺源。

清华为县得一百四十二年，起自唐玄宗开元二十八年（公元740年）至中和二年（882年）壬寅迁下武口判县事，继迁弦高镇。平蛟陆是上北湖蚺城港为埂堎下腰滩是也。

这条材料信息量很大，但有一点非常明确，清华作为县治前后只有142年（740—882年），而不是以前认定的161年（740—901年），两者相减余出的19年，就是武口充任县治的时间。

需要解释一下"迁下武口判县"的"判县"一词。判县为古礼，卿大夫两面悬乐器，称为"判悬"。县，同"悬"。《周礼·春官·小胥》："正乐县之位：王，宫县；诸侯，轩县；卿大夫，判县；士，特县。"郑玄注引郑司农云："宫县，四面县；轩县，去其一面；判县，又去其一面；特县，又去其一面。"用现在的话说，找个房子按规制整理布置一下，县老爷们就可以开张办事了。那个时候没现在讲究，据清董钟琪、汪廷璋著《婺源乡土志》记载，汪武始建厅廨（办公的地方），南唐刘津乃建县衙。此前连个正规办公的地方都没有，汪武在军营里当县令，类似于军管。

显然，介于清华与弦高之间的十九年，当时的县领导的确是在武口简陋的营房里办公的。按规矩，县领导在哪儿办公，哪儿就是县治。"县治"一词是这么解释的：地方行政中心，古代的县令／知县／县长的驻地，现在的县政府驻地。照这样定义，"武口"是名正言顺的县治。

可为什么不给"武口"作为县治的历史地位？不外乎三个原因：一是过去交通不便，报批手续办起来很费时间，双方你拖拖我拉拉，拖到后来，直接办到弦高了。没有手续，自然不能承认。这符合正统观念。二是弦高与武口紧邻，县治从武口迁到弦高时，克山营所处地盘已并入弦高镇，武口从文献里消失也就不难理解了。三是后人故意回避。1993年版《婺源县志》记："中和元年歙州刺史陶雅暴征赋税，民不堪命，汪武用私财在弦高买民房建木栅城堡，立腰滩（旧为蚺蛇港，今之西湖荡）为营，率百姓抗拒陶雅暴赋。"

中和元年是公元881年，三年前率兵起义的黄巢这年在长安称帝，江南大批州县沦陷。乱世出英雄，"大姓"（世家大族）汪武也蠢蠢欲动，次年便将县治迁到公认风水更好的武口，想成就一番"伟业"。前面说过，这一年，日后被封吴王的杨行密派部将陶雅守歙州，汪武"据险以拒之"，公开与政府对着干，相当于割据一方。新版县志赞他"抗拒暴赋"，有点为尊者讳的意思。煽动老百姓武装抗税，不是造反吗？他后来决定再迁县治于弦高，乃是因为弦高三面临水，一面靠山，易守难攻。他心里很清楚，他与歙州刺史陶雅的"结"没有解开，这笔账总是要算的。

"天复二年，陶雅来县巡视，借机报复，汪武被处死。"1993年版《婺源县志》这么说。天复二年是902年，是县治迁到弦高的次年。因为汪武已"自归杨行密"（《清华东园胡氏勋贤总谱》），陶雅带着不可告人的目的巡视婺源，汪武却毫无戒备地带着家眷出城迎接，结果被陶雅左右当场捕杀。情况就是这么个情况，但时间显然有误。朱熹《婺源茶院朱氏世谱后序》有言："唐天祐中，陶雅为歙州刺史，初克婺源，乃命吾祖领兵三千戍之，是为制置茶院府君。"天祐（904—907年）中初克婺源，显然不可能早于 904 年，汪武卒年亦如是。

中国人向来拜正朔，虽然民间立祠祭祀婺源好汉汪武，但正统史学家不以为然，叛将就是叛将，他不受节制那些年呆的地方，按现在的话说，属于"伪县治"，自然会被地方正史一笔勾销。这就是为什么我们现在只能在私谱中读到相关记载的原因。这符合正统史学观。但武口至少是事实上的县治，像现在的事实婚姻一样，也是受法律保护的。以后写婺源县沿革，理应采用游震得巡抚文章中的表述，以还原历史真相：唐开元中置婺源，县治清华，咸通中迁武口，再迁弦高……

武口现在是紫阳镇的一个社区，它已从婺源县乡镇名录中消失，还将消失在历史的更深处……

婺源回皖

历史上婺源是徽州的婺源，婺源的徽派文化根深蒂固。

在中国古籍中，有关徽州的记载出现很早，即使是行政建制，也很早就出现在徽州地区。根据宋代徽州学者罗愿所著《新安志》记载，秦始皇统一中国时，就在现在的徽州境内设置了黝（后改黟）、歙二县，时属鄣郡，治所在今湖州市安吉县境内，汉武帝时改为丹阳郡，治所在今安徽宣城境内，到汉末三国时，徽州地区便有了郡的设置，建安十三年（208年），吴侯孙权派遣威武中郎将贺齐占据黟、歙，并从歙分出始新、新安、黎阳、休阳四县，加上黟、歙为六县，从丹阳郡中析出，置为新都郡，这是徽州地区设郡之始，晋武帝在太康元年（280年）平吴后，又将新都郡改为新安郡，徽州地区习称新安，便缘于此。此后在隋大业三年（607年）、唐天宝元年（742年），也曾先后设置过新安郡，但在唐代大部分时间内，都称歙州。唐代宗时，歙州曾领歙、黟、休宁、婺源、北野、绩溪、归德、祁门等八县，大历四年（769年）废北野县，大历五年（770年）废归德县，将其地并入休宁，遂形成徽州"一府六县"（歙县、黟县、休宁、婺源、绩溪、祁门）的格局。宣和三年（1121年），宋徽宗一锤定音，改名徽州，从此历宋元明清四代，统一府六县。

民国废府留县，无府可依的婺源直隶安徽省。

需要提醒的是，历史上有两个称为"新安"的地方并不在徽州地区。一是梁武帝承圣二年（553年），将晋时的新安郡一分为二，以遂安、始新、寿昌三县为新安郡，而将原属新安郡的海宁（休宁古名）、黎阳（今属黄山市屯溪区）、歙、黟划归新宁郡管辖，故在徽州地区的是新宁郡，而不是新安郡。二是隋文帝开皇九年（589年），将歙、黟二县并入海宁为歙州，州治在海宁，而将始新县改为新安县，将原来的遂安、寿昌并入新安县，划归婺州（今浙江金华）管辖，此新安也不在徽州。

徽州不仅是一个地理概念，更是一种文化符号。虽然漫长的历史逐渐泯灭了它的地理学意义，变得疆域模糊，景物易貌，民人迁移，但这种地域观念已经转化为对文化界分的标志，深深地积淀在人们的头脑之中，并且产生着深远而广泛的影响。民国年间爆发的那场轰轰烈烈的"婺源返皖运动"，震惊朝野，充分彰显了地域文化的强大力量。

事情的起因是，蒋介石要把长期归属安徽管辖的婺源县划归江西管辖。他未曾充分意识到，婺源对安徽意味着什么。

安徽安徽，安庆徽州。在中国行政区划史上，"安徽"一词的出现，大致始于17世纪中叶的清康熙年间，以辖区重地安庆、徽州首字组合成为省名。这也是我国行政区命名的方式之一，比如甘肃以辖区重地甘州（张掖）、肃州（酒泉）各取一字得名，江苏以辖区重地江宁（南京）、苏州各取一字得名，福建以辖区重地福州、建州各取一字得名。由此可见徽州之于安徽的重要性。

婺源之于徽州更为重要。安徽南部徽州西南角深深插入江西，那便是婺源。清蒋升撰蒙学课本《皇朝直省府厅州县歌括》唱道："徽州府在省极南，所辖六县歙为首，休宁祁门婺源角，绩溪府北黟西守。"正如该书"凡例"所言，孩童开蒙读本，"欲使童而习者便于省记"，自是"朴陋无文"，通俗易懂。徽州所辖六县中，歙县是府治所在地，"首县"当仁不让。婺源虽为徽州西南一"角"，但境内有"盘踞徽饶三百里，平分吴楚两源头"的大鄣山,有中国四大名砚之一歙砚原料产地龙尾山,有红鱼绿茶白雪梨,更是大儒朱子故里。

朱子,朱文公,那是徽州人的骄傲,徽人潜移默化,徽州蔚为礼教之邦而蜚声远近。虽然他出生在福建尤溪,他的学说被称为"闽学",但他仍然诚惶诚恐、毕恭毕敬地自称"新安朱熹"。宋朝的皇帝,还曾经亲自赐予婺源"文公阙里"的名号。南宋中期之后,朱子的学说被官方奉为正朔。士子们科举考试的标准教材就是朱子的《四书章句集注》。对于徽州人而言,他们都是"读朱子之书,服朱子之教,秉朱子之礼"成长起来的。可以说,婺源之于徽州,正如曲阜之于东鲁。明清以来,长江中下游一带素有"无徽不成镇"的说法,可见徽州商业发达,旅外同乡很多,各地都有徽州会馆的设置,这些会馆都崇奉朱熹,以加强一府六县商帮的精诚团结。一旦将婺源改隶江西,对于徽州的商业文化,无疑是一个严重的打击,将会彻底瓦解曾执中国商界牛耳的徽州商帮。徽州人不敢想象,突然哪一天婺源不是徽州的了。婺源人也不敢想象,他们怎么能离开宗族、伦理、方言、习俗、学术、经济等等各方面有着千丝万缕联系的徽州。

这一天真的来了!

国共内战打得你死我活,蒋介石妄想一口吃掉中央苏区红军,于1933年2月在南昌设置行营,亲自兼任"江西剿匪总司令",统一指挥进攻红军。1934年6月,蒋介石又以"婺源僻处山陬,层峦叠嶂,匪薮难除,为便清剿起见,议将婺源划归赣辖"为案,提交国民政府行政院一六六次会议通过,并行文命令皖赣两省执行。同时划归江西省管辖的还有福建省光泽县,但光泽1947年已复归福建省管辖。

婺源归赣的政令一经发布,犹如巨石投河,瞬间激起千层浪,引起激烈反弹。婺源社会舆论一片哗然,无论是上层士绅还是下层走卒,几乎人人反对。安徽全省各界人士也义愤填膺,纷纷上书省府、县府,请求免划江西,徽州驻外同乡会等也运用各种舆论工具,要求政府收回成命。但蒋介石不为所动，依旧我行我素。1934年8月，蒋介石在南昌行营亲笔署名行文，严令婺源县政府"无条件执行"；9月4日，婺源正式由江西省政府接收，隶属于江西省第五行政区。婺源脱皖归赣的标识之一，就是在婺源浙岭以北的婺源、休宁分界地——分水村口，立下了一块刺目的"皖赣分界"碑。

这块分界碑压得婺源人喘不过气来，吁求回皖之声不绝，反复申明婺源只对徽州、安徽有认同感和归属感："以言历史，则与徽属各县同隶皖省千余载；以言地理，则与徽属各县同为黄山山脉之高原；以言文化，则与徽属各县同受朱熹汪戴诸先哲学说之熏陶；以言经济，则与徽属各县同为上质硗瘠，农事不兴，民多远步经商，以谋生计，盖婺源之与徽属各县，风尚从向，情感甚笃。"

徽州乃至安徽也不能失去朱子故里婺源。特别是徽州对于朱熹的崇拜，远不止于读书人，涉及了广大普通民众，尤其是实力雄厚的徽州商人。徽州素来以儒商自居，因而对朱熹的崇拜也非常自然地延伸到了商界，清代不少地方的徽州会馆也叫"紫阳书院""徽国文公祠"。徽商在徽州会馆中祭祀的主神，往往是徽国文公朱子。据方利山《徽商会馆祀朱子释义》载：

> 徽商会馆崇祀朱子，大多是在会馆内辟专殿、专厅供奉朱子，也有不少是在会馆内设朱子神位，还有的如前面所列举的那样，干脆就将会馆名之为"徽国文公祠"，像杭州"徽国文公祠"，衢州"徽国文公祠"，扬州"徽国文公祠"，芜湖"徽国文公祠"，江西广丰"徽国文公祠"，江西昌江"徽国文公祠"。一部分徽商会馆，将朱子和关羽、汪华、张巡等其他神祇同祀，而几乎所有徽商会馆，都崇祀朱熹，这成为徽商文化不同于其他商帮文化的一怪。

徽商定期祭拜朱熹，以求现实的庇护。朱熹成为徽州的一面旗帜，成为客居他乡的徽州人的守护神和精神寄托。因此,各地徽商、婺商绝不认可婺源归赣的政令,婺商的名片、信封还坚持印上"徽州"或"安徽"字样,而整个徽州商帮也不承认婺源人是江西人,旅沪四团体大幅登载"紧要启事",声称不随政令而左右;旅京同乡会派人呈送请愿书,强烈抗议无理恶政。婺源县政府也对交接工作很不积极。

为了平息沸水般的舆论,蒋介石放下身段,以个人名义亲自给婺源县政府写了一篇《中华民国国民政府军事委员会委员长令婺源县政府文》,大意是说:婺源划归江西一案,已由本行营责令安徽、江西两省政府分别交接,树立界碑。行政院也已下令主管部门定案。此后,该县紫阳书院及婺源旅京、旅沪、旅锡、旅休等处的婺源同乡会先后来函,要求改变。我审核了他们所持的理由,既多狭隘见解,对于我改变管辖的意旨,又没有深切体会。为此,"特分别指明于后":

甲:政治方面。婺源虽唐代设县后属于歙州(今安徽徽州),但因诸水都流入江西,宋代就有提议改属赣省,察其地势,大部在江西境内,"恪于现状,不能扩张政治力量"。

乙:军事方面。现值"剿匪"工作特别紧张之际,肃清匪患才是当务之急。"一经改隶,责任既专,指挥尤便,扑灭残匪计日可期。"

丙:公路方面。婺源的两条公路都关系到"剿匪军事及地方交通","值此匪患未靖之秋,断不容稍涉松懈,致误时机"。

这3条理由显然说服不了徽州人、婺源人。他们继续据理力争,强烈要求蒋介石收回成命:

1.行政方面,婺源隶属徽州的历史由来已久,民情习俗等方面与徽俗一脉相承;2.军事方面,"剿匪"不限于省界,未尝因不属赣辖而岂能胶柱鼓瑟;3.经济方面,婺源徽民多商于外,婺商乃徽商之一大支柱，拆其柱必将塌其屋，商人在外埠均有同乡组织互存共保，如分裂，则既不利徽商，也无益于婺商；4.文化方面，婺人与徽人同受诸先贤道德之熏治，精神文化与之合流，改省隶即有损历史文化之殊誉。

蒋介石对上述4条理由又分别予以驳复。他说，你们称婺源风俗与江西不同就要放在安徽省，那我要问：安徽省有60多个县，婺源习俗除与接壤的休宁、歙县相同外，绝不与其它各县相同，所以你们的理由不能成立；至于你们所说徽商经济组织问题，"查行政区划与各县人民团体组织，截然两事"，彼此绝无影响；关于文化问题，你们说安徽人是以朱子为表率的，婺源为朱子故里，徽州人看婺源，"犹东鲁之于曲阜，南粤之于中山"。"查朱子为吾国理学名儒，教泽所被，广而且远"，无论隶属何省，均可景仰师承；你们说婺源放在安徽，你们可奉祠朱子，难道婺源划到江西，就禁止皖人奉祠朱子了？

虽然"请求回皖"的理由被蒋介石逐一批驳，但婺源人的奔走游说仍然是如火如荼，断断续续坚持了十余年，只有抗战期间势头减弱。1935年9月是婺源改属江西一周年，婺源县政府迫于上面的压力举行了纪念活动。婺源同乡会在报纸上看到相关报道后，立即致电徽州日报，称此次纪念活动为婺源县政府所办，绝非婺源百姓的真实意愿，并称"凡我同乡，痛心已极；力争归皖，此志不移，一息尚存，誓不自馁！"

希望是突然而至的。1946年6月26日，国民大会筹备委员会代电致新成立的婺源县参议会："三十五年四月，民愿字第65号代电奉悉，关于呈请将婺源划回安徽管辖一案当存，候国民大会开会时移请大会秘书处核办，特此布复。"

婺源人的心火再次被点燃。婺源县参议会立即召开回皖事宜座谈会，作出4项决议，其中有派代表上京请愿，联系国会代表中安徽籍者，组织"回皖运动委员会"等事宜。回皖运动又一次躁动起来，由此牵出了徽州乡贤胡适。

据《胡适口述自传》："婺源与安徽的徽州有长久的历史渊源，居民引以为荣，不愿脱离母省，所以群起反对；并发起了一个（婺源回皖）运动。"当时，胡适闲居在家，但对婺源回皖一事甚为关注，也曾为此出谋献策，奔走四方，但无奈"总裁"决意"孤行"，他一介"书生"，终难成大事。1946年10月下旬，婺源推选县教育界老前辈、省立徽州师范首任校长江植棠到京游说，就此拜访了胡适。江植棠拿出"婺源回皖运动委员会"的宣言就教于胡适，胡适看后，对江植棠说："你们的宣言写得很全面，参回皖从行政、经济、文化、历史等关系上作文章，想得很妙。我没有什么意见。"江植棠又敦请胡适在国民大会上对"回皖"一事予以呈诉，胡适对他说："我一人料有天大本事，也难成大局，我看你还是将我们同乡都去拜访一下，到时候，我们一起见机行事，你看如何？"江植棠连说极是，他问胡适，他有很多同乡都是闻其名而不识其人，有何办法？胡适马上拿出笔墨，说一人问一人，如不认识便写上一函。江植棠拿着胡适的便函，拜访了在京的徽籍名流，请他们到时帮忙活动。

在江植棠京城游说之时，婺源县举行了声势浩大的游行活动。数千人扛着"婺源回皖运动大游行"的旗帜，呼喊着"我们要回安徽去！""到安徽去，快到安徽去！""男要回皖，女要回皖，男男女女都要回皖；生不隶赣，死不隶赣，生生死死决不隶赣！""不回安徽誓不休！"等口号，先到县政府要求县长将下情上达，然后穿街过巷营造气氛。与此同时，婺源回皖运动委员会以"为吁请将婺源划回安徽管辖，以解民困"为由，致电国民政府、行政院、内政部、国民大会："人穷仅本，常怀回皖之思，痛动呼天，冀邀上苍之眷。"之后，又由县参议会和旅外同乡会推选的请愿团代表程需羽等到京，分别向国民政府呈文请愿，表示不达到回皖目的决不罢休。当时《中国日报》《大公报》《首都晚报》均以"婺源回皖运动，推选代表晋京请愿"为题予以报道。

这次"婺源回皖运动"得高人指点，环环相扣，步步紧逼。在国民

婺源风光——虹关村（詹东华 摄）

大会召开的前一天，国民大会安徽籍代表61人在胡适公寓内聚会，大家对婺源回皖一事均表支持。江植棠将由他亲撰的请愿书交给大家修改，同仁一致公推由胡适修正，胡适也不推辞，当即挥毫修改了一些词句，最后胡适带头署名，其他61位代表也签上了自己的名字。胡适将62位安徽籍代表签名的请愿书呈内政部长张厉生代交蒋介石。

请愿书里写道："徽州六邑之结合，千有余载矣。民乐其群，地同其俗，历史之所纲维，经济之所互助，几无一不显其区域之特性；固无怪乎一闻婺源划隶江西之议，即奔走号呼，谋有以力争而挽回之者，不限片言，不止于一地，同心一德而莫之离，穷年累月而莫之息，愿望虽乖，精诚而间，正其谊而待其功，其深有如此者，呜呼！婺人不惮自争，而徽人仍争之；徽人争之而不得，复益以皖人争之；举省瞳瞳，万目一的，真正民意，不当如是耶。"

这封请愿书份量很重，内政部即派员前往婺源进行实地勘察，听取民意。关键时候,"布衣将军"冯玉祥站出来助婺源回皖运动一臂之力。他是安徽巢县人,得知婺源回皖一事有眉目后很高兴,特致函内政部派往婺源视察的杨秀岩:

> 内政部杨视察秀岩勋鉴:婺源划为皖治,民意所趋,敬祈俯顺民意,转陈中枢,赐早实现,无任盼祷。安徽旅吴同乡会理事长冯玉祥率全体同乡同叩。

冯玉祥是大人物,杨秀岩肯定得罪不起。他到婺源后,见到的一些场景也令他动容。在他的必经之路上,婺源安排了一队队扛着旗子的队伍,准备了鞭炮、口号,口号中有"请杨观察准我们回安徽去""不到安徽誓不罢休""事齐事楚,全凭人心所向;属赣属皖,应以民意为归"等不少激昂之语。在他途经的村子里,男女老少等他一到,便全部跪下,诉划赣之苦,陈回皖之情。屠店门上挂着"放下屠刀,立回安徽"的青布,学校外墙贴着"放下书本,争取划回安徽"的标语,有的茶商公然在敬客的茶碗上刻印"回皖"。各家各户的门前,都摆设香案,有的还在两旁点燃大红蜡烛,鞭炮之声不绝于耳。大街小巷、房前屋后还悬挂一副副对联:"忍痛难言历十四年隶赣,同声相应合念万人回皖";"黄山白岳钟灵秀,赣水星江不合谎";"婺水入口,誓不逆流会章赣;人心思皖,真同大旱望云霓",等等。

4月1日上午10时,杨秀岩召集皖、赣两省代表等在茶联社座谈,交换意见。4月2日上午,婺城全体民众在公共体育场"回皖台"开欢迎大会。会上,杨秀岩公开表态说,一定把"万众同心齐回皖"的民意转达给上峰,"本人绝对达到各位的一片欲望"。会后,杨秀岩对县里的乡绅们说,这次如若真能回皖,还是胡博士的一大功勋啊!令婺源人伤感的是,内政部咨询江西省政府意见时,仅换来一句"十余年来,相安无事,现时无改划之必要"的搪塞之辞。

有句励志的话说，梦想还是要有的，万一实现了呢。1947年8月16日，国民政府正式作出决定，将婺源重新划归安徽，隶属安徽省第七行政区。消息公布之时，婺源乃至徽州鞭炮齐鸣，人头攒动，万人空巷，那高兴劲就跟光复了一样。婺源历史上这场"回皖运动"终于圆满落幕。

但是，历史的走向常常出人意料。1949年5月，婺源再次脱离安徽，归属江西，现在它是江西上饶属下的一个县。尽管婺源划归江西就像徽州改名黄山一样屡被文化学者和当地人诟病，但木已成舟，恐怕再也改不回去了。

既然如此，那就换个思路看问题吧。据《张治中传》记载，1958年9月，张治中陪同毛泽东视察安徽时，途中谈起朱熹的《楚辞集注》，张治中不无遗憾地说："在历史上，朱熹一直被认为是我们安徽人，但婺源县现在划归江西，他被江西抢去了，成了江西人了。"毛泽东笑着说："婺源虽然划归江西，但不能因此改变朱老夫子的安徽籍贯的。"

一言九鼎，是这么个理儿。

WUYUAN
THE BIOGRAPHY

婺源传

聚族而居

第二章

居必有祠

"新安各姓，聚族而居，绝无一杂姓搀入者。其风最为近古。出入齿让，姓各有宗祠统之。"清代学者赵吉士在《寄园寄所寄》卷11《故老杂记》中所指的新安，是徽州的古称。

在婺源乡村，只要谈起宗族家世，徽州的黄墩是一个绕不开的地方。那黄墩在什么具体位置，又是一个怎样的地理环境呢？据《程朱阙里志》记载："篁墩地歙之西南隅，去县治三十里。……天马列其前，石壁拥其右，古宫辅其左。大河前绕，重心后镇，居然一懊区也。"

篁墩，又称黄墩。在遥远的年代，歙县黄墩成了中原许多世家大族逃避战乱的理想迁徙地。"熹闻之先君子太史吏部府君曰：'吾家先世居歙州歙县之黄墩。'"朱熹在《婺源茶院朱氏世谱后序》中借父亲之口，开宗明义，就表明了婺源茶院朱氏世居黄墩。

究竟，婺源有多少姓氏迁自黄墩，姓氏研究者也未能考据出一个准确的数字。

如今属安徽屯溪的黄墩，既是徽州新安士族的发源地，也是徽文化的发祥地。一个宗族的源头，藏着的不仅是生命的基因，还有迁徙发展的密码。

历史上的矢石之难、兵连祸结，以及旱魃为虐、洪水猛兽，是触发中原士族不断南迁的最大动因。而黄墩，就成了南迁过程中一个重要的中转站。邻近黄墩的婺源，"山川险阻，兵革难至，正是人们逃避战乱的理想之地"。一个姓氏，一个居住地，也就在婺源乡村形成了族群的聚落。每一个聚族而居的村落里，都有一部属于氏族的村落志，她可以是山川草木的，可以是一脉溪流的，但都离不开历史和人文的。

"由于北方士族举家南迁，自唐宋以降，徽州逐渐形成聚族而居、诗书传家的宗族社会。"早在唐大历四年（769年），"歙州领六县"，婺源与休宁、祁门、黟县、绩溪，就与徽州建立了"亲缘关系"。以至于后来，歙州改徽州，"一府六县"之一的婺源依然在列。《新安志》中，对彼时的婺源县境已有明确记载："东西广长百六十里，南北百三十里。……其乡六，其里三十。"也就是说，当时的县境东西长160里，南北宽130里。全县领有万安、来苏、浙源、怀金、丹阳、游汀6个乡，下统松岩、瑞亭、云亭、环石、还珠、符溪、延宾、凤亭等30个里。至于交通，只有"陆路东通常山，西通乐平，南通德兴，北通休宁，水行自县东婺水通鄱阳"。

"乡落皆聚族而居，多世族，世系数十代，尊卑长幼犹秩秩然，罔取僭忒。"（光绪《婺源县志》卷3《风俗》）迁居婺源的姓氏主要是三个时期：一是唐代中后期，先后有詹、洪、郎、程、汪、王、胡、江、方、戴、叶、曹、朱、俞、陈、张、金、项、潘等姓先后迁入；其次是五代十国时期，有游、吴、黄、许、周等姓迁入；还有就是在宋代有李、查、孙、余、马、冯、吕、毕、齐、杜、何、郑、赵、施、祝、夏、顾、倪、梅、韩、董、藤、臧等姓迁入。在这些姓氏中，既有官员、贵族、士绅，也有文人学士，还有难民。

"要好儿孙须从尊祖敬宗起，欲光门第还是读书积善来。"古人从千百年事实中总结出的至理名言，是对婺源聚族而居村落人家的写照。往往，一个氏族祖先的人生境界，对后裔的生活和精神世界起着重要的作用。而最能表达后裔敦祖睦族的，便是祠堂了——"若夫鸠族而居，必构祠堂以奉先，不忘其祖，不涣其宗，俗之近厚有以也夫。"（乾隆《婺源县志》卷9《建置志·宫室》）在婺源乡村，聚族而居，居必有祠。所谓祠堂，既是同宗族的人祭祀祖先或先贤的场所，亦是族人议事和举行婚丧嫁娶仪式的公共场所，其建筑恢弘、布局严谨、材料考究、技艺精湛，堪称乡村建筑的"典范工程"，同门族亲最有归属感的地方莫过于此。

"君子将营宫室，先立祠堂于正寝之东，为四龛以奉先世神主。"婺源人朱熹在《家礼》中倡导"立祠"的时候，其实是"家祠"，还不是宗族祠堂的概念。彼时，婺源乡村人家在家中祭祀先祖，严格意义上的宗祠还未出现。倡导"立祠"的朱熹，他去世后赐谥号"文"，世称朱文公，朝廷为他立了文公庙。

文公庙，又名"文公祠"。据记载，元统二年（1334年），婺源知州干文传以颜渊、孟轲在故宅立庙为先例，奏请朝廷在婺源"立徽国文公之庙"。建文公庙的地址在城南明道坊前街，也就是朱熹父亲朱松的故居。

> 文公祠者，即文公先世之遗基而构焉者也。新安为文公父母之邦，婺源之遗居固在，岁久而侵于居邻者，存不丈寻，甚而邱垄松楸俱为庸下所窃，诉正无从公论，齐奋及知州。事干侯授道来践其官，省宪交代，委以讯决。……干侯，名文传，官为奉议大夫，吴郡人。景周，名镐。诗曰：大贤之化，高溥下宏，可于其乡，而有丕承。逼之攘之，既逸其往，辟之华之，翕莫于罔。靡逸无旋，式怿尔然，尔惰尔昏，盖稽其传。嗟尔州人，来觐祠宇，有揭孔扬，宜尔终古。州祠既闳，州风其淳，彼蹈匪人，彼独何人。

在元代杨刚中《始建文公家庙记》中，披露了朱熹家祖业被占，通过婺源知州干文传追回朱家祖居地，并奏请朝廷立庙，以及州官汪镐捐资的经过。一场鲜为人知的"官司"，就藏在碑记之中。

文公庙建成后，朱熹五世孙朱勋奉朝廷指派，从福建回婺源掌管祠堂。

即便是"百世宗师文公庙"，也随着时局与管理的变化，起起落落，屡建屡毁，屡毁屡建：

元至正十二年（1352年），文公庙毁于兵燹。

元至正二十八年（1368年），文公庙重建。

明正统五年（1440年），文公庙毁于火灾。

明正统六年（1441年），文公庙重建。

明嘉靖三十年（1551年），文公庙毁于火灾。

明嘉靖三十三年（1554年），文公庙重建。

清雍正三年（1725年），文公庙毁于火灾。

清乾隆四十二年（1777年），文公庙迁址，改建于县城东门旧察院，两侧加建追远祠和报功祠。

清咸丰八年（1858年），文公庙被毁。

清光绪元年（1875年），文公庙原样复建。

"文革"期间，文公庙再次被毁。

2018年，文公庙复建，含主殿、追远祠、献靖公祠、报功祠，以及历代修建祠堂的碑记。

文公庙的每一次复建，都是历史、官宦、文士、乡贤，与婺源人之间的对话："皇帝三十年夏四月庚午，徽国文公庙灾，婺次第白诸所部，请缮如旧。太守曰：新安朱子也，六属同之。命监曰非，文公之文，天下之文也，敢怠若役于是？徽国自咸淳赐阙里，后庙宅三毁三复，而上下咸勤，以不浮于天时，乃今见之。"（明·潘潢《重修文公庙记》）"今天下于朱子仕宦、流寓、讲学之地，无不崇庙貌祀春秋，则婺源之庙宇尤宜巍焕异于他所。自雍正二年庙毁于火，于是两江督抚大臣胥用悚惧，历经两江制军高公、尹公、魏公，苏抚军乔公，安抚军程公、徐公、王公、赵公暨盐政高公协力议修，而余以十一年冬奉命来莅兹任，累檄所司，鸠工庀材，毋意毋率。而布政使司李、盐运司尹，实殚力经划，斥羡帑，倡捐输，委吏董役虔肃将事。自雍正十一年兴工，迄今岁之三月告竣，来请为文以纪之。"（清·赵弘恩《重建婺阙里文公庙记》）"婺源之祠朱子也，始元至元、中前明以来，屡有损坏修葺。雍正三年以毁于火，奉敕重建，久之又圮。……余奉命视学，再试士徽郡，独未得一至婺源瞻谒祠宇，以信其思慕，而朱子之学则固，愿与诸生共勉之。……余谓：洪君不吝财以奉先贤，尚已而或倡其义，感襄其劳，若诸君子者是亦有足书也。遂书之，俾后人有所考云。"（清·李嘉端《婺源重建朱子祠堂记》）

分明，文公庙流淌着一条时间的河流，那些与之相关的人和事时隐时现，又在波光中渐行渐远。然而，文公庙的毁与建，碑文的残缺与风化，都不影响一根精神支柱立在世人心中，都不影响拜谒的人的来路与归途。

按照《礼记·王制》"天子七庙，三昭三穆，与大祖之庙而七。诸侯五庙，二昭二穆，与大祖之庙而五。大夫三庙，一昭一穆，与大祖之庙而三。士一庙。庶人祭于寝"的规制，婺源一些世家大族"以宗庙祭祖为正宗，为不逾制，遂建寺庙祀祖"。朱熹是婺源茶院朱氏九世孙，他于绍兴二十年（1150年）春还乡时，就"赎回祖田百亩"交给族人，将这些田的田租作为祭扫和管理的费用。于是，朱熹后来在《家礼·祠堂》中规定："初立祠堂，则计见田。每龛取其二十之一，以为祭田。亲尽则以为墓田。后凡正位、祔者，皆仿此。宗子主之，以给祭用。上世初未置田，则合墓下子孙之田，计数而割之。皆立约闻官，不得典卖。"而平民百姓，还只能在家中祭祀先祖。婺源民间家庙的出现，已到了元代：

泰定元年（1324年），婺源清华胡氏宗族族人胡升，"即先人别塾改为家庙，一堂五室，中奉始祖散骑常侍，左右二昭二穆；为门三间，藏祭品于东，藏家谱于西，饰以苍黝，皆制也"（《清华胡氏宗谱》卷6《家庙记》）。

显然，胡升改建的家庙，已经具备了祠堂的功用。

同是元代，婺源大畈人汪同（浙东同知副都元帅）所建的"知本堂"，就是独立的祠堂建筑了：

> 同郡汪侯仲玉早岁尝有志于斯，中遭多难，虽军务填委，未尝一日而忘。乃即星源大畈里中创重屋为楹间者五，其上通三间以为室，奉始得姓之祖神主中居及初渡江者及始来大畈者，而昭穆序列左右者十有余世。又为庙于屋南，像其祖有封爵在祀典者，配以其子孙有功德者四人。重屋之下有堂有斋舍，延师其中，聚族人子弟教之。庙有庑有门，时享月荐，买田以给月费者若干亩，合而名曰"知本堂"。以族人之属尊而年长者主祀焉。别为专祠于大畈西浯村先人故居，曰"永思堂"。祀高祖而下四世，其田与祭则继高祖者主之焉。盖"知本"者，以明大宗之事，而永思则小宗之遗意也。夫宗法之不能复，故自前世以来病之，侯之意盖欲因四时之享，以寓合族之意，使其族人之登斯堂者思家之远，如彼有功德者之成又如此，则必不肯一日自同于凡民子弟之学。

赵汸在《知本堂记》中记叙的"知本堂"，是目前在婺源地方文献中发现的最早用文字完整记载的宗祠："宗法之废久矣。……传曰：人道亲亲也。亲亲故尊祖，尊祖故敬宗，敬宗故收族，此宗法所由立也。……夫若夫有志之士，因其所可为以为其所得为，使亲亲之道复明，而为尊祖敬宗兴行于一家，以达乎一乡一国，是固学士大夫之用心也。"

此前，或者同期，婺源载于谱牒以及《新安名族志》的宗祠还有：

考川明经胡氏宗族的明经祠、清华胡氏宗族的清华胡氏家庙、桂岩詹氏宗族的詹氏宗祠、庆源詹氏宗族的詹氏宗祠等。事实上，"婺源汪氏宗祠是大小宗祠具备的完整体制，其大宗祠知本堂是一组建筑，独立建于始迁地大畈里。……知本堂附有族学、祭田，由族之尊长主持祭祖事务，体制完整"（《徽学》）。然而，"知本堂"分别于正德、康熙年间，以及"洪杨之乱"遭兵燹焚毁，几经复建，最终还是没有躲过1934年的一场战火。

《知本堂记》提到的"永思堂"，是大畈浯村汪氏在先人故居"别为专祠"，遵循的是《家礼》的建制和仪式，而江湾的"永思堂"，虽然堂名与大畈浯村相同，形制、规模却迥然不同——"已于是宗人经始拓地可城七亩，垒石为基，就基为堂，前重门，后燕寝；旁夹两庑，自堂属之门垣墰四周。堂以合食申令，寝以崇祀。"（《江湾新建宗祠碑》）民国《重修婺源县志》卷37《义行》中载记了二位清代江湾人——江源进、江祚锡，他俩先后为宗族"捐输义田一百亩"，"捐输义田、祭田四百亩"。

江湾，古称"云湾"，永思堂，又名"萧江宗祠"。萧江宗祠捐资始建者为"江湾之来孙曰一麟"，也就是萧江第二十五世孙、明朝钦差大臣总督漕运都察院右都御史兼户部右侍郎江一麟。他虽然在万历八年（1580年）仲春将《江湾新建宗祠碑》"立石"："新安保介山谷，婺犹深阻，不被兵燹，故多世家著姓，江湾则最著"，但还是毁于太平天国战乱。后来，"复由邑人、近代教育家、佛学家江谦与通州垦牧公司经理江知源于民国十三年（1924年）出资重建，后毁于'文革'"。2003年，萧江宗祠重建，占地面积达2400平方米，分前院、前堂、中堂、寝堂四进。

"故多世家著姓，江湾则最著"，是指萧江的江姓。"江始于萧，显汉唐齐梁之间，珪组蝉联，载在国史。无论已易姓，始迁则自黄墩而后婺，婺而后湳源，湳源而后江湾，阴德远矣。奕世载德，必无忝于前人，以克永世。进贤、溯忠翼而下，保世滋大，是开江湾以有今。"

江湾，古称"云湾"。（詹东华 摄）

而《江湾新建宗祠碑》撰文者是明代三朝元老、太子太师许国，他在碑文中对萧江江姓来龙去脉作了翔实的记述："新安保介山谷，婺犹深阻，不被兵燹，故多世家著姓，江湾江姓则最著。江本萧氏，唐广明中，故相遘子祯，避地歙之黄墩，始渡江来，遂以江姓。而祯子董徙婺，董孙文居婺之渐源，其后有进贤尉敌者，乃卜江湾。宋岳将军军鄱阳，而尉寀孙致恭以助军赐级进忠翼郎，卒为忠裔祠。祠墓下，其后世滋大。……其间称诗书、力孝弟、重月旦，而表里间者，肩相摩也，踵相接也。"

婺源江氏分萧江氏和济阳江氏，江姓人口集中分布在江湾镇江湾村、㴉坑村、上晓起村，紫阳镇梅林村，大鄣山乡白坞村。关于萧江氏易姓的源流，江湾村现存的《萧江世系谱》有明确记载。

萧江的历史背景和脉络，逐渐在宗谱与祠堂中显现出来：萧江氏最早的祖先为"帝喾"，即帝喾公。在萧姓、江姓之前，还分别为姬姓、子姓。而萧江氏由萧姓改为江姓，是在五代后梁之初，主人公是萧祯。萧祯是萧遘的次子，他父亲因为"平乱有功，唐僖宗敕封柱国上将军领江南节度使，赐第新安之黄墩"。孰料，好景不长，萧遘因遭陷害，被唐僖宗赐死。萧祯"避祸隐居黄墩山中，因以从江来，遂以江为姓"。真正在婺源开枝散叶的，是萧祯的长子江董，也就是《萧江世系谱》称的"萧江二世祖"。此后，萧江一族成为婺源的大族，全县20多个村庄都有江姓居住，以江湾、旃坑、龙尾最为集中。在清翰林院清书庶吉士、新安程氏族人程恂于乾隆五年（1740年）所撰《萧江始祖唐上柱国江南节度使府君赞》序中，江湾、旃坑、龙尾分明已然是"科第相望、簪笏相踵"之地：

节度使府君萧公讳祯，字德熹，唐宰相遘之子，萧梁昭明太子之苗裔。而江氏之鼻祖也。……唐之季避居歙之篁墩。值巢寇徼扰，延及歙州，公率义旅保障一方，戮力徼破贼。策勋晋秩秉钺江南，武功文德后先焜耀。无何，遭家不造，指江易姓。则造物焜者复钟美于府君昌。厥后，以酬其庸而椒聊，瓜瓞未有艾矣。公三子，仲郑庐墓，季威迁衢，而伯董始迁婺源。公以别子为始迁祖，婺为继别之大宗，今为巨族者三，曰江湾，曰旃源，曰龙尾，皆科第相望，簪笏相踵，或发解，或开府，或守牧，或扦疆。文章勋业炳，而潜笃德行，宗法紫阳，立言不朽者亦多，若而人吁："萧江氏明德远矣！"

对于萧江一族，清乾隆十一年（1746年）永思堂刻本《兰陵萧氏本宗世系考》中写道："据江永《序》，萧、江本一姓，略曰：'吾家自唐迁歙已易姓为江，而萧为本始，兰陵为本望。萧之世系具在正史，文献足征未有过于萧氏者。吾宗旧谱亦载本始，其世次相承不无舛漏。证之史，或生卒非其年，或官名爽其实，今不为考订，伪谬相踵无时已。'永所以辑此，一以志萧氏之世系，一以识江氏之本始，而舛者正之，漏者补之，尤于萧、江二氏之渊源阐明无遗矣……"

萧江宗祠（詹东华 摄）

    云湾改为江湾，是从"萧江八世祖"江敌开始的。据记载，在明清两朝570多年历史中，婺源萧江氏人才辈出，先后有江致恭、江立礼、江一麟等38人步入朝堂，涌现了著名经学家、音韵学家江永等15位学者。其中，江湾村七品以上官员24人，知名学者5人。婺源萧江氏族人还建有表彰族内先贤的"里贤祠"，在《议立里贤祠书》《复议里贤祠书》《复膳部里贤祠议》中，可见许多萧江氏族人的先贤、仁人、达士的踪迹。

    江氏自节度易姓以来，叠分于婺、于歙、于衢、代挺闻人、粲乎溯兰陵八萧至昭明太子；

    云湾当有清重儒而著，其他若胡、若程、若戴，并称世哲，翕然推弄丸一老继晦庵先生。

    萧江宗祠这副楹联，是对萧江氏族历史荣光的最好概括。联文中所说的"晦庵"为朱熹的号，"重儒"即指江永，"弄丸"是他的号，而"若程、若戴"分别是指程瑶田、戴震，他俩都是江永的得意门生。那

"若胡"又是指谁呢？婺源地方文献有两种说法，一是胡昌翼，二是胡培翚。还有一种可能，那就是与程、戴同期的胡匡衷。胡昌翼系唐朝皇族的血脉，避乱于婺源考水，登后唐庄宗同光三年（925年）明经科进士，没有入仕，而是专于易经研究，后人尊称他"明经公"，为明经胡氏始祖；胡培翚则是徽州绩溪人，他"居官勤而处事密，时人称其治官如治经，一字不肯放过。绝不受财贿，而抉隐指弊，胥吏咸惮之"（《清史稿·胡培翚传》）。问题是，胡培翚的年龄要比程瑶田和戴震小50多岁，又是一个外地人，江永去世时他还未曾出生，根本不存在"胡、程、戴均指江永的著名学生"一说，那张謇在1924年应邀为萧江宗祠重建撰联时，会不会把他排在江永的两个学生之前呢？

联文是写给众人读的，想必高中状元、授翰林院修撰的张謇创作时不会隐晦地去表达。依此去解读，答案不言自明。不过，痴迷楹联的人以解谜的方式去解读地方史，不失为一件有趣的事。

胡昌翼避居的考水，古称考川。考水村是明经胡氏的发源地，又有多少祠堂呢？展开《考川明经胡氏宗谱》"考川阳基图"，胡氏宗祠、世德堂（七贤祠）、孝友堂、集义堂、起风堂、崇报堂、本仁祠、笃庆祠、两溪公祠、执礼堂、敦本堂、叙伦堂、平格堂、志勤祠等，赫然在目。胡氏在婺源，除了考水村的明经胡氏，还有常侍胡氏，分布的地域主要集中在清华镇清华村、太白镇玉坦村。

地方志书是官方的，祠堂是民间的，那些捐建、倡建祠堂的人，无论在官方，还是在民间，都有值得珍藏的记录。这也是敦祖睦族、热心公益的意义所在。婺源绍溪王氏族人王清卫，"自婺溪分迁，十余代未立庙祀，卫独立建宗祠，轩敞整饬，费不下千金"。婺源中云黄氏族人黄荣祈，"比长，家渐裕。……黄氏族之聚处中云者，素未立祠。祈以为憾，迨疾革，犹谆谆属其子昌吉，今告成，费数千金"。婺源银川郑嘉义，"家本业农，心常慕义。族自痕头迁沙城银川，聚处仅数十家，义思本源，倡捐百数十金，协族人卜筑为堂，以妥先灵。后又独捐百数十金增廊门楣，颜曰光裕；且输租立祀，至今勿替"。婺源连潭李元楫，"祖由理田迁居，未有庙祀，为创构支祠，置田数百"。从录于乾隆、光绪《婺源县志》中简短的文字，依然能够感受到一个个孝友、义行者的温度，对敦祖睦族的认识也在不断刷新。

> 堂名敦伦，盖本书之敦典以有庸，敦叙以励翼，务使父子、兄弟、长幼之情允洽，孝友、睦姻、任恤之道常昭，其道甚大，而其意甚深矣。然或前人有是志而未遂，则全赖后之人之善继之；前人有是事而未成，则全赖后之人之善述之，此达孝之所以通于古今也。其祠甲申修谱时尚未建造，而已预颜其堂名，诚念祠必不可不建，而后之人必有能继之述之者，以善成其志与事其顾，抑何殷欤？惟是经营土木筹费，为先无米之炊徒嗟束手，幸自嘉庆十七年至道光元年，吾宗共祠者，在金陵贸易时，闻此举，皆踊跃奋兴，同心协力，于是鉴议，山客照原粮，行客照滩马，各乐捐输，专领生殖建堂之费，美哉！始基之唉。迨岁丁亥，阖族妥议兴工；又得输金输料者，源源而来。比及三年，寖成孔安。……同治四年岁次乙丑仲秋月三十六世裔孙星采百拜识。

《敦伦堂记》详细记述了西冲村俞氏宗族建宗祠的源起、初衷，以及族人踊跃捐输的过程。俞氏宗祠（敦伦堂），占地面积2300平方米，由门楼、天井和两庑、享堂、寝堂组成。耗时三年建成的敦伦堂，是俞氏宗族"敦伦孝悌"的最好彰显。

明永乐年间，浙源庐坑詹氏二十六世孙詹汝迪由庐坑中村迁新屋村。他"好读书，不欲应试，思深见远，构昭大祠祀先，以联族谊"。清代初期，新屋"昭大堂"被毁，詹氏三十七世孙詹万榜、詹万楼兄弟崇尚祖德，输金重造"昭大堂"。

同在浙源的凤山，查氏宗祠的堂名为"孝义祠"，始建于清康熙三年

(1664年),祭祀的是婺源查氏始祖文徵公。由于始建时宗祠规模不大,到了光绪十八年(1892年),在查允兹、查仲兹、查启明等查氏后裔的提议下进行扩建。为筹措资金,查启明变卖了大部分家产。在他的感召下,族人一呼百应,有钱出钱,有力出力,浙江海宁查氏迁支也援手资助,一座占地2460平方米,气势恢宏的查氏宗祠顺利竣工。

可见,在建设宗祠的过程中,宗祠成了一种载体,团结的载体,又是一种向度,精神的向度——一个人,一代人,甚至是几代人,可以共同建设宗祠,即便耗尽财富,也在所不惜。

但凡宗祠,寝堂供奉祖先神主的排列是有规制的:"寝室中奉始祖神主固也,而各派亲尽所祧之先祖,虽曰难以遍举,然其中有齿德重于一时,学行闻于乡曲,亦有登科第膺封典入仕籍者,是皆足以启我后人,既祧于家,无所于祀,独不可循其世次,列居寝室,而为始祖从祀者乎?"(《婺源桃溪潘氏族谱》卷19《祠堂从祀先祖议辩》)

桃溪潘氏宗祠如此,婺源其他村庄宗祠亦然。

"立春、冬至,遵依《家礼》祭祖,不可失。"(清雍正《新安武口王氏统宗世谱》)在婺源各地,自朱熹《家礼》之后,宗族举行春、冬"二祭"成为"铁律"。游山村董氏宗族竹林派支丁还为祖先董琳成立了清明祠祭和清明墓祭组织:"……虽冬至、团拜早已各立。而清明佳节,凡支下各祖俱立祀田数亩,以为省墓之资。届期,少长咸集邱垄,爱慕之心常与祖宗神灵相接于白云松楸间;旋而颁胙燕馂,彬彬礼让,仪典极隆。"(《董氏宗谱·竹林琳公清明序》)

还是在游山村,《董氏宗谱·竹林玉保公崇礼冬祭序》中记载了冬至祠祭,以及祀会组织:

自琳、佩二公分派以来,我竹林以琳公为鼻祖,等而下之,至玉保公凡十世。以享以祀,春秋匪懈,诸祖有之。独玉保公无专祀享,奉先之谓何?况支下丁逾二百,尤有无可阙如者。幸堂叔祖本晶、本光、本明及房叔荣润、房兄昌求等，矢慎矢公，任劳任怨，特于光绪戊寅岁，挺身领袖，而询谋支下，又复金同。爰独创立冬祭，名曰"崇礼"，共百二十五名，每名捐租一兜，如是者六年，至今人力协和，卒置产业若干。虽曰聿兴祀事，报本追远之常，而后来子孙得于冬至前一日，骏奔在庙，荐时食以展孝思，非数人之力不及此……

百善孝为先。这是一种人生的修行。

在谱牒和地方文献中仔细去梳理不难发现，那些倡建祠堂，或者捐输义田、祠田的人，他们的身份大多为仕宦、商贾，还有极少数富裕起来的农民。苦寒人家，根本无法置办如此规模的田产，况且一次捐输那么多银子和水田。婺源历史上建设祠堂最多的村庄，当数位于婺源西部的游山村。而游山自董知仁于北宋太平兴国年间（976—984年）迁入建村，逐渐繁衍发展成"千烟之村"，是一方人文鼎盛之地，仅在宋代就有董安、董初、董宁、董节四人先后进士及第，涌现了董知仁、董贵臣等官宦，以及董宏美、董学耕、董兆祥等富商大贾。游山董氏宗族共有祠堂23座，分别是总祠嘉会堂，支祠著存堂、荫槐堂、继思堂、树德堂、叙伦堂、怀德堂、光烈堂、听彝堂、庆远堂、种德堂、勤诒堂、叙庆堂、敦义堂、崇德堂、永思堂、保和堂、光裕堂、贞训堂、贞和堂、双节堂、崇义堂、志礼公祠。

毫不夸张地说，游山村拥有一个祠堂建筑群。

与游山村祠堂数量有得一比的是桃溪村。始迁祖"潘逢辰，字吉甫，世居闽之三山。当唐之季，上书阙下，不报。值广明之乱，道至新安，弗克归，避地歙之黄墩，后转迁婺源，择桃溪而居焉"（《新安名族志》）。桃溪村从南宋发迹，在明清时期进入兴盛，人文荟萃，有"棠棣四联辉，乔梓一联芳"之誉。祠堂有潘洪聚族建的桃溪潘氏宗祠，赞肯祠、仰贤祠、乡贤祠、尊德祠、瑞滋祠、均三公祠、敦伦堂、达义堂、暗然棠、与斯堂、敬承堂、春草堂、本体堂、惇义堂、成德堂、绳武堂、尚德堂、开先堂、玉春堂，还有崇本堂，共同构成了桃溪村祠堂大观。

桃溪村祠堂设有祭祀会，专门负责清明、冬至祭祀活动。潘氏宗祠，又称世德堂，每年的清明、冬至祭祀，由潘姓十大派轮流当会首。轮到当值的一派，当年可以收田租8处，计151秤（"秤"为地方计量单位。不同时期，每一秤25市斤、30市斤不等。以此推算，潘氏宗祠每年会首收田租在3775—4530市斤之间），用于祭祀费用。此外，桃溪还有文凤公清明祭祀会、同庚会、宗洛会、计议公会、大五公会、仕贤公会、均三公会、承鉴公清明祭祀等"会次"，主要负责各支祠的春冬"二祭"。而宗祠、支祠祭席所需的物品大体是一致的：碗、碟、礼壶、酒杯、筷子、纸钱、香烛、水果、点心、茶、酒、鞭炮，以及祭文、红签等。

诚然，婺源宗族祠堂的创建从宋代发端，到明清时期大规模兴起，随着宗族繁荣的背后，逐步实现了"对宗族社会内部秩序的调整与控制"。宗法、人伦、民俗，在一座宗祠中体现得淋漓尽致。

> 创统宗祠，始终覃力。……邑尹嘉其品谊，擢为闾师，锡二杖以助教。茂正身率物，勤于劝化。有年少欲作桑间行，召饬不逊，集绅士于祖祠，令其父兄杖惩，自是一乡整肃，风俗还淳，号为仁里。

乾隆《婺源县志》卷21《人物志·义行》载记的，是以明代中云王氏宗族族人王德茂为领头人，他召集族中绅士在祖祠中对宗族不肖子弟施以惩罚，收到了"一乡整肃，风俗还淳"的良好效果。在明清时期，婺源各宗族以"三八会"的形式，定期在祠堂处罚不肖子孙的风俗，一直流传于乡村："乡故有三八会，每遇初三、十八日聚子弟于祠，申以孝悌姻睦之义，有不法者惩之。严气正性，实心举行，风俗为之丕变。"

没有规矩，不成方圆。祠堂门敞开，经年检视的是族人的言行举止、礼仪、行为姿态。"清明举行祭礼，凡与祭人员，务要三日前斋戒。至期先一日，齐诣祭所，习仪质明，肃恭行礼。如不赴习仪及临时违错者，公罚。"这是明天启四年（1624年），沱川名儒余懋衡依旧例重订的《沱川余氏宗谱·祠规》。他还在《祠规》中劝诫："孝、悌、忠、信，乃人生大闲，循之者吉，凡我同族宜勉；奸、盗、诈、伪，乃圣世戮民，蹈之者凶，凡我同族宜戒。"

> 星源之俗，人重远徙，群其族而居，寡弱者不下数百。入仕于朝，虽位乡大夫，不忍离其故土。故尊卑之序历数十世而不紊，并无宦游流寓，惟据永川实则叙之。

从汪口《仁本堂祠规式》可以读出，村庄不同，宗族的教化和建立的秩序已然不同。汪口于北宋大观年间（1106—1110年）建村，宋朝议大夫俞杲"因元祐学术之禁，力辞不就，年六旬余，始由陈平坞辟居汪口扁溪，墅曰永川，分命五子治五宅，浚五井，以日月光天德为号，是为汪口一世祖也"（《永川俞氏宗谱》）。仁本堂即俞氏宗祠，由朝议大夫俞应纶于清乾隆元年（1736年）回乡省亲时捐资兴建，道光四年（1824年）重建，后在同治年间进行修缮。俞氏宗祠为中轴歇山式，占地1116平方米，由北首的书院和南首的花园共同组成。门楼、享堂、寝堂组成了宗祠主体——仁本堂，两进天井连接，天井两边有庑廊。祠堂的梁枋、斗拱、脊吻、檐椽、驼峰、雀替等均精雕细刻，工艺精湛，蔚为大观。"仁本堂""程朱一脉""道学名家""乡贤""父子柱史""文元""亚魁""拔贡"等匾额悬挂于享堂。《仁本堂祠规式》明确规定：

> 本宗能振家声、立纲纪，无忝为故家旧族者，礼义而已。敢有不孝、不睦、不仁不义、喜不庆忧不吊、强欺凌、富欺贫、紊乱纲常、蔑视长上、行乖礼法者，初犯行罚，再犯不叙。

类似汪口仁本堂这样的祠规，就是宗族标准。宗祠，也是族长实施宗族权力的场所，最高最严的惩处是"革出祠堂"。革出祠堂，也就革出了族籍。旧时，人生最大的耻辱，莫过于此了。

族长之下，还有众屋（支祠）"房股"推选的"乡约"，三者共同组成了宗族管理组织，"乡约"在乡约所处理事件，"房股"在众屋（支祠）调解纠纷，他们在推行的宗族制度中各司其职。俞氏在婺源，集中分布的地域是江湾镇汪口村，思口镇西冲村、长滩村、思溪村、秋口镇渔潭村。

殊异的是，一些宗族还在提出饬戒整肃村风，以及倡导良俗的时候，游山村董氏宗族在清道光二十四年（1844年）就以祠堂的名义开发义仓，进行互助赈济了："举而行之，谋诸族人，佥有同志，或慷慨以输金等，指囷以增粟，酿花集腋，襄成厥举。丰年、常年、荒年定其制，上户、中户、下户异其规。向之告籴于邻封者，今且见出籴于异地。"

而武口王氏宗族，已经要求族人子弟追求励志，奋发向上，精于一艺了："天下之事，莫不以勤而兴，以怠而废。……子弟辈志在国家者，固当奋志向上，自强而不息。其不能者，或于四民之事，各治一艺，鸡鸣而起，孜孜为善，励陶侃运甓（甓）之志，作祖狄（逖）起舞之勇，必求其事之成，艺之精，然后可。"（《新安武口王氏统宗世谱·王氏家范十条》）

一个宗族，从敦宗睦族到恪守族规、法度，再到道德行为规范，走过了漫长的过程。这个过程，是在敬畏中去感知认同，在践行中去不断构建。伦理、孝道、修养、德行，凸显生命的意义。显而易见，明清一共570多年历史，婺源那些捐资修建祠堂的人，以及民间相沿成习的风俗，从未离开族人的记忆。

"婺源古祠堂随着宗族制度的结束和历史风雨的侵蚀、人为的损毁，已从最多时的2000多座减少到目前的不足百座。"2006年5月，婺源列入"第六批全国重点文物保护单位"的祠堂有：阳春方氏宗祠、篁村余庆堂、黄村经义堂、汪口俞氏宗祠、洪村光裕堂、西冲敦伦堂、豸峰成义堂；2013年3月，新源俞氏宗祠、凤山查氏宗祠列入"第七批全国重点文物保护单位"。截至2023年8月，列入江西省文物保护单位的祠堂有：岭下村大经堂、水岚村肇英堂、豸峰村资深堂、旃坑村萧江宗祠、洪村霭庭公祠、下溪头村社公坛、梅田村大众祠、阆山村王氏宗祠、水岚村世和堂、水岚村著存堂、莒莙村至德堂、菊径村何氏宗祠。

它们，无疑是婺源宗族与时间的物证。若是把时间前推160多年，聚族而居的婺源乡村遭遇到战火的重创是触目惊心的：从清咸丰年间（1855年）太平天国军犯婺源，到清咸丰十一年（1861年）左宗棠入婺源，其间"焚毁民居三十余家"，"焚杀甚众"，"焚县治及民居数百家"，甚至有的村庄"民间焚毁殆尽"。这无疑是给婺源一些乡村祠堂带来惨重破坏的时期。

总体而言，祠堂在婺源村落是其他建筑不可替代的，成为婺源士族"加强宗教观念、促进宗族团结、巩固宗族组织、强化宗族制度的核心建筑"，它既是婺源"宗族社会、宗族精神、经济文化、建筑艺术的载体"，也是"儒家伦理思想、尊祖敬宗、崇尚孝道的祖训地"。

源于血缘，聚族而居。每一座宗祠门楼牌匾，都铭刻着一个氏族敦教化与安居乐业的发展历程，都铭刻着一个氏族绵长的辉煌史。那门楼的砖缝里，牌匾的裂隙中，都藏着一条条灵魂回家的路。无论婺源祠堂的历史有多长，还是遗存有多少，它始终有两条平行线从历史深处延展而来：一条是"忠孝节义"，一条是"敦宗睦族"。

耕读传家

一个人读书的雅好，可以藏在心里，也可以贯穿于日常。偏偏，婺源知县郑国宾仰慕从桃溪步入朝堂的潘潢，于嘉靖三十六年（1557年）在他家书屋题匾——"太宰读书处"，并把匾额高高地挂在了门头。

潘潢书屋，建于明弘治年间（1488—1505年）。而他是明正德十六年（1520年）进士及第，在明代称得上是一位传奇式的人物："南京兵部尚书潘潢，直隶婺源人，举进士。由知县擢户部主事，寻改礼部，与修明伦大典，复改吏部，擢礼部郎中，历福建提学副使，累迁吏部左侍郎，户部尚书，调南京工部，寻改南京兵部，致仕。嘉靖三十四年（1555年）十月卒，赐祭葬如例。潢有文学，行谊修饬，士论重之。"（《国朝献征录》卷42《南京兵部尚书潘潢传·明实录》）在潘潢所处的明代，能够称太宰的，即吏部尚书。

从题匾的落款年份看，彼时潘潢已经去世了。历史太过遥远，郑国宾是否与潘潢有过交集，没有找到文字留痕，却不影响一块匾额在后世"光耀门庭"。

"一门九进士、六部四尚书。"曾经在"六部"任过"四尚书"的潘潢，只是"一门九进士"之一，此前有潘珏在明成化十一年（1484年），潘珍在弘治十五年（1502年），潘选、潘旦在弘治十八年（1505年），潘鉴在正德三年（1508年），潘锜在正德六年（1511年）登第，潘镒在正德十六年（1521年）登第，在他之后，还有潘鈇于嘉靖五年（1526年）、潘鈘于嘉靖十七年（1538年）、潘士藻于万历十一年（1583年）、潘之祥于万历十八年（1598年）及第。

后来，"一门九进士"一同进入了"楚荆太岳"张居正的视线：

> 其望于婺之桃溪者，若朴溪公潢，发解南畿，历尚书四部，加太子太保，谥"简肃"。方塘公鉴，以工侍督木六省，进尚书加爵如"简肃"，谥"襄毅"。寒泉公旦，以兵侍出镇两广。时碧峰公珍，亦以是职内留，并以谏征安南，忤旨归，后果如言，上恩之加尚书爵。嘉靖初，幸承天方伯公镒，以名闻绍护驾；锜初举进士，拜行人，代上祀皇陵，排金门，入紫阁，赫赫如帝者，事皆宠渥也。他如方伯直源公鈇、金宪澹公钰、石邻公选，皆卓卓名卿。

以张居正当时显赫的身份，应邀作《荥阳潘氏统宗世谱序》时，不可能对桃溪村人文作全景式观照。更不会，也没有机会把目光投向日常的众生相。朴溪公、方塘公、寒泉公、碧峰公……他也不是随口就来，一个个的身份地位都摆在那儿。但凡名字起了字、号的，都是文士官宦，何况有的还有"谥号"呢。在古时，没有一定社会地位的人亡故，朝廷是不会给他称号的。事实上，据民国《婺源县志》、《桃溪潘氏宗谱》记载，坑头村先后登进士第者15人，贡士9人，中举人23人，贡生33人，以及太学生36人。自宋至清，126人入朝为官，62人有著作156部335卷传世。

启元书屋、同异轩、文昌阁、魁星楼、棣萼联书楼，都是古时桃溪人读书讲学或文人雅集的地方。更多的是，这些场所引领着桃溪人的社会"书香生活"。从桃溪走出去的太学生、贡生、举人、贡士，还有进士，都与这些场所有着密切的关联。

"潘之祥，婺源桃溪人，万历戊戌进士。与诸弟子课文艺，置田三十亩，为馆谷之，名曰乡贤文会。"（康熙《徽州府志》卷13《人物志二·风节传》）"潘元彪，桃溪人。自奉俭约，心存利济，无吝惜。族有文会，岁久浸（渐）衰，捐金振兴之。"（乾隆《婺源县志》卷23《人物十·义行四》）在明代，桃溪人潘之祥与潘元彪，就以个体行为去影响一个或者多个群体了。

所谓的文会，是指文人结合的团体，相当于如今的文艺协会。有意义的是，他们不仅"雅好"，而且提供"赞助"。比如："王廷鉴，城北人。乾隆四年（1739年），遂建双杉文会，输租五百余。每会文给奖生童，院试、乡会试及选举赴任，量远近馈赆"；"施道合，贡生，儒林郎。先是祖遗振德文会，年远费繁，因扩大之，并输己田益之，为后学计深远"；"戴荣里，长溪人，国学生。捐金置田，振兴文社，周恤乡间，无所吝惜"；"郑可衿，城西人。输租创文会，资膏火，劝读书，捐厚赀助文庙"；"詹至中，国学生，庆源人。居乡置祀田，兴社会，屡倾重赀。子有年、有源，克承父志。义仓、文会，往往修举"；"施世宰，施村人。馆谷所入，输入文会，置田产，以资族子弟应试之费，其有获俊，给予奖励之"；"胡廷辉，江村人。邀族人立三义会，以裕祀教，读恤贫"，以及"王邦栋，慈坑人。捐赀葺造振发文社，子弟乐育之，一时文学丕振"，等等。

不管潘之祥入仕后的地位有多高，仅凭他兴办"乡贤文会"，说明他的"朋友圈"是接地气的。地方志辞条式的文字，传递出的是一个地方的人文观和人文气息。至少，一个被利禄所困的人，是做不到这些的。

没有士子咸集，哪来桃溪的学风与人文兴盛呢？！

任江西布政使司右参议、兼按察司佥事的潘之祥，称得上是"刚风劲节"之人，此前他任山西道监察御史时，曾查处了一批贪赃枉法者。他在巡查南昌、饶州、九江三郡兵备时，因为新增"捐湖关税"与巡抚

游山题柱桥（汪立浪 摄）

意见不合，毅然"引疾辞官"。"乡贤文会"就是潘之祥辞官回乡，在讲学之余创办的。尽管朝廷大臣屡次"奏疏荐其重新出任，祥绝意不出"。潘之祥没有回到官场，却著有《兰台疏草》《居潜小录》等流传后世。而潘元彪不仅捐资振兴文会，还在桃源观前捐建了留荫桥。在当地的方言中，"桥"与"轿"谐音，桃溪之上"三十六座桥"全部由官员捐建。桥多，意味着官多。官大官小不重要，重要的是有一颗造福桑梓的心。

迎恩桥、崇恩桥、登崇桥、德济桥、瑞滋桥、普济桥、永礼桥、锡元桥、桂芳桥、泽民桥……桥的命名，是捐建者的精神指向，而潘鈇捐建的"尚文桥"传递的是家乡民风。

毕竟，通过科举出人头地的还是少数。"考不取的老童生"，是流传于婺源民间的一句俗语，意思是有的人一辈子读书只是陪考，最后还是名落孙山。他们，也就是落第的"秀才"，只有在家设馆当塾师。一般来说，私塾、义塾都属儿童启蒙教育的范畴，只不过私塾是由个人创办（设在家中），自己教授，而义塾由宗祠承办（设在宗祠旁或文昌阁内，光绪《婺源县志》录入的义塾就有67座），从学田中"赀请老师，助膏火"。古时私塾与义塾的学童人数不等，而教材也不统一，有《三字经》《百家姓》，有《千字文》《千家诗》，还有《农艺》《甲子》，随着学童的进步，也有婺源人胡炳文编纂的《纯正蒙求》，甚至类似婺源方言字典——《乡音字汇》《乡音字义》，以及《论语》《四书五经》。在桃溪村，无论是私塾还是义塾，新生入学的重要仪式是"开笔礼"，即先正衣冠、拜先师，然后才朱砂开智、描红开笔。

此外，在宋元时期和明代，婺源还先后设立了义学、社学。所谓义学，就是地方有识之士捐田献租举办的，亦称书塾。而社学是朝廷在明洪武八年（1375年）颁令设立的。彼时，婺源"社学原百四十所，每学设一人分教"（光绪《婺源县志》）。在书塾、社学执教讲学的，大多是本土的饱学之士。而婺源有些宗族重视教师的选聘，也是可圈可点的："天下之本在国，国之本在家，家之本在身。格物致知，诚意正心，皆所以修身也。《易》曰：蒙以养正，圣功也。家学之师，必择严毅方正可为师法者。教苟非其人，则童蒙何以养正哉？"（《新安武口王氏统宗世谱·王氏家范十条》）

古时的婺源乡村，许多人的人生走向就是从义学、社学，甚至是私塾起步的。

潘潢少年时，父亲潘铎先将他送入私塾读书，然后才入县学学习。"蚕为天下虫"，即是少年潘潢应私塾先生"鸿是江边鸟"对的对子。至于"潢承家学"，那是入仕后的说法。从潘潢的亲属关系可以看出，他是出生于官宦世家：祖父潘珏、父亲潘铎、母亲胡氏、兄长潘济、潘滋、弟弟潘沐、"从儿"（侄儿）潘士藻。潘潢先后在四个"部级"单位任职，《婺源县志·人物传》中只是一笔带过，却把他"督学福建时，严明学规，建立品行、学业二册，资助贫困学生"之事留下了重重一笔。从中不难看出，修志者对重视教育先人的尊崇——他们深知，是婺源有了"十家之村，不废诵读""山间茅屋书声响，放下扁担考一场"的"因"，才有了千年"耕读传家"的"果"。

在与桃溪毗邻的严田村,有着"进士村"的荣耀。始迁祖李德鸾以"占得从田之签",且"以严治家",故名"严田"。正如清乾隆《星源严田李氏宗谱》中所说:"木必有本,水必有源,此万古不易之常道也。不明其始,何以知祖之所自出;不晰其流,何以知派之所由分。"据光绪《婺源县志·寓贤》记载:"李德鸾,字匡禄,才气过人,其先世京,本大唐裔,因黄巢乱避地歙之黄墩,由黄墩迁于浮梁之界田,至德鸾始寓婺源严田。时婺隶南唐,异元二年戊戌(938年),诏举卓异,有司以鸾应制,历扬中外,所至有声,累官为散骑常侍,赠金紫光禄大夫。厥后子孙蕃衍,英贤辈出。"紧随他光耀门庭的是嘉祐辛丑(1061年)进士李士俨、绍兴甲戌(1154年)李知已、绍兴庚辰(1160年)进士李冠之,等等。在方志"科第"中,严田村李姓先后有24人登进士第。"振藻园""学静轩""钟英轩"等书舍馆塾,是严田村崇尚读书之风,能够人才辈出的最好诠释。

所谓耕读传家的"耕","可以事稼穑,丰五谷,养家糊口,以立性命",问题是,婺源山多田少,"士之子恒为士,不能化为农。农终岁勤劬,亩不获一口之入"(光绪《婺源县志》),而耕读传家的"读",即"知诗书,达礼义,修身养性,以立高德"。"耕读为上"的儒家思想,古今相承,影响着一代代的婺源人——"婺人喜读书,虽十家村落,亦有讽诵之声。向科举未停,应童子试者,常至千数百人。"(光绪《婺源乡土志·婺源风俗》)

耕读传家是婺源流淌的文脉,也是婺源传承的文化精神。婺源,是先贤创造辉煌的婺源,也是"重教兴文"一脉相承的婺源。昼耕夜诵,笔耕砚田,先贤留下的清雅,已然成为婺源人追随的清新之风。

  新安生聚之庶,财赋人物之盛,甲于天下,诸属邑之所同也。而婺独弦歌礼乐,有邹鲁风,君子识才,小人识力,读父书而明高

进士第

曾之南亩，无迁异物焉。

（明天启《婺源县志·序》）

"东周出孔丘，南宋有朱熹。"从咸淳五年（1269年）宋度宗赵禥赐婺源为"文公阙里"那天起，婺源文脉的源头开始涌出一股清流。往前追溯，莫过于文章与书迹了。那是南宋淳熙八年（1181年）春，婺源县令周师清在县学建造"三先生祠"，将北宋理学的创立者周敦颐和程颢、程颐三人奉祠并祀。"三先生祠"竣工后，婺源县令周师清、婺源名士李缙，以及学宫弟子数十人，联名写信给时任南康知军的朱熹，请他为"三先生祠"写记。朱熹欣然撰写了《徽州婺源县学三先生祠记》：

熹发书，愀然曰："明府之教，诸君之言，其命熹以记者，熹不敢复辞矣。乃先生之学，则熹之愚，惧不足以言之也。虽然，诸君

> 独不观诸濂溪之图与其书乎？虽其简古渊深，未易究测，然其大指，则不过语诸学者讲学致思，以穷天地万物之礼，而胜其私以复焉。其施则善始于家而达之天下，其具则复古礼、变今乐、政以养民而刑以肃之也。……祠在讲堂北壁下，濂溪南乡坐，明道先生、伊川先生东西乡以侑焉。"

在《徽州婺源县学三先生祠记》的前后，朱熹对应何人的邀请，邀请人的身份，以及婺源为何建"三先生祠"都作了叙述，落款是"秋八月癸丑，县人朱熹记"。朱熹笃信理学，儒雅、谦慎，他在文中的追问是学问与精神层面的。写这样的一篇文章，对已经成名的朱熹来说，没有任何难度系数。他想不到的是，自己去世后竟然成了"三先生祠"的"下家"——"县学旧有濂溪、二程三先生祠，晦庵先生记。后又配以晦庵，遂为四先生祠。"（《晦庵先生祠碑阴记》）那是嘉定二年（1209年），也就是朱熹辞世后的第九年，朝廷赐朱熹谥"文"，世称"文公"，后又追赠为"信国公""徽国公"，婺源便将文公请入三先生祠，成了"四先生祠"。后来，"四先生祠"与县学毁于火灾。县学重建时，"立朱熹像于礼殿，并且用上公之礼服"。

在婺源，县学的历史要比"三先生祠"早130多年，其规模"成为徽属六邑中最大的"："宋仁宗庆历四年甲申（1044年）诏天下郡县建学。……庙学初建于今之社坛，在来苏门，次迁于县治后，……继迁于西门。""本县在城内建县学1所，学宫设城东。熙宁三年（1070年），学宫迁先师庙（孔庙），时称庙学，学生百余人。"（光绪《婺源县志》）

事实上，伴随着县学的诞生，婺源出现了"讲学会文之所"——书院，譬如龙川书院、万山书院、山屋书院，等等。这些书院见载于民国《重修婺源县志》：

> 龙川书院：北宋天禧年间（1017—1021年），张舜臣建，地处

婺源龙川。元代胡炳文等著述于此。

万山书院：宋婺源程傅宸建，地处九都金竺。

山屋书院：婺源许月卿藏书处，地处许村。

书院的身世，零光片羽，有的连始建年月都不可考了。这样的辑录，是否是时光的一种消解呢？！

"古者，家有塾，党有庠，术有序，国有学，由来尚矣。我郡邑曾建紫阳书院，以甄别取士。四乡或间立书院，以讲学、会文。"婺源《董氏宗谱·凤游山书屋记》中所说的紫阳书院，堪称婺源书院的标识：

> 元至元二十四年（1287年）婺源人知县汪元奎为祀朱熹，创建"晦庵书院"于文庙侧，元至正十二年（1352年）毁于兵火，嘉靖九年（1530年）移建县城保安山，改名紫阳。清康熙三十六年（1697年）建三贤祠。乾隆三十三年（1768年）扩建，悬"紫阳书院"额于大门外。乾隆四十一年（1776年）重建。嘉庆九年（1804年）重造正厅、三贤祠、及"六堂"。光绪年间停科举办学堂，改名"紫阳学社"。民国二十年（1931年），婺源县政府迁入，后拆毁。

时间节点，以及命名，于紫阳书院而言，都是奇迹。无疑，紫阳书院是婺源古时的最高学府，学规沿用朱熹知南康军（今属江西庐山市）时为兴复白鹿洞书院立下的《白鹿洞书院教规》：

> 父子有亲。君臣有义。夫妇有别。长幼有序。朋友有信。
> 右五教之目。尧舜使契为司徒，敬敷五教，即此是也。学者学此而已。而其所以学之之序，亦有五焉，其别如左：
> 博学之。审问之。慎思之。明辨之。笃行之。
> 右为学之序。学、问、思、辨四者，所以穷理也。若夫笃行之

事，则自修身以至于处事、接物，亦各有要，其别如左：

言忠信，行笃敬。惩忿窒欲，迁善改过。

右修身之要。

正其谊，不谋其利。明其道，不计其功。

右处事之要。

己所不欲，勿施于人。行有不得，反求诸己。

右接物之要。

朱熹在教规中不仅明确了教育目的和教学原则，还系统地提出了为学、修身、处事、接物的基本要求。淳祐六年（1246年），宋理宗赵昀下旨"颁该教规于各府州县并立石以存"；乾隆元年（1736年），朝廷下令"酌仿朱子白鹿洞规条，立之仪节，以检束其身心"，作为全国官学和书院奉行的准则，乃至成为"影响后世社会的教育纲领"。

婺源还在县城双桂坊内设有试院，在县治东门后街设有考棚。关键是，紫阳书院在历史上的遭际，精神的寄寓，推动教育的发展，不断赋予人文承载的意义。紫阳书院的式微，是"科举之钟"在光绪年间的停摆。而在明嘉靖九年（1530年），移建紫阳书院到县城保安山的是时任知县曾忭。当时，紫阳书院建筑设置有正厅、三贤堂、述堂、博学审问堂、慎思明辩堂、笃行堂，以及共号舍70间、账房1间、厨房2间、门房3间；左右各置阁院。同时，紫阳书院置有学田389亩之多，以资"膏火"，也就是学田的田租收益用于师生的薪水和津贴。

代是文明远，人当圣作期。

枫宸勤访落，冠带慎培基。

心析危微细，学从诚敬窥。

普天惟此事，共阐皇玉规。

一心如太虚，何处来尘垢。

水止静无波，镜磨光自有。
中和致我身，位育在吾手。
浩荡此乾坤，德明长且久。

这是婺源沱川人、吏部尚书余懋衡在紫阳书院讲学时，留下的《紫阳书院讲学坐间口占》。在紫阳书院讲学的青藜学士还有：婺源段莘人、户部尚书汪应蛟，婺源济溪人、南京光禄寺卿游汉龙，婺源桃溪人、江西布政使参议潘之祥，婺源县城人、兵部郎中汪秉元，朱熹十三代嫡派孙、翰林院五经博士朱德洪，等等。朱熹倡导书院教育的根本——明人伦，以及"讲学以会友，则道益明；取善以辅仁，则德日进"的学术交流思想，在紫阳书院都得到了很好的体现。

"婺学自宋迄今有兴无替。紫阳振铎，钟鼓管弦之声未息也。"紫阳书院，已然成为婺源的文化"高地"。"尼山集群圣大成，紫阳集诸儒大成，后先若合符节；鹅湖为讲学之地，虹井为发祥之地，徽闽各荐馨香。"清光绪十二年（1886年）进士、江西审判厅丞、民国庚申年（1920年）《婺源县志》总纂江峰青为紫阳书院创作的联文，吊古抚今，透出深厚的文化意蕴。

汪应蛟、余懋衡、游汉龙、潘之祥、汪秉元、朱德洪等名家与书院的缘分，千丝万缕，他们一起讲学的地方还有福山书院。福山书院在中云福山，明嘉靖十六年（1537年）由大儒湛若水门生方瓘提请创建，得到了时任婺源县令吴辕的批准。70年后，也就是万历三十六年（1608年），由于书院建筑倒塌，"邑人余世安向知县金汝谐提议复建"。福山书院真正扩建形成规模，已到了清康熙三十六年（1771年）："循麓而上，迤逦度石梁，始入门，门以内东西前廊为学舍者二，左右偏廊为学舍者九，中为讲堂，总计房宇六十间。堂后高十余级，建数楹，以奉朱子并先贤而及湛增城。"（光绪《婺源县志》）福山书院毁于兵燹是咸丰七年（1857年），同治三年（1864年）复建，后又毁于民国时期。

> 福山福何如，百顺之谓福。
> 左刚而右柔，阴阳合其德。
> 天一以生水，水泉应心澄。
> 是名为洗心，是心亦何形。
> 无形亦无滓，素心无可洗。
> 吾将携素琴，为君鼓于此。

与王阳明并称"王湛之学"的湛若水，有长者之风，即便门生创建的书院，他也去捧场。在福山书院讲学时，他援笔赋就《福山素心亭诗》。

"青山剩着几闲人，一话僧房稳称心。点抹文章归古义，欢娱疏水道吾真。行年六十难论化，得我微机不谓神。圣路到头知有伴，还君脚底是高岑。"婺源段莘官坑人、明嘉靖进士、温州知府洪垣，他辞官回乡后，召集士人在福山书院讲学，作《福山论学别余士诚诸君》诗，以表心境。

天地之间，山谷流泉，书声琅琅，气象万千。从洪垣这位归隐的士大夫的诗中，可见当时福山书院的论学氛围。毕竟，时年他已花甲。

明万历年间婺源知县万国钦在《福山书院留题》诗引言中说："福山书院颠末，余虽谙其详而未穷其胜。后因汪子烈再过。夫宋有四大书院，而白鹿、岳麓为巨，夫非以紫阳故耶。兹山之胜，虽不逮二山，而地则紫阳里。况摩崖诸书，有湛甘泉及吾乡邹东廓、刘狮泉诸先生之笔，余因以志感。"万国钦的意思是，福山书院虽然名气不及白鹿、岳麓，但因处于朱子故里，又有湛若水等人的题刻，不同凡响，是传播朱子理学的学府之一。于是，他赞道：

> 迂纡萝径入云深，更有清飙发馨音。

堂启自然随石罅，泉流九曲傍岩阴。
匡庐白鹿鸣幽草，岳麓清湘沁远心。
最喜擘窠题字在，休从四绝问萧森。

倡导建立书院，讲学不倦的余懋衡，不仅在紫阳书院、福山书院讲学，还在家乡沱川理坑创建明德书院，他把自己在明德书院讲学的地方起名为"乾惕斋"。极具历史意味的是，为官清正，不惧权贵的余懋衡，竟然是因为在京城书院讲学遭到弹劾，被削职为民。——"既而奸党张讷丑诋讲学诸臣，以懋衡、从吾及孙慎行为首，遂削夺。"（《明史·余懋衡传》）

乱象终究是乱象。能够站在书院讲堂，始终是余懋衡心中美好的愿景。明德，出自《大学》，意思是光明之德。余懋衡以此作书院名字，表达了他对此情有独钟，以及自己的气质与追求。

在明清时期，沱川理坑余懋学的"最闲馆"、余懋孳的"紫光楼"、余世儒的"中心精舍"、余梅阳的"先天馆"、余绍禄的"不二山房"、余藩卿的"玉泉别墅"、余楷的"友松轩"，都是文人雅士和莘莘学子的向往之所。他们所处的年代不同，创建的书院、馆墅、精舍也不同，但心中却有一个标准答案——为他们作出表率的，是始迁祖余景阳因为父亲"曾小筑书院于理源"，他"出居理源之书院"。

理坑，初名"里源"。至于改村名为"理源"，已是康熙年间的事了。康熙乙酉（1705年）举人、承德郎余光耿看到村里先后走出余懋学、余懋衡、余启元、余维枢等大儒名臣，就题了"理学渊源"匾额。本来，匾额是余维枢自诩的，却成就了一个村名。

地方志、谱牒，都是历史上书院联结的所在。元至大三年（1310年），婺源考川人胡淀为纪念远祖"明经公"，在村庄的"西山之麓"创建明经书院，他"为屋200间、捐田300亩"作为书院的财产，"输其岁入，以养师弟子"。在他的感召下，他弟弟胡澄也向书院捐田50亩。

当时明经书院有着怎样的规模和影响呢?

"右为大成殿,左为会讲堂,有斋庐四和明诚、敬义二塾。"一时"四方学者云集","历数年,学者至盈千人"。"吾邑考川胡氏,人物之盛,文学之懿,他族罕比。……尝有豪杰客过考川,归语其人曰:考川富贵繁丽,吾无所羡;惟比屋书声,他处所无,为可敬羡也。"(《明经胡氏宗谱·洪武二十年序》)

> 六经之道,如丽天之日月,亘古今常明也。夫明者在经,明之者在人……新安胡氏之先,唐末有以明经举者。十四世孙淀,建塾于其读书之所,日从其父及诸父讲学其间,既而病其湫隘也。乃与族叔炳文、弟澄议改筑西山之麓。……匾曰"明诚",曰"敬义"。山颠构堂,据高望远。经始于至大庚戌,落成于皇庆壬子。畀以土田输其岁入以养师弟子,淀所畀顷计者三,澄所畀亩计者五十。知州黄侯惟中聘炳文掌教事,彰既往之美,贻方来之谋。请于上面以"明经"书院名。
>
> 逾年贡举制下,取士务明经学,与所名若合符契……思而通焉,勉而至焉,真儒明经之学复见朱子之乡,不其伟欤……

载于民国《婺源县志·艺文志》中的《明经书院记》,作者吴澄是江西抚州人,为元代翰林学士,落款是"延祐丁巳(1317年)冬十月"。文中提到的"炳文",即婺源考川人胡炳文,系元代教育家、文学家。他与胡伸、胡师夔、胡斗元、胡次炎、胡一桂、胡维申一起,位列"明经胡七贤"。

元至正十二年(1352年)末,明经书院遭"兵毁"。明成化十六年(1480年),胡炳文裔孙胡浚"申文呈报提学御史娄谦,要求合族重建"。没想到,重建明经书院之事竟然搁浅了百年之久。直到万历十二年(1584年),邑侯万国钦谕合族重建,"族人协谋捐赀,以相其成"。

清康熙五十三年（1714年），考川胡氏合族将明经书院从西山麓搬迁到了凤山东麓。9年后，也就是雍正年间，婺源知县吴之玭访问明经书院，他留下了"帝子龙潜处，明经赋考槃。乾坤归性命，姓氏寄烟峦。倡道薪传远，承家世学安。七儒书具在，星斗夜光寒"的题赞。

以紫阳书院为原点，去打开婺源书院的历史，许多书院如山峰般在地方志中显现出来，而创建者是生于斯长于斯的有识之士——

湖山书院：元初婺源理学家胡一桂结庐讲学于此，清道光十三年（1833年）创建书院，地处南乡太白。（民国《重修婺源县志》卷6《建置·学校》）

道川书院：元代，婺源大田五镇倪氏宗族子弟倪士安，为纪念理学家倪士毅，"于居傍为构书院，以容讲学之士。学者扁额曰'道川书院'。仍捐田四十亩，以赡四方学者"。（《新安名族志》）

阆山书院：元至正中，婺源汪同建，地处阆山。延赵沈为师，"以教乡之俊秀者"。明弘治时已废。（弘治《徽州府志》卷5《学校》）

石丘书院：元末，婺源里人胡孟成建，以居来学，地处邑西考川南。至正壬辰（1352年）兵毁。（弘治《徽州府志》卷5《学校》）

樟源书院：元明之际，婺源新溪程氏宗族子弟程焕创建，"捐资成就贫士，德声著扬"。地处沙阳。（《新安名族志》）

青山书院：元明之际，婺源新溪程氏宗族子弟程焕创建，"捐资成就贫士，德声著扬"。地处沙阳。（《新安名族志》）

桂岩书院：明初婺源里人戴天德建，地处桂岩东。成化七年（1471年），戴善美重建。二十三年（1487年），戴善美和戴铣改建于里之翁村，"割田购书，以训乡族子弟"。程敏政记。（弘治《徽州府志》卷5《学校》）

在婺源，一个人，甚至一个宗族与乡村文化的亲缘关系，就是通过创建书院建立的。可喜的是，许多人与书院的信息，在地方志的载记中还是一层一层地涌现：

世贤书院：嘉靖年间（1522—1566年），婺源游震得建，地处婺源县城牧民坊。（民国《重修婺源县志》卷7《建置·官室》）

尊罗书院：嘉靖年间（1522—1566年），婺源游震得兄弟建，以资来学，仰止堂祀朱子、先儒。（民国《重修婺源县志》卷7《建置·官室》）

双溪书院：婺源海川太原王氏宗族子弟王伯淳，为宗人府仪宾，"特请重建双溪书院"。地处海川。（《新安名族志》）

霞源书院：明婺源知县朱一桂建，地处二十五都霞坞。康熙年间毁。（康熙《徽州府志》卷7《营建志·学校》）

蒋公书院：康熙年间（1662—1722年）建，地处婺源县东门外四都巷。（民国《重修婺源县志》卷7《建置·祀典》）

二峰书院：康熙年间（1662—1722年）建，地处婺源词川。冯大山题额。（民国《重修婺源县志》卷7《建置·官室》）

双杉书院：乾隆年间（1736—1795年），婺源王廷鉴建，并捐腴田七十余亩，以赡族中读书、会课、膏火、考费。地处城北。后族众增建。（民国《重修婺源县志》卷7《建置·官室》）

骐阳书院：乾隆年间（1736—1795年），婺源中云王在文倡族重建，为族人讲学、会文之所。地处中云村。太史俞炜题额。（民国《重修婺源县志》卷7《建置·官室》）

开文书院：道光二十七年（1847年），婺源延村、西冲、读屋泉、思溪、汪村合建。地处北乡思溪吴河。（民国《重修婺源县志》卷6《建置·学校》）

教忠书院：咸丰七年（1857年）建，地处婺源北乡清华镇黄家村。（民国《重修婺源县志》卷6《建置·学校》）

崇报书院：同治二年（1863年）捐建，地处婺源县东门大街。原为左宗棠生祠。（民国《重修婺源县志》卷6《建置·学校》

桂林书院：婺源蕉源吴氏宗族建，地处蕉源。（民国《重修婺源县志》卷7《建置·官室》）

词源书院：婺源词源王氏宗族建，祀参军王希翔、王延钊，地处词川村。（民国《重修婺源县志》卷7《建置·官室》）

……

婺源书院（汪立浪 摄）

  书院是培养和选拔人才的重要阵地。书院的创建者在捐资捐田创建书院中，人格的精神坐标也建立了起来。是他们促发的文化财富，让自己在中国历史文化的长河中成为一滴晶莹的水珠。倘若官员创建书院是责任，文士是本能，那商贾、农人则是纯粹的"崇文"。他们的身份殊异，气息却是相通的，已经脱离了世俗，始终与琅琅书声一起萦绕。最终，他们的文化情怀，影响着一代代婺源人，抑或敞向更为广阔的空间。

  比如：汪口人俞皋，宋末元初经学家，"专治《春秋》之学"，在俞氏宗祠旁创建心远书院，亲自任教。"宋亡，不仕元。"俞皋在心远书院韬光养晦，讲经著说，找到了精神归处。汪口村史上能够走出3名进士、12名举人，与心远书院密不可分。

  又如：清代凤山人查启昌，轻财仗义，他见"文昌帝君本里久缺专祠，昌念文运悠系，典制宜崇，因不惜重赀创建殿阁，观瞻肃然"。

80

还有清代甲路人张兆炜,"家贫,日以糜粥或杯豆自度",他"业瓷于豫章"之后,才开始有了积蓄,即在家乡"尝于山南庵倡建文昌阁,立惜字会,凡有善举,咸乐从之"。

的确如此,婺源乡村多建有文昌阁,主要是为倡文运和"关锁水口"的需要。诚然,还有读书楼、读书阁等建筑。据光绪《婺源县志》记载,婺源城乡建有尊经阁、天经阁、学易楼等读书楼28座,天中阁、翊运阁、冀然阁等读书阁16座。在清华洪村,"一经堂"专事刻板印书,为洪氏宗族"印书堂",曾有《朱子全书》《汪绂全书》等在此付梓。

穿越时光隧道,在地方志中会遇见许多捐资兴学者:清代汪口人俞起腾,"邑庠生,生平以培植根本为心,祖父经理宗祠书院,积累有馀赀,腾继其任,增祭产,新堂构,后遵父命,输六百金修文阁……";清代延村人金筠"尝构读书楼,贮书数千卷,昼夜研究,寒暑勿辍。嗣立文社,为后进鼓舞,乡里文风浸起";清代溪头人程世德,"幼贫,长贸易江右勤俭持家,见义不吝,祀厅被毁,慨输五百金,襄成族中创立文会,输租数十秤资助";清代延村人金鸿熙,"广购群书,手不释卷,尝输地建书院,置田培文社及资助寒酸力学者"……

正是这样的文化传统和文化情怀,不断推进婺源"人文蔚起,代有名流",自唐至清,全县进士及第550多人,留下著作3100多部,其中172部入选《四库全书》。"学而优则仕",出任仕宦者达2665人。

他们,都是曾经闪烁在婺源天空的星斗。

左邻"苦读勤耕",右舍"书声震屋"。"几百年人家无非积善;第一等好事只是读书。""忠孝持家远;诗书处世长。""婺源为紫阳夫子之故乡,笃于学术,代产儒亲。自紫阳相其辉,江永振其绪。讲学风气,盛极一时。"婺源此类联文与载记,究竟透出怎样的承传?时间与人,都是最好的答案。比如思口镇读屋泉村,骨子里离不开"耕读传家"的基因。据《绣溪孙氏宗谱》记载,明代孙姓建村时以"泉带墨香,构庐课读"而名村。类似志向与趣味的村庄,还有现属中云镇的书堂村、紫阳镇的学堂屋村,以及蚺城街道的儒学前社区居委会。没有在村名中直接袒露的,更是数不胜数。况且,只要有心读书,婺源乡村私塾、义学、书院的大门都是敞开的。再说,读书人追求"立德、立功、立言",是很少拘囿于一村一地的。

而不断延续的文化传统,带给一个地方的深远影响,还有百姓的熏陶,是民风民俗的呼应和日常生活的改变。在婺源乡村,扶犁耕田的农民,也知书达理,出口亦喜"之、乎、者、也"。

詹庆良1934年出生于水岚村,幼时父母双亡。伯父不仅养育他,还要供他上学。《詹庆良本日记》(1949—1950年),即是詹庆良15岁时,他伯父送他到石城戴村塾学读书的心迹流露:

二月二十二日(1949年),雨

昨日有我堂兄淦文,由水岚家中,专送膏油来,给我好读夜书。蒙此好义兄弟,雨日不辞劳苦,远路携送油来,望我读书成名,真是我的好兄弟,我是不可忘恩负义。

二月二十一日(1950年),晴

有我水岚村人问我:今年是读《大学》还是读《中庸》?学中的功课是做那种题目呢?我便回他说:抄录早晨及昨晚所读的书,再加上先生所写解释。大约过了清明,校中又不同了,还要加上夜下单日温书、双日学写书信呢。

时间是单向的,不会在1949年与1950年的某一天重叠。然而,以詹庆良不同年份的日记作线索,发现读书的生活是一个婺源人人生努力的开始。

水口园林

蝉的歌唱，风是引子。

婺源古县署朝向的清华河畔，即是婺、浙二水合流处。沧海桑田，"吴楚舟楫俱集于此"，以及"京省要津"的水陆大码头景象，只存迹于旧志与《清华古县图》中，然而河水还在不息流淌，古县署门前的苦槠树上还有蝉在鸣叫。

"参天之树，必有其根；环山之水，必有其源。"以"清溪萦绕、华照增辉"得名的清华，是婺源唐开元二十八年（740年）建县时的县治所在地。"建县之前，清华本来是一个戍站。唐末文德元年（888年），胡学来到这里定居。"既然是由戍站而成为县治，就说明清华当时还没有血缘聚落。也就是说，清华成为县治一百多年后，由于咸通九年（868年）进士、御史中丞胡学举家迁入，胡氏才成为望族："古婺时，称姓者必曰胡氏，称胡氏必曰清华。"（《清华胡氏仁德堂世谱》）后来，随着人口的迁入，逐渐形成了以胡、戴、汪、江、郑为主的族群村落。胡学为何看中清华，是因为他在考中进士那年，父亲胡瞳带他游通元观途经清华，印象深刻：

见其地清溪外抱，形若环壁，群峰叠起，势嶂参天，曰：住此后世子孙必有振起者。遂由古歙黄墩而徙居焉。

往往，灵光一现之中透出了父子之间的精神轨迹。胡学出生于官宦人家，父亲官位显赫——"授宣歙节度讨击使、银青光禄大夫、检校国子祭酒兼殿中侍御史上柱国。"（《新安文献志·胡仆射瞳传》）彼时清华的山水形胜，以及他们心中的愿景，都录于道光戊戌重修《清华胡氏仁德堂续修世谱》中。山水是磁场。胡学能够作出从歙县黄墩举家入迁清华的决定，无疑是被这方山高树茂、两水交汇的自然景色所吸引。

能够让胡学一见倾心的只是山水吗？

从大鄣山发脉的婺水，流经清华镇西侧，又转折东流，在寨山下与浙岭发源的浙水汇合，一同绕过镇北，再往前流入星江河。况且，东西面有"五老峰"，南面有玉屏山。也就是说，清华镇如弓状处于玉屏山和婺水之间，"形若环壁"，得益于"来龙去脉"的水口。水口，自然之门户。既然是门户，注重营造也在情理之中。东端建有关帝庙、五显灵祠、文昌阁，西端则建有文昌阁、周宣灵王庙、张帝庙、关帝庙。另有茱岭屯云、藻潭印月、花坞游春等"八大景观"散布在清华镇山水之间。

胡学选择归隐的居所是在东园。

始祖常侍公致仕居此筑堂，曰"清凉堂"。外曰"最乐"，又外曰"平心"。下得五亩园，种牡丹数十本，曰"四时春亭"，曰"赏春"。西有茂林修竹，翠蕉芳丛，亭曰"真美"。中有"喜厅"，厅右曰"宴堂"，左曰"宿堂"。公每日观书其中，自号东山翁。有诗集《东山集》。

《清华胡氏仁德堂世谱》载记的"始祖常侍公"，即胡学。既然是"致仕"归隐，那就是胡学融入山水中，把自己内心的隐秘打开了。

归来三径未全荒,检点韶光上草堂。
客到便教花索笑,诗成每信水流觞。
松间看剑龙犹啸,竹底弹琴凤欲翔。
谁道渊明长已矣,故人谈笑未能忘。

　　胡学的《园亭对客》诗,是完全属于自己内心想法的归隐生活了。园亭之外,是"爱山堂""娱采堂""逸考堂"。

　　看来,胡学在东园的日子过得如此悠然、诗意,他是既遵循了自然,亦遵从了内心。他没有至情至性,哪能做到如此无羁与澹泊呢?!

　　东园尚且如此,那放大了的清华水口,依山临水除了桥、亭、寺庙、文昌阁等公共建筑群之外,还有"万卷书楼""浸月山房""碧潭精舍""松源别业",等等。

婺源的村落景观(汪立浪 摄)

此外，旧志中还记载了婺源乡村一些富足人家或文士建设的花园：马家花园，在甲路，马廷鸾建；澹园，在昭庆祠堂畔，燕山王奇建；达观园，王钜建；西园，王尚建；振藻园，严田李天锦建；怡园，沱川余丽元建，等等。还有沱川余鏊"辟别墅于梅阳口，与同志切靡其中"；江湾江茂升"隐居旸田别墅，种菊怡情"；溪头程流钢"筑别墅，种竹自适合"；沱川余藩卿"建玉泉别墅，读书处，祀汪帝"；庆源詹坤正"建阳春别墅"；俞大需兄弟"建东山别业"……无疑，这些花园、别墅、亭榭、书楼提升或丰富了婺源的村落景观。

时光与流水一样，不会停止。袭唐诗"两水夹明镜，双桥落彩虹"而起名的彩虹桥，以及江苏吴派篆刻家文彭应邑人徽派篆刻创始者何震之邀，在彩虹桥上游题刻的"小西湖"，还有婺源人、晚清进士、江西审判厅丞江峰青为聚星桥撰写的联文"东井聚星多，爱此间山水清华，倚柱留题，跌宕文章湖海气；北仓遗址在，想当日金汤建设，凭栏吊古，模糊烟雨晋唐碑"，都是这方山水不同"时差"的文化遗存。

而横跨婺水之上的彩虹桥，已然是清华山水人文的最美标识符号。

没有对水口林木的保护，就不会有水口景观遗存。尽管清华胡氏的族谱有过多次纂修，但谱规谱训中对"溪滩林洲及各处坟山概行加禁"一如既往。清代嘉庆年间，清华中市村民还勒碑"奉宪示禁"："此经立议，合屋齐堂养培植，殷年来共沾音泽。……各宜禀遵毋违，特示。"

"郁郁层峦夹岸青，春溪流水去无声。烟波一棹知何处，鹧鸪两山相对鸣。"婺源村庄的水口，从朱熹《水口行舟》中延伸开来。

"里到源头，外到水口。"民间俗语中"源头"与"水口"，实质上定义了村庄的"来龙"与"去脉"。这样，就很好理解所谓村庄"来龙山""水口林"的指向和构成了。

道光《徽州府志·舆地志》记："寨山（豸山），'其地名李坑源头'。"而李坑，享有"婺东第一村"之誉。

> 始迁祖洞公，字文翰，名祁徽。生宋太祖开宝元年戊辰正月初七辰时。祥孚（符）庚戌自祁孚（浮）溪新田迁婺东塔子山，辛亥迁于理源双峰下，改理源为理田，有记于盘谷道院，构书屋课子。

根据《李坑家谱》（抄本）载记，李坑始迁祖为曾任朝散大夫、殿中御史李洞，他在宋大中祥符四年（1011年）选择双峰山下的小溪上游建村时，因念先族卜居"见田吉"之说，把村庄的初名理源改为理田。

既然豸山为李坑源头，也就是来龙山，那东西狭长、上边溪与下边溪在村中汇合的李坑村，它的水口又在哪呢？

马鞍山、塔山在村庄两头，与来龙山形成夹峙之势，成了李坑水口的天然屏障。形象地说，李坑的北口，即东西向狮、象山对峙的水口。

中书桥"宋中书舍人李侃建"。李侃，字和仲，登大观己丑（1109年）进士，曾任翰林中书，封尚书左丞，他是载于乾隆《婺源县志》中最早建设李坑水口的人。事关村落建设，《李坑家谱》（抄本）中记载得更为详细：侃公"尝题理田八景。于水口杨柳碣（堨）建桥，桥上创亭九间，至今称中书桥云。东山平处建阁，匾曰'是阁高隐'"。

自李侃之后，李坑人李曦、李操分别在北宋元符三年（1100年）、北宋宣和三年（1121年）进士及第，南宋李知诚、李蒂、李缯、李季礼以科举或承祖荫入仕，以及明代李起、李永裕、李昭炜、李景溪，还有清代的李少如、李书麟等，可谓代不乏人。之所以列出一串名字，是为了表明他们都曾以不同的方式，为建设村庄水口做过贡献。

值得郑重推举的，是清末民初李坑著名茶商——李国熙，他在广州开设"震兴隆"茶号，随着茶叶销售规模的增长，不断积攒财富回馈家乡，不仅捐资"修筑宗庙、路、桥、亭、义仓、义冢、寺院、道观和其他公共建筑"，还在民国初年"捐资三千两银子重修文昌阁，在水口造了很大的园林"。

爱家乡的人，有很多种表达方式。李国熙穷其一生作奉献，堪称楷模。

按李坑民间的说法，村庄有"三重水口"——内水口建有李氏宗祠，由祖先守护；中水口建有文昌阁、关帝庙，由神仙把守；外水口种植朴树、香樟、柳树、枫香，由树木守护。依此，再去审视李坑"大小宗祠12座、庙宇道观17座，桥亭路亭17座，还有文昌阁、文峰塔、公共园林、书院、私塾等"，称得上雄伟瑰丽，气象万千。何况，沿溪还散布着华西碓、塔底碓、里碓、外碓、麻榨碓、柿树屯埸、塔底埸、杨柳埸、华西埸、五埸。

正是这些公共建筑，构筑了李坑水口的诗意景观。这样的水口园林，已经具有了开放式公园的雏形。

溪水潺潺，流淌千年。中书桥、通济桥、杨柳埸、申明亭、大夫第、存德堂、铜绿坊、智仁书屋、花园月塘，等等，依然在小桥流水人家承传传统文化的滋养，给每一位来访者以礼遇。

如今理坑与李坑的村名，虽有一字之差，所属的乡镇也不同，但在古时，它们拥有同一个名字——理源。

沱川理坑最初由金姓在北宋末年建立。而余氏在理坑的始迁祖是余景阳，他是余道潜的第十世孙，定居年代为元末明初。余景阳迁理坑，是因为父亲余元启"以明经历职池州通判，曾小筑书院于理源"（《沱川余氏宗谱·奠基》）。

"吾川之山水，从南干大龙（脉）度浙岭而起高湖（山）。"你若是环顾理坑，就会发现高湖山、浙岭、黼峰、平鼻岭、大鄣山等"环列峙之"。"理源虽川之东隅，而黼阁祖势是为一川尊星，气度轩昂若帝座，有抚御众山而臣之势。"（《沱川余氏宗谱·星源图说》）山峰、云烟、溪流，彼此之间，自然造就了理坑"狮象把门"的水口。然后，在狮、象山种植树木，水口溪流上建设理源桥"关锁水口"，以"藏风聚气"。据《沱川余氏宗谱·奠基》描述：

水有三，从正源交汇，一路而出门户，纡回百折，兽罗簇簇，日月互捍。中则石笋磷磷，方如巾箱，尖如剑戟；或时横石如梁关截，或幻为大涡小涡、大冲小冲之崄。有方巨石，突兀河口，曰"河伯印"。两岸山麓，如覆舟、如游鱼、如石龟，盘旋固结，几十余重。形家所谓葫芦之玄，不足数矣。

奔流，是一川溪水的禀性。理坑的日子，如溪水般漫长。山水与文字的双重观照，让理坑水口越发神秘。况且，理坑水口在不同时期营造了廊桥、文昌阁、文笔塔、水碓、石碣、关帝庙等建筑，等于把村庄水口建设和氏族荣耀，都蕴含其中——有"八方秀气在应照"，阖族"气运万开，人文乃盛"。

所有这些，是理坑水口的聚合体吗？

重峦叠嶂，绿林幽壑。从宏观上看，理坑水口的选址非常考究，背靠驼峰山，面向理源溪，以狮、象山为关锁，扼住谷口，溪流、桥、亭、阁、石碣、水碓、庙宇、水口林等，是互补、融合的，而微观去解读，实际上又各有千秋，起着祭祀、交通、娱乐、雅集等不同的功用。横跨于溪流之上的，还有百子桥、天心桥、观音桥、孝缘桥。

《沱川余氏宗谱·奠基》告诫子孙："不观山水，不知国家之所系；不考谱牒，不知山水之攸关。"理坑的山水之境，最终抵达和体现的还是人文之境。

"理源桥，明正统时（1436—1449年）村人余楥、余相、余楷建。"（民国《婺源县志》）桥亭四门门额上"山中邹鲁""理学渊源""闳开阀阅""笔峰兆汉"题匾，分明是对理坑"书香不绝，宦简联芳"的昭示。旧时，桥亭中"供奉孔子、老子、朱熹，以便士子往返考试期间拜祭祈福"。

"余氏散居于驼峰尖东南麓三溪合流处，清溪川流不息，淙淙有声，故而雅称沱川。"也就是说，"源出境北的篁村、燕山、理源三条小溪，在郭村合成沱水",形成了沱川"三河口"。明隆庆二年（1568年），《洪垣序沱川山水》中记述：

>（沱川）山则面面峰峦，水则回环澄澈，一族而四分。其居村，村有源头、水口，坐向庞厚端严。入此村，若不知有彼村者焉。尤妙者，旋旋转转，重重包裹，有总关阑其外。我婺之山水耸拔秀丽，有出乎其右者乎？宜其俗美风淳，人文济济也。古人云：地灵人杰，岂虚语哉！今之入翰苑、登贤书者，不过略见一斑耳。将来之科甲蝉联，霞蔚云蒸，耀门闾、光史册者，指不胜屈也。

郭村水口建桥立阁，以"增其镇锁之气"。"雄联郭岳，远接湖峰，夸胜地巨关，迷雾雨风千壑树；静锁烟岚，幽通梵宇，喜良宵清景，满川星月一声钟。"沱川郭村水口桥的这一联文，即是郭村水口意境的体现。

庐溪之上，横跨的龙川桥、龙隐桥、凌云桥成了庐坑村"三道水口"，树木遮蔽下的"西山别墅""太史第""凌云阁""傩神庙"，让水口更加神秘。

在庐坑沿庐溪溯源，那是詹氏一族的源头：始迁祖詹初系"逸民公长子，字元载，号黄隐，生于陈永定戊寅（558年）十月十八日，至德癸卯（583年）为东阳郡赞治大夫，有治绩，陈亡不仕，归隐歙之篁墩，慕黄石风，故号'黄隐'。隋大业中，由歙迁隐婺北之庐源。列邑志《经济传》首"（《詹氏宗谱》）。其踪迹在《婺源县志》《婺源县地名志》中都有记述："隋（581—618年）赞治大夫詹初、号黄隐，由歙县隐居邑内龙川，数年后，迁此东侧高墈背建村，初名墈背。"后因村下建有"崇炎社庙"，又称"庙上"。庐溪流淌不息，"凌云阁"却已经不存，而黄隐公墓依在，墓地的左侧是中华詹氏大宗祠和詹天佑祖居纪念馆，右侧依次是凌云桥、"太史第"（如今只存有石门框和残墙）。

庐坑人、"末代秀才"詹鸣铎,他在《振先杂稿》卷6《西水东流小引》(抄本)中写道:"语云:西水望东流,富贵弗断头。诚以东方生气,万派朝宗,波流潆洄,必归一于此矣。我村龙川水口环合,妙景天然,自从始祖黄隐公肇迁,聿来胥宇,讲理学者相厥山川,广培元气,有亭有塔,有月塘,源头活水,汩汩乎来,盖有取于西水东流之意。地灵人杰,昔人每慨乎言之。今则物换星移,甘泉告竭,爰集众公议,重新整理,挹彼注兹,并修月塘,用萃财源,俾之西水东流,即富贵亦可以垂诸永久,一村之福,何快如之!"

詹鸣铎所记水口的亭与塔,只存残基。对应古时"讲理学"的场所,即是"凌云阁"。据说,"凌云阁"为村里的文庙。沿溪流水养鱼的池塘太多,很难确认何处为最初的"月塘"。

庐坑水口的"傩神庙"早已不存,庙中"行到清风秋月白,憩观云止暮山情"的楹联还是被人记起。摩尖山、琥珀山、五老梅峰合抱的庐坑,"三道水口"一如庐溪水不绝的回响。

坑,在婺源村名中是"小溪"的俗称,或是指"溪水流过的地方"。婺源"河流九系,溪流纵横",称"坑"的村名很多:官坑、腾坑、晓鳙坑、旃坑、何田坑、敕坑、古坑、梅坑、塘坑、南坑、查木坑、横坑、邦彦坑、西坑、浯田坑、罗坑、金坑、茶坑、言坑、远坑、重坑、大坑、梓木坑、栲子坑、澄坑、盘坑、呈坑、富山坑、蕉坑、白石坑、沧坑、词坑、方坑、洙坑、吴坑、臧坑,等等,举不胜举。一溪一村一水口,何况全县有230个村(居)委会,1487个自然村,那些千年时光中散布的水口园林,依然在碧波中显影。以2014年婺源结合森林资源二类调查为例,将全县191个自然保护小区164418.84亩各级生态公益林落实到"林地图斑",而这些生态公益林多数为村落风水林。从中,可见婺源村落来龙山与水口林木的丰富资源。

晓起村称得上是婺源村庄水口古树最多的村庄——200年树龄以上的古樟400余棵,红豆杉21棵,还有楠木、银杏、檀木、枫香、柏树、栎树、松树等。俗称"鹿儿溪"的养生河贯穿上、下晓起（前者建村于唐末，后者肇基于南宋绍兴年间），在水口汇入段莘水，形成了"二水廻澜"的景观。在"左狮右象""双堨关锁"的晓起水口，曾建有印台、品池、文昌阁、嵩年桥、眷桥庵等建筑。

"东有乌纱帽，南有笔架山，西有七星赶月，北有八仙搭桥。"山环水绕的晓起村，自然环境得天独厚。在晓起村水口，一块青石板的百年"养生河禁碑"（立于民国十二年，即1923年），与那倒映水面的古树，形成了古村生态保护的呼应。

诚然，婺源先人从地理环境和方便生产生活出发，选择依山傍水，择水而居。一方水口，彰显婺源先人建设理想家园的智慧。他们对水口的规划布局，从地理位置、地形、水土、气候等作出综合的考量：为了消除"首当其冲"的隐患，对河流进行改道，形成来水不见源流，去水不见出口的"之"字形，以求留住财气；出于避免风灾考虑，在风口栽植树木，防风聚气、涵养水源；而筑石堨是抬高水位，提升村落景观，以及引流灌溉……如此"修改""障空补缺"，都是为了弥补村庄水口的不足。从另一个层面说，婺源人对水口的认知，也是在不断的探索中得到丰富的。

考水村名的来历，与发源于黄荆尖的槃水有关，并取《诗经·卫风》中"考槃在涧"的"贤者隐居自乐"之意，古称考川，作为历史上"明经胡氏发源地"，不仅孕育了胡伸等"七哲名家"，而且清代徽墨制造名家胡开文（胡天柱）、江南六大富豪之一胡贯三（胡学梓）、红顶商人胡雪岩（胡光墉）、现代著名学者胡适等，均是明经胡氏的后裔。

绵延的玛瑙峰、南峰尖、汪禹尖、珊瑚峰，环抱在考水村，三条小溪汇入槃水，环村而淌，恰好应合了"众水汇聚之口"。在当地，考水村水口有"龟蛇把谷口"的说法，即村庄有龟山蛇山对峙，自然而然地成为了村落的咽喉。为扼住关口，增加锁钥的气势，考水村先人除了在左右对峙的龟山蛇山种植树木，还在溪流上建桥造阁，使水口"关锁严密","藏风聚气"。

"桥亭典雅疑别墅,寮阁峥嵘掩村扉。"考水水口的双灵桥、维新桥、迎恩桥、步云桥、文昌阁、大士阁、文笔塔,以及南熏亭、莲塘亭、环秀亭、仰止亭,是时光与流水的同频共振,是耕读理想的源远流长。

> 家住乡庄深僻处,就中幽境胜他人。
> 林园满目犹堪玩,丘亩当门渐觉新。
> 绎思斋中存古义,畅情池上钓金鳞。
> 人生但得长如此,任是湖边属秦汉。

隐居考水的"明经公"胡昌翼,徜徉于门前的林园幽境,以诗《书怀》。

"九曲河头龟蛇把谷口","六字文笔秀清峰"。"S"形的槃水河,波光潋滟,河畔树木高耸,文昌阁的气息在《明经胡氏支谱·文昌阁记》中传递:"水口两山对峙,涧水环匝村境。……筑堤数十步,栽植卉木,屈曲束水如之字以去,堤起处出入孔道两旁为石板桥度人行,一亭居中翼然,……有阁,高倍之,……榜其楣曰文昌阁。"

但凡水口建有文昌阁的村庄,古典与人文气息浓郁。如果文昌阁是村庄水口文化精神内涵的彰显,那么在清华、考水、仁村、龙溪、渔潭、李坑、平盈、项村、坑头、赋春、思口、官桥、荷田、理坑、下溪、汪口、凤山、甲路、庆源、察关等地,都是汇聚婺源千年文化一条条不息流淌的溪流。

北宋元丰年间建村的延村,古称"延川",主要为金姓聚居村落。查、吴、程、吕,则为村中的"小姓"。登高山下河曲处延村的水口,"狮象把门",溪流成湾,宛如画境。"石门印月",构成了延村的门户——外水口。

延村人金雾坪"自愿输租八秤,与众换田","计用费贰佰千金"在

延村（詹东华 摄）

水口关帝庙左侧建文昌阁，"望子孙笃志读书，世守勿替也"，立有"嘉庆八年（1803年）秋月霁坪金益亮记"文昌阁碑，以及《水口文昌阁诗》碑刻："尝观放翁诗，东坡读书台。孕奇蓄秀地，山水何佳哉。霁坪性卓荦，下帷绍氛埃。所居最胜处，杰阁巍然开。是为文昌官，瓣香其素怀。至尊尚崇隆，典祀视上台。文章万国器，激劝在吾侪。载籍为枝干，孝友为根荄。神者本依人，诸福源源来。此即诗书城，千载东坡偕。后之登览者，将不尽低徊。"落款为"霁坪大弟属题水口文昌阁诗"。

文昌阁在延村水口只矗立了142年。民国三十二年（1943年）初，国民党第三战区唐式遵领兵进驻婺源，"拆文昌阁改建六角亭"，亭名以"唐式遵号重威将军"定名——重威亭。

透过历史的烟尘，光绪《婺源县志·人物·义行》中存有延村"九曲石栏"和关帝庙遗址倡建者："金荷，贡生，村口桥路坍坏，行旅多艰，荷独力修造，护以石栏，费千金不惜。又捐金倡建祖祠。""金之鼎，购古寺为义冢,倡建思口渡船,立通济桥会,重新延川关帝庙,输奉祭费,购亭煮茗于茶埠、泽鹅诸地。"转过"九曲石栏",即见两座石牌坊——节孝坊、孝女坊。节孝坊是清道光十一年(1831年)朝廷为旌表金湘浦公儿媳、金章之妻洪氏有容的节孝事迹而建;孝女坊呢,系清道光二十四年(1844年)朝廷为旌表金筠次女金红英终身未嫁,抚养幼弟成家的孝义事迹建造。

文昌阁、牌坊,在延村水口的序列设置,直通人的命运。留给后人思考的,是"君子喻于义,小人喻于利",是"重伦理,倡道德"。

在徽饶古道必经之地——察关村,以山、水、树林、祭酒桥、祭酒亭、文昌阁等组成的水口,拱桥如月,28棵古树围绕拱桥而生,呈现"二十八星宿拱月"的意境,堪称"村落水口园林"的经典。古时,祭酒曾作为官名被人们知晓,而祭酒桥、祭酒亭的捐资倡建者詹叔义,他于南宋绍兴年间任金华太守,后辞官归故里主持建桥修亭,至于拱桥和桥亭均以祭酒冠名,应是村人对长者的尊重。

桥与亭台楼阁一样,是水口"锁钥"的重要元素之一。明代末期,思口西源的俞华宗看中了一方两山夹峙、清溪流淌之地,开基迁入,他开宗明义,直接起村名"锁口潭"。"一潭水影征明月,两岸青山锁碧桥。"为增加"锁钥气势",彻底"锁住关口",在水口先后建设通济桥、石碣、"晏公庙"。众所周知,"立庙祀之"的晏公为"水神",通常庙宇建于临近江河湖海的地方,而在山区婺源是极为罕见的。究竟,锁口潭村先人为何如此崇拜晏公,还在水口建庙,至今还是一个未解的谜团。

"山厚人肥、山清人秀、山驻人宁""树养人丁水养财",都是婺源民间的传统意识。在文昌阁倡导"昌明儒学文化"的文人雅士,主要崇祀的是主宰功名、禄位的"文昌帝君"。

"明清之际,徽商崛起,富而好儒,往往拆巨资规划村落,建造园林。"溪头乡上溪村,宋代开基建村,古称瀛川,村庄对岸"瀛山屏"一如屏风,"水口处则洲分二水,呈现回澜夹镜之象",环拱坦建有钟秀殿、灵晖阁、关帝庙、周王庙、文昌阁等。而溪头乡下溪村，古称武溪，由于小河水与大溪水交汇，形成了丁字形村落。先人为建设水口，以一万担粮食的巨资，在村口人工堆成一个舟状土石洲阜，有若山岗，后人称作"万担岗"，并在岗上栽植香樟、罗汉松、五谷树等树木，建社庙、观音阁、钓月亭、文昌阁，以致在水口形成了山回水转的"罗星"景观。自此，"一个罗星抵万山"的理念在世代村民心中根深蒂固，把"万担岗"称为"罗星"，旁边的山坞也称"罗星坞"了。

当地的俗语中，文昌阁有一个形象的名字——八角亭。而文昌阁的修建者是下溪村人程世炘，他"性嗜学博览群书，乐善不倦，乾隆丙午（1786年）、嘉庆丁卯（1807年）两次修桥，费数千金建造文昌阁，又佐父创建义仓，输谷备赈，合族赖之"（光绪《婺源县志·人物·义行》）。

每年的正月十五，下溪村都会在文昌阁举行"20岁同年会"，参加的主角是村中20岁男丁、文会会首、秀才、私塾教师，还有程世炘的后裔代表，大家聚集一堂，吟诗作赋。倘若万担岗、古树，是下溪先人留在村庄水口的"手迹"，那么民间文化的土壤成了文昌阁最后的生存之地。比如下溪村定期举行祭祀"文昌帝君"、会文等活动。程世炘的后裔怎么也不会想到，文昌阁竟然在1965年寒冬被人为拆毁。

在上溪村水口，一块清代"康熙三年（1664年）孟秋月程远立"的封山禁渔石碑，以及郁郁葱葱的古树群，都在诉说着上溪村人的生态保护意识。此前，《新安上溪源程氏乡局记》开首的《乡局记规》就明确了来龙、水口的禁约："后龙、护龙、朝山、水口，祖宗定界立墨，掌养荫木，护庇乡局，各宜凛遵。若斧刀入山者罚银一两，捉获者赏银五钱，折取枯枝、爬取松毛者罚银五分，给赏捉获人员，通同隐瞒者同罚，强梗合族呈治。……后龙为一乡命脉攸关，朝山、水口为一乡关键所系，只宜培养助护，岂容剥削挖毁？以后紧要处，恃其己业，擅行剥削挖毁、戕害乡族者，立责培复，强梗呈治。"

婺源"自唐宋以来，丘木松楸，世守勿懈，……若有樵牧，子孙仇

察关水口（詹东华 摄）

之"。光绪《婺源县志》已把绵延青山往"疆域·风俗"上归结。的确如此，从"赤膊来龙光水口，生下子孙往外走"的民谣反过来看，婺源人对来龙山和水口的保护意识根深蒂固。早在明代，婺源名儒余懋衡就在家乡理坑订立《劝戒》规则："来龙山及向山、水口山，俱不得任意掘土，以致山脉摧残，……四山林木，濯濯不及，今尽行付种，依期雇刈，严禁樵砍。"

而相对于水口人工建筑的破落，水口林的完好很大程度上得益于乡规民约示禁：

> 乡聚族而居，前籍向山以为屏障，但拱对逼近削石巉岩，若不栽培，多主凶祸。以故历来掌养树木，垂荫森森。自宋明迄今数百年间，服畴食旧，乐业安居，良于生乡大有裨益。

汪口村在生员俞大璋等众议下，于乾隆五十年（1785年）立《严禁盗伐汪口向山林碑》。禁碑上所说的向山，即水口的南屏山，山上生长树木上千种，又称"千木山"。一条山径藏在其中，通往野云庵，以及汇源禅院（龙潭道院）。历史上的南屏山，却是山岩裸露、鸟都不拉屎的地方。钩栲、木荷、桂树、苦槠、栎树、杜鹃、枫杨、红楠、黄檀、细叶桂、丝栗栲、红皮树、蚊母树、蓝果树……山上的每一棵树，都是汪口每一位回乡人凿石垒石培土栽种的。倘若，一棵古树是一位栽树人的面孔，那么南屏山上千种古树名木，即是集合了汪口种树人的群像。

《汪口村志》夸耀村形："背负龙脉镇山为屏，左右砂山秀色可餐，前置朝案呼应相随，正面临水环抱多情，南向而立富贵大吉。"曹公桥、文昌阁、社庙、栖真观、龙船庙、关帝庙，都是汪口村水口的建筑。在婺源民间，视关帝为武圣，被称为"本境水口伏魔大帝"。

在婺源聚族而居的氏族，民间对水口林、山场封禁有"唱戏加禁""杀猪封山"等做法。思口漳村王氏有禁碑两块镶嵌祠堂墙上，其中一块为乾隆二十七年（1762年）五月立的《合村山场禁示》："余师坞、茶坞、里田坞、公木坞、面前山下坞、西培坞、坞头、下坞、工培板门桥、林子坑、黄培山、仓坞培等处山场十二局，乃一村之来龙，面前水口攸关，栽种杉松竹木，掌养保护。……今村佥议，业经唱戏鸣约加禁"，对违者"大法重究，断不宽贷"。

无论是思口漳村等地"唱戏加禁"的禁示，还是各地"杀猪封山"的村规民约，虽然禁示的形式不同，但有一点是相通的，那就是让村民对砍伐树木的危害和保护生态的意义加深认识。

> 城口象山林木，皆所当珍重而不可伤残者也。……爰公议申禁，历叙各处要害，昭示来兹，俾共保全勿替。云抑犹有言者，石桥窟形尖射，须取方取圆，水口山势低平，宜建台建塔，裁成辅相，俟诸异日，因附及之里人，石屏乃治记。

《翀麓齐氏族谱·翀麓基雉后记》中，明确记载了翀田村对象山、水口的"公议申禁"。清嘉庆十四年（1809年）进士、天球仪制作者齐彦槐是翀田人，他曾为家乡封山禁河撰联：

> 三山四坞尽栽培，任他武吉买臣，皆不准操斤运斧；
> 片箨只鳞都禁取，虽是孝子贤孙，也无容哭竹卧冰。

这与"禹之禁，春三月，山林不登斧"，可谓异曲同工。抛开齐彦槐其他的名头，他首先是一位热爱家乡、热爱自然的人，曾赋诗《翀麓村居》赞家乡美景："芳郊雨初霁，桑者意闲闲。古树高低屋，斜阳远近山。林梢烟似带，村外水如环。薄雾东皋望，归来自闭关。"

以"翀山南麓"而得名的翀田村，南宋初年建村，水口"狮象锁口"，"凉伞旗屏"，村落呈"品"字形布局。对环村的溪流，名字却直接——环溪。翀田可谓是婺源民间信仰最为丰富的村庄之一，在水口及村周先后建有关帝庙、玄帝庙、忠烈庙、王灵官庙、天妃庙、周宣灵王庙、慈云庙、社公庙、土地庙，以及仙水阁、道院、碧莲庵，等等。

宋代以降，婺源共划有50个都。今属紫阳镇的一都村，发现罕见的赤皮青冈林。赤皮青冈，当地俗称红椆，是一都先贤在明代末年所植。现存的16棵红椆古树，胸径超60厘米，树高20余米，树龄均在400年以上。

在一都，清嘉庆二十四年（1819年）由"明堂里"众村民"呈文县衙"，请求"勒石刻碑"示禁的养生河，以及"明堂里"人叶绍镛尝"捐资请示栽植杉松木苗，严戒斗叶呼卢，时自稽查，力为诏勉"的山林，依然在山水掩映之中。一都的清末秀才叶仁绍在"禁山养生联"中写道："数十年碑石苔封，复古情殷，虽宁戚扣角，买臣持斤，亦须入境问禁；二三里溪山雾锁，好生念切，任王祥卧冰，孟宗哭竹，毋能睹物兴思。"

观风俗，知得失。北宋肇基的塘村，水口楠木成林，是远近闻名的"楠木村"。水口的义善桥、古埠、古树、水碓，都是进入村庄过往时光的通道。上源水、下源水与潋溪河交汇，绕水口呈荷叶形。据传塘村的北方没有"靠山"，只能植树为屏，以"防风聚气"。但民间素有"北风吹，人丁灭"之说，因此塘村水口林的枯枝败叶都不得随意损毁，更不可砍伐。如今，塘村水口的闽楠、槠树、枫香、香樟、红豆杉，依然葱郁、茂密、遮蔽。在塘村，还有一个民间重要的风俗，那就是"塘村不可挖井"，一直流传和恪守至今。

人，是动态的。有了一代代人对守护山水的接力，才有了绿色家园不变的底色。截至2023年10月，婺源有理坑、汪口、延村、虹关、思溪、西冲、篁岭入选"中国历史文化名村"，李坑、长径、江湾、晓起、庆源、龙腾、篁村、菊径、黄村、水岚、游山、豸峰、坑头、甲路等30个村庄入选"中国传统村落"。

篁岭全貌（詹东华 摄）

乡村，婺源人聚族而居的家园。而水口园林，既是山水和人文景观相融创造的乡村美学，亦是一代代婺源人精神的栖居。认识婺源乡村的水口，一方山水人文是最好的加持。

WUYUAN
THE BIOGRAPHY

婪源 传

第三章 文公阙里

朱子还乡

朱熹第一次策马奔向婺源的时候，一轮鲜嫩的太阳从山坳里升起。这是他在梦里多次见到的情景，后来与内弟程允夫通信时特意提起。

史载，朱熹一生回出生地尤溪12次，但只到过父亲朱松出生和成长的祖籍地婺源2次。有人说宋宁宗庆元二年（1196年），朱熹曾第3次回婺源省墓和讲学，但学界主流意见认为于史无据，纯属杜撰。理由是，庆元二年，朱熹67岁，年老体弱，重病缠身，根本出不了远门。再说，当时南宋统治集团内部反"道学"斗争进入高潮，朝廷杀气腾腾，政治形势非常严峻，朱熹生命朝夕难保，没有心情和条件回乡省墓和讲学。

有歌唱"时光一去不回头"，想起朱熹第一次返归故里，正是青春飞扬的年纪。

绍兴十七年（1147年）秋，18岁的朱熹参加建州（今福建建瓯）乡试，高中榜首。主考官蔡兹对人说："吾取中一后生，三策皆为朝廷措置大事，他日必非常人。"绍兴十八年（1148年）春季，朱熹赴临安（今杭州）参加会试中举；四月参加殿试，中第五甲第九十人，赐同进士出身。

朱熹的这一名次，在同科进士排名中比较靠后。科举考试殿试一般分三甲取士，宋淳化三年（992年）开始分殿试及第者为五等（1027年改"等"为"甲"),第一、第二等赐进士及第,第三、第四等赐进士出身,第五等赐同进士出身。元、明以后固定分为三甲,不再更易。无论三甲、五甲,朱熹名次都在最后一个方阵。据《绍兴十八年进士题名》,那一科第一甲10人,第二甲19人,第三甲37人,第四甲122人,第五甲143人,共331人。朱熹"第五甲第九十人"这一名次,为倒数第53名。然而,宋代的进士题名录,今已大多不存,《绍兴十八年进士题名》之所以能流传到今天,恰恰就是因为朱熹的缘故。明弘治年间,会稽(今绍兴)王鉴之将此书重新刻印于紫阳书院,改名为《朱子同年录》,后世有抄本流传。对此,大才子纪晓岚颇有微辞,认为以朱子之名作书名,不符合以状元题名,或以帝王年号题名的旧制。实际上,与朱熹同科的状元王佐,在历史上寂寂无名,后人之所以知道他的名字,正是因为他与朱熹同榜之故。历史上,在王佐的故乡绍兴府城桥北,曾出现过一块石碑,上书"宋徽国朱文公榜状元王佐故里"。清人萧穆对此调侃说:"今状元反借五甲同出身进士为荣。"所以,家长们不要怕输在起跑线上,考试排名并不能决定日后的前程,"小时了了,大未必佳"。

按照中国传统的社会风俗和宗族礼法,地处异乡的游子,进士及第,金榜题名,必须衣锦还乡,告谒祖先,光宗耀祖。虽然朱熹的父亲朱松侨居于闽多年,但户籍仍在老家婺源县万安乡松岩里。证据之一是好友程洵曾建议朱熹于故里立户,朱熹回答说:"所喻立户事无不可,但先人已立户,某又自立一户,恐于理未安。"只是由于战乱及经济拮据等原因,朱松出来后再没回过老家。他大概也没想到自己47岁就过世吧。其实他一直没有忘记在徽州、婺源的岁月，早在建炎四年（1130年）朱熹出生时，他就致信岳丈祝公表达思乡之情："婺源先庐所在，兴寐未曾忘也。当俟国家克复中州，南北大定，归未晚也。"朱熹后来也曾说过："先君子故家婺源，少而学于郡学，因往游而乐之。既来闽中，思之独不置，故尝以'紫阳书堂'者刻其印章，盖其意未尝一日而忘归也。"父亲临终前，朱熹曾答应回老家认祖归宗，现在进士及第是个契机，朱熹终于下了决心，于绍兴二十年（1150年）春第一次返归婺源故里扫墓。另据浙江大学古籍所束景南教授《从新发现的〈与程允夫书〉看朱熹绍兴十九年的婺源之行》考证，朱熹应是绍兴十九年冬赴婺源展墓。但几种《朱熹年谱》（包括《紫阳书院志》所收年谱）都考定是绍兴二十年春，故从此说，"吾从众"。

婺源是茶院朱氏的发源地。唐天祐年间（904—907年），朱瑰奉歙州刺史陶雅之命，率兵三千镇守婺源，制置于茶院，巡辖婺源、浮梁、德兴、祁门四县。天祐三年（906年），朱瑰因功受封宣、歙、池、平、苏、杭、饶、信八州观察使，于是举家迁婺源，其子孙也居于此，称婺源茶院朱氏。朱熹生前认定朱瑰为婺源茶院朱氏始祖。

关于朱瑰迁居婺源，《俞氏宗谱》另有一说，称朱瑰与早期落户婺源的俞姓始祖俞昌是表亲，二人关系密切，俞昌见到老表当时拥兵在身，颐指气使，冶游四方，居所不定，便动员他到婺源来发展。此说有点玄虚。掌握兵权的人，不是想到哪发展就到哪发展的。且当茶余饭后的闲话听听吧。

从朱熹作序的《婺源茶院朱氏世谱》清晰可见，婺源茶院一世朱瑰传二世朱廷隽，再传三世朱昭元、四世朱惟甫、五世朱振、六世朱绚、七世朱森、八世朱松，朱熹为九世。八世朱松于政和八年（1118年）授福建政和县尉时，携父亲朱森等家人离开婺源，其先祖一至七世皆卒葬婺源，后人也多居于此。所以邑人戴铣《优崇儒先祠嗣疏》说："朱子乃徽之婺源人。其父松宦游闽建，是实生熹。南渡兵沮，不克归乡里，因

虹井（汪立浪 摄）

寓家焉。宗戚坟墓故在婺源无恙也。"戴铣官至光禄少卿，后被横暴专权的宦官刘瑾所害，死于廷杖。

朱熹这次回归故里，住在城南明道坊祖居房屋里，内有一口六边形水井，传说朱松出生时，井中有气如白虹，后朱熹生，井中有紫气贯天，故名"虹井"。虹井在家庙旁，朱熹先拜家庙，再去山间扫墓。光绪《重修安徽通志》说："绍兴中，朱子自崇安归里，访求诸茔，封识而去。"据民国重修的《新安月潭朱氏族谱》记载，朱熹在婺源的祖墓有十处：一在连同，为始祖朱瑰之墓；二在汤村，为二世祖朱廷隽、三世祖朱昭元、五世祖妣汪恭人三娘之墓；三在潋溪，为四世祖朱惟甫之墓；四在芦村，为高祖朱振暨继配汪氏九娘合葬之墓；五在王桥，为曾祖朱绚之墓；六在塘村，为二世祖妣方氏十三娘之墓；七在丁家桥，为三世祖妣冯氏十三恭人之墓；八在官坑，为三世祖继配金夫人、四世祖妣程恭人二娘之墓。另据光绪《重修安徽通志》记载，在镇下和小港还各有一处。

20岁的朱熹在族亲陪伴下翻山越岭，涉水过涧，一一祭拜，标记封识，其辛苦自不待言。

朱熹这次为婺源茶院朱氏宗族做了一件大好事，是以百亩田租充省扫祭祀祖先之费。徽州人认为，"祀而无田，与无祀同"。"宗祀之所赖以久远者，惟田。礼曰：惟士无田，则亦不祭。""凡祭田之置，所以敬洁备物，诚不可缺。"意思是，没有田租作保障，祭祀之事难久远。朱熹此举，载于元虞集《朱文公庙复田记》一文：

> 敦礼节，尚名义，厉廉耻，以变其鄙薄，可得而书者，今于徽之婺源见之。婺源，文公朱子父母之邦也。其先吏部，在宋政和戊戌以上舍出身，调建州政和尉，丁艰服除，调剑之尤溪，历靖康、建炎，至四年庚戌，文公生焉。乱亡未定，涪湛笔库以自给。同郡张公敦颐教授于剑，邀与还徽。而吏部之来闽，质其先业百亩以为资，归则无以食也。张侯请为赎之，计十年之入可以当其直，而后以田归朱氏。癸亥，吏部没。张侯以书慰文公于丧次，而归田焉。既葬吏部于剑之崇安。丁卯，公自建宁举进士，明年登第，授同安簿。绍兴庚午，省墓于婺源，以其租入充省扫祭祀之用。

过去官员上任，搬家费要自掏腰包，朱松当年为筹措前往福建的盘缠，曾将百亩祖田抵押给他人。在剑州做教授的婺源同乡张敦颐得知此事后，向朱松表示要为朱家赎回祖业田，并于绍兴三年（1133年）兑现了承诺，商定以十年田租充作赎田之费。朱松去世那年，张敦颐将田归还朱家母子，但一直没正式办交接手续。终于等到朱熹回乡，张敦颐可以当面还田了。听说朱熹捐出田租，老人甚感欣慰。朱熹最主张祭祖时必须"尽其诚敬"，因为他认为子孙之气可以通过祭祀与祖先之气"感通"，他捐田租便是表达"诚敬"之意。

朱熹此举感动聚族而居的族人，族人回报更热情的款待。古时婺源多雅士，众人品茗饮酒时，常常要吟诗讽诵，气氛欢快热烈。有一次乡人宴请朱熹，"酒酣，坐客以次歌诵"。朱熹"独歌《离骚经》一章，吐音洪畅，坐客竦然"。竦然是恭敬貌之意。在座有一些是当地的乡丈名士，他们与朱熹父亲朱松是故交，有几位还是当年与少年朱松一同结社的"星溪十友"。看到朱熹歌吟的风采，不禁回想起当年与朱松进行文学唱酬的情景。

朱熹喜欢这种谈论诗文学问的氛围。他一生中被朝廷委以实职17次，但真正到职只有6次，"仕于外者仅九考"，分别是福建同安县主簿、江西南康军知军、提举两浙东路常平茶盐公事、漳州知州、潭州知州兼荆湖南路安抚使、焕章阁待制兼侍讲，辞官则有几十次。他的心思主要在学问上，对做官没多大兴趣，回到故里除了拜访族人、亲友，就是与乡儒文士讨论学问、研究诗赋，其乐融融。据史料记载，当年与朱熹一起谈诗论文的乡绅主要有董琦、俞靖、程鼎、洪搏、李缯、程洵、汪次山、祝直清、朱德和等人。俞靖（字宋祐）是朱熹父亲朱松当年的"星溪十友"之一，朱熹冒着大雪专程前往数十里外的韩村拜访前辈，虽是隔代，却是故人相见。俞靖问朱熹可还记得董颖？朱熹当然记得，绍兴十二年（1142年），俞靖从建州带回少年朱子的诗，董颖看了赞叹不已。俞靖告诉朱熹，董颖也在婺源。朱熹高兴地说，世旧故交，要多聚聚。他还给先君故友俞靖留诗寄情："江上雪意满，风吹竹林平。先生但坚坐，稚子开柴荆。"

几天后在另一场聚会上见到了董颖，董颖向朱熹敬酒，请他为自己的《霜杰集》题诗。朱熹略一沉吟，就在高四尺宽三尺的宣纸上写道："先生人物魏晋间，题诗便欲倾天悭。向来无地识眉宇，今日天遭窥波澜。平生尚友陶彭泽，未肯轻为折腰客。胸中合处不作难，霜下风姿自奇特。小儒阅阀金匮书，不滞周南滞海隅。粉榆连阴一见晚，何当挽袖凌空虚。"董颖欣喜异常："共叹韦斋老，有子笔扛鼎。"韦斋是朱熹父亲朱松的号。

朱熹还拜访了几位有趣的乡间老人，一位是婺源知名隐士洪樗，他坚拒朝廷征召，躲在五龙山授徒；一位是经常喝醉酒的程鼎，朱熹早就认识他，是父亲的好友，去临安每到朱熹家"或留与饮，君必尽醉，而论说衮衮，不能自休"。朱熹回到婺源，马上去拜访，他后来撰《环溪翁程君墓表》时写道："既长，归故里，又得拜君，而君辱教诲之，则君益以老矣。然得酒，辄歌呼谈噱，意气犹不衰也。"一个老顽童。

朱熹有一册《与程允夫书》，元、明、清三代一直在学者中流传。这位内弟程允夫就是朱熹此次回乡结识的，他本名程洵，是程鼎的儿子，听说新进士朱熹诗好、字好，专程从环溪赶来求教。朱熹说："作诗须从陶、柳门庭中来乃佳。不如是，无以发萧散冲淡之趣，不免于局促尘埃，无由到古人佳处也。如《选》诗及韦苏州诗，亦不可不熟视。然更须读《语》《孟》，以深其本。"后来程洵成为朱熹的得意门生，潜心理学，与老师书来信往，"往复问答累数十书"，是程朱学派的重要学者。

朱熹不是只会钻研学问的呆书生，他对外面的世界也充满好奇与向往。县城东门旧城墙脚下有一处凿石形成的泉池，泉水自岩缝中渗出，旱涝不盈不涸。朱熹与门人漫游至此，小憩饮水，甘甜可口，遂题名"廉泉"。该泉旁至今仍立着朱子手书"廉泉"石刻，水流依旧。他听说县北一百多里处的通源观灵岩洞风景绝佳，唐时就有很高的知名度，便跃跃欲试。新结识的本地年轻学者施伯州主动陪同游览，全程导游。灵岩洞其实是由卿云、莲华、涵虚、凌虚、琼芝、萃灵等36个溶洞组成的洞群，大者雄浑奇伟，小者玲珑秀丽，石笋、石花、石柱、石幔琳琅满目，千姿百态。朱熹浸淫其间，诗兴勃发，忍不住在石壁上题诗留言。明代兵科给事中戴铣和清代国史馆总纂董桂敷在他们的《游灵岩洞记》中都有"琼芝南壁，有朱夫子姓名""东南壁间题识"及"吴徽朱熹"的记载。清代著名学者余鸣盛游灵岩洞，也见有朱熹题诗的痕迹："东南隅有曲房，房中莲华柱上'晦庵'二字，墨迹俱全。南壁文公题诗处，剥蚀殆尽，认一'晦'字与'已冬'二字，余漫灭矣。"时至今日，朱熹遗墨"吴徽朱熹"四字仍依稀可认。

朱熹此行可谓收获满满,但《紫阳书院志》所收《朱子年谱》对此行仅记一事:"县有五通庙,最灵性,或劝谒之,不往。是夜饮灰酒(酒初熟时,下石灰水少许,使之澄清,所得之清酒称'灰酒'),遂动腑脏。次日又偶有蛇在阶旁,众以为不谒庙之故。朱子曰:'某幸归去,祖墓甚近,若能为祸福,请即葬某于祖墓之旁。'"

五通神又名五显神、五路神、五显灵官、华光大帝等,婺源是其发源地。据明弘治《徽州府志》记载,唐光启二年(886年),婺源有位叫王喻的人,某天晚上他家园中忽然红光烛天,不一会儿就见有五位神人自天而降。神人坐定之后,对王喻说:"吾当庙食此方,福佑斯民。"说罢,升天而去。王喻就以其宅立庙,从此凡有祈祷,所求必应。此一情况传到朝中,官方遂多次褒封该庙。北宋大观三年(1109年),官府赐其庙额曰灵顺。宣和五年(1123年),将庙中所祀的五位神人,敕封为通贶侯、通祐侯、通泽侯、通惠侯和通济侯,合称"五通"。南宋淳熙元年(1175年)改封五通神的侯爵为公,曰显应公、显济公、显祐公、显灵公、显宁公,故又名"五显"。朱熹返乡时,五通庙香火旺盛,邻里族戚出于好意,劝他前往拜谒,不料却遭到断然拒绝。原来朱熹是不信鬼神的。他说:"鬼神不过阴阳消长而已。"由此出发,他认定鬼神并不是"如今泥塑底神之类","只是气"。他举例说,风雨雷电初发是神,风止雨过雷住电息是鬼。有时,他甚至把甘蔗的"甘香气"称为神,把浆汁称为鬼,这样,鬼和神的神秘性就消失了。

最终,老家的五通神没有为难远道而来的无神论者朱熹,他因吃辣椒闹肚子的毛病很快就好了,然后便由婺源松岩里前往歙县望京门拜见外公祝确和祝氏家人,并赴黄墩谒朱氏先世故居和先祖朱师古墓。黄墩是徽州文化的象征,在晋、唐中原南下移民潮中,它是众多徽州宗族的始迁地、保祖地和发祥地,如同西北移民中的"洪洞大槐树"、南方客家移民中的"宁化石壁村"一样,它是程、黄、朱等徽州宗族迁徙的圣地。

据《朱氏源流》记载，唐乾符五年（878年），"因黄巢作乱"，朱师古奉祖父朱介之命"自金陵避歙之黄墩"。朱师古有四子，婺源茶院朱氏始祖朱瑰系其次子。

黄墩是朱熹此次故乡行的最后一站，他在朱家巷先祖朱师古墓前祭拜的时候，不会想到他的第二次故乡行要等27年！这期间，他的耳畔常会响起外公祝确的话："到紫阳山看看，那是你父亲的读书处。"那次，朱熹和外公祝确、舅舅祝莘、表弟祝建国结伴去了城南的紫阳山。家住婺源的朱松，少年时入徽州的州学学习，到紫阳山游览，山坳处的老子祠松涛阵阵，流水潺潺。朱松便躲到老子祠读书，因缘际会结识了祝确，并娶祝家少女祝五娘为妻。朱松入闽后念念不忘紫阳山，曾刻一枚印章"紫阳书堂"。朱熹号"紫阳"便缘于此。遗憾的是，朱熹二登紫阳山时，外公祝确已作古。

淳熙三年（1176年）二月，朱熹在门人蔡元定的陪同下，取道福建浦城，"自常山开化趋婺源"，辗转千里，于三月十二日抵达婺源县城，受到族人、乡友、门人弟子及当地官员更热忱的接待。据《朱子年谱》记载，这第二次归里，朱熹呆的时间不短，"至六月乃去"。

那个时候，朱熹的思想已经基本形成和确定，上年六月与陆九龄、陆九渊兄弟的"鹅湖之会"虽然没辩出个结果，但对学界的影响却是巨大而深远的。因此，朱熹一到婺源，县令张汉就率县学师生邀请朱熹讲学。朱熹婉言相辞，张县令表示理解。过了几天，张县令又专程登门请求朱熹撰写县学藏书阁记。婺源县学藏书阁在学宫讲堂之上，原来有名无实，并无藏书。前任县令林虑为藏书阁无藏书深感愧疚，四处搜购了一千四百余卷书籍，连同自己的藏书一并捐给县学。朱熹听了很感动，将自己所著《程氏遗书》《程氏外书》及《文集》《经说》《司马氏书仪》《高氏送终礼》《吕氏乡仪》《乡约》等书赠给县学，并欣然撰写了《徽州婺源县学藏书阁记》，根据家乡学者的要求，着重阐释了"为学致道之方"。朱熹婉拒县学讲学邀请，是对县学虚浮的学风不认同，但他却"日与乡人讲学于汪氏之敬斋","乡人子弟日执经请问,随其资禀,诲诱不倦"。朱子一生最爱讲学,他从中能得到真趣。

朱熹回乡的最大心愿是祭扫祖墓。他"一、二日遍赴山间扫墓",并按当地"封前植树"的风俗,在每一座祖墓四周植下树苗,以"载祀久远"。他在九老芙蓉尖山腰四世祖朱惟甫妻程氏墓周围亲手栽植了24棵杉树,有人说朱熹是按照"八卦"图像栽植这24棵杉树的,还有人说朱熹栽植24棵杉树是遵循儒家忠孝理念,合二十四孝之意。"八卦"说聊备一格,"二十四孝"说却不靠谱。《二十四孝》是元代福建尤溪人郭居敬编撰的一本小册子。其实,在元代以前,社会上就流传着不少有关孝道、孝行的故事,但无二十四孝之说。郭居敬的贡献是将我国流传深远的虞舜以下至宋代孝子孝行的24个故事辑录成书,配以图画和五言绝句,编成《全相二十四孝诗选》(简称"二十四孝"),刊行后得到广泛流传。朱熹是宋代人,他再能掐会算,也不可能算到民间流传的孝行故事会被后人选出24个编辑成书刊布。也许朱熹当年植24棵杉树并无深意,我们就不要妄加猜测了。朱熹手植的这24棵古杉留存至今仍有16棵,棵棵葱郁挺拔,最大的一棵六七个人也难合抱。家乡人缅怀朱子,后将九老芙蓉尖更名为"文公山",将他走过的山岭称为"文公岭"。

朱熹这次阔别27年返乡,又为婺源茶院朱氏宗族做成了一件大事:追回失之已久的始祖之墓。上次朱熹为祭祀事已捐百亩田租,但婺源族亲未认真履行承诺,以至于一世祖朱瑰在连同的墓地因年久失修,已被他人所占有,而方夫人、冯夫人、十五公的墓则一直没有找到。封建时代,人们普遍认为,祖墓是宗族之本,遗失祖墓是大不孝。朱熹对此很着急,率领族中老人"言于有司",在地方官员的干预下,被人占有的朱瑰墓得以索回,并取得官府的"文据"藏于家,为了保险起见,还制作了副本藏于族弟朱然处。同时统领族人伐石崇土,对破败不堪的祖墓进行修葺,还在祭典上宣读了新写的《告始祖茶院府君墓文》。嘉定八年(1215年),朱熹季子朱在回婺源,购得坟禁边地一片,使一世祖墓拜扫祭祀的地方更加宽阔。据悉，不久这里将建成朱子文化园。

朱熹属茶院朱氏宗族二房房祖朱惟甫的直系后裔，按宗法规则，祭二房房祖是他祭祀重点之一。因此，朱熹除了撰写《告始祖茶院府君墓文》《祭远祖文》以外，又专门撰写了一篇《告四世祖三公墓文》：

> 熹，一去乡井，二十七年。乔木兴怀，实劳梦想。兹焉展扫，悲悼增深。所愿宗盟，共加严护。神灵安止，余庆下流。凡在云仍，毕沾兹荫。酒肴之奠，惟告其衷。精爽如存，尚祈鉴享！

有人公开撰文，说朱松、朱熹父子从未产生"思返故庐"的想法。背后的意思，他们对婺源、对徽州故园没感情。此说未免武断了。事实上，朱熹作为婺源茶院朱氏宗族的一个支丁，终身情系桑梓，不忘根本。据汪佑《紫阳书院建迁源流记》载，朱熹第二次返归婺源故里，"则西山蔡氏从之游。其时，思返故庐，迟留数月，教泽所振兴起，郡从执弟子礼者三十人"。编撰过《新安文献志》等名著的徽人程敏政《送朱子裔孙楸序》说得更直白："闻知长老，淳熙中文公归展祖墓，慨然思返其故庐。因挟西山蔡元定与俱，蔡氏虽精于堪舆之说，而实则闽产，力劝文公还闽。"蔡元定师事朱熹，人称"朱门领袖""闽学干城"，他自然反对朱熹定居婺源。朱熹"思返故庐"未果，又与族人商量，议定撰修婺源茶院朱氏世谱，朱熹特为撰写《婺源茶院朱氏世谱序》，告之"十一世以下，来者未艾，徽、建二族，自今每岁，当以新收名数更相告语，而附益之，两书如一，传之永远，有以不忘宗谱之谊"。可见朱熹对故里一片深情。南宋咸淳元年（1265年），寓居福建的茶院朱氏十四世朱勋一脉，奉朝命携次子朱域、三子朱境回婺源掌管祠事，其子孙自此世居婺源。

"以夷制夷"第一人

正德十二年（1517年）是中国历史上极为重要的一年，这一年葡萄牙人出现在广州城外，标志着中国开始正式遭遇船坚炮利的西欧世界。

历史选择了婺源人汪鋐。

经常在书上读到谁是"睁眼看世界第一人"，谁是"师夷长技以制夷"的倡导者，但极少有人知道中国历史上第一位倡导"师夷制夷"并创造成功战例，取得中国历史上最早抗击殖民侵略胜利的军事家是汪鋐。

汪鋐，字宣之，行荣四，号诚斋，徽州府婺源县（今江西婺源）人。生于明成化二年（1466年）九月十八，卒于嘉靖十五年（1536年）七月初七。一生历经四朝，纵横官场三十余年，官至太子太保、吏部尚书兼兵部尚书，是明代两百七十多年间唯一同掌吏兵二部的人。

汪鋐是弘治十五年（1502年）壬戌科进士，正途出身，正德六年（1511年）任广东提刑按察司佥事；正德九年（1514年）升本司副使；正德十年（1515年）奉敕巡视广东海道，处理过疆戎务；正德十六年（1521年）迁广东提刑按察使，此间亲自指挥我国与西方殖民入侵者的首次战争。

战争的草蛇灰线在佛朗机（今译葡萄牙）攻陷满剌加（今译马六甲）

时就埋下了。

15世纪末16世纪初，欧洲正式开启了航海大发现，随着新航路的开辟，人们认识到，富庶的东方被辽阔的大海所隔绝，可以航行抵达。葡萄牙诗人卡蒙斯在《卢济塔尼亚人之歌》中写道："如果你想到东方去寻找，遍地的黄金，无穷的财富，辛辣的香料，桂皮与丁香，益智健身的名贵补药；如果想寻找晶莹的珠宝，坚硬的钻石，瑰丽的玛瑙，此地的宝藏堆积如山，你的愿望在此就能实现。"

汪鋐像

在早期的航海探索中，葡萄牙人是先行者，引领着航海时代，成为人类历史上第一个全球海洋帝国。当他们准备向亚洲扩张时，却发现要达到这个目的，首先必须征服明朝的藩属国满剌加。正德六年（1511年），葡萄牙的印度总督阿尔布科尔科率领15艘大船与1600名士兵组成的舰队进攻满剌加，开始炮击市镇，并于7月25日登陆。

满剌加位于印度洋与太平洋的交界处，征服满剌加后，葡萄牙人便可以肆无忌惮地将自己的势力从印度洋侵入太平洋，再从满剌加北上，就可以侵入中国的沿海。满剌加的陷落，严重地冲击了自明初建立起的朝贡体制，以中国为中心的东南亚国际秩序开始瓦解。

正德十二年（1517年）的一天，3艘巨大的船舶，突然出现在广州城外怀远驿水面之上。船只抛锚停泊后，先是高升旗帜，船上水手在甲板上列阵，齐举长矛，之后放炮3响，声震大地，一时间满城皆惊。看着船舶上高高飘扬的旗帜，船上身着鲜艳服饰来回忙碌的水手，城头上的官员无不惊愕。往日有海外夷人的番船来华朝贡，都是泊在东莞屯门，从未有直至城下者。

大明开国以后，朱元璋采取了一系列被后世称为"海禁"的政策，同时建立起了以中国为中心的朝贡制度，并就来华朝贡的南海诸国列了名单，只有在名单上的国家，方可进入。

这次突然出现的大船，尤其是惊天动地的3炮，让当时负责海防事宜的巡海道副使汪鋐满腹狐疑。广东海道副使职权极大，如经略海防、训练水陆官兵、储备粮饷、督察地方、举劾文武官吏等，遇到海寇入侵，还要领兵剿平。此外还负责外贸、外交等事宜。汪鋐派人前往怀远驿查问，经与自称浮梁人的通事"火者亚三"沟通，得知此番所来的是佛朗机国，但《大明会典》所载"朝贡之国"名单中，却没有这个佛朗机。于是召见佛朗机使臣，回说，他们来自遥远的欧洲，此次来华除了贸易外，更希望入京朝贡。可《大明会典》中不载此国，不能直接入京朝贡，遂暂时安排在驿站中，待奏准方可起送。

让汪鋐他们头疼的佛朗机，后来通译为葡萄牙。国土面临大海带来的便利、常年航海积累的经验、民众对黄金与香料的渴望等多种元素支撑起了海洋帝国葡萄牙，不断发起一次次海上远征。明永乐十三年（1415年），葡萄牙国王若昂一世派他的儿子亨利王子率领远征军占据了北非城市休达，此战被视为葡萄牙全球海上扩张政策的起点。后来，葡萄牙国王曼努埃尔赞助了达·伽马的航海远征，为葡萄牙带来了巨大的财富与东方的无限商机，葡萄牙迅速崛起，成为强大的海洋国家。但曼努埃尔国王还不满足，又将眼光盯向那充满丝绸与黄金的国度，那传说中的"秦土"。

此时的欧洲，与中国隔绝已久，关于中国的各种传说，让欧洲人魂牵梦绕，仿佛那儿遍地都是黄金、白银与丝绸。曼努埃尔国王充满了好奇与向往，派人不断向着东方前进。正德八年（1513年），葡萄牙人若热·阿尔瓦雷斯在中国商人的指引下，至广东珠江口屯门进行贸易，这是第一个到达中国的葡萄牙人。若热·阿尔瓦雷斯在屯门竖起一块刻有葡萄牙王国纹章的石柱作为纪念，然后悄然离去。

正德十二年（1517年）六月十七日，葡萄牙国王曼努埃尔委派费尔南·佩雷斯·安德拉德，率领一支满载胡椒等货物的船队，由满剌加起航前往中国。与船队同行的还有使臣托梅·皮雷斯及通事。八月十五日，四艘葡萄牙船只、四艘马来帆船组成的船队到达东莞屯门，遇到汪鋐手下的水军。屯门是海防重地，被视为广州屏障，布置有海道哨兵把守，番船到来后，在此地停泊，再由大明水师代为通报。

费尔南·佩雷斯·安德拉德派人前去南头备倭都指挥拜会，请求前往广州。南头备倭的值班员迅速报告给广州。但当时都堂（都督）陈金不在，没人敢拍板，让葡萄牙人在屯门空等了一个多月。葡萄牙人很恼火，决定自行北上广州，于九月底抵达广州城外。

前去兴师问罪的广州官员听了使臣的解释，消了火，经请示同意与他们进行贸易。至于他们请求入京朝贡，依照程序，得向朝廷奏报："正德十三年（1518年）春正月壬寅，佛朗机国差使臣加必丹末等贡方物，请封，并给勘合。广东镇巡等官，以海南诸番无谓佛朗机者，况使者无本国文书，未可信，乃留其使者以请。"得旨："令谕还国，其方物给予之。"

正德十三年（1518年）年底，费尔南·佩雷斯·安德拉德率领的船队扬帆满载而归。但使臣托梅·皮雷斯被明廷拒绝入京后仍不甘心，谎称使团是满剌加使团，并暗中找了太监宁诚帮忙，终于在等待一年多后被准许进入内地，不料却卷入明廷内部的政争之中，结果通事"火者亚三"因依附权臣江彬被处死，皮雷斯带领的使团被遣返广州。

此时广州的局面已经发生了变化。费尔南·佩雷斯·安德拉德回到葡萄牙后，得到国王曼努埃尔的接见。国王对中国充满了兴趣，委派费尔南·佩雷斯·安德拉德的兄弟西蒙·安德拉德带领船队，携带大量货物前往广东贸易，于正德十四年（1519年）八月抵达屯门。他的船队中包含一艘加莱船、三艘平底帆船。加莱船是一种中型的桨帆船，明人又称其为蜈蚣船，船长10丈，阔3丈，船上设有风帆，船身两旁设桨40

余支，底尖上阔，每船用200人撑驾，桨多人众，无风可以用桨，机动性强。平底帆船是中国及东南亚远洋帆船的统称，这种船一般为两桅，船长在7至10丈，其稳定性强，载货多，适合远洋贸易，所以经常为走私商人所用，葡萄牙人与东南亚人也经常使用这种帆船。

西蒙·安德拉德是个亡命之徒，他来华后一改其兄此前与中国官员及民众友好往来的做法，以粗暴无礼的方式在屯门构筑城堡和要塞，并布置大炮，且时常在屯门附近抢劫商船，有时还殴打明朝的收税官员。甚至公开支持强盗、绑架者，大肆贩卖奴隶、拐卖儿童，"广之恶少，掠小儿竞趋之"。广州地面上儿童失踪，激起了民众的恐慌，乃至认为小儿被这些野蛮人吃掉了。西蒙的贪婪凶残，在葡萄牙人伊斯特所著《葡人在中国之居留地》中有载："此人秉性贪暴，劫夺财货，掠买子女；并于此建筑堡垒，以示有据此岛之意。"葡萄牙史学家巴罗斯也曾撰文说："西蒙统帅葡人，起壕障，虐待大门岛（即屯门）土人，故中国人当初对葡人之美意，至是变为恶意……"西蒙如此张扬，是他以为葡萄牙人拥有压倒性的军事优势，"葡萄牙人武器之精、船只之大，是中国人前所未见，有令中国人恐惧的大炮"，故而行事肆无忌惮。

西蒙的种种恶行，激起了广州当地官员与百姓的愤怒。正德十五年（1520年），曾知顺德县的江南道御史邱道隆上奏："残逆称雄逐，其国主先年潜遣火者亚三，假充满剌加使臣，风飘到湾，往来窥伺熟我道途，略买小儿烹而食之。近日满剌加国王奏其夺国、仇杀等情，屠掠之祸，渐不可长，宜即驱逐，所造房屋、城寨，尽行拆毁。"顺德籍的御史何鳌建议："乞悉驱在澳番舶及夷人潜居者，禁私通，严守备，庶一方获安。"两位御史驱逐、讨伐葡萄牙人的主张得到了朝廷的支持，决定对留在广州的夷人，一概加以驱逐，此后非朝贡之年，来华的海外船舶均被驱逐，不得进行贸易。

朝廷的指令传到广东再执行已是正德十六年（1521年）初了，那时西蒙·安德拉德聚集了五艘葡萄牙船只，运有大量货物，正在屯门进行贸易，生意非常兴隆。广州官员向他传达"所有在华使团、商团全部退出国境"的谕令，但他不为所动，因为货物还未售完。新登基的嘉靖皇帝被惹怒了，下令以武力将他们驱逐出境。

一场战事就此展开。中方主持战事的是广东提刑按察使汪鋐。当时明朝的海防军备极为空虚，此前因为水师不敢剿捕海盗，汪鋐还受过处分。现在面对比海盗更为强大的对手，汪鋐精心筹划，积极备战，"亲冒风涛，指画方策，号召编民，率以大义"。还在南头设立了海防前线指挥部，具体部署指挥与葡萄牙人的决战。

先礼后兵。这年六月，汪鋐奉旨率军包围了屯门岛，晓谕葡萄牙人离开。西蒙·安德拉德根本不予理睬。"汪鋐以兵逐之，不肯去。"双方开始交战，汪鋐首尝败绩。对方在屯门岛上修建了坚固的防御工事，利用船上的火炮提供炮火支援，"彼犹据险逆战，以铳击败我军"。在葡萄牙人所用的火器当中，以佛朗机大铜铳、佛朗机铳和鸟铳最为明军所忌惮，其中佛朗机大铜铳体型最大，通常放置在加莱船船首的炮楼中。汪鋐对此印象深刻，他记录道：佛朗机大铜铳，"其铳体用铜铸造，大者一千余斤，中者五百余斤，小者一百五十斤。每铳一管用提铳四把，大小量铳管以铁为之，铳弹内用铁外用铅，大者八斤，其火药制法与中国异。其铳举放，远可去百余丈，木石犯之皆碎。我兵由是望而畏之，不敢近"。这应该称作火炮了，其射程与威力要比明军水师当时所用的碗口铳大将军、二将军、三将军等大上许多。而船只就更不在一个量级了。十六世纪初，广东水师的战船基本上是叭喇唬船、唬船、哨船等中小型桨帆船，其中最大的是叭喇唬船，船长4—6丈，船两边各架桨8—10支，设有1—2根桅杆，用布帆，帆桨并用，可以破浪，便于追逐。这种船对付倭寇效果非常好，但用来对付葡萄牙人的加莱船就显得力不从心了。明人严从简《殊域周咨录》评价说，在明朝东南沿海闽、浙、粤三省水师中，广东水师的战力最弱。

但汪鋐不认输，斗智斗勇，使出各种计策。时人记载，汪鋐雇佣精通水性的民人，潜入水中，将葡萄牙人的船只凿沉，是为"凿船计"；中国人最擅长火攻，汪鋐也不例外，时南风劲吹，以小船载枯树，灌以脂膏，乘风纵火，将敌船焚毁，大获全胜，是为"火攻计"……但西蒙·安德拉德凭借船坚炮利，抵挡住了汪鋐指挥明军一波接一波的攻势。汪鋐审时度势，及时调整策略，把硬碰硬的攻坚战改为长期围困战，逼迫对方恐慌断粮、断弹药。

战事胶着的时候，汪鋐得到一个好消息：东莞白沙巡检何儒探听到，葡萄牙人船上有个广东人杨三戴，早年闯荡海外，已经久居满剌加，熟悉葡萄牙人制造战船、火铳、火药的方法。汪鋐一听，计上心来：如果能造出葡萄牙人那样的铳，师夷制夷，就能早日结束战争。

于是，汪鋐秘密派人以卖米、酒为由混入屯门的葡萄牙人之中。葡萄牙人被围困在孤岛上，日子很不好过，对于救命的粮食和激情的酒水敞开大门接纳，毫不怀疑其动机。此人瞅准机会接近杨三戴，劝谕其回头为国效力，又许以重赏。到了约定的某夜，何儒不敢马虎，亲自驾小船将杨三戴接到汪鋐的指挥所。汪鋐肯定了杨三戴的爱国之举，当场兑现了赏金，然后听取他对佛朗机船和火铳的具体介绍，令其尽速仿制。后经试验，仿制成功，的确是利器。

有人说这太像编故事，但历史上确有其事。据葡萄牙人文献记录，当时屯门有一名华人基督徒，会制火药、铸火铳、造军舰，被汪鋐派人成功策反。他先在广州仿制了一批火铳和两艘军舰，然后被送到北京，得到皇帝赏赐，继续铸造火铳。由此可见，汪鋐确实从葡萄牙人身边挖来了精通火铳、火药制造的高人。

仿制的佛朗机铳和小蜈蚣船源源不断地运到军中，明军的战斗力大大加强。汪鋐再用兵与葡萄牙人交战时，不再处于下风。当时葡萄牙人的十多艘蜈蚣战船泊于屯门港，另在岸上设有军事营垒，居于明军以北。等到秋天南风起，汪鋐乘此发动进攻。先命仿造的佛朗机火铳开火，然后用火舟冲击，火借风势，直扑蜈蚣战船，敌船大乱，汪鋐一声令下，明军小蜈蚣船纷纷冲入敌阵，陆上明军也同时发动猛攻。水陆夹攻，敌军大部分被歼，岸上营垒尽被摧毁，残存余寇逃往外海，明军大胜。最终导致西蒙·安德拉德带着三艘船逃走的，是一场风暴。赫德逊《欧洲与中国》说："他遭到了一支中国舰队的包围与攻击，只是由于一阵暴风雨把船只驱散，才使他得以逃生并回到马六甲。"明军之所以没有继续追击，是因为明军所用的中小型划桨船只适合在近海作战。汪鋐战后总结，获得佛朗机火铳的制作方法，仿制成功并迅速投入战场，是明军取得屯门之战胜利的主要原因。

屯门之战是中国与近代西方国家的第一次军事较量，也是中国人民反抗西方殖民者的一次成功演练。汪鋐指挥攻伐取胜，朝野倾动。为表彰其功绩，朝廷于正德十六年（1521年）十二月，特敕加汪鋐一级，使食一品俸。汪鋐仍留驻南头，命令明军舰队巡视珠江口，将葡萄牙人彻底驱逐。嘉靖元年（1522年）九月，葡萄牙首领别都卢率其所属千人准备劫掠新会县西草湾，汪鋐得报，令明军船队迅速出击，杨三戴指挥仿造的佛朗机炮发挥奇效，把敌军打得落花流水，生擒别都卢等42人。

汪鋐没有被胜利冲昏头脑，他在实战中认识到蜈蚣船、佛朗机铳的威力，屡次上书嘉靖帝，鼓吹引入西方武器，甚至发出了"师佛朗机以制之"的呐喊，这一理念领先于魏源"师夷长技以制夷"三百年。为了证实佛朗机铳凶猛，汪鋐令何儒、杨三戴等带原获佛朗机铳进京演示。嘉靖帝很高兴，命户兵工部议处。但当时的兵部尚书李承勋等认为决定战争胜利的关键是人不是物，拖着不办。嘉靖帝一怒之下免了李承勋，命汪鋐取而代之。地方百姓十分拥戴汪鋐，修建"都宪汪公遗爱祠"纪念他的功绩。该祠现仅存后殿，1988年由深圳市政府公布为市级文物保护单位。汪鋐的遗物"盘龙玉带"现藏婺源博物馆。

人无完人，汪鋐也不可能十全十美。明钱希言笔记《狯园》有《汪尚书毁寺报》一节，说："新安城南有披云峰，峰下有太平十寺，'应梦罗汉'，唐僧贯休所画，其像至今尚存。嘉靖初，有婺源汪尚书鋐，因占风水，将造墓其上，于是拆而毁焉。剥像焚经，千年之香火一朝荡然矣。旬月之间，尚书中恶疾，皮肉消尽而死，妻子皆相继亡，家业殆尽，墓遂无成。"《新安吕氏宗谱》也记有汪氏占寺造墓一事："嘉靖壬辰春，婺源汪二公子云程倚父天官汪鋐势焰，将太平古刹指为荒废寺，侍郎祖祠指为土地堂，嘱托曹四公祖谋造风水……"吕家与汪家为此大打官司，但报应云云，皆为妄言。

兄弟尚书

婺源桃溪潘家一门，在明成化二十年（1484年）至嘉靖十七年（1538年）的五十四年间，像"带鱼咬尾串串来"似的，接连涌现潘珏、潘珍、潘旦、潘选、潘鉴、潘锜、潘潢、潘镒、潘鈇等九个进士，其中4人担任过尚书、都御史等二品官职，故潘氏家族当年曾无比自豪地贴出一副门联：

一门九进士
六部四尚书

此联十足威武，但有引导别人会错意之嫌，以为在朝廷设置的吏部、户部、礼部、兵部、刑部、工部等六部中，四个"一把手"尚书出自他们潘家。实际情况是，根据当时的制度设计，官员任满要轮岗，潘潢因此先后担任过吏部、刑部、工部、兵部等四部尚书。另外，明正德三年（1508年）考中进士的潘鉴，也先后做过工部和兵部尚书。如果此联改成"一门九进士，六部两尚书"，就与史实相符了。

问题是，一门"两尚书"在"书乡"婺源不稀奇，比如同在明代，离桃溪不远的小山村理坑,还出过更传奇的"兄弟尚书"余懋学、余懋衡呢。

提起余懋学,婺源人的脑海里就会浮现出一尾红鲤鱼意象。婺源别称"四色县",哪四色?红鲤鱼的"红"、绿茶的"绿"、龙尾砚的"黑"、江湾雪梨的"白"。"四色"之中,余懋学贡献了红色。相传余懋学告老还乡时,明朝在位时间最长的皇帝朱翊钧念他"代天巡狩"有功,特从御花园的鱼池中选出数尾红鲤鱼作为赏赐。

鲤鱼自古就被视为食中珍品,《诗经·小雅·六月》记周宣王伐狎狁胜利后大宴诸侯时,"吉甫燕喜,既多受祉,来归自镐,我行永久,饮御亲友,炰鳖脍鲤"。《诗经·衡门》记有"岂其食鱼,必河之鲤"之句。《孔子家语》还称鲁昭公赐孔子鲤,适其生子,孔子为荣君之赐,便命名鲤、字伯鱼。可见古人对鲤鱼的珍视。

我国是世界上最早养殖鲤鱼的国家。早在殷商时代,我国便开始池塘养殖鲤鱼。在春秋战国时期,范蠡编著了世界上最早的养鱼著作《养鱼经》,其中详细记载了池塘养殖鲤鱼。到了汉代,池塘养鲤已很盛行,从皇室到地主都经营着养鲤业。进入唐代,因为皇帝姓李,"鲤"与"李"同音,因而鲤鱼身价倍增,摇身一变成了皇族的象征,于是"养鲤""捕鲤""卖鲤""食鲤"都成为皇族最大的禁忌,违者必处以重罚,所以唐代鲤鱼养殖业渐渐衰败。后来,鲤鱼从我国渐渐传到其他国家,最早移殖到伊朗(波斯),1150年自波斯移到奥地利,1496年移到英国,1560年移到普鲁士又转到瑞典,1729年移到沙俄,1830年自欧洲到美国,1905年到了伊犁河,1915年自中国香港又移到菲律宾。鲤鱼已成为一种世界性养殖鱼类。

当年余懋学把皇帝赏赐的红鲤鱼带回婺源,放养在一口特制的石缸里,供人观赏。婺源山里人谁见过这么高级的红鲤鱼?口口相传,好奇的人越来越多。余懋学便把繁殖的鱼苗送给亲友乡邻,由此传入民间。婺源对这尾来自皇宫的红鲤鱼很重视,专门成立了研究所和养殖场,对

婺源美食（詹东华 摄）

它进行筛选繁殖，培育出头小尾短、背高体宽、腹部肥大、形如荷包、体色艳红的荷包红鲤鱼。400多年后的今天，余懋学引来的荷包红鲤鱼已经成为婺源县的特产之一，游客来了都想尝尝鲜，钓鱼台国宾馆则早在1985年就已将它列入国宴菜谱。

当然，余懋学贡献给家乡的远不止一尾红鲤鱼。这位1543年出生的神童从小过目不忘，16岁中秀才，24岁进士及第。他先在抚州担任掌理狱讼的推官，断案精准如神，不久升任南京户科给事中，不料却与当时的内阁首辅张居正干上了。

万历元年（1573年），张居正推行考成法，大力整顿吏治。考成法用现在的话来说，就是考核评价官员的体系，即通过内阁稽查六科，以六科稽查六部、都察院，以六部、都察院稽查巡抚、巡按，从而形成一个考成体系。清正廉直的余懋学原本对这项改革寄予厚望。但张居正独断专行，纳贿敛财，毁天下书院，造豪华私邸，激起余懋学等众多知识分子的反感。后来，张居正为了讨好皇帝，把翰林院白燕飞舞、内阁碧莲花提早开放等自然现象说成"祥瑞"，进献《白燕白莲颂》蒙蔽皇帝。余懋学对此很反感，上书论劾张居正，说当下旱情严重，百姓忧虑痛苦不堪，皇帝正与百官图谋救灾修禳，张居正却搞什么献祥瑞，实在不是正直大臣应该干的事。暗指张居正是"谀佞之臣"。

过了些日子，余懋学见张居正毫发无损，又于万历三年（1575年）二月再次上书弹劾张居正。这次，他对张居正推行的考成法提出了尖锐的批评意见，明确提出"政严则苦，法密则扰"的理念，希望皇帝"本之和平"，"依于忠厚"，"宽严相济"，"政是以和"。

张居正见一个小小的南京户科给事中竟屡屡对自己说三道四，勃然大怒，联合大太监冯保欲置余懋学于死地而后快。神宗朱翊钧被张居正、冯保蛊惑，下旨斥责余懋学不体察朝廷励精图治的意图，假借惇大之说收买人心，必是受了赃官富豪的贿赂，为他们游说，似这等乱政之人，本当依律论治，念他是言官，"姑从宽革职为民，永不叙用"。中国古代有不杀言官之约，明代继承了这一传统。明代吏、户、礼、兵、刑、工六科给事中属言官，掌侍从、谏诤、补阙、拾遗、审核、封驳诏旨，驳正百司所上奏章，监察六部诸司，纠弹官吏，与御史互为补充。

皇帝放了余懋学一条生路，余懋学赶紧收拾行李离开政治漩涡，否则难保不被张居正、冯保们暗算。返乡途中，经过徽州府城，正是徽州丝绢案闹得沸沸扬扬的时候，刚被罢官的余懋学不顾"戴罪之身"，为家乡父老的利益挺身而出。

当代作家马伯庸写过这个曲里拐弯、高潮迭起的故事，说南直隶徽州府统辖歙、黟、休宁、婺源、祁门、绩溪六县，是有名的文教繁盛之乡。其中歙县最大，也是府治所在地。隆庆三年（1569年），有个叫帅嘉谟的歙县人，突然对徽州府存放在歙县库房里的税粮账册发生了兴趣。此人仕途无望，但对数字天生敏感，擅长算学，很快注意到徽州历年税赋里有个疑点：徽州府每年向南京承运库缴纳的税粮中，有一笔科目叫作"人丁丝绢",须以实物缴纳,每年要缴 8780 匹生绢。吊诡之处在于,徽州府下辖六县,只有歙县账簿上有这笔支出,其他五县都不用缴"人丁丝绢"。帅嘉谟感觉不合理:徽州府缴纳的"人丁丝绢",应六县均摊,怎么可以只压给歙县呢?他要为歙县人出头。

其实,帅嘉谟不算歙县居民,他祖籍江夏军户,隶属于徽州境内的新安卫。军户是明朝特有的一种户籍,世代都是军人,归属于各地卫所。他们的地位不低,明代内阁首辅张居正也是军户出身,籍归湖广荆州卫。

帅嘉谟慢慢理出了头绪:明初,整个徽州府六县共亏欠夏粮 20480 石,以"夏税生丝"的名义补之,折 8780 匹生绢。按说这笔钱应由六县共同承担,可不知为什么,却变成了歙县单独缴纳,且一交就是近两百年。帅嘉谟虽然户口不在歙县,但正义感和乡土情结促使他行动起来,为歙县讨一个公道!

隆庆四年(1570年)年初,帅嘉谟精心撰写了一篇呈文,提交给徽州府的上级——应天府巡抚海瑞和应天府巡按刘世全,要求六县"均平"。当时江南正在推行一条鞭法,而一条鞭法的口号恰好是"均平赋役,苏解民困"。帅嘉谟懂得讲政治、跟形势。

钱粮税赋,历来都是民政事务的重中之重。隆庆四年(1570年)二月初十,巡抚海瑞批示:"仰府查议报夺。"巡按刘世全批得更具体:请徽州府召集六县负责官吏、乡绅、耆老等民众代表,就此事查证合议。

"人丁丝绢"到底该歙县单出还是六县均摊?不用说,歙县力主大家一起出,但其他五县坚决反对,理由是:你们都已经交了近两百年了,说明这税就是你们该交的,凭什么要我们来承担?

就在六县吵得不可开交的时候,都察院将帅嘉谟通过关系递交上来的呈文批转户部:"典有所遵,赋当均派,合从抄出酌行。"户部加上一句"候本处巡按衙门题",批转应天巡抚和巡按。同时给徽州府发了一份咨文:"转行该府从公查勘。前项人丁丝绢起自何年,因何专派歙县,其各县有无别项钱粮相抵,如无相抵,今应作何议处。"听这口气,支持谁已经很清楚了，只等拿出均摊各县的具体方案了。

上上下下如此武断，让削职回乡的余懋学忍无可忍，他给当时的徽州知府萧敏道写了一封信，善意规劝他还是按照近两百年的旧例征税，免得祸起萧墙，闾阎话短长。绩溪教谕杨存礼也在申文中说："照旧定纳，庶免小民激变之忧，官民两便。"但萧敏道揣摩上司的意图，不听余懋学等人的意见，依旧我行我素上报均摊方案。婺源等五县民众义愤填膺，纷纷涌上街头游行抗议，表示决不妥协。余懋学身处"永不叙用"的逆境，本应低调行事，少惹麻烦，但他始终站在前排，又与尚宝司卿汪文辉、温州知府洪垣等婺源籍官员联名上书，诉辩不息，据理力争。徽州知府段朝宗见事态发展到这般难以收拾的程度，为了逃避责任，竟谎报诬陷婺源等五县民众"倡乱"，要捉拿幕后"乱首"治罪。

张居正被余懋学弹劾的一口恶气还没有出完，这下把柄在手，岂肯轻易放过？他给巡抚胡执礼写了封密信，指名说婺源大乱的根源，在于前南京尚宝卿汪文辉和余懋学；同时指使都御史王篆，也写了一封信给巡按郑国仕，说余懋学和洪垣是主谋，一定得严惩；户部尚书殷正茂也亲自给徽州知府写信，暗示余懋学和暴乱的关系。

余懋学忽然意识到，这是张居正余怒未消，打算借机惩治自己，好进一步报复。于是赶紧躲回乡下老家规避风头，总算侥幸过关，但被认定为"带头闹事"的婺源人程任卿却被判了斩监候，这一候就候了20年。

重新出来做官的南京户部右侍郎余懋学，一直想弄清程任卿案背后的细节。原来张居正施加种种压力后，各级官府不得不有所行动，开始叫喊抓捕当地豪强。可命令到了徽州府，他们从治理一方的角度不想得罪所谓的豪强，于是给朝廷回了一封公文，叫做《本府回无豪右申文》，主要内容就是说我们这儿没什么"豪右"，不需要抓捕。胡执礼和郑国仕本来也只是迫于张居正的压力，才发牌捕拿。现在徽州府否认，加上余懋学在北京的几个朋友王锡爵、陆光祖、李世达等人，也写信过来劝其守正。抚、按两院乐得顺水推舟，改口说既然不是豪右作乱，那一定是生员闹事，改抓他们吧。这才有婺源生员程任卿等人相继被捕。程任卿在丝绢案中的确挑了婺源这边的头，当时知县吴琯刚好调职，出现权力真空，程任卿牵头成立议事局，实际就是要另立自治政府。

据马伯庸在他那篇有关徽州丝绢案始末的长文中说，在给这些人议罪之时，张居正因为找不到余懋学的罪茬儿，心里很不爽，又听说余懋学跟程任卿关系不错，便特意指示刑部要严办。结果程任卿原本判的是充军，被张居正这么一插手，最后变成了斩监候。余懋学直到重回官场看了李世达和郑国仕出示的张居正和王篆的亲笔信，才知道当年自己处于多么危险的境地，吓得"毛发犹为悚然"。这时他才明白，程任卿被判死刑，原来是代他受过啊。

余懋学深感对不起老朋友，深思熟虑后上了一道《豁释丝绢大辟疏》，为程任卿喊冤，希望能够申请豁免程任卿死罪，改判充军流放。他还特意提及，当时的户部尚书殷正茂致仕以后，隐居歙县，也一直为程任卿释放而奔走，说明他内心有愧。虽然那时距离丝绢案已经过去十多年，但余懋学是言官出身，笔法凌厉，为了替程任卿正名，狠批朝廷处理徽州丝绢案"五不堪""五不通""四诬捏""四不协"。其中"五不通"是这么说的：

> 丝绢之争，事出公愤，当时五县同一诉辩，却谓婺人倡之，一不通也；五县士夫多系先达，往复辩论，词旨各殊，却说臣与文辉主之，二不通也；人各为其桑梓，彼此持议亦情之长，却以持议目为"倡乱"，三不通也；丝绢派丁，岁输不过分厘，贫民或难措办，而巨室视之毡上一毫耳，何惜微末以蹈不测，四不通也；求豪族而不得，必以衣冠之类当之，岂能簧鼓要约，五不通也。夫由不堪之状，推之则激变之，情有可原，而由不通之说观之，则"倡乱"之语不足信。

余懋学这道"疏"果真让程任卿起死回生,最终得以改判充军边疆。神奇的是,程任卿在充军期间居然立功当了把总,荣归故里,《婺源县志》还给了他一席之地。

其实,余懋学复职,程任卿翻案,都是张居正死后的事。在张居正万历十年(1582年)去世之前,河南道试御史傅应祯曾上书为余懋学鸣不平,说余懋学直言是本份,如果因言辞过激就一棍子打死,以后的言官谁还敢说话,谁还敢议政?当时张居正大权在握,傅应祯不仅为余懋学翻案不成,自己反倒被发配充军。但好人终有好报,张居正死后的第二年,傅应祯应召复职,后官至南京大理丞;余懋学累官南京尚宝卿、户部侍郎,万历二十七年(1599年)去世,皇帝下旨赐葬,追赠工部尚书,追谥恭穆。他在婺源理坑的府第"尚书第"(又名"望京楼")毁于一场大火,现仅存一面牌楼。

余懋学的弟弟余懋衡比哥哥小18岁、晚24年考中进士,脾气性格似比哥哥柔和,但在原则问题上,兄弟俩"半斤八两",一个得罪张居正,一个得罪魏忠贤,甚至连皇帝也敢得罪。

余懋衡初入官场做江西永新县令,恢复学宫,开凿石渠,修筑桥梁,颇有政声。任职期满,进京担任江西道监察御史,近距离遭遇神宗万历皇帝朱翊钧。

这是晚明一个奇葩皇帝,在位达四十八年之久。他执政的前十年,勤于政事,爱惜民力,节制有度,是一位好皇帝。连著名清官海瑞都称赞他:"自张居正刑犯而后,乾纲独断,无一时一事不惟小民之念,有其心不收其效者,失之有刑而刑轻也。"然而,万历十四年(1586年)九月后,他却成了一位不上朝、不见臣下、不理政务、不补官员的怠政皇帝,理由是身体不适,"头晕眼花,力乏不兴",在内廷"静摄服药"。他也不再及时处理大臣的奏疏,对各级大臣奏报上来的有关国计民生大事的奏疏,他往往不置可否、不加批答,即使是指责或痛骂他怠政、荒政的奏疏，他也置若罔闻，留中不发，"御前之奏牍，其积如山，列署之封章，其沉如海"。

这位不理朝政的皇帝，对生活却要求很高，大量消费金银珠宝等装饰品，日常生活开支庞大，膳食支出极尽奢华，礼仪典制过度支出，工程营造极度频繁。此外，用于内廷婚丧嫁娶、册封祭祀等方面的支出也非常庞大，万历十年，他为操办自己同母兄弟潞王的婚礼，开支近九万两银子；万历二十三年，长公主婚礼花费增至十二万两银子；万历三十四年，福王婚礼花费白银竟高达三十万两。这一时期的"土木繁兴之极"，他为自己修建的定陵规模宏大，极为华丽，耗资高达八百余万两银子；他所操办的各类建筑工程，非常讲究物料的质量与名贵度，如木料多从四川、贵州、湖广采办上好的楠杉大木，砖瓦瓷器则多来自江南，丝绸是江浙专门的贡品等，"蠹耗惊人"。

生活如此奢靡，银子从哪里来？中国历史上最贪财的万历皇帝敛财有道：一是向各衙门管理的国库索要，变国库的白银为宫廷内库的金钱，即所谓的"传索帑金"；二是派出矿监税使，到各地直接巧取豪夺。直接向全国各地派出矿监税使，是这位多年不上朝的皇帝利用其无上权力赤裸裸地剥削百姓的无耻行为，始于万历二十五年（1597年），当时紫禁城三大殿受火灾俱焚，"迨两宫三殿灾，营建房不赀，始开矿增税。……中官遍天下，非领税即领矿，驱胁官吏，务朘削焉"。这些太监充任的矿监税使，打着皇帝开矿、征税的旗号，横征暴敛，倒行逆施，无恶不作。有统计说，从万历二十五年至三十四年，各地矿监税使共计上交银两约五百七十万两，超过了每年用于满足内廷所需金花银的总量。这个数字不包括这些矿监税使据为己有中饱私囊的财富。明朝大学士赵志皋说："（矿监税使）挟官剥民，欺公肥己，所得进上者十之一二，暗入私囊者十之八九。"

社会财富是有限的，"蛋糕"就那么大，你"切"多了，剩下的就少了。后世学者评价说，万历皇帝长年大量使用宫廷内库敛财的方式，于民"谋财害命"，于国"中饱私囊"，于社会"万劫不复"，最终导致皇权集中恶性增长，皇帝与大臣对立，朝廷与民间对立，制度失衡，除了少部分既得利益的权贵阶层，大多数民众生活在特困状态，经济崩溃，天怒人怨，导致大规模民变的爆发，其中由"矿税之乱"引发的临清民变、江西民变、辽东民变、湖广民变、苏州民变、云南民变、福建民变等均有史可查。在明史记录中，苏州民变很出名，说的是被万历皇帝派到苏州的税使太监孙隆胡作非为，让苏州民间最发达的纺织业遭受重创。凡是有纺织机器的一架征收税银三钱，才许开机，纺织成品每匹抽税银三分，才可出售。于是织户们纷纷罢工，数千人失业，与其相关的印染的上下游产业也都遭受重创。在中国历史上最早产生资本主义萌芽的纺织产业就这样一点点的被税使太监们侵蚀，逐渐枯萎。孙隆还在苏州的六门水路设计关卡收税，小到一篮子蔬菜过去都要交税，最终酿成民变。昆山的丝织商贩葛成，面对孙隆的盘剥挺身而出，某一天，苏州街头突然出现27个蓬头赤脚的人，他们手持芭蕉扇，跑遍城内税使住宅，焚毁所有家具，把税使拉到街上殴打至死，最终闹事的人员多达上千，围观者上万。带头的葛成后贴告示："税官作恶，民不堪命。我等倡议，为民除害。今大害已除，望四民各安其业，勿得接口生乱。"苏州当地政府官员对税使也是敢怒不敢言，孙隆这番作为，当地政府官员暗自叫好。这场风波持续了三天，孙隆吓得连夜逃走，最终葛成自首，官府判葛成死刑却一直没有执行，后无罪释放。孙隆被尊称为"葛将军"，死后苏州人在虎丘山建葛将军庙祭奠他。

万历皇帝肆意搜刮民脂民膏的行为，大多数公卿大臣都非常清楚是荼毒民间、动摇国本的恶政，但不敢站出来公开反对。刚担任监察御史不久的山里娃余懋衡血气方刚，与凤阳巡抚李三才不谋而合，不顾一切上奏朝廷为民请命，恳求万历皇帝快快召回矿监税使，取消矿税。余懋衡在奏章中一针见血地指出："与其骚扰里巷，榷及鸡豚，曷若明告天下，稍增田赋，共襄殿工。今避加赋之名，而为竭泽之计，其害十倍于加赋。"万历皇帝当然知道余懋衡是冲着他来的,但他与祖先相比有个优点,就是对于批评他的言论,他一般不理会,也不惩罚相应的官员。这次余懋衡要断他的财路,贪婪的万历皇帝很不高兴,以"忤旨"之名决定罚停余懋衡的俸禄一年,让他尝尝没钱的滋味。他喜欢玩弄罚款的恶作剧。

余懋衡当时还是"一人吃饱,全家不饿"的单身贵族,填饱肚子不是难事。据说他饭量不大,一碗白粥能撑一天。于是他继续呼吁罢免矿税,不达目的不罢休。万历皇帝嫌他碍眼,打发他去河北、天津视察长芦盐政。位于渤海岸的长芦盐场是我国海盐产量最大的盐场,它烧造的盐砖,是明代皇室唯一御贡盐砖。盐政一直是国家税收经济之本,历代皇权贵胄官僚阶级严禁染指。《大明律集解附例》载:"凡监临官吏诡名及权势之人中纳钱粮,请买盐引勘合,侵夺民利者杖一百,徒三年,盐货入官。"余懋衡纠查盐法,严惩贪腐,例钱归公,正气凛然。途中碌碌,他还不忘枯坐灯下写奏章,请罢矿税减轻百姓负担。

后来,余懋衡调任陕西巡按,继续与万历皇帝派去的矿税太监作坚决斗争。史载,万历三十年(1602年)四月,陕西税监梁永向万历皇帝奏讨兵权,谎说花马池、庆阳府等地盐池多被奸人盗卖,"此地盐积如山,倘得军武亲诣其地,设法变价,可得十万金"。贪财的万历皇帝被十万金所吸引,马上谕令梁永为陕西镇守,整个陕西全被他控制。他的所作所为必然受到一些正直官员的抵制和弹劾。万历三十四年(1606年)春,陕西巡按余懋衡上书弹劾税监梁永偷运脏财、私自蓄养兵马等罪行。这本是杀头之罪,但万历皇帝要靠他们敛财,于是对梁永百般庇护,不加究问。这让梁永更加气壮胆肥,对余懋衡恨之入骨,视为眼中钉,决计将余懋衡除掉。万历三十四年(1606年)七月,梁永探知余懋衡要到靖边、安塞一带出巡,于是派心腹爪牙张永祯、王可水暗中跟踪。行至安塞,张、王二人用重金买通了县府厨役,令其在食物中投毒。余懋衡服食中毒,却大难不死。他很快查出投毒是梁永策划指使,再次上书揭发其罪。御史王基弘认为梁永已有反状，陈请万历皇帝拘捕梁永。因为梁永罪恶滔天，早已激起陕西民众的极大愤慨，即有一触即发、揭竿而起之势，梁永惶惧万分，于万历三十五年（1607年）闰六月从西安潜逃回京。他向朱翊钧谎奏说，准备献给皇上的良马、钱粮及珍珠宝玩，全被余懋衡所主使的咸宁知县满朝荐所劫获。这位满脑子金银珠宝的皇帝怒从心头起，不问青红皂白，将无辜知县满朝荐下狱，致其蒙冤入狱达八年之久，而恶贯满盈的太监梁永却安然无恙。刑科给事中杨应文愤怒地说："梁永身犯主使，固与大贤同科，焉可使俨然任会问之责乎？"万历皇帝始终装聋作哑，直到在万历四十八年（1620年）七月去世前写的遗诏中才有所悔悟。他说自己执政之初，"兢兢化理，期无负先帝付托"，但后来身体出状况，视朝稀少，许多奏疏不能及时处理，"加以矿税烦兴，征调四出，民生日蹙，边衅渐开"。他终于回到了执政前十年的状态，提出了一系列修补措施：马上召回矿监税使，停止各种滥无边际的采办，拿出部分内库银以助边饷……然而沉疴难治，二十四年后，绵延二百七十六年的朱明王朝覆亡。史学家说："明之亡，实亡于神宗。"

神宗病逝，他不太喜欢的长子朱常洛登基，是为光宗，惜在位一月则崩，人称"一月天子"。光宗去世五天后，历经激烈争斗之后的皇长子朱由校终于称帝，年号天启，庙号熹宗。熹宗天启元年（1621年），余懋衡迁大理寺左少卿，进右佥都御史，不久任右副都御史，改兵部右侍郎，天启三年（1623年）八月，廷推南京吏部尚书，余懋衡托病力辞新命归里，第二年十月再授前职，"坚卧不起"。余懋衡辞官不就的原因主要有两个，一是因反对都督郭钦升职、太监弟侄世袭锦衣卫等事得罪了大太监魏忠贤，怕遭报复；二是感觉明朝气数已尽，事不可为。

余懋衡服膺程朱理学，曾创建明新书院、首善书院传播理学。辞职回乡后，多次应邀去县城紫阳书院讲学，为家乡培养人才。有一次，余懋衡与在婺源段莘老家奉养父母的户部尚书汪应蛟一道到紫阳书院会讲。紫阳书院是当时的婺源县学，又称文庙，是全县生员接受儒学教育的学府。但因年久失修，露出颓败之相，近些年登科中举的生员逐年减少。两位情系家乡的尚书一合计，决定倡议捐助修葺县学，他们说："穷则变，变则通，婺源文运不能落泊。"巧得很，余懋衡和汪应蛟的女儿分别嫁给了婺源同乡、户部右侍郎游应乾的两个儿子，女儿、女婿率先响应，各捐地50步（一步为5尺），其他乡绅也积极捐资输地，次年就按规制修复一新。

余懋衡勤于讲学，但著作不多，在世68年，有《关中集》《四库总目》及《语录》《经翼》行世。他的哥哥余懋学年仅50岁就辞官回乡著书立说，在世56年，存世著作却有《春秋蠡测》《读史随笔》《字学辨略》《疏草》《说颐》《仁狱类编》《明代实录》《大政辑要》等十多种，其中《说颐》存目于《四库全书》子部。

江永造揭

婺源是全县域AAA级景区，其中江湾是婺源目前唯一一个AAAAA级景区。江湾不仅风景优美，而且人杰地灵，清朝出过一个能掐会算的神人江永。

江永，字慎修，又字慎斋，清朝杰出的经学家、天文学家、音韵学家，在天文、历算、经学、历史、音律、水利和西方"新学"等用功尤深，造诣极高。学者钱大昕曾赞誉江永为东汉郑玄后第一人，开创东南儒学之宗派。

有趣的是，江永不仅学识过人，还精于占验。清人葛虚存从众多清人史料笔记、杂史、方志、文集、诗话中采集汇编而成的《清代名人轶事》一书，集粹了五百多条异闻掌故，其中就有江永的几则占验轶事。遗憾的是，书中把江永的籍贯徽州婺源错成了安徽歙县。江永生在婺源江湾，死在婺源江湾，葬在婺源江湾，是地地道道的婺源江湾人。

据《清代名人轶事》记载，江永曾在乡里某富人家教书三年，平日书房危坐，读书撰文，喜怒不形于色，起居、饮食等皆说"定数"，说得多了，富人不高兴，就借故把他辞退了。江永不在意，欣然而去。

次年重阳节，富人大宴宾客，江永恰好经过他家门口，富人邀入席。

江湾村，凤凰衔书来。（汪立浪 摄）

江永喝了三杯酒、吃了两个馒头后起身告辞，富人一再挽留。江永说："此定数也。"

富人大笑，说江永又犯病了。江永不说话，引富人进到书房，从橱后掏出一个小纸条，上有诗一首："三年宾主欢，一日遽分手。尚有未了缘，明年九月九。邀我赏茱萸，酌我三杯酒。数定且归休，只啖两馒头。"富人大惊失色。

同一书中还记述了江永另外一个更神的故事，说江永平日少与人交往，唯和同村程翁关系密切。两人都精于奇门遁甲术。一天，两人在酒馆喝酒，深夜醉归。

半路上，程翁发话："今晚月色优美，你我何不乘兴入城一游？"江永面露难色说："现在时间有点晚了，入城且十里，一去恐怕今晚难返回。"

139

程翁顺手一指路旁一块石头说："此石今晚也要进城，难道你我还不如石头走得快吗？"江永闻言笑着说："的确如此，不过石头明天中午才能返回。"

此时正好有个走夜路的人听到二人对话，十分好奇，心想："难道石头还会走路吗？"等江程二人走后，就守在石头旁想看个究竟。过了一会，看见一个担酒人走来，担子前重后轻，行走不便，见路旁有一石头，就停下搬上担子轻的一边，挑着石头进城去了。第二天中午，挑酒人返回，果然又将石头担了回来，丢弃在原处。此事一传十，十传百，令众人惊诧不已，都疑江程二人为活神仙。

还有一个神神叨叨的故事说，忽然有一天，江永自己跳进河里，乡里人连忙去救他，江永溺水到一半被救上来，非常懊恼地说，我今天知道劫数难逃了。我的两个儿子在楚地游玩，今天未时三刻，应该会一起淹死在洞庭湖，我想要用我自己年迈的身体代替他们去死，今天你们救了我，也就没人救我的两个儿子了。不到半个月，果然传来噩耗。

江永是个大学问家，著作等身，但他不是书呆子，懂得因时因事因地而变。《清代名人轶事》讲了一个江永与戴震打赌的故事。

江永与徽州休宁人戴震的关系问题是清代学术公案之一，时以"婺源老儒""戴震讳师""戴震背师"等名，最早由道光间张穆、魏源提出，20世纪二三十年代又被王国维和孟森提及，但胡适一直努力为戴震翻案。无论戴震是否为江永及门弟子，他从学江永的经历是无疑的。至于戴震在著述中对于江永的称呼前恭后倨，前称先生，后称老儒，则与戴震入都后学术地位提升不无关系。

戴震首晤江永应在乾隆七年（1742年）。他听说江永学问很大，神算无敌，十分仰慕，登门请益。恰遇江永不在家，等候之时，读起了江永的易学藏书，江永三天未归，戴震也只好在江永家读了三天书，江永回时，戴震恭敬行礼，江永也不推辞，询问其读书结果，戴震说："已烂熟于胸！"江永问："会运用吗？"戴震说："还未尝试。"

一天，二人田垅散步，见一黄牛与黑牛抵角相斗，江永问："哪头牛会胜？"戴震说："黄为土，黑为水，土当克水，黄牛应胜。"江永说："非也，此时时令为初冬，今天日干支是壬子，水旺土衰。当黑牛胜。"

不久，果然黑牛胜了黄牛。江永对戴震说："学易不能拘泥一格，贵在融会与变通，这样才能通达自然造化之玄机。"戴震听了，当下大悟，此后学业见长，名声在外。

据说，一辈子教书做学问的江老爷子居然动手能力很强，手工超级棒，能制作许多奇特的器具。文笔与纪晓岚齐名的清代大才子袁枚在《新齐谐·江秀才寄话》中记载过不少关于江永的有趣故事。原文是这样写的：

> 慎修……能制奇器。取猪尿脬置黄豆，以气吹满，而缚其口。豆浮正中，益信地如鸡子黄之说。有愿为弟子者，便令先对此脬坐视七日，不厌不倦，方可教也。家中耕田悉用木牛，行城外，骑一木驴，人以为妖。笑曰："此武侯成法，不过中用机关耳，非妖也。"置一竹筒，中用玻璃为盖，有钥开之，开则向筒说数千言。言毕即闭，传千里内，人开筒侧耳，其音宛在，如面谈也。过千里，则音渐渐散不全矣。……此其弟子戴震为余言。

袁枚和戴震是朋友，两人喝高了，戴震开始炫耀老师江永的本事，说老师取来猪的尿泡，在里面放上黄豆，吹满气之后绑住尿泡的口，黄豆浮在正中间，更加相信土地就像鸡蛋黄之类的学说。有想当江永弟子的人，就要先对着这个尿泡看上七天，不觉得疲倦和厌烦，才能做他的弟子。

江永可以制作木牛，不吃不喝，耕田不知劳苦。

他还会制作木驴子，经常骑着上街赶集。乡邻们都惊呼江永是个老妖怪。他笑着解释说："此诸葛武侯成法，不过中用机关耳，非妖也。"

江永甚至会制作留声器，特制的一个竹筒，盖上玻璃盖子，还有一把小钥匙。打开后，对着竹筒讲长长的几千字的话，说完关上竹筒，可以把人讲话的声音储存起来。这声音一直传到千里之内，打开竹筒侧面的洞口，讲话的声音还在里面，好像当面交谈一样。超过千里之后，声音就渐渐消散，变得不完整了。这分明是古代版本的录音机嘛。

江永这个了不起的发明，引得台湾著名史学家连横在《雅堂笔记·留声器考》中啧啧称奇：

> 留声器之制，非创自美人，而作于中国人也；且非创诸近代，而作于二百年前也。于何征之？征之袁简斋太史之《新齐谐》。简斋，乾隆时人，其书有"寄语"一则，寄语则留声也。……慎修所制留声器，惜不能传其法以示后人，而后人复不能阐心研求，以成奇器，遂使神秘之钥，乃为爱尔逊所握，能不可叹！然亦足见中国之非无奇才也。

江永身处清初西学进入中国之际，一方面从传统文献中学习中国古代天算知识，另一方面又积极吸取西方先进的天算知识。他把所学与实践结合起来，在工程技术上也取得了相当大的成就，其经典作品就是汪口的平渡堰，因其呈曲尺形，又称"曲尺堨"。

汪口是个商埠名村，古称"永川"，处于山水环抱之间。古时此地是徽州、饶州间的陆路要冲，也是婺源水路货运去乐平、鄱阳湖、九江的起点码头，"船行止此"。再上溯，到北边的段莘、东边的江湾、大畈，只通竹筏。上游的木材，编排流放，到这里须解组重编，成为大排，继续漂流出去。从婺源到屯溪的古道，也要在此过渡。据记载："汪口两溪合流，洄漩凶险，每遇洪水涨发，辄溺人居。"清雍正间，为了免除乡民的"覆舟之患"，江永仔细观测，精心筹算，倡议以筑堨来平水势。他考虑到筑堨不能影响航运，于是将堨设计成曲尺形，即堨坝从河南岸始砌成长90米、宽15米的横坝,在距河北岸25米处,坝体向上游方向作90度的转弯,这一截转弯后延伸的直坝长30米,宽度与横坝相同,高度略高于横坝,同时在直坝正对的北岸又筑有一截导流坝,导流坝与直坝之间所留有的25米宽缺口,就是通航的船道。埧筑成后,既可吞吐上游水流量,不影响行舟放排,又促使水流平缓、水位提高,便利灌溉农田,一举多得。为了保证埧的坚固耐用,坝体采用片石直立修筑法,即将紧贴的大块片石直立起来,窄边对水流方向,以减少水流对片石的冲击力,而坝体中间部位的片石则横过来重叠,与迎水面的片石组成"丁"字形结构,充当迎水面片石的坚强后盾。专家说,这种设计堪称水利建设史上的奇迹。如今,河中横卧了200多年的"江永埧"依然完好如初。

其实,上述这些都是江永的"副业",他的主业是教书、研究学问。《年谱》记载,江永6岁便"庭受父训,日记数千言,父奇其敏,以远大之器期之,因以十三经注疏口授先生"。与同龄人一样,江永"少就外传时,与里中童子治世俗学",即学习举业,博取功名。对江永来说,这是一条看不见光明的暗道,21岁才通过岁试被补为婺源县学弟子员(俗称秀才),34岁获得廪膳生资格,可以领到一份补贴,此后再无进步,以布衣终老乡里。为了一家人的生计,他27岁开始出外谋得第一份教职,由此开始了他长达55年的塾师生涯,培养出了戴震、程瑶田、金榜、郑牧、汪肇龙、方希原、汪梧凤等得意门生。

江永授徒有方,课余则"闭门潜修,未及闻达",因"经术湛深,士林望重"。时人王昶称他"虽终老蜷伏,不见知于世,而其言深博无涯涘,昭晰群疑,发挥钜典,探圣贤之秘,以参天地人之奥。厥后戴君诸人继之,其道益大以光"。刘师培自划"扬州学派""五代之传"尽归于"江氏之学",证明江永确为"皖派朴学"乃至"扬州学派"的开创者,是清初理学转向乾嘉汉学的关键人物,他"崇尚汉学,沉潜精密,参互理数,融汇沿革",是为皖派朴学奠基的不二人选。徐世昌《清儒学案》

指出："婺源江氏与元和惠氏同时并起，其后治汉学者皆奉为先河。婺源之学，一传而为休宁（戴震），再传而为金坛（段玉裁）、高邮（王念孙）。其学派传衍，比于惠氏，为尤光大矣。"

江永的心思都在学问上，终生不愿做官。有史料记载，雍正初年，有大臣推荐江永入朝，皇上下旨召见，提问试之，江永跪于庭，战栗不已，口不能言。

大臣忙又向皇上推荐江永的学生戴震，戴震口如泉涌，头头是道。皇上大悦，问戴震："你与老师相比，孰优孰劣？"戴震说："臣劣于师。"皇上说："你老师才能如高于你，为何却不能回答我提的问题？"戴震说："老师年事已高，耳力不济，如论真学，实胜小臣万万也。"

皇上对戴震谦让态度大为赞赏，御笔一挥，赐六举不第的戴震同进士出身，授翰林院庶吉士。

其实，江永是在皇上面前装傻，一个教书老先生，口才不会差。据说，曾国藩就很看重江永的才学，曾专门搜集他的书，得其名著《周易释义》，付梓行世。当下有学者感叹说，翻检民国之前的清代学术人物资料，江永无疑是属于重要的代表性人物。然而，在当代有关清学史的研究成果中，涉及江永者寥寥，与其成就和地位极不相称。究其原因，乃畏难其学艰深也。江永在诸多学术领域都成就卓越，而其最突出的成就则在礼学、音韵学、天文历算和易学等领域。其著述计有《周礼疑义举要》一卷，《礼记训义择言》六卷，《深衣考误》一卷，《律吕阐微》十卷，《律吕新论》二卷，《春秋地理考实》四卷，《乡党图考》十一卷，《读书随笔》十二卷，《古韵标准》四卷，《四声切韵表》四卷，《音学辨微》一卷，《河洛精蕴》九卷，《推步法解》五卷，《近思录集注》十四卷，《七政衍》《金水二星发微》《冬至权度》《恒气注历辨》《岁实消长辨》《历学补论》《中西合法拟草》《考订〈朱子世家〉》各一卷。其中被《四库全书》收录的竟达十六种之多，这种"上充秘阁之选"的荣耀在清儒中也属少见。但在今日，如此三域内容，几可归于"绝学"，当下学者能够染指者几稀。

罢了罢了，不谈江永的学问了，感兴趣者寥寥，尽管他的学问并没有过时，学者唐作藩在《江永的音韵学与历史语言学》一文中曾列举大量具体例证，说明200多年前清代音韵学家江永已具有现代历史语言学的理论思想。

江永一生"处困而享，箪瓢陋巷"，活了82岁，在当时和现在都算是长寿者。其墓在江湾西南七华里湖山村后山，江湾古街有江永纪念馆。

齐彦槐问天

清晚期名臣林则徐曾被婺源翀田人齐彦槐深深吸引。

道光十三年（1833年），林则徐在江苏巡抚任上的时候，偶然注意到齐彦槐在老家造了两种农用抗旱水车，一种叫"龙尾"，翻运水量是普通水车的五倍，工作效率一人可抵十人；一种叫"恒升"，只需水本身的冲力，就能将水不断地提升上来，大大提高抗旱排涝能力。根据《履园丛话》中所谈，龙尾车一人一日可灌田三四十亩，比旧有的龙骨翻车高出五六倍至十来倍。而当时的江南，仍旧使用汉代就有的龙骨翻车灌溉农田，"翻车一架五人踏，水漏不得全归漕"。

林则徐知道龙尾车是利用圆筒内螺旋轮转上升而提水的一种农用工具，也称阿基米德螺旋管，产生于西洋。明代徐光启《农政全书》卷十九："龙尾车者，河滨挈水之器也。"徐珂《清稗类钞·舟车·龙尾车》："嘉庆己巳，制龙尾车，为灌田之用。"这种西洋发明的升水机械最早在明朝万历时期随徐光启翻译的《泰西水法》一书引入中国，该书前四卷详论水质水理，最后一卷为引水机械图谱，包括龙尾、恒升、玉衡三种西洋升水机。但在明代，这种西方技术的介绍还只停留在宣传阶段，并没有被一般农民所采用，更没有用它来取代龙骨车的意识。到了清代，随着学习西方科学技术思潮的不断扩大，龙尾车逐渐被一些有见识的政府官员所提倡，为一些农民所接受，而运用到生产实践中去。齐彦槐大概就是最早学习西法仿制龙尾水车的人之一。

林则徐对新事物感兴趣，马上带领一批官员到现场参观考察。齐彦槐详细讲解龙尾水车原理，亲自操作示范，引得林则徐忍不住上场试用一番，发现龙尾水车确实具有用力省、效率高的优越性。他高兴地对齐彦槐说，你做了一件大好事，龙尾水车有利于农田水利，应该大张旗鼓地推广使用。他是个务实的人，当即把齐彦槐请到江苏省荆溪县，公开进行了一场声势浩大、震动朝野的龙尾车试验活动，对推广先进水利工具、提高农田丰产发挥了积极作用。齐彦槐事后创作叙事诗《龙尾车歌》记其事：

齐彦槐像

> 侯官中丞今大贤，讲求水利筹农田。
> 闻余述作亟欲睹，二龙跃上荆溪船。
> 草桥试车日卓午，倾城士女观如堵。
> 云蒸雾涌喷薄来，欢呼地动声如雷。
> 塘宽十亩深二尺，车干七寸才三刻。
> 中丞大笑与我言，此利不止关田园。
> 迩来洪湖拍天际，怀襄往往为民厉。

千东倒挽刷黄流，两坝三河可长闭。
刘河堙塞久欲疏，车水迟迟恐糜费。
伐轮百部置河滑，畚锸兴工日可计。

仿制水车对齐彦槐来说不过是小菜一碟。他像江永一样，会很多"奇技淫巧"。古代科学尚不发达，村民日出而作，日落而归，但很难测出日子和一天中的具体时间。为此，齐彦槐曾在婺源老家冲田村路边垒石建了一座1.5米高的日晷，方便父老乡亲和过往行人占候验时。这是已知最古老的一种利用太阳投射的影子来测算时间的装置，又称"日规"，由指针和圆盘两部分组成。指针叫做"晷针"，垂直地穿过圆盘中心，起着圭表中立竿的作用，因此晷针又叫"表"；圆盘叫做"晷面"，安放在石台上，呈南高北低，使晷面平行于天赤道面，这样晷针的上端正好指向北天极，下端正好指向南天极。晷面两面都有刻度，分子、丑、寅、卯、辰、巳、午、未、申、酉、戌、亥十二时辰，每个时辰又等分为"时初""时正"，这正是一日24小时。日晷不但能显示一天之内的时刻，还能显示节气，提醒乡民不误农时。这个日晷如今还在。

齐彦槐作为清代中叶著名的科学家，其卓越成就主要体现在天文学研究。他著有《天球浅说》《中星仪说》《北极经纬度分表》等科技著作，并根据长期对天象的观测，精心研制出了"中星仪"和"天球仪"两部仪器。

"中星仪"是个平面仪器，外表看上去就像一面时钟，由星盘、时刻圈、节气圈和一组时针组成，其中星盘是天球上所有恒星在天赤道面上的投影星图，而时针用以标示太阳周日视运动。它以发条为动力，指针一日旋转一周用于指示时刻（太阳时），从中可读出与太阳时相应的恒星时，俨然一座"恒星时钟"。"中星仪"是我国首台集计时与演示功能于一体的自动天文仪器，现存安徽省博物馆。

齐彦槐于清道光十年（1830年）创制的"天球仪"，高33.4厘米，外表为一个圆形天球，天球表面绘刻星象、节候，含地平规、子午规、赤道规。黄道刻在天球上，各刻度均作360%。齐彦槐还第一次依据星等在天球上标出恒星，天球表面上刻有277个星座1319颗恒星，特别是将我国所见不到的近南极的恒星23座共150星依西洋所测刻在天球上。"天球仪"恒星的经纬度分依照乾隆甲子年（1744年）新测定的数据，再按照岁差推衍到道光丙戌（1826年）而成。因而，这一"天球仪"能在相当长一段时间内准确演示天象。该仪器内部仿钟表的办法，仪器中部偏下有一圆孔，可插入钥匙，将天球内部发条上紧，发条产生动力，转动齿轮，天球自旋，即可方便准确地了解天空星象位置和运行情况。齐彦槐注意吸收当时最新的天文学成就，使"天球仪"达到了当时中国天文学仪器的最高水平，被称为"千古以来未有之能事，诚精微之极至矣"。该仪器现藏国家博物馆，至今尚能运转。

齐彦槐制作天文仪器是一项科学活动，但他很有商业头脑，曾在所著《天球浅说》中推销自己的产品，说无论是记录一个人的生辰，还是选择造屋修墓以及丧葬的吉日，都要利用到这个计时的仪器，他使用的"广告语"非常有诱惑力，谓"此固人间必不可少之器也"，把自己的科研成果与民间日常生活联系起来，以扩大市场需求。销路怎么样呢？看他儿子齐学裘在《见闻续笔》中的记述，应该还不错：父亲平生好书画，所售"手制钟球"，"多半购买书画古帖"。

齐彦槐上知天文，下知地理，好像是无师自通。他天分极高，自小聪明伶俐，14岁就考中秀才，颇为自得。有一次他和姐姐吵架，母亲气愤地把他打了一顿，他很不服气，说："我都是秀才了，母亲怎么还打我？"古时候，有功名的人是不能随便打的。但母亲说，考个秀才就自我满足，让我怎么向你父亲交代？齐彦槐的父亲齐翀是清乾隆癸未（1763年）进士，历任广东始兴、高要、电白、茂名县知县和南澳同知，署化州、嘉应州知州，不幸在齐彦槐11岁时英年早逝。他与母亲从广东扶灵柩回婺源老家，自此在家乡与母亲相依为命。母亲的话让齐彦槐警醒，他主动跪在母亲面前，流着泪说："着实该打！"

齐彦槐是有慧根的人，醒悟之后更加发奋苦读，不久获补廪膳生，可以按时领到政府发给的银子和粮食补助，减轻了母亲的部分负担。更幸运的是，因为考试的机缘，受到提督学政汪廷珍的青睐。汪廷珍是江苏山阳（今淮安）人，与齐彦槐一样小时丧父，由母亲抚养成人，孤苦力学，乾隆五十一年（1786年）乡试中举，四年后榜眼及第，授翰林院编修，后任侍读，又任国子监祭酒，嘉庆年间曾任安徽学政，制定《学约》"辨途、端本、敬业、裁伪、自立"以训示学生。他在批阅齐彦槐的试卷时，被他的才学所吸引，忍不住大赞："仙树有花难辨种，御香闻气不知名，皖省论才，当让此生独步。"汪廷珍不是一般人，他后来历官太仆寺卿、内阁学士礼部侍郎、翰林院掌院学士、左都御史、上书房总师傅、礼部尚书、协办大学士，看人的眼光很准，其预言不久就得到了证实：齐彦槐安徽优贡第一，进入京师国子监学习。

嘉庆十三年（1808年），仁宗皇帝巡视天津，齐彦槐应召面试，赐举人，次年中进士，选翰林院庶吉士。庶吉士一般为期三年，期间由翰林内经验丰富者为教习，授以各种知识。三年后散馆，齐彦槐被派往江苏金匮县任知县。在任期间，他知民情，察民意，办事公正，人称"齐青天"。中国的老百姓比较容易满足。你不贪不占、为民造福，老百姓张口就喊"青天大老爷"。

金匮县至今还流传着齐彦槐审石头的传奇故事。说的是在齐彦槐任期内，金匮县发生了一个案子：一位卖油条的人，放在石头上的银子被人偷走了。一天的辛苦钱不翼而飞，卖油条的人赶到县衙报案。齐彦槐问明情况后，立即吩咐衙役赶到那块丢过钱的石头周围，叫卖油条的人在一边当原告，石头当被告，当街摆开阵势——审石头。

听说县太爷审石头，许多人都围过来看，齐彦槐边审案，边叫人准备一个清水盆置于路中，要求围观的都掏出几文钱放入水中，过后归还。大家照办了，当那小偷将钱放入水中时，水面上立即浮出一层油渍。齐彦槐大喝一声："拿下！"衙役过去抓住他，他不打自招，承认偷了钱。

这个貌似无厘头的故事，记在地方志里。里面还记着一个齐彦槐用计救下一位遭人陷害的寡妇，为当地修了一座"清白桥"的故事，桥还在。金匮另有一座望亭桥，也与齐彦槐有关。嘉庆十九年（1814年），金匮奇旱，米商屯粮不售，饥民流离失所，齐彦槐调研社情民意，创立了"图赈法"，帮助饥民度过难关。"图"是清代农村基层组织，县以下设乡，乡以下设图。"图赈法"就是动员各图士绅富商捐钱捐米救济本图灾民的一种自赈办法，钱米往来不经官吏之手。经劝赈，各图富户慷慨解囊，共捐银14万两，不仅救济了全县灾民，"全活无算"，还用剩余的钱建了一座望亭桥。因为他在灾赈方面很有一套办法，魏源等人所编《清经世文编》还收录了他的《图赈法》一文，林则徐也向他请教有关赈济事宜。

齐彦槐在金匮任知县的时间长达七年，因救灾之功，"升苏州府同知，保升知府"。但他以有病在身辞职，奉母侨居宜兴，直至被漕运总督魏元煜调委。齐彦槐介入漕粮海运是他职业生涯中很辉煌的一段经历，倪玉平先生的论文《齐彦槐与道光初年漕粮海运》对此有详细考察。

倪文认为，清代的首次漕粮海运始于道光六年（1826年），直接的催化剂乃是道光四年（1824年）冬，清江浦高家堰大堤溃决，江苏高邮、宝应至清江浦一段，运河水势微弱，漕船搁浅，河运漕粮已不可能，京畿地区的粮食供应面临严重危机。道光帝特派大学士汪廷珍等人前往查办河工，而做过安徽学政的汪廷珍正是齐彦槐的业师。道光四年十二月，齐彦槐"以师门久违，冒雪往谒"，对当时权臣皆主张"引黄济运"方案提出反对意见，宣称"借黄济运之说，询之土人，虽妇人孺子皆知无益"，故"力言海运可行，爰上海运议一篇"。这篇"海运议"文章，正是著名的《海运南漕议》。在文章中，齐彦槐开宗明义地指出，"驳海运之说者三：一曰洋氛方警，适资盗粮；二曰重洋阻深，漂没不时；三曰粮艘须别造，柁水须另招，事非旦夕，费更不赀"。但实际上，这三者皆不足虑。北洋水浅多礁石，而盗船皆鸟船吃水太重，一遇即碎，故"断不能越吴淞而北以争南粮也"。上海沙船有三千五六百号，每年往返四五次，每岁漂没之数不到1%，"南粮由运河每年失风殆数倍于此"。沙船主皆殷实富商，从不闻有欺骗。运粮时每石给船商水脚银五分，上载时加耗米三升，较运货所得益多。对国家而言，以全漕350万石折算，较河运可省费用十之六七。汪廷珍对此极为重视，将该稿带至京师，"煦斋协揆据以入告"。

汪廷珍把齐彦槐的意见报告了道光帝，道光帝发布上谕，令漕运总督魏元煜、江苏巡抚张师诚等讨论有关漕粮海运事宜。魏元煜、张师诚等人为慎重起见，先期派出专人前往沿海之地考察海运的可行性。张师诚派出的是"素能办事"之候补知县何士祁，魏元煜派出的则是齐彦槐。之所以考虑齐彦槐，一方面是因为他们都对齐彦槐有一定程度的了解，早在嘉庆十九年（1814年），齐彦槐"以事忤中丞，几被劾"，魏元煜知其无辜，又爱其才，苦苦相求，才得幸免；而张师诚除了曾是齐彦槐的上司外，对他的才华也颇为欣赏。更重要的是，齐彦槐对海运的诸多研究，已经引起了道光帝的重视，并获得大学士汪廷珍的认同。综合考虑这些因素，道光五年（1825年）二月，魏元煜决定委派齐彦槐办理海运事宜。当时齐彦槐"犹在病中"，但因为魏元煜有恩于他，同时也为了实现自己的抱负，他毅然接受了任务。

齐彦槐首先赶赴上海，找船商、牙商等人开展调查，议定海运章程八条。他的调查报告上呈魏元煜后，魏元煜仍多次札问海运是否可行。齐彦槐又特意撰文《禀复魏元煜制军稿》，加以回复。他总结逗留上海40余日的思考，认为海运其可行者有四，其无不可行者有三，而其不可不行者有五。沙船熟悉沙线，一可行；船只敷用，二可行；船商无偷窃陋习，三可行；省费无烦动帑，四可行。盗船不适应北洋航线，洋面安静，无不可行一也；沙船造价盈千累万，"如果出洋辄遭漂溺，谁肯以巨万之赀轻于尝试"，无不可行二也；沙船抵津极速，且沙船舱有夹底，两旁皆有水槽，舱中从不沾潮，以前运豆并未发胀，茉莉、兰花等由南运北，皆露置船顶，且不畏盐风，漕粮更无霉变之虞，无不可行三也。至于不可不行，则其一是运道阻梗，无法河运；其二是畿辅户口殷繁，京仓储备万难迟缓；其三是陆运弊端极多，远近骚动，糜费无算；其四是河运水手猖獗，海运可杀其势；其五是京师咽喉不能仅靠河运一线。综而言之，海运非行不可，"集事固往于谋，而成事必在于断。此时毅然定计，一切章程札商奏定，算来已近漕时，若稍迁延，又恐无及"。尽管齐彦槐苦口婆心，"对之详且尽，惜乎不能用也"，魏元煜仍限于成案，与张师诚等人上陈海运不宜进行的奏折。对齐彦槐来说，这不啻当头一棒。既然实施海运可能性如此渺茫，他只得带着沮丧的心情，重新回到宜兴寓所养病。

转机出现在四月初十日，这一天，协办大学士、户部尚书英和上奏《筹漕运变通全局折》，指出要解决目前漕运危机，唯一的办法只能是"暂雇海运"。道光帝对英和的奏疏极为欣赏，称其"甚属明晰"，认为所奏各款，"意在漕河并治，永资利赖"。当即发布上谕，命魏元煜、张师诚等人"务当悉心计议，总期不误转漕，有裨河务，勿得稍存成见，徒为目前权宜之计"。由于最高领导层推行海运的意图非常明显，张师诚被迫召回齐彦槐，与之深入探讨海运诸多事宜。齐彦槐成竹在胸，有问必答，事后整理成《张师诚中丞札询本年江广漕米海运各条（四月续奏廷寄后）》。除此之外，齐彦槐还将此次问话的内容，用长篇诗作的形式表达出来，这就是《谒张中丞师诚退而有作》。可惜张师诚仍然无法接受海运这一可能性，"终置之不论也"。无奈之下，齐彦槐又作诗《海运非不可行当道者遏之使不得行有四事焉作诗纪之以告后之欲行海运者》，在诗中提到增脚价、减沙船、限米石和索麻袋四事，期盼以后能有回应者。由于魏元煜与张师诚的反对，江苏的海运之议陷入停滞。道光帝极为不满，指出试行海运乃因运道浅阻，择善而从，"是以谕令诸臣悉心妥议，计出万全，不为遥制"，魏元煜首鼠两端，实在"意存推诿，殊非实心任事之道"。道光帝命"亦主海运议"的山东巡抚琦善往查河工,结果琦善奏称,渡黄之船,有一月后尚未开行者,有淤阻御黄各坝之间者,剥运军船皆不能动,投入的几百万两银子化为虚有。道光帝深为震怒,魏元煜等人均获罪遭。为加强海运力量,道光帝对江南封疆大吏进行大幅度调整:江苏巡抚张师诚与安徽巡抚陶澍对调;琦善从山东调任两江总督,魏元煜则由原来的署两江总督回任漕督。齐彦槐又看到一线希望,重新积极投入到海运工作中来,这时尽管他发现自己已经在事实上成为"局外人",仍尽其所知,"不敢以身在局外,而不为当道告也",为海运出谋划策。漕粮海运于道光六年(1826年)二月初一开行,齐彦槐对此深感高兴。不过,又令他感到难堪的是,随着魏源、包世臣等人日益获得重用,他更加无法获得自己的事业空间,加之有人从中作梗,诬蔑他为"纵横"之人。心灰意冷之余,齐彦槐坚决辞退回家,"未终事而归"。正因为如此,事后齐彦槐并未因海运而获得任何奖赏。清代历史上的首次漕粮海运乃齐彦槐一生中难得的机遇。他曾以满腔的热情抱病投身其间,最终却落得如此下场,其不甘心是显而易见的。这不禁让人想起他游览婺源灵岩洞群凌虚洞时脑子里冒出来的诗句:

乘兴来寻小洞天,琅环无处问金编。
姓名敢乞山灵护,留向人间五百年。

詹天佑祭祖

这个詹天佑回乡祭祖的故事线索主要来源于"常春藤传记馆"系列之《中国铁路之父：詹天佑传》的相关记载，丛书主编为北京大学中文系原系主任、山东大学一级教授温儒敏。他在"总序"中介绍说，这套丛书由北京大学语文教育研究所组织编写，专门为中小学生"量身定制"，希望能作为基本图书进入中小学图书馆。在中国，詹天佑的名字值得每个人记住。

1886年的春节即将来临，两广总督张之洞更名的广东博学馆（原名为广东实学馆）开始放假了。该馆洋文教习詹天佑这天中午从珠江中的黄浦岛上回到广州西关家里，就听父亲詹兴洪以商量的口吻对他说：要过年了，我们是不是回趟婺源老家？

回婺源老家祭祖的想法，詹天佑这几年已经听父亲提过多次了，但由于这样那样的原因，一直未能成行。詹天佑对此颇感愧疚，他知道中国人向来重视认祖归宗，但他们这支詹氏离开婺源定居广东后，几代人都没回去了。

詹天佑的曾祖父詹万榜，字文贤，祖籍徽州府婺源县，是乾隆年间的太学生。太学即国子监的俗称，国子监是中央官学，为中国古代教育

詹天佑像

体系中的最高学府,在国子监就读的学生即被称作"太学生"。其学生来源主要是全国各府州县按名额推举的生员,他们只有秀才的功名,若想再进一步,仍须参加乡试。唯一的照顾便是无论他们的籍贯在何地,都可以应试于顺天府(大致相当于今北京市),不用长途跋涉赶回原籍考试。但在科举时代,其毕业生地位不高,若不再考取功名,以"太学生"身份入仕,多被用做县丞,或教谕、训导等学官,秩低而俸薄,权轻而利小,晋升几无可能。詹万榜不想过这种生活,早早就开始经商。他所在的徽州经济文化发达,东晋就有了经商风气,唐宋时代进一步繁荣,到了明代中期,商业空前兴盛,明代晚期至清代乾隆时,徽商人数之多,活动范围之广,资本之雄厚,皆居当时各地商业集团的前列。清乾隆二十七年(1762年),詹万榜携家眷离开家乡,定居广州经营茶叶生意。他之所以选择广州,主要是抓住了当时广州"一口通商"的历史机遇。早在乾隆二十二年(1757年),清廷以"浙民习俗易嚣,洋商错处,必致滋事"为由,下令撤销了康熙二十四年(1685年)设立的江、浙、闽三个海关,仅保留了广州一处海关,使当时中国南方最大的城市广州成为全国唯一的对外通商口岸。那时茶叶是中国最重要的出口商品之一,"西洋人所必需者,内地之茶叶、大黄二物",经营外销茶叶可获厚利。而徽州府婺源县是闻名遐迩的"茶乡",品质优良的茶叶为婺源孕育了众多"业茶致富"的茶商,詹万榜此前常随乡人从婺源南下广东推销茶叶,与清政府特许经营中国进出口贸易的"十三行"接上了关系,现在广州成为唯一的外贸港口,他便移家广州,开了一家"万孚"茶行,通过垄断的"十三行"把外销茶叶的生意越做越大。传统的中国人赚了钱就买房买地,詹万榜也不例外,"咸与维新"的清嘉庆五年(1800年),他在广州城北门外隶属南海县的拱宸坊置屋定居。据悉这是詹天佑祖上在广州购买的第一套房子。就在这一年,完成人生大事的詹万榜驾鹤西行,享年五十六岁。据权威的《詹天佑生平志》记载,从1760年离开到1800年去世,詹万榜"未再返徽",所谓发财后"衣锦还乡"捐造祖祠、偿清旧债、修理村路,都是向壁虚构。

詹天佑的祖父詹世鸾号鸣珂,助父经商多年,现在子承父业,继续经营茶叶外贸。他似乎更精通生意经,在南海县属官山墟(西樵山麓)开设了规模不小的茶庄。官山墟是文人辈出的西樵广布书院山下的古镇,是西樵最早成墟集的旺地,各式店铺成行成市,"茶楼晏店,何只十家"。它还是南海顺德交界的蚕桑丝业中心,官山码头"许多的丝艇、绢艇和墟艇,都直通广州"。能在这种寸土寸金的地方站稳脚跟,可见实力不凡。果然到了清嘉庆二十一年(1816年),詹世鸾就重新买房,把全家从广州城北门外拱宸坊迁居到广州西门外十二甫,虽然两处都隶属南海县,但居住条件大为改善。

徽商重儒。詹世鸾赚了钱,开始考虑子女的出路。这时候就遇到了一个棘手的问题:子女若谋取科举正途出身,必须返回安徽原籍应试。那个时候,交通条件很差,人们视广东到安徽为畏途。怎么办?只能想办法"寄籍"。

所谓"寄籍",顾名思义,是指长期寄居外地者,因种种原因,申请脱离原籍所在地,在寄居地落户入籍,相当于现在的户口迁移。历朝对寄籍有不同规定。一般乱后或建国之初,因流离不能归或不愿归籍者,许于所在地著籍,授田输赋。明制,因故侨居于外,如老疾致仕事故官家属等,离本籍千里者,方许收附入籍,不及千里者发还原籍。清律,室庐以税契之日起、田亩以纳粮之日起,扣足20年,移会原籍地方,据文立案,方准在寄居地方入籍。报户部存案后,即可报捐应考。迁徙60年以外者,与土著无异,不必报部,即可报捐应考。

比对规定和条件后,詹世鸾于嘉庆二十五年(1820年)十一月,以其子詹钰的名义,向广东南海县申请入籍。其呈文值得抄存于后:

> 具状文童詹钰为沥情叩恩批准入籍事。
>
> 窃童祖詹万榜,原籍安徽婺源人,自乾隆二十五年,来广东省垣营生,因挈眷来粤,为童父鸣珂娶治属朱姓之女为室,生童等兄弟。嘉庆五年,置大北门拱宸坊屋居住。是年祖父母身故,葬北门外沙帽岗。童母于嘉庆六年身故,葬北门外飞鹅岭。迨嘉庆三十一年,迁居西门外十二甫,自置房屋。计自故祖居家粤城,今逾六十余载,庐墓产业在在可据。丙子年修造南海学宫,童父捐银壹佰元,众绅士经收单据。兹童肄业多年,观光志切,惟是生斯长斯,从未施籍,人事生疏,徽粤远隔,委实不能往徽应试。窃在治属居住远年,祖孙父子已成四代,所置屋业契,经投印,庐墓俱全具有。叔祖詹文光已入南海籍,现补前山营外委可据,理合取具保邻甘结,并将庐墓契抄粘。匍叩仁台俯念童籍不能归,实是治下子民,恩准入籍考试,预祝切赴。
>
> 嘉庆二十五年十一月初三日状

南海县令阅后批示："候传邻保人等讯夺情实，仍将印契携带呈验粘抄附。"嘉庆二十五年十一月二十八日再次呈请，并携同地保陈成、邻居林国珍等，粘连庐墓各契共四纸及保邻结二纸，与学宫收单一纸呈验。南海县令再次批示："查核年份及各契，与例相符，准尔入籍，仍候移明原籍知照。契发还，结收同收单存。"这意味着，詹天佑自父辈起，已寄籍广东南海县。有人据此判断，詹天佑父亲詹兴洪生于清道光三年（1823年），其时詹家已入籍广东南海3年；詹天佑生于清咸丰十一年三月十七日（1861年4月26日），距詹家入籍广东南海已长达41年，他们都已不是安徽婺源人，而是广东南海人，婺源只能算是他们的原籍。

冠冕堂皇地说，这话没毛病。但寄籍只是方便应试的权宜之计，他们从情感上还是认同自己是婺源人。这从詹天佑离家入上海"留美预备学堂"之前，他的父亲詹兴洪按章程给"总理幼童出洋肄业沪局"出具的保证书可以得到印证：

具甘结人詹兴洪，今与具甘结事：

兹有子天佑，情愿送赴宪局带往花旗国肄业，学习机艺，回来之日听从中国差遣，不得在外国逗留生理。倘有疾病生死，各安天命。此结是实。

童男詹天佑，年十二岁，身中，面圆白，徽州府婺源县人士。

曾祖文贤，祖世鸾，父兴洪。

同治十一年三月十五日詹兴洪（签押）

"甘结"是幼童亲属与官家"甘愿"签定的协议。就这样机缘巧合，詹天佑成为大清第一批30名留美幼童之一。从籍贯看，广东25人，江苏3人，福建、山东各1人。如果不入籍广东，詹天佑恐怕得不到这个机会。因此，婺源人应该感谢南海人接纳了詹家。但詹天佑更应该感谢他未来的岳父大人谭伯邨。

谭伯邨是詹兴洪的老朋友,广东香山人,因为生意上的事,经常往来香港、澳门间。清同治十年(1871年),他匆匆从香港赶回南海,带给詹兴洪一个好消息:清政府招收幼童赴美留学,条件优厚,已在上海设立幼童出洋肄业局,该局驻洋副委员、广东香山人容闳正在香港招收学生。机会难得,应该马上送詹天佑去香港报考。

詹兴洪犹豫不决。虽然他家几辈都是做出口贸易的茶商,经常与外国人打交道,但由于中国闭关锁国多年,风气未开,人们普遍地对外洋各国缺乏起码的了解,反而有许多愚昧的误解与可怕的谣传,比如说西方人野蛮,会把孩子活活剥皮,再把狗皮接种到他们身上,当怪物展览赚钱,以致"幼童出洋肄业局"在上海招生数月,仅招到5名学生,最后容闳不得不去消息互通方便快捷的香港招生。詹兴洪或许不相信这些流言,但科举入仕为做官正途的观念早已深入他的内心,视留学为旁门左道,希望詹天佑科考登第光宗耀祖。

谭伯邨是见过世面的人,且与发起和倡导中国近代第一次官派留学运动的美国耶鲁大学毕业生容闳是香山同乡,对他信得过。又听说曾国藩、李鸿章等最具权势的洋务派首领多次会衔具奏朝廷,并于同治十年七月(1871年9月)正式向清廷进呈《挑选幼童前赴泰西肄业章程》,4天后获得批准办理的圣旨。后人在容闳的《西学东渐记》里读到丁日昌告诉他建议被采纳时的心情:"这个消息使我一夜不能入睡,像一只猫头鹰似的睁着两眼躺在床上。我好像踏入云端,不禁飘飘然。"选派幼童赴美留学的工作由此正式开展起来。谭伯邨打听到,留学生总数是120人,分4批出国,每批30人,每年遣送1批,连续派遣4批;学生年龄最低不得小于12岁,最大不得超过15岁;学生须出身清白,通过中文考试和健康检查;被录取后,每天要到预备学校补习;学生家长和保护人须签署保证书,证明自愿送孩子留学美国15年;学习期间,政府保证负担一切费用。谭伯邨对詹兴洪说,这是历史给予平民出身的詹天佑扭转命运出人头地的最好机会。为了打消詹兴洪夫妇的顾虑,谭伯邨使出绝招：愿将自己的四女儿谭菊珍许配给詹天佑！如此这般，詹兴洪最终勉强同意送詹天佑去香港报考。詹天佑清光绪十年（1884年）追记出洋过程是这样写的：

> 余十二岁，同治十一年三月十五日，随香山道台容闳大人由香港搭上海火船，三月二十八日到上海，奉大宪招入上海出洋局读唐番书。高州主事陈兰斌（彬）老师教唐书，容大人教番书。于七月初八日挑起出洋学习。奉旨钦赐官学生，赏赐袍帽顶戴。是日随陈兰斌老师拜别上海道台，下船出洋，往花旗国肄业学习机艺。钦赐每年衣食费用银四百两正，后奏加添四百两，每年八百两正。十五年后回来，中国差遣，赏与官阶顶戴。不得在外国逗留生理。

1872年詹天佑12虚岁，从上海坐了6天船到达日本横滨，然后换乘美国轮船"中国"号横渡太平洋，28天后到达旧金山，游玩3天，再坐六天六夜火车抵达纽约，与先期来美安排的容闳老师会合。第二天，詹天佑与欧阳庚被安排住进诺索布夫妇家里，就读于诺索布先生任校长的私立康州威士哈芬海滨男生学校。第二、三、四批留学幼童，每批30人，也相继在1873、1874、1875年到达美国入学。在第四批幼童到达美国之时，李鸿章派区谔良接替请假回国的陈兰彬，这一变动成为幼童留美事业受挫中断的序曲。而当陈兰彬坚持推荐吴子登为区谔良的继任者时，事情已经无可挽回了。据容闳《西学东渐记》说，吴子登是保守分子，一直认为派遣留学生是离经叛道的行为，他在1876年秋到任不久，就开始秘密地不断向北京作颠倒黑白的汇报，"他说对学生们如何管理不当；如何被容某所放纵和宠爱；如何享受对他们不利的特权；如何模仿美国学生的体育运动；游戏的时间多于学习的时间；学生在宗教方面和政治方面都有秘密结社的行为；不尊师，不服从新任委员；若任其放任自流，很快就会失去对祖国的爱，这样下去，回国以后，不但于国家不利反而有害……"因此他强烈建议："对于这项教育工作以尽快结束为好，越早将学生召回国越对国家有益。"陈兰彬为什么竭力推荐这么一个人呢？容闳认为他就是故意破坏留学事业，因为"他内心对于以前受命去完成的事业，是怀着鄙视态度的，他必然会感到他的纯洁的中国教育修养，因接触西方教育而被玷污，他对于西方教育的厌恶是毋庸置疑的"。

在容闳与清政府内顽固势力周旋、力求幼童留学事业不致受损中断的几年中，詹天佑读完了高中课程，并于1878年顺利考入耶鲁大学雪非尔德理工学院土木工程系，学制三年，选学的是铁路专业。看看耶鲁大学《校刊》刊载的该系所学各年课程，就知道当时中国教育与其的差距了：

第一年上学期：德文、英文、解析几何、物理、化学、基本制图；第一年下学期：语文、物理、化学、数学（球面三角学）、基本力学、自然地理、植物学、经济学、等角投影绘图学。

第二年上学期：数学（含微分学）、测量、图形几何、德文、法文；第二年下学期：数学（含积分学）、力学、图形几何、地形学、测量、德文、法文。

第三年上学期：野外工程、勘测铁路路线、路基土方计算、桥梁及房屋结构学、工程材料学、凿岩工程学、地质学、矿冶学、法文；第三年下学期：桥梁及房屋结构学、工程材料学、蒸汽机动力工程学、水力学、天文测量学、地质学、矿冶学、法文。

詹天佑在耶鲁大学学习成绩优秀，两次获得数学奖。1881年6月，他在耶鲁大学雪非尔德理工学院土木工程系（专习铁路工程）毕业，获得哲学学士，毕业论文为《码头起重机研究》。他的毕业证书由校长霍瑟·波特和秘书富兰克林·鲍迪思·德克斯特分别签名，里面印着一段文字说明："詹天佑是获得大学学位荣誉的第一流考生，被光荣地授予哲学学士名衔，并按惯例得到凡升为学士者所享有的一切权利和声誉。"

就在詹天佑和同学们尽情享受1881年暑假时，容闳带来了清政府决定停办留洋肄业局、撤离留学生的不幸消息。詹天佑和同学们都蒙了，出国时不是说好留学期限是15年吗？不是说大学毕业后还要在美国游历几年吗？但是截止到1881年，即便是詹天佑他们第一批赴美的幼童，留学美国的时间也只有9年，其中只有詹天佑和欧阳庚获得了大学文凭。后面的三批时间更短，最后一批留美时间只有5年。当时在120名幼童中，至少有50名已经进入美国各地大学，仅进入耶鲁大学的就有22名，其余的都还在读中小学。清政府的一纸诏书，对绝大多数留学生是一场灾难。耶鲁大学校长霍瑟·波特致信清政府，呼吁挽救这场悲剧。大作家马克·吐温还出面呼吁社会捐款，解决中国学生留美费用，以阻止清政府将留美幼童裁撤回国。

死扣解不开，连李鸿章也不肯为留学生说话，120名幼童，除了病故的"天才少年"潘铭钟，少数因违反规定先前被遣送回国的和6名最终坚持留美的，其余94名留学生，全部被迫辍学回国。据钱钢、胡劲草著《留美幼童》一书记载，容揆和谭耀勋抗拒召回，留在美国完成耶鲁大学学业；李恩富、陆永泉则是被召回后，重新回到美国读完了耶鲁；张康仁、李桂攀也是在被召回后又重返美国完成大学学业。

幼童分批撤离美国。1881年9月6日，詹天佑与第三批留学生一道，乘坐"北京"号轮船离开美国，最后于1881年10月6日抵达上海。没有幻想中热烈的欢迎场面，也没有熟悉的人潮和温暖的拥抱，等待他们的只有鄙夷的目光和晦暗的未来。1881年11月，詹天佑与陈钜溶、吴应科、欧阳庚、苏锐钊、陆永泉、杨兆楠、邝咏钟、徐振鹏、容尚谦、黄季良、薛有福、邓士聪、吴其藻、宋文翙、邓桂庭共16名留美学生被分到福州马尾，成为初名"求是堂艺局"、借福州城内定光寺开课的船政学堂后学堂第八期驾驶班学员，学习海军轮船驾驶。因当时以为法国造船优而英国驾驶优，所以船政学堂分设前后二学堂，前学堂学造船，上法文课；后学堂学驾驶，上英文课。学驾驶的课程包括算术、几何、三角、代数、航海天文地理气象等，计划两年半学完。入船政学堂时被颁授五品军功的詹天佑轻松学完了全部课程，以考试第一名的成绩毕业，与留美同学容尚谦、黄季良、薛有福、杨进楠、吴其藻一起被安排到福建水师旗舰"扬武"号实习，不久升任后学堂教习，由此离开了"扬武"舰。1884年8月23日，中法马江海战（亦称马尾海战）爆发，仅战了半小时，福建水师几乎全军覆没，船政学堂和造船厂被轰毁，772名官兵阵亡，其中"留美幼童"6人参战，杨兆楠、黄季良、薛有福、邝咏钟四人不幸牺牲，两人落水逃生。詹天佑此前已经调离"扬武"舰，未能直接参加战斗，但上海英商《字林西报》等报刊当时载文称詹天佑"临大敌而毫无畏惧，并且在生存死亡的紧要关头还镇定如常，鼓其余勇，由水中救起多人"，显然是不真实的凭空想象。

就在这一年的10月，詹天佑奉两广总督张之洞之命回到广州，担任广东博学馆洋文教习。广东博学馆原名广东实学馆，是清末培养军事科技人才的学校，1876年由两广总督刘坤一和其继任者张树声接力创办，1882年开馆，首届招生50人，学习轮机驾驶。1884年7月张之洞督粤，将其改名广东博学馆，调詹天佑等返粤任教。其后，张之洞筹议大治水师，奏准清廷，仿天津、福州设水师学堂之例，于1887年将广东博学馆改为水陆师学堂。据詹天佑自书英文履历中记述："1884年10月至1888年7月，在广东省黄浦博学馆任教习。"另据《光绪十年詹天佑立族谱》："是年八月，蒙两广总督部堂张咨调回粤当差，九月初九日回家听候委用，十九日到张制军署。"詹天佑回粤之前，福州船政大臣何如璋以五品顶戴奖励詹天佑，奖状上写道："本大臣钦奉谕旨，督办船政。所有在事人等宣力有年或技艺素优者，自应分别奖赏，以示鼓励。兹查后学堂教习詹天佑教导出力，实堪嘉尚，赏给五品顶戴。"虽然只是一种荣誉，但对年仅23岁的詹天佑而言，已足够光耀门庭。

回到广州，虽然工作单位和南海的家隔着很长一段路程，但詹天佑得空就赶回来看望家人。对于一个曾去美国十年的"幼童"，家是多么温

詹天佑故里浙源（詹东华 摄）

暖的港湾。他曾写信向美国诺索布夫人报告他返国后初次回乡的情景：他由上海经香港回到广州，找到南海西门外十二甫的家，父亲已经认不出他，惊问他是谁。当确认面前的这位帅小伙是十年不通音讯的儿子时，巨大的惊喜险些把老人击倒，他缓了好一会儿才把喜讯传递给家人。"当我初回中国时"，他写道，"我非常高兴我双亲健在，他俩现在还活着，我母亲已经七十岁，我父亲七十多了。"

经历了国外"十年生死两茫茫"，詹天佑更加珍惜亲情、乡情，因此当父亲春节前再次表达想回婺源老家看看的想法时，已在广州立足的詹天佑欣然附和，甚至有种正中下怀的感觉。父亲告诉他，乡下有正月初一祭祖的习俗，必须在这之前赶到婺源老家才不耽误正事。母亲很支持，让他们爷俩注意安全，早去早回。

说走就走。从广州到婺源，现在开车还要一千多公里，当时没有高速路，没有国道、省道、县道，曲里拐弯，翻山越岭，道阻且长，哪里是老家啊？父子俩都没回过，只能傻乎乎地跟着向导走，或坐轿，或乘船，或步行。有一天，詹天佑实在走累了，他突然想起在美国坐火车的情景，很向往地对父亲说，如果大清能像美国一样修建自己的铁路，让火车在铁路上跑，我们坐火车回老家，又舒服又快捷，多好。父亲不知道什么是铁路，什么是火车，若有马车坐、牛车坐，就是福气盈天了。

路虽远，行则能至。不知跋涉了多少个日子，父子俩终于在大年三十前两天赶到了婺源县浙源庐坑，那个古称"庐源"的山村。像徽州多数村庄一样，庐源也是詹氏聚族而居的地方，族人朴实热情，土菜土酒款待，长夜不停饮。詹天佑和父亲不敢多喝，因为他们白天要上山扫墓。正月初一那天，全族男丁起个大早，聚在祠堂烧香拜祖，鞭炮声把附近山上的鸟儿和野兽都吓跑了。詹天佑换上五品官服、官帽，在祖宗面前行三跪九叩大礼。南海詹氏一门流落在外多年，道路阻隔，几代不能返乡敬祖，他感到惭愧。为了弥补过失之一二，詹天佑掏钱请全族人饱餐一顿，然后挥手告别，返回广州。离开村庄水口的时候，这位婺源庐坑詹氏第四十代传人黯然神伤，心中默念一首熟记的汉诗："行行重行行，与君生别离。相去万余里，各在天一涯。道路阻且长，会面安可知。胡马依北风，越鸟巢南枝。相去日已远，衣带日已缓。浮云蔽白日，游子不顾反。思君令人老，岁月忽已晚。弃捐勿复道，努力加餐饭。"他不知道有生之年还能否再回故乡？

事实上，詹天佑此后没再返乡。但他心里装着老家，费心费力主持编修了《徽婺庐源詹氏支派世系家谱》。1911年，时任广东粤汉铁路总经理兼工程师的詹天佑，偶然从婺源旅粤同乡会处了解到家乡遭了火灾，烧毁了不少房屋，于是专门去广州永隆公司订购了一台消防器材"水龙车"赠送家乡。所谓"水龙车"，就是像大型冰柜似的救火车，长约二米，宽一米，齐胸高。车内有机械制成的抽水装置，整车装满有几担水的量。"水龙车"前后各有翘起的杠杆把手，像公园里的跷跷板，可以多人同时用力。操作时由几个青壮年上下按压，如捣米似的，捣得愈猛，水管射出的水柱愈高。车子底下装有四个轮子，能灵活地推进狭窄的小巷。詹天佑送给老家的那台"水龙车"，现在还完好保存在庐坑大祠堂里。这是詹天佑到过老家的旁证，没亲身体验过不会有这份贴心的乡情。

詹天佑回乡祭祖之后，心境澄明，一切变得顺风顺水。1887年春天，詹天佑在澳门与出国时订下婚约的谭家四小姐菊珍喜结连理。婚礼上，詹天佑深情跪拜改变他命运的岳父大人谭伯邨，"恭敬无可复加"。一年后，长女顺容出生。不久，经在开平矿务局工作的留美同学邝景阳向公司总理伍廷芳、总工程师金达推荐，詹天佑离开广州，北上天津，进入专业对口的中国铁路公司工作。这是詹天佑梦寐以求的高光时刻，是中国第一位最优秀的铁路工程师步入成功之路的起点，由此正式开始逐梦旅程……

中国铁路建设起步太晚。1865年，英商在北京宣武门外修建了一段长约0.5公里的展览铁路，"迅疾如飞"的小火车被京城人"诧为妖物"，破坏风水，朝廷下令拆除，"群疑始息"。1876年，英国怡和洋行擅自修建了从上海到吴淞的铁路，这是中国最早出现的一条营业铁路，长14.5公里，次年清政府以28.5万两白银将它赎回并拆除。1881年，开平矿务局终于得到朝廷恩准修建了长约11公里的唐（山）胥（各庄）运煤铁路，但朝廷明令禁止使用机车，只能以驴马牵引运煤车。当詹天佑1887年来到天津的时候，机车终于代替了驴马，但中国只有一条由唐山通往芦台的铁路。德国学者柯丽莎在《铁路与中国转型》一书"导论"中惊叹："这个国家进入铁路时代迟得令人惊讶。中国最早引入铁路技术并展开实验性的建设，可以追溯到19世纪最后10年，而那时候铁路在各个主要国家已是明日黄花。作为铁路运输的诞生地，英国的技术要比中国领先近两代。在1895年，英格兰与威尔士已经成功拥有了23442公里（14651英里）开通的轨道，而在1895年之前，中国仅有500公里铁道投入运营，一直到20世纪30年代末，中国的铁道里程才达到英国1895年的水平。"中国的铁路人压力太大了。

詹天佑与中国铁路的传奇故事家喻户晓，用不着在这里唠叨。但有一个讹传的问题需要澄清："詹式车钩"不是詹天佑发明的，他自己早就否认过，并且特意将它翻译为"郑氏车钩"，避免别人将这一成就错记在他头上。

车钩是指火车车皮或机车两端的挂钩，有连结、牵引、缓冲的作用，用来实现机车和车辆或车辆和车辆之间的连挂，传递牵引力及冲击力，使车辆之间保持一定距离。这小东西看着不起眼，但发明、改进它却花了不少时间。刚刚发明火车的时候，由于蒸汽机产生的动力非常大，所以人们开始尝试用蒸汽火车来拉更多更重的货物。但是大家很快发现，火车车厢之间的连接并不牢固，导致装载的货物一多，车厢就容易脱轨。若是客运火车，遇到车厢脱钩就太危险了。于是，英国工程师就在1830年发明了一种螺旋车钩，采用两种连接方式，即首先利用两个固定的"饼状"金属衔接，随后又在中间加装了链式车钩。在铁饼相互嵌合以后，还需要将铁链挂在两侧车钩上，然后拧紧中间的螺丝装置。这种铁链只能传递拉力，也就是在加速阶段可以避免车厢脱离，但是遇到刹车时却无法避免两节车厢碰撞，产生巨大的颠簸和噪声。而且操作非常复杂，一旦遇到紧急情况，无法让车厢分离。后来，美国工程师发明了一种插销式车钩。需要链接车厢的时候，必须有工人站在中间，拉动车厢上的铁环，插入另一个车厢的车钩凹槽中，然后插上插销将其固定住，操作非常危险。而且由于插销的受力有限，火车能够承载几千吨的重量就是极限了，无法满足使用需求。

需求刺激创造。1868年，美国工程师伊利·汉密尔顿·詹尼（Janney）发明了"詹式车钩"（Janney Coupler）。据说之所以会有这种创意，是因为他看到小孩子手拉手做游戏产生了灵感。詹氏车钩的确像两个勾起来的手掌，当它们相互靠近时，会推着车钩的钩舌向内卷，两个车钩就像太极图一样紧紧地镶嵌在了一起。从内部结构来看，钩舌的设计非常巧妙，哪里该凸起，哪里该凹陷都很有讲究。钩舌和钩锁之间是一个类似于榫卯结构的设计，当钩舌偏向钩锁的插销一端时，就会牢牢地嵌合。尤其是当另一个车钩挤压它的时候，车钩就无法动弹了。但是为了让脱钩变得容易，詹尼在钩舌和钩锁上削出了一个斜面，这让钩舌可以移动。所以当两侧的插销同时被拉起来，钩舌就有足够的空间弹出。詹氏车钩不仅挂钩和脱钩方便，而且衔接更紧密，足以拉动几万吨重的载货车厢，极大提升了火车的安全性和载货能力。

詹天佑参与国内修铁路时，首先提出要推广使用"詹式车钩"。"Janney Coupler"的标准译法应该是"詹式车钩"，但詹天佑为了与自己的姓区别开来，不掠人之美，特意译为"郑式车钩"。但社会上说"郑式车钩"的少，说"詹式车钩"（标准音译本是"詹"）的多，传来传去，都姓詹，就以为是詹天佑发明的了。但这不是詹天佑贪他功为己功，他留下来的文献可以佐证。只能说，詹天佑在这一行太有名了！

WUYUAN
THE BIOGRAPHY

婺源 传

寄命商海

第四章

江南江北

徽州六县，婺源林木资源最为丰富。旧志载，"（婺源）岁概所入不足供通邑十分之四，乃并力作于山，收麻、蓝、栗、麦，佐所不足，而以其杉、桐之入易鱼稻于饶，易诸货于休"。生活所迫，引发了最早婺源木业经营的物物交换：换鱼、米于鄱阳一带，换百货于休宁。靖康之难后，外来移民骤增，徽州田少人多的矛盾进一步突出，更加强化了民众的山林经营理念。

婺源木业经营始于何时，尚无确凿考证。经商讲究天时。北宋末年，宋徽宗赵佶在苏州、杭州设立造作局，为兴建宫殿大量征集木材；南宋迁都临安，明初定都南京，拉开了城市大规模建设；明代中叶商品经济开始活跃，城市日趋繁荣，包括漕运在内的航运迅猛发展；嘉靖年间，大学士夏言向皇帝建议，"诏天下臣工建立宗庙"，得到皇帝采用，本意是借用宗族力量加强大明江山治理，客观上却掀起了全国性建造宗祠的高潮。

天时顺应，地利紧随其后。距杭州、南京不远，便于水运的徽州（婺源）抓住了机会。

宋代文献中，已经出现婺源木商身影。宋元之时，凤山查氏族人外

凤山村（詹东华 摄）

出经商。明初，一批查氏大贾开始经营皇木，有查涵可、查公道、查公显等。关于查公道父子，据记载"公道为官商贩木"，而族谱中查公道之子查尚庆条目下，更有准确的记述："丙戌（1406年），父因漂流官木，问拟充戍，公挺身哀辩，受刑几毙。"这位代父受刑的孝子最终得人担保，脱罪而归。可见经营皇木虽然荣光，不免有性命之忧。

婺源外销木竹，全靠水运。木商们头年冬组织伐木，次年五六月梅雨季节河水泛涨，沿支流运到蚺城西关埠头重新拼装。埠头上，簰工们利用钉、缆，将数棵扎成狭长形的簰筏，簰筏连行，数行组成一队，只有这样，在急流险滩间不致碰撞阻滞散簰。有人搬招，有人垫颈，有人行篙，有人拖梢，簰筏借着水势从西关埠头出发，过小港，经德兴、乐平到达饶州，再经鄱阳湖、长江水道运抵各地。婺源东北与休宁毗邻之地，也有经新安江东输临安，还可以通过绩溪经青弋江、水阳江外运。

水深浪阔的鄱阳湖、长江、新安江中，簰筏必须改扎为宽大式样方能平稳行进。远距离的木材运输，往往经过多次改捆扎排，才能到达目的地。捆扎的簰筏务求坚固牢实，须经得住狂涛巨浪的冲击，稍一不慎，就会招致簰毁人亡，木材贩运是"寄赀一线于洪涛巨浪中"。

长期放筏新安江中的程文昂，多次目睹簰毁人亡的惨祸，他仔细观察，苦思冥想，终于发明了一种以竹制成的缆绳。竹缆柔软而坚韧，牢固异常，取材方便，成本较低，人们纷纷仿效。竹缆的发明，给木材经营腾出了巨大利益空间，木商们将程文昂奉为神灵进行祭拜。

内采内销、内采外销显然无法满足逐利需要，婺源木商外迈步伐不断加大，近而淳安、遂安、开化，继而江西、湖南、四川、贵州、福建，更远则入河套，赴都门，包山采伐，长途贩销。只有外采外销，才能获得巨额利润。江湾江蓉东、城西汪大中等拥资巨万，在各处据有大片山场和庞大的采伐、运输队伍。在中国，不少都市和口岸都有婺源木商开设的木行、木号，木材贩运几乎为之垄断，婺源木商当之无愧列为徽州各县之首。民国《婺源县志》"质行""义行""孝友"等篇，就收录有木商242人。

明清时期，南方各产木区活跃着大量婺源人的身影，湖南，无疑是他们很喜欢的地方。湘西盛产木材，是婺源木商的重要采木地。洞庭、沅江水运发达，贵州木材沿着清水江、沅江、长江进入江南木材集散地，湖南是必由之路。清代《商编路程抄本》和婺源《木商守则》，详细记载了沿途的市镇、码头、路程、神位、习俗、关例、厘捐以及木算法等相关内容，也反映了木商深入苗疆的情景。

这条繁忙的运木线上，位于渠水入沅之地的托口市，就是徽州木商在沅江上游的第一个聚居地。乾隆《沅州府志》中记载：

> 托口市在县南四十里原神里，为渠水入沅之地，上通贵竹苗峒，巨木异材凑集于此，官之采办与商之贸贩者，皆就此估直以售，编筏东下，故市侩持筹，与佣夫邪许，日喧阗不绝。凡钱币酒脯鲜菜

粉饵及服用所需，皆列于市，附近乡村并邻境肩运米粟者，亦就次粜焉。

活跃在托口的商人，除临清帮商人，更多的是徽商，而徽州木商"以婺源为大"。他们往往在当地有相对固定的代理人（主家），买缆扎簰，一待完成，便"邀同主家赴关具报，听候验明斧买，从无紊乱"。《采运皇木案牍》中，还专门提到了几位婺源木商，其中谈道：

  兹有徽客胡君名廷魁，字兆三，系国学生，为人正直清雅，与弟相关数月，颇称莫逆，即木行利弊，亦深承利指教，将来南京一切，犹可藉为耳目。

这位正直清雅的胡廷魁，是婺源清华人。《清华胡氏统谱》记载，他出生于乾隆己巳（1749年），殁于道光癸未（1823年）。胡廷魁的木行开在南京，木材来路是借清水江流域运输来的广木，深入苗疆采木，是胡廷魁的重要工作。

嘉庆年间，锦屏县卦治与天柱县垄处发生争江纠纷，"（垄处）惊阻徽、临两商客四十余船，迄今缆陷远口河下，进退两维"，为维护木商利益，以清华甲椿李承武为首的徽商向当地官府提出上诉。李承武是太学生，弃儒就贾在金陵经营木业，与前述胡廷魁等人有相同的清水江贩木经历，他识见不凡，当然是众商瞩望的领头人。

簰出托口，沿江而下，常德市南，沅江江口处的德山，是婺源木商进入湖南、贵州贩木的必经之地，号称木商"聚会之所"。这里设有皇木厂，《采运皇木案牍》提及：

  本省沅郡之托口、常郡之德山，二处聚木关口，竖旗采办，遇有江西、安徽商人运木过关，每百根内抽买一根。……俟桅杉架槁

被捆扎为宽大式样的簰筏（洪元培 摄）

等木采办齐全，即在德山河上扎簰北运……

这些"竖旗采办"的就是皇木。

婺源西冲俞氏是木业世家，最早经营木业是明万历年间的俞希治，多位族人都曾在湖南采木运木，子弟中也有不少出生在湖南，族谱中多有以"沅""湘"等命名的。据宗谱记载，西冲俞氏一门七代数十人均经营木业，俞光治是其中一位传奇人物。

俞光治父亲年老退休回到婺源，长兄俞光潭正在读书攻考，父亲便将南京木行全权委任于他。当时木行存银只有3000余两，俞光治接手后，认为资本狭小，不能大施手脚，于是向龙腾在南京放款的宗台老四借本，说最少3万两，而且多多益善。老四很是惊奇，将这位年轻人叫到天井光亮处，让他站着，脱去帽子，审视很久，最后说："可以！你借银可以不受限制。"当即同意首借3万两。俞光治做了充分准备，深入四川拼山伐木，一年内不仅还清本金利息，而且还赚到了3万余两。从此生意隆隆，在德山放钱粮，进苗疆伐木捆排，"无一不利市三倍"，当时人称"摇钱树"。

在德山聚居的婺源人越来越多，簰夫不下数千人，也带兴了其他产业。婺源带川朱昌孝在此经营钱庄典铺，还义设善堂为客死他乡无力归榇的同乡料理后事。

德山东行，便进入洞庭湖区，牛鼻滩一带风浪险恶，"自德山起运，由洞廷（庭）过长江，沿途矶石嶒崚，水势汹涌，经涛涉险"。对于洞庭湖的风涛，俞光治家族怀有刻骨之痛。宗谱记载：

……金陵木业，房弟承接，不数年，排过洞庭湖，风浪大作，讶云"缆变蛇"，然耶？否耶？而排散矣。本家死于是役三十余人，亦一大数也。众家生意歇，兄弟各自持家计，有兴土木者，有入捐纳者，或盐，或茶，或木，分道扬镳。

俞氏家族的木业起伏，证明了商海风波险恶。

沿着水路走出婺源的木商，他们把行营安置在水运便利的临江城市：南京、杭州、芜湖、常州、镇江、汉口、上海、南通、饶州，继而走向全国各地。其中，长江沿岸的南京，是木材经洞庭、汉口、芜湖之后最为重要的站点，也是明清时期长江上游木材运往江南各地的经营贸易中心。

早在明代，徽人编纂的商编路程中就提到上新河，"牙行聚此"，"南京上新河有聚无产，风怕西北，不可久泊，有货当入港"。所谓有聚无产，是指上新河木商聚落都是竹篱板屋，并无恒产，反映出初期商人节俭创业的实况。到了清代后期，"徽多木商，贩自川广，集于江宁之上河，资本非巨万不可，因有移家上河，服食华奢，仿佛淮扬，居然巨室"，情况绝然不同。

长滩俞焕、龙山程肇基等婺源木界巨擘长期驻扎于此，他们与徽州各县共建共营新安会馆外，还建有婺源会馆，每年四月初八都要大办灯会，请班唱戏，实力之雄，名噪江南江北。俞焕长期在南京经营木业，同时在苏州、芜湖、饶州等地开设木行，并利用雍正朝在西南地区实行"改土归流"的政策，深入贵州苗、侗聚居的深山老林大量采购优质木材。

上新河在南京西郊白鹭洲，即李白当年写诗的地方。这一带绵延数十里，"木商辐辏"。在这里，婺源木商或子承父业数代薪火相传，或弃贾就儒走上读书入仕之路。

木商们居处是什么情景呢？长住南京的木商后裔王友亮以诗为记："人家以外有沙滩，十里周遭尽属官。非陆非舟君记取，竹篱板屋是阑干。"而《题雪蕉水部三山二水间》描绘得更为详细："懒支短策櫂孤篷，小阁凭临眼界空。山与苍烟相出没，水从白鹭划西东。图书左右徒为古，诗笔纵横气自雄。最是晚来堪赏处，渔灯点点贴江红。"后一首是木商世家子弟施德栾描述好友胡永焕在上新河家居环境的诗作。

胡永焕是清华人，也是木业世家出身，他14岁从家乡来到南京，在这里接受科举应试教育，获得了会试和殿试的资格，并入职北京，又因为探望侨居上新河的父亲而经常回到南京，也曾数次回到家乡婺源探亲访友。

胡永焕父亲胡开熙，善于读书，志行高远，因家贫迫于生计，只能跟随一位富商学习打理生意，后自立门户，"采木黔中，出没毒淫险绝之地",从贵州贩木到常州、南京一带出售。这段经历记录在胡永焕为好友施德栾撰写的墓表中:"吾乡多世木业,岁采木黔中,循江而下。江宁城西曰上新河者,《图经》所载古白鹭洲地也,龙江关榷于此,众木汇焉。吾乡人之去来者亦侨居于此,遂以成市。君少即从封君驻上河,先君亦采木驻上河。"

胡开熙是一介儒商,与当时的诗坛领袖袁枚等是好友,儿子胡永焕在上新河文人雅士社交圈中,有一批婺源木商世家,如王友亮、王廷言、王麟生、王凤生、施德栾、洪梦蕙、陈其松、俞宏猷、李庭芳、吴山南、吴国南、金荣光、俞兆灵、吕抚辰、程永仁等,这串名单,既说明婺源木商在上新河的盛况,也表现了婺商亦贾亦儒的特点。

清道光二十一年(1841年),湖南常德府同知李炳奎受命将德山镇累年采办的皇木解送到京。这年六月,李炳奎偕随同人员出发,经沅水,达洞庭,溯长江一路东行。次年正月,抵达南京上新河,接下来将由长江驶入运河。李炳奎明白,运河河床多年未浚,已经抬得很高,且河道运输异常繁忙,连运送漕粮的船只也要等北方冰溶之后才能起航,木排数量很多,体积庞大,势必等梅雨过后方能前行。李炳奎决定,运木团队在上新河码头暂作休整。

李炳奎自负风雅,此前经过芜湖,为朋友长卷题诗时,见卷上题咏者书法十分漂亮,记下了作者婺源黄海的名字。道光十二年(1832年),黄海自婺源至南京,以书画、篆刻游幕名公巨卿之间,与多位名家折节相交,江宁布政使赵盛奎、安徽按察使陈功对他都极为推重。李炳奎抵南京上新河,与黄海一见如故。

邸报传来消息,英军集结了大量战舰强攻吴淞口,江南水陆提督陈化成壮烈殉国。随后大举进攻镇江,镇江城陷,副都统海龄自焚。英舰驶至下关江面,陈兵南京城下,城内戒严,百姓人心惶惶。上新河镇并无一兵一卒,李炳奎从未见过这阵势,保护皇木生死攸关,不由得胆战心惊。他急与黄海、婺源木商王以淦等商议对策。黄海自告奋勇留下守护皇木及同乡木场,并建议李炳奎携家眷避居南京城外20多公里的龙都。

李炳奎他们匆匆别去,黄海立即重资招募义勇600余人,他从容部署,守据要隘,日夜巡护,十余日目不交睫,所费近万两白银。

英军陈兵江上,进逼南京,逼迫清政府开放通商口岸,索要赎城费。清政府被迫派钦差大臣耆英与两江总督牛鉴、乍浦副都统伊里布为代表与英方交涉。谈判相当艰难,最后耆英等根据道光帝圣旨,与英国全权代表璞鼎查在南京江面英国"皋华丽"号战舰上,签署了丧权辱国的《南京条约》。

英军撤兵后,上新河镇渐渐恢复了常态。在惊恐万状中完成皇命的李炳奎,对黄海的胆识和才干愈加钦佩,希望他能襄助自己,后来又请王以淦为说客。黄海为诚所感,于道光二十四年(1844年)赴湖北,为黄州府幕僚。南京护木,黄海步入了别样人生。

曾为南宋京城的杭州,明万历时就有数十万人口,婺源木商把这里作为木材转运基地,其历史可以追溯到万历之前。

杭州木运兴起,某种程度上得益于扬州水运的转衰。自8世纪后半叶始,长江河口北岸的沙洲越积越广,导致扬州内陆化,拉长了与河口的距离,大型船只难以入港,当地船运业渐渐衰落。

相反,五代时建都杭州的吴越钱氏开始修筑防波堤,修理水门、渡口等设施,将钱塘江海口打造成为安全海域。彼消此长,杭州由运河都市变为港湾都市,海外贸易的中心亦由扬州转为杭州,由长江河口转移至钱塘江口。钱塘江和杭州湾的特殊地理,自然被婺源木商选中。

选中杭州作为转运基地,还有一个重要因素,木行不少木材来自浙西。衢州府开化、常山等县,民习与婺源相近,勤于种植杉木,杉木成材后,成片山场卖给徽商,由徽商募人采伐,运销于苏杭。据记载有婺源人王恒"带家丁随行十余人",用银1500两购买浙江常山丁氏林木,砍伐外运发卖。婺源商人江恭埧,"购木开化",一次就曾采购王姓兄弟木材计价 1200 两。

乾隆年间，婺源木商江扬言、江可烈等人在杭州创办徽商木业公所，拥有会员数百人。公所选举董事，董事的主要工作包括：每年九月十五日朱子生辰，公所置办香烛供献，虔诚礼拜，借朱子提倡的"仁、义、礼、智、信"来约束众商。每年十月初一，举行盂兰会以赈孤魂。每年六月初一，汇集众商在朱子神前核账，评定是非。董事管理公所收支，每年五月核定，六月底刊行《征信录》，分送各行，即财务公开。收取各木行山客沙粮捐、木捕捐，捐助旅榇厝所等。为木商排除纷争，处理与地方社会的复杂关系，维护木商利益。修理公所，添置物件等。

生意越做越大，江边木材储运场地却成了麻烦事。江扬言的儿子江来喜出资在江干上至闸口，下至秋涛宫购买沙地 3690 余亩，以便徽商拆簰、堆储和抵关验检。沙地不断淤涨，当地民户祝惟善等人趁机筑垦种田，阻碍了木材堆放起运，甚至可能导致大批木材被江水冲走，由此引发了一场持续两年的官司。

此时的木业公所在杭州已有一定影响力，江春初、张庆余、江开仲等人向浙江布政使司兼管南新关部堂进行呈控，商户和当地居民互不相让，惊动了朝廷。经两浙盐道会同浙江蕃司，督率杭州知府、钱塘知县实地勘察，权衡利弊，作出裁决："此处沙地全为关木堆贮之要路，今以百余两之地粮，竟误数万金之关税，核计课额，增减悬殊，自应统归木商全行管理。"官府算盘一打，深知不能因小失大，裁定"钱江一带沙地永归木商取便，堆木通运各货，永不复升垦种，盖造房屋，纵有新涨水沙，亦不惟报升垦种，如有牙脚人等搭造柴场牛舍，许木商指名具控，以凭严拿按究，永远恪遵毋违"。当然，木商也掏了腰包，补缴了祝惟善等人已纳两年的钱粮银，赔偿了垦种工本。在木商眼里，这是芝麻小事。乾隆五十一年（1786 年），该案以木商胜诉而告终。为表禁令世世有效，木商将裁决书刻成石碑，立于江边。

此外，木业公所还较为妥善地处理了淳安县东关卡重复征补起捐一事；禀请水利分府发布告示，解决了内河行排不畅问题；呈请相关县府发布告示，劝谕沿河居民有偿代捞漂木，杜绝"揹赎勒索、截木藏匿"。

咸同兵火，木业公所遭焚。所幸太平军进入杭州前，江来喜后裔已将公所的经营账目、诉讼文书、议单等契约凭据全部带回婺源老家。宣统初年，婺源木商江城等人倡议，徽州同乡重建了木业公所，经营活动一直延续到新中国成立前夕。

咸丰元年（1851年）初，祖籍婺源的洪秀全在广西金田发动了太平天国起义。次年六月，太平军由广西攻入湖南，主战场开始北移，先后攻克武汉三镇，折而东移。咸丰三年（1853年），占领南京并定都于此。此后10余年间，太平军在西至武汉、东到上海的长江一线及其腹地，与清军展开殊死战斗，长江中下游成为当时战乱最严重的地区。对于婺源木商来说，战乱直接将他们驱离了经营时间最长久，商业活动最活跃，行业业型最齐全的地区，陆运和水运无法开展，贸易活动被迫中止。

以上新河为例：

> 洪杨前，业木者有徽之婺源，赣之临清及山西帮，皆巨贾，以婺源帮盛而著名。木行制定四十户代客买卖，抽收佣金，为营业之宗旨。洪杨时，长江南北，遭劫极重，上新河庐室邱墟，毁坏无遗，木业因是而辍焉。（《二十世纪四十年代调查》）

持续十余年的战火，同样对婺商家园摧毁甚惨，由此而增加的课税、捐输、助饷等，也绝大部分落在了商人身上。

太平天国运动之后，两江总督曾国藩积极恢复经济，上新河又渐渐呈现往日的繁盛：

> 同治初年，曾文正公克金陵，规画兴市，感木植与建筑攸关，故召商复业，于是四方富有之士，奉召挟资而来，旧业新张，旗鼓

重整，又是一番新气象。比沿旧制，定四十户，请领部帖，开张营业，惟帖制须富有清白或纳粟入监为资格。斯时木业，咸斗智争时，侈逐豪华，故盛于当时。

此时的南京木业，已非婺源一县独大了。

民国时期，婺源经济状况没有大的改变，但本地木材锐减。1931年后，国民党军队一批批进驻婺源，强迫民众伐木建碉堡、筑工事，导致森林大片毁耗。尽管如此，依山吃饭的婺源，每年仍有一定木材外销，民国记载数为：1930年，杉木百数十万根；1940年，杉木20万根，毛竹15万株；1948年，杉木40万根。

木商经营的重点，已经由南京、杭州延及上海一带。西冲俞子良于1915年随胞兄俞秉辉到上海陈家渡达亨昌木行当学徒，不久就职于曹家渡裕昌木行，后来又与延村同乡金绍香等合伙创办协泰木行，木行业务得到空前发展。

浙源庐坑詹鸣铎出身于木业世家，高曾祖曾在亳州经营木业，父亲在杭州开木行，与嘉善知县江峰青先后在石门镇合开德昌隆木号，在杭州江干合开隆记木行。他本人曾于光绪三十一年（1905年）中过秀才，后来一度设馆教书。38岁那年（1920年），祖母告诫他："浙江木业为全家命脉，须自前往帮同负责，不得委任他人。"于是，他自己在阜生木行司理账目，二弟、三弟在江干木行经商，四弟曾入杭州木业学堂学习，儿子在连市镇经营木业。这只是传统木业经营的余音罢了。

茶路致远

纬度、海拔、土壤、气候、日照等条件绝佳的婺源，是茶叶生长的天堂，当代茶学界有"中国绿茶金三角"之赞。婺源山多田少，水清地活的自然环境，也倒逼当地居民靠山吃山，植木之外，广种茶叶。

茶风之起，历史悠远。唐开元（713—741年）时，"自邹、齐、沧、棣，渐至京邑，城市多开店铺，煎茶卖之，不问道俗，投钱取饮"，茶风渐盛。"其茶自江淮而来，舟车相继，所在山积，色额甚多。"这是御史大夫封演在长安的记述，数千里外的歙州，已是"高下无遗土，千里之内，业于茶者七八矣"。此时，从浮梁运销西北、华北各地的茶叶就有几十万驮，浮梁是这一带的茶叶集散地，覆盖婺源、祁门等境，婺源已是有名茶区。

撰写茶叶开山之作《茶经》的陆羽，3岁被遗弃野外水滨，他在竟陵龙盖寺高僧智积的收养下，识字，读书，劳作，并培养了煮茶技艺，激发了对茶的浓厚兴趣。安史之乱前后，陆羽边游历边采问，开始《茶经》的写作。他移居信州，上饶便有了"陆羽泉"。他说，"歙州出婺源山谷"，这是历史文献第一次谈到婺源茶。以陆羽的眼光，说歙州茶而单提婺源，表明婺源茶在歙州诸县的最高地位。他写作《茶经》的年代，茶

婺源，是茶叶生长的天堂。（洪元培 摄）

叶经营已经形成"浮梁歙州，万国来求"的局面。

当时有散茶、末茶、饼茶之分，主流是饼茶，便于贮藏和运输。徽州饼茶主要有祁门方茶、新安含膏、婺源先春含膏。饼茶制作方法，是将鲜叶经蒸气杀青后烘干捣碎，碾成细末，再蒸软，做成长条，形成圆饼状，中间留一孔，穿串起来烘干即成。饮用时，以《茶经》记载而言，浸泡的茶是蒸熬、烤炙、碾磨，放入瓶缶中，用开水冲泡。煮茶则在烘烤捣碎的基础上，加入葱、姜、枣、橘皮、茱萸、薄荷之类，沸煮很长时间。

茶叶生产、消费的迅猛发展，决定了朝廷的经济决策。793年，唐德宗开始税茶。唐文宗时（828—840年），特置了榷茶使，文宗后期，朝廷矿冶税收入每年不过七万余缗，抵不上一县的茶税，茶叶成为仅次于盐的大宗商品。

元和十一年（816年）秋，左迁江州司马的白居易触景生情，写下了《琵琶行》，这个月光如水的江夜，已经委身贾人的琵琶女自述丈夫"前夜浮梁买茶去"。较开元之时，浮梁茶叶集散地的作用更加凸显，婺源、祁门茶在此与当地茶汇合，沿阊江，渡鄱湖而往九江中转。据公元813年的《元和郡县图志》说，浮梁每岁出茶七百万驮，课税十五余万贯。五代刘津在《婺源诸县都制置新城记》中回顾，"大和（827—835年）中，以婺源、浮梁、祁门、德兴四县茶货实多，兵甲且众，甚殷户口，素是奥区"。

茶叶贸易让歙州"富"名响遍宇内。韩愈在《送陆歙州诗序》中称歙州是"富州"。曾任过监察御史的杜宣猷为求宣歙观察使的肥缺，竟然去走内宦后门。宰相薛元超曾孙薛邕，自左丞贬歙州刺史，贬官路上，却让他充分享受了歙州财富带来的好处，"家中恨降谪之晚"。

唐大中十年（856年），曾任巢湖令的杨华写下《膳夫经手录》："歙州婺源、祁门，婺源方茶，置制精好，不杂木叶。自梁、宋、幽、并间，人皆尚之，赋税所入，商贾所赍，数千里不绝于道。其先春含膏，亦在顾渚茶品之亚列。"

天复四年（904年），朱瑰奉歙县刺史陶雅之命，率兵三千防戍婺源，巡辖婺源、浮梁、德兴、祁门四县，并在茶院任行政长官。唐代的茶院，略同于同时的盐院，负责管理茶事，征收赋税等。不久，朱瑰受封八州观察史。朱瑰是朱熹的祖先，大唐亡后，他的茶院工作是否有人继任，不得而知。朱瑰去世于天福丁酉（937年），历史已进入五代十国。

南唐宣歙观察使查文徵厌倦了官场的尔虞我诈，弃官隐居于婺源蚺城西郊。此地林壑幽美，更有一泉清澈甘洌，查文徵经常与婺源县令廖平临泉烹茗论道，为人所羡，后人称此泉为"廖公泉"，并将他们品茶的地方称为"廖坞鹤烟"，列入蚺城八景。

公元975年，南唐归降大宋，曾任南唐国师的何令通，终于卸去因处罚而贬任的休宁县令之职，一身轻松。4年后，他在芙蓉山上建"碧云庵",广招弟子。当时,饮茶逐渐成为待客之道,深得自然之理的何令通,为了使僧人坐禅修行时能够止静敛心,专注一境,同时兼顾接待来庵上香求佛的香客,决定采制山中野茶,以供待客和自饮。芙蓉山云雾缭绕,茶叶质好,深受香客和僧人的欢迎。

碧云庵香火日旺,野茶已经不够饮用。何令通决定人工种茶,他发动僧人四处搜罗,挖来野茶树,移植于寺庙周围,形成一片片茶园。

人们在扩大茶叶种植的同时,不断地提升制作工艺。宋代的北苑贡茶采用银质模规压制,使团饼茶制作达到登峰造极。贡茶品质提升,成为引领茶叶生产和加工的一道标杆,婺源饼茶也在不断总结经验,品质日益改进。此时,煎茶仍然沿袭唐代遗风。

团饼茶采制技术日益精深,民间蒸青散茶也大量出现。元人《王桢农书》中对于蒸青散茶的制造方法记述颇详:"茶叶采讫,以甑微蒸,生熟得所。蒸已,用筐箔薄摊,乘揉之,入焙匀播,火烘令干,勿使焦。"由于蒸青散茶比团饼茶更能发挥茶叶天然的色、香、味,所以,除贡茶多数是团茶外,宋代民间散茶迅速发展,婺源也不外如此。《新安志》载:"茶则有胜金、嫩桑、仙芝、来泉、先春、运合、华英之品;又有片茶八种。"其时,饼茶通称片茶,其余即为散茶名品。这一时期,炒青技术出现。

宋初,朝廷推行与唐代略有区别的榷茶政策,政府强制贷款给植茶农户,茶农生产的茶叶,除一部分以折税茶的形式代替租税缴纳政府外,其余全部由政府定价收购,并从中扣缴贷款利息,不准私相买卖。官方垄断的茶业,制定详细的等级品类,徽州自然纳入该体系之中。这种体系加强了赋税收入,但限制了茶叶制作水平的提升。因此,这段时期徽州茶以量闻名,茶品质量则少有提及。

有幸的是,《宋史·食货志》《新安广录》记载,由于婺源茶叶品质优异,被直接征收入贡,因而得到蠲减茶税的优惠待遇。

南宋初年,婺源"谢源茶"被列为优质散茶之一,与紫笋、双井、阳羡、日铸、黄龙等并称六大名茶，成为徽州的特例。

蒙古灭宋，继续宋代榷茶制度，只是由官买官卖演变为招商纳引、商买商卖。蒸青散茶数量日多，制法日精，团茶产量激减，民间所见很少。元至正二十五年（1365年），徽州地区的茶业记载，仅见茶株课赋统计，未见名茶出现。

出身贫寒的朱元璋登上帝位后，为节省民力，把自宋朝以来的龙凤团贡茶废除，改贡芽茶，由此而引发了制茶和饮茶的两大革命，中国进入散茶时代。

大变革中，蒸青团茶逐步绝迹，炒青绿茶兴起。明代中叶，松萝始产于休宁松萝山，扩展至婺源和整个徽州，成为徽州炒青绿茶的代名词。

松萝茶迅速引起文人雅士的极大兴致。袁宏道《西湖记述》（1597年）谈道："近日徽人有送松萝茶者，味在龙井之上。"叶萝珠《阅世篇》（1695年）说："徽茶之托名松萝者，于诸茶中优称佳品。"

婺源大量生产过松萝茶，清华洪村《公议茶规》即指松萝买卖。后来的"婺绿"采制，曾一度保留当年松萝茶的某些独特工艺。

明朝后期，婺源茶叶逐渐形成独特风格，一批名茶脱颖而出。被誉为"四大名茶"的婺源绿茶——溪头梨园茶、砚山桂花树底茶、大畈灵山茶和济溪上坦源茶，曾当作贡品。当时"婺绿"贡茶每年约有5000斤，这些名贵茶叶均产于婺源东北乡一带，以其山高多雾，土质肥厚，利于孕育好茶。

民间有说，明嘉靖年间（1522—1566年），家在灵山东麓大畈村的汪鋐在京任吏部尚书，归家省亲时，把经过历代僧人精心培育的灵山茶携京献给皇帝品尝。皇上见该茶色泽翠润，汤清味甘，杯中香云蒙覆其上，凝结不散，问清缘由，龙颜大悦，当即钦赐"金竹峰"匾额，差人送至灵山，悬于"碧云庵"大门上，并降旨定"金竹峰"茶为贡茶。此后，每年灵山金竹峰茶开园，地方官员都要隆重举行开园仪式，快马加鞭将新焙的贡茶送到京城。"金竹峰"茶流传甚广，直至民国，这一品牌的茶叶仍然有在国内大赛中获得铜奖的记录。

崇祯年间，大儒余绍祉在《晚闻堂集》中记述：

> 予结庐天子鄣深谷中，独居二十年，跫然之声，累月不入耳。每岁春夏之交，有一逸叟，形类瘦鹤，挈一二童子拄杖携篮而至者，族子魏生也。穿藤度竺，采萃槚梽，暮借余白云窝药灶熟而燥之，火有候，揉有度，选茶场中可称及第。盖天下事非可言传，非可意授，视其人之性情而已。
>
> ……
>
> 魏生见重名流，廷尉、谏议两兄为忘年友，一为作赞，一为立说。汪山阴本中先生为宫保公介子，金玉其音，不轻畀人只字，而物色魏生为亟。谏议公孙贰公氏实赏魏生茶，一日，魏生以《天鄣茶帙》示贰公，有谏议手书《茶说》在焉，贰公庄诵一过，为之炫然，遂付剞劂，徵予言为冒。
>
> 时崇祯戊寅，浴佛前一日，醉卧山斋，梦中索水不可得。忽醒，汲石缝泉，烹魏生所贻新茗，连啜数盂，大叫曰："天下有至味如此者哉！"遂搦管作此语。若夫天鄣茗质之佳，魏生制法之妙，谏议先生详言之矣。

余启元（廷尉）、余懋孳（谏议）均为婺源历史名人。

《晚闻堂集》中另有一篇《瀹茗》，这样表达了婺源文人雅士的看法：

> 瀹茗之法，与制墨同。墨以轻烟和合，不可入以渣滓之物，金银珠玉屑，适为墨蠹。瀹茗惟用清泉一味，瓦铛竹火，煮于松风林涧之间，素涛一盏，清风两腋，便欲仙去。姜盐芎橘之类，皆足以夺茶味，并不堪入。

读文有知，沱川、鄣山一带的茶叶以其优越的地理环境和精湛的制茶技术，开始扬名于外。庄晚芳所著的《中国茶史散论》中说，这一带远在唐代之前就已生产茶叶，所产茶叶绝大部分运往浮梁销售，是"婺绿"中的佳品。还可证明，明代晚期，婺源仍然保持有唐宋煎茶的饮法，茶叶之中加入姜盐芎橘，但这种方式并不适合文人雅士。

文中两条信息值得关注，沱川奇人余魏生著有茶书《天鄣茶帙》，也许，这是婺源历史上第一部茶叶专著；而这位被余绍祉称"选茶场中可称及第"的余魏生，则是明代婺源唯一留下名字的制茶高手。

生活于康熙年间的婺源三都儒医张正金，是一个喜欢漫游山水的诗人，他所编著的《遗胜诗钞》中，生动记录了清初时期婺源东北乡依山开园植茶的真实情态。

> 邑北六十里，地最狭，高山紧夹，仅容居室。山田皆人力培成，层层至顶，险峻处即种茶与桐子。居人日日耕云锄雨，温饱无忧云。

清代，婺源茶叶已经居于县域经济之首。茶农充分利用自然空间种植茶叶，呈现一片"绿丛遍山野，户户飘茶香"景象。进入茶季，"……谷雨至清明前后春茶时节以及农历六月的夏茶时节，茶农全家妇孺皆帮同采摘。有时会招募短工开采。婺源则有来自浙江开化以及江西浮梁、德兴和乐平的摘工"。而婺源各处茶号已经形成了分工精细，管理严格的企业管理模式。茶商不断向外拓展业务，康熙初年，婺源汪口茶商获得了徽州史上第一张茶商牙帖。

茶引制度始于宋代，元、明、清仍用。清嘉庆时，婺源岁行茶引两万道，已占全徽州茶引总数的三分之一，成为徽州最主要的产地。同治、光绪年间，徽州茶叶总产已是明代的5倍，岁行茶引达10万道，其中婺源占有三万数千引之多。《曾国藩全集》载有咸丰十一年（1861年）回复左宗棠的信札："婺源虽在万山之中，名区也。城小而坚，地广而物众，每年茶税、正饷、盐厘可得二十万金。贵军以景德、乐平为后路，以婺源为家私，必可立于不败之地。"从中可见曾国藩倚仗婺源雄厚财力而展开战略布局的意图。

真正助力婺源茶叶经济的，是渐渐兴盛的茶叶外销。

中国茶叶开始出口欧洲，约在明末清初。康熙二十四年（1685年）海禁开放，中国与洋人进行有限制的贸易，茶叶迅速成为出口的重要商品，但限定每年不能超过50万担。1717年，茶叶取代生丝成为出口大宗商品。

外销初期茶叶多采自安徽、江西、湖南、福建等地。1702年，英国对茶叶需求激增，运去茶叶一整船，其中松萝茶占三分之二，园茶六分之一，武夷茶七分之一。这里的松萝茶，包括婺源绿茶。

说到婺源茶叶在国外受宠，必提美国人威廉·乌克斯《茶叶全书》引用的诗。1785年，英国自由党人写的讽刺诗，即以中国各种茶名为韵："茶叶色色，何舌能别？武夷与贡熙，婺绿与祁红，松萝与功夫，白毫与小种，花熏芬馥，麻珠稠浓。"贡熙和麻珠都是婺源精制绿茶中的品名，松萝也是休宁、婺源的主要茶类。无疑，婺源绿茶已经成为英国贵族不可缺少的日用饮品。

威廉·乌克斯还写道："婺源茶不独为路庄绿茶中之上品，且为中国绿茶中品质之最优者。其特征在于叶质柔软细嫩而光滑，水色澄清而滋润。稍呈灰色，有特殊的樱草香，味特强。有各种商标，以头帮茶（春茶）最佳。"从中看出，婺源茶叶产生了"中外驰名"的效应。

鸦片战争前，广州是唯一的通商口岸。康熙四十一年（1702年），英国派遣"皇商"来广州贸易，两年后增用华商助理商务，因助理华商从未超过十三人，故称"十三行"。十三行是清初经官方特许，经营对外贸易的商行，拥有特权。他们倚仗官僚势力，垄断进出口贸易，又替外商推销商品，收购丝、茶等土货。茶叶出口全由十三行垄断，安徽、福建等地茶商将茶运到广东后，只能售给行商，然后由行商转售给外商。

《十三行考》一文谈到，茶叶一项向于福建武夷及江南徽州等采买，经由江西运入广东。皖南茶先集中于祁门，然后由昌江经鄱阳转运南昌，或先集中于婺源转运南昌，由南昌溯赣水而上，过赣州越大庾而入广州。

从婺源到广州，路途遥远，丰厚的利润吸引了一批批婺源茶商跋山涉水，背井离乡。在广州外销吸引下，以往习惯走新安江水路外运的徽州松萝茶，也开始"悉由江西内地贩运来粤"。

前往广州另有一条便捷道路，即沿东南海岸线运至广州。嘉庆年间，台湾早已平定，商人开始尝试海道运茶，嘉庆十八年（1813年）后尤其盛行。两广总督蒋攸铦认为，任凭商人自由贩茶出洋，既缺少了从贸易上钳制洋人的手段，也难保商人出洋夹带违禁物品，因此他奏请朝廷命令福建、浙江和安徽的督抚，晓谕各大茶区商人自嘉庆二十三年（1818年）起，"仍照旧例，令由内河过岭行走，永禁出洋贩运"。这一条令发出后，仍有茶商自上海江海关出洋，南下运茶。因为江海关一直允许沙船运茶北赴山东、奉天等省，商人利用这一空子，出洋后转为南下。政府觉察到这一漏洞，不惜损失江海关的茶叶税，严禁一切茶船出洋，"只准由内河行走，以裕内河各关商税，即将江海关茶叶税则永远豁除，无令茶船出口"。在政府严加禁令之下，婺源茶叶南下广州外销，只有鄱阳湖——赣江——大庾岭的路线了。

光绪《婺源县志》载，"邑人族人多业茶于粤中"，渔潭程氏、理田李氏、荷田方氏、溪头程氏、思溪俞氏、延村金氏、凤山查氏、官桥朱氏、长径程氏、上晓起叶氏……众多茶号纷纷在此争金夺银，风生水起。上晓起《江氏祖谱》还提到，"俗谚谓作广东茶发财如去河滩拾卵石，盖言其获利丰而稳易且速也"，即所谓"发洋财"。乾隆二十七年（1763年），詹天佑的曾祖父詹万榜也是受此影响前往广东经销茶叶。

长途贩运并不安全。光绪《婺源县志》载，茶商李登瀛"尝业茶往粤东，经赣被盗，办控究办，请示勒石于通衢，商旅以安。粤匪阻船需索，诉诸督抚各宪，河道肃清"。李登瀛"被盗""需索"等事，并非个例。因此，在《徽州至广东路程》中，一些地名下，徽州茶商都注上了"多盗"二字以警示。

鸦片战争后，开放口岸增多，上海、汉口、九江迅速崛起，而以上海为最。婺源茶商纷纷转移营地，道光后期至咸丰初年，长径程泰仁，延村金銮、金列光，严田李汝霖，上坦孙华梁，长溪戴维城，李坑李绪树等一批婺源茶商很快在上海站稳脚跟。

进一步确立上海茶叶出口地位的，还有太平天国运动，这场运动阻隔了南下商路，加速终结婺源茶叶通过广州出口的辉煌历史。

出口贸易需要与洋商打交道，为了减轻洋商的盘剥，满足国外消费者的口味，在上海，茶商们设立茶栈，进行茶叶改制，收到一定效果。

继而，上海的婺源茶商成立星江敦梓茶业公所，旨在"敦睦桑梓，举办各项公益慈善事业，救济同乡"。但进行得并不顺利，因管理人员私心所致，公所所属房产反复出现变故。由于不满执管等人的所作所为，1926年五六月间，爆发了一次工人集体抗议活动，并举行了旅沪婺源茶业工人全体代表大会，推动了公所的改组。1945年抗战胜利后，婺源同乡及公所负责人陆续回到上海，发起恢复星江敦梓堂组织。

婺源茶叶外销，不能不提汉口。19世纪60年代初，俄罗斯茶商在汉口开设了机器生产的砖茶厂，选择从长江黄金水道运茶北上，输俄砖茶大大增加。光绪十七年（1891年）后，西伯利亚铁路通车，俄商改用船运茶至海参崴，再转火车出境，由此出口份额占中国茶叶的比例不断增加，达到一半以上。婺源茶商在汉口开有不少茶庄，是俄商的合作伙伴。历史上中俄"万里茶道"，婺源是节点城市。

休宁屯溪，也是婺源茶叶向外运销的重要集散地。这不仅在于地理毗邻，水运可行，另一个原因是明代后期屯溪设立巡检司，以巡检司为发力点，由屯溪而休宁，由休宁而新安江流域，逐步完成徽州部分洋庄绿茶的整合后，产生更大产业集聚效应，吸引力扩展到分水岭以西的婺源。康熙年间，屯溪街已经"镇长四里"，沿岸船行如梭，帆樯林立，呈现"屯浦归帆"的盛景。

光绪二十四年（1898年），程雨亭的《整饬皖茶文牍》提到："婺源运浙之茶，道出屯溪，向有休宁分局查验，太厦巡检衙门挂号之举。"表明大约在19世纪末，婺源部分毛茶越过五龙山脉入屯溪精制，部分洋庄箱茶也由屯溪转口沿新安江出境。

婺源茶叶大规模进入屯溪，是在1930年之后，其间有战乱导致乐安江商路阻滞的原因，也有江西省在九江高额征收茶叶转销税，导致茶商改变运销线路的原因。屯溪《拣茶歌》中描摹了旧时婺源人挑担成群结队地往屯溪卖茶的情景。该诗自注："徽州茶市，屯溪最盛，各乡妇女拣茶为业，远者来自婺源，麇群于此，几二万人。"

茶叶贸易高额利润大量流入中国，西方商人千方百计打破中国茶叶生产的垄断。一名叫福钧的英国植物学家乔装打扮，潜入徽州和武夷，窃取茶种和制茶技术，在殖民地印度、斯里兰卡试种。印尼、荷兰等国也从中国引进茶种茶苗试种成功。1935年出版的《茶叶全书》记载："从中国北区之武夷山、徽州、婺源等外地，采办优良之茶种，种植公布全区。"外茶的崛起，对中国茶叶产生了较大影响。

以加工洋庄出口为主的婺源茶商，也不乏拓展内销市场的有心人。据《中国茶讯》1951年第12期肖豫授《南昌市私营茶叶贸易》载："1906年在南昌始有茶号开业，市上以宁茶为主，次为婺源、祁门茶。……1934年最高吞叶量为一万多担，销至哈尔滨、镇江、南京、天津、济南等地。"

对于婺源茶叶的评价，权威人士直言不隐。光绪二十二年（1896年），歙县知县何润生在《徽属茶务条陈》中写道："徽属产茶以婺源为最，每年约销洋庄三万数千引。歙、休、黟次之，绩溪又次之。该四县每年共计约销洋庄四五万引，均系绿茶。婺源所产者为上品。"茶叶专家吴觉农、胡浩川在《中国茶业复兴计划》中提到："皖南所产的珍眉绿茶以婺源为最多，故又称婺源茶。……其中，婺源绿茶尤以质厚味香著称。"

茶香飘满园（汪立浪 摄）

无论产量还是质量，婺源茶叶均为徽州茶中佼佼者。婺源精制技术高超，茶司遍布皖、浙、赣精制茶号。

民国时期，婺源茶业在困境中谋求突破。

曾在饶州德新桥开设"协和昌茶庄"，后又分设湖北沙市和上海天山茶庄的婺源龙腾俞氏家族，光绪三十四年（1908年）开始了花茶的创制。俞杰然在村中建"俞祥馨花园"，引进花种，用特制瓷花钵盛种，特聘4位名师，指导种花和窨制花茶。他利用花园和当地优越自然条件，创制龙腾龙井，精窨俞祥馨、俞永馨名牌珠兰、茉莉花茶。他以高山云雾细茶为主要原料，悉心配窨珠兰鲜花，以传统工艺独家创制成功的"珠兰精"，由于品质优雅，香气幽雅纯正，滋味鲜润醇和，被清廷列为"贡品"，誉为"官礼名茶"。宣统二年（1910年）四月廿八日，经南洋劝业会审查报农工商部奖给金牌。继以"品质最优"，于1915年荣获"巴拿马万国博览会"一等奖，畅销国内。同时获奖的还有其他婺源3个茶号生产的绿茶。

1921年后，协和昌茶庄面临困境，俞杰然儿子俞仰清开始了机械制茶探索，筹集巨资购进一套德国产精制机械设备，有柴油机3台，抖筛机、切茶机、抽水机各1台，六角形滚筒车色机16台，还购有机米机及水管等。俞仰清学茶技，研机械，亲自设计安装，在龙腾村办起了婺源第一座精制茶厂"祥馨永茶厂"。同时办起自来水，用抽水机从河里抽水，引入"花山"蓄水池，供茶叶加工和浇花之用，在婺源创了先例。协和昌拥有花园、精制厂、自来水，又分设茶庄和一批固定销售点，有完整的产业链，规模不断扩大。1929年，龙腾本地就有工人300人。机械制茶后，加工量由原来年产2万斤增至5万斤以上。

协和昌大量印发广告，特制了大批茶杯、茶壶等纪念赠品，上面写道："分设沙市协和昌纪念赠品，厂设徽州婺源祥馨永，精制珠兰与龙井，美国赛会奖一等"的字样，广为赠送。

同样具有强烈广告意识的还有大畈茶商汪序昭等。1917年婺源"陆

香森"茶号印制的广告词,中英文对照,中文是:

> 本号设在中国安徽省婺源大畈地方,专办高庄绿茶,精制珍眉贡熙,行销欧美及俄罗斯各国,历有年所,久承彼帮人士所欢迎,皆由本主人悉心研究,精益求精。制出之品,颜色碧而天然,口味香而浓腻,水味清而润厚,以此三者尤为本号之特色,与别家所制迥不相同。近有假冒本号招牌,以伪乱真。本主人名誉至重,故于西历一千九百十七年,改印华洋文合璧双狮国旗商标,庶赐顾者有以辨识焉。

1918—1922年的世界经济大恐慌中,汉口、九江相继衰弱,上海成为婺源茶商、茶工最为密集的城市,且看1927年《申报》的一份报道:

> 婺邑素以产茶、制茶著称,故凡有制茶号均须婺茶司指导。沪上土庄茶栈出店,婺人尤夥,俨然自成专业。前岁土庄最盛之时,婺茶工在沪人数不下四五千人。

这数千旅沪婺源人中,来自沙城里村的郑鉴源是位传奇人物。郑鉴源出身贫寒,从为亲戚押运起步,逐渐参与贩运,数年后创办源丰润茶栈,规模由小到大,专代各地茶商向上海洋行推销茶叶。继而办起源利茶厂,从事毛茶精制。创建上海建中贸易公司,直接向国外出口茶叶。他在家乡婺源,以及上饶、玉山,安徽的屯溪、祁门,浙江的温州、诸暨、新昌、奉化等茶区设立精制厂和茶叶基地。同时,又在上海闹市开设鸿怡泰茶叶店开展内销。手下职工有四五千人,仅上海就有一两千人,大部分都是婺源人。他用人严格挑选,用其所长;有严格的店规厂纪,赏罚分明;强调质量,注重信誉。最终,在变幻莫测、纷繁复杂的国际贸易中他获得了巨大成功,被法国经济团称为"中国的茶叶大王"。

民国时期，江西农业院在婺源这里设立茶叶改良场，旨在提高茶叶种植水平，推广机械制茶和窨制花茶技术。推广过"农村合作"，组织"茶叶产销合作社"，并创办江西省立婺源制茶科初级实用职业学校以培养茶叶人才。茶学家方翰周数年安心婺源办学，为振兴婺源茶业和中国茶业殚精竭力；中国茶业专家吴觉农、胡浩川等对婺源茶业进行了考察并提出了改进意见；年轻的王泽农从家乡婺源走出，一直行走在为振兴中国茶业不懈努力的道路上……

WUYUAN
THE BIOGRAPHY

婺源传

纸上云烟

第五章

龙尾宝砚

龙尾砚石矿脉的形成,由地质学家去作权威解说,往事要从大唐开元盛世谈起。

那是一个文化蓬勃发展的年代,砚台作为书写的必备工具倍受关注。在文房世界里,陶砚、瓦砚流行,粗砺的石头偶尔用于制砚,人们开始把寻觅的目光投向宜于琢砚的石材。

一千多年前的龙尾山,是否得名不得而知,这里林密山深,野兽出没,只是一处人迹罕至的荒野。

一位叶姓猎户逐击野兽,闯入了龙尾山中,也闯进了历史。他惊奇于这里山石奇特,石石相叠,有如垒成的城墙,石块青中带黑,莹洁可爱,心中一动,捡了几块放入囊中,与这天的猎物一同携回家中。

能对莹洁石块怦然心动的叶氏,应该是一个有文化情趣的人,他在劳作之余常常取出把玩,终有一天突发奇想,初制出一方砚台来。经过凿砺磨形的石材,温润无比,强于当时流行的端石。

这段传说,最早见于北宋治平三年(1066年),以太子中舍衔出任婺源县令的唐积,他在经过调查、研究和实践之后,动手撰写《歙州砚谱》。此时,案头摆的应该是取自龙尾山中的歙砚。他写道:

>婺源砚，在唐开元中，猎人叶氏逐兽至长城里，见叠石如城垒状，莹洁可爱，因携以归，刊粗成砚，温润大过端溪。

比《歙州砚谱》更早记载歙砚的，是宋初笔记《清异录》。作者陶谷，生于唐末，经历五代，去世于宋太祖年间。他说了一段"三灾石"的轶事。开元二十三年（735年）的一天，才高气傲的进士萧颖士和同伴走访仓曹李韶，看到李的案头摆着一方歙砚，材质和刻工均为精良，但整个书房十分凌乱，当时什么话也没说。告别李韶出门后，萧颖士对同伴说："你认识这方砚台吗？这就是三灾石。"同伴不解，萧只得说透："文章无奇，文字不美，案头杂乱的人收藏砚台，对于一方好砚台来说，是三重灾难！"萧颖士是阜阳人，对于来自家乡不远的歙砚，自然比他人多一分偏爱。

亲赴现场的唐积深知龙尾山道路难行："自歙州大路一百八十里至西坑口，入山三十里至罗纹山，皆山谷大林莽盘屈鸟道也。自婺源县大路三十里过溪，皆大岭重复，九十里至罗纹山下。"

道路遥远且崎岖难行，并不妨碍人们猎奇获宝。从那以后，歙砚进入上层社会的视野。安史之乱和唐末黄巢起义，北方氏族纷纷南迁，山壤阻隔的歙州自然成了他们的避难之乡，加速了这一带经济、文化的发展，也拓展了世人对于歙砚的认识。龙尾山中，渐渐热闹起来。

大唐在风雨飘摇中轰然倒塌，五代十国纷争又起。《清异录》记载，五代后梁开平二年（908年），梁太祖朱晃为了表彰宰相张文蔚、杨涉、薛贻矩等人参与唐哀宗李柷对本人的禅让，赐"宝相枝各二十，龙鳞月砚各一"。宝相枝是指斑竹笔管，月砚是一种形象称呼，是来自歙州的龙尾砚。

真正将歙砚纳入官府大规模开采的是南唐。

唐末杨行密及其继任者割据淮南，阻止北方的战乱波及长江流域，客观上使南方诸国得以稳定内部，发展经济。而先是执政吴国，后取代吴国建立南唐政权的唐烈祖，尤其坚持保境安民，不敢轻易动兵。龙尾砚核心产区所在地婺源，正是偏安一隅的南唐属地。

唐烈祖原名徐知诰，立帝后改名李昇，一生勤于政务，生活节俭，并不留意于声色犬马。他的儿子唐元宗李璟以及孙子南唐后主李煜两人治国无方，却在文艺方面表现出杰出才能和浓厚兴趣。

登上帝位的李璟，沉迷于诗辞歌赋，善于迎合上意的歙州太守把目光投向了当地特产，经过精心挑选，为朝廷献上了数方歙砚，同时献上的还有琢砚名工李少微。贡砚的杰出品质与李少微的现场技艺表演，令龙颜大悦，奖赏自然不少。皇帝决定将歙砚列为每年纳贡，同时打破当时以门阀等级为选官标准的制度，提拔来自龙尾山的琢砚良工李少微担任砚务官，赐以九品官职，享受国家的俸禄，并命宫中石工周全跟随学习。

继位的后主李煜艺术上才华出众，治国则一无良方。公元960年，黄袍加身的赵匡胤在汴京登基立国，李煜自知螳臂难以挡车，亡国不远，更是在颓废的精神中寄情于声色犬马。他将澄心堂纸、李廷珪墨、龙尾石砚列为天下之冠，刻意收藏。宫中藏砚颇多，其中一方"歙砚王"由李少微精心雕琢而成，"长尺余，四周刻有大小峰三十六座，当中刻成砚田，山峰形态各异，池中碧水荡漾，妙趣横生"。此砚后为大书法家米芾所收，"藏于密室，不轻示人"。

李璟父子组织贡砚只是满足个人爱好，客观上开启了龙尾砚官方开采的历史，在南唐的倡导下，以石制砚逐渐成为制砚的一个明确方向。

大宋的建立，延续了龙尾砚的好运。

宋代重文房、轻营防的国策，弱化了对北方少数民族政权的防御，却大大提升了本朝文官的政治身份和社会地位，开创了朝野文士纷纷参政议政的士大夫政治格局，客观上形成了文化艺术繁荣昌盛的局面，这种局面推动了相关工艺技术，包括文房用具等手工业的繁兴。

传承技艺——制砚（汪立浪 摄）

　　太平兴国五年（980年），钦点状元苏易简获得阅读唐五代旧籍的方便，写成《文房四谱》，其中就有《砚谱》，"今歙州之山有石，俗谓之龙尾石。匠铸之砚，其色黑亚于端。若得其石心，见巧匠就而琢之，贮水之处圆转如涡旋，可爱矣"。这是历史第一次有了龙尾石的州府和龙尾砚的名称，并简约描述了它的色泽和材质。

　　学界公认的北宋官采歙砚有3次。北宋景祐年间（1034—1037年），钱仙芝任歙州太守，曹平任婺源县令，他们找到李氏取石的旧坑，因砚坑在溪涧深处，无法开采，便将溪流改道。由于索砚太多，难以应付，钱仙芝、曹平只好引水回淹故道。

　　不久，王君玉任歙州太守，继续在龙尾山组织开坑采石，"复改溪流，遵钱公故道，而后，所得尽佳石也"。此次开采规模很大，所得砚石甚丰，先后开发了著名的水舷坑、水蕨坑、眉子坑、驴坑、济源坑、碧里坑、溪头坑、叶九坑等。

嘉祐年间（1056—1063年），县尉刁璆组织石工沿着故坑继续开采，这次开采，从史料记载来看，属北宋最后一次开采，但黄庭坚的《砚山行》却反映了不同的历史信息。

绍圣元年（1094年），50岁的黄庭坚已饱经沧桑。这年四月，"出在宣州，改鄂州"，均未到任。六月，被任命管勾亳州明道宫，并令居住开封府境内，以听候国史院查询，其间饱受章惇、蔡卞的打击。七月初，与同受章、蔡打击，正在南贬路上的苏轼相遇于彭蠡，赏砚、论砚。八月，黄庭坚从歙县出发，沿着崎岖古道步行到达砚山，住在村民鲍曰仁家中，并结为好友。清徐毅说"此山谷奉朝命取砚"，但没有相关州县史料予以佐证。临行，赋诗赠鲍：

新安出城二百里，走峰奔峦如斗蚁。
陆不通车水不舟，步步穿云到龙尾。
龙尾群山耸半空，居人剑戟旌旙里。
树接藤腾两畔根，兽卧崖壁撑天宇。
森森冷风逼人寒，俗传六月常如此。
其间石有产罗纹，眉子金星相间起。
居民山下百余家，鲍戴与王相邻里。
凿砺磨形如日生，刻骨镂金寻石髓。
选堪去杂用精奇，往往百中三四耳。
磨方剪锐熟端相，审样状名随手是。
不轻不燥禀天然，重实温润如君子。
日辉灿灿飞金星，碧云色夺端州紫。
遂令天下文章翁，走吏迢迢来涧底。
时陈三日酒倾醇，被祝山神神莫鄙。
悬崖立处觉魂飞，终日有无难指拟。
不知造化有何心，融结之功存妙理。

> 不为金玉资天功，时与文章成里美。
> 自从元祐献朝贡，至今人求不曾止。
> 研工得此赡朝餐，寒谷欣欣生暗喜。
> 愿从此砚镇相随，带入朝廷扬大义。
> 写开胸臆化为霖，还与空山救枯死。

诗中有关于山村环境、采石选石制砚、砚石品质等多方面的描写，为后人留下了形象而宝贵的资料。

采石十分危险，宋人李之彦《歙砚谱》中记载了其中艰难："麻石三尺，中隐砚材数寸而已，犹玉之在璞也。坑往往在溪涧中，至冬水涸，合三二十人方可兴工。每打发一坑，不三数日必雨，雨即坑垅皆湮塞，较其工力，倍金银坑中取矿者。"此外，在采石中还会出现坑塌人亡的事情和毒物伤人之患，宋代采砚先后被毒物咬伤至死者就有十余人，人们认为是神灵对采石者的惩罚。为了避免灾难发生，采石者只好通过祭祷求助神灵保佑。《歙州砚谱》在实录取石工具时，提及了火铳，应是用于防身。

砚名的扬播，皇帝之外，文人推崇是一道风向标。欧阳修在《试笔南唐砚》中提到，他使用了二十多年的一方歙砚，石质尤精，制作也不像当下的那么粗劣。这方砚台得自王舍人原叔，原叔没有认识这方砚台的价值，儿辈也将之视为平常，他才得以收藏，但也不知这是南唐旧物。一位来自江南的长者看到，神情凄然地说："这是南唐故国的东西啊！"并向他细说当年南唐官府采制龙尾砚的往事。听毕，欧阳修肃然起敬，开始像护宝一样爱惜这方砚台，后在被贬夷陵期间，这方宝砚折了一角，心中实在痛惜。他在《集外集砚谱》中，推崇龙尾溪和端溪所出砚材，甚至认为"龙尾远出端溪"。

对于歙砚，书法宋四家苏（轼）、黄（庭坚）、米（芾）、蔡（襄）都给予了很高评价。米芾更是创作了《砚史》一书，自称"中记诸砚，自玉砚至蔡州白砚，凡二十六种，而于端、歙二石辨之尤详，自谓皆曾目击经用者，非此则不录"。他遗憾地提及，少年时曾见过两枚制式精巧、纹饰绚丽的"歙砚婺源石"，感慨"自后不复见与此等者"。

唐询是在宋嘉祐年间就任青州太守的，因为爱砚，也因为身在砚乡青州，他觉得义不容辞，写下了一本《砚录》。他把出产于青州的红丝石品为第一，他说"二十年前，颇于人间见用歙州婺源石为砚"，并把"端州斧柯石"和"歙州婺源石"排在"青州红丝石"之后，为第二和第三。

寻砚、赏砚和藏砚，在当时的文人社会蔚为风尚。何薳《春渚纪闻》记载：

> 涵星研，龙尾溪石，"风"字样，下有二足，琢之甚薄。先博士君得之于外姓侄黄材成伯。黄以嗜研求为婺源簿。既至，顾视一老研工甚。秩满而研工饯之百里，探怀出此研为贶，且言："明府三年之久，所收无此研也。"黄始责其不诚。工云："凡临县者，孰不欲得佳研？每研必珍石，则龙尾溪当泓为鲸海不给也。此石岁采不过十数，幸善护之。"然研如常研，无甚佳者，但用之至灰埃垢积，经月不涤，而磨墨如新，此为胜绝耳。先子性率，不耐勤涤，得此用之终身云。

为得砚而求小官，可见用心良苦。米芾《砚史》也提到："今但曾官歙者，必收有百余枚。"

同时进入宋人采石视野的济源山、驴坑，并不在今之砚山一带，唐积的《歙州砚谱》提及，"济源坑在县之正北，凡三坑并列。曰碧里坑，在山上，色理青莹。及半里有水步石，大雨点，白晕。次十里入里山，石青细，有金纹花晕，厥状不常"。驴坑在"县西北七十里"，"产石极佳，有青绿晕"。无名氏《歙研说》总结，"环县皆山也，石虽出他山，实龙尾之支脉，俱得谓之龙尾"。历史上的龙尾砚并非专指，也包括取自济溪、驴坑等地砚石。今天，济源口各处仍然可以看到宋代砚材加工遗址以及砚材废石。

靖康之难，宋徽宗第九子赵构在一应文武官员的拥戴下，在南方建立了政权，经历最初几年的漂泊，终于定都临安。赵构虽然在北伐上没有可圈可点的政绩，但也算是维持了半壁江山，北宋发达的经济文化在南方得以延续。赵构继承了父亲的艺术才华，一手书法甚至被人推为南宋第一。在他的影响下，风雅而略显柔弱的宋风得以延续，服务于文化教育的手工业，仍在南宋都市间繁荣。

也许是北宋开采之艰难让人望而却步，南宋初中期，历史文献中看不到龙尾砚开采的记录，只是有人将龙尾砚纳入研究范畴。南宋嘉定十六年（1223年），高似孙总结了前人成果写成《砚笺》四卷，确认了端、歙二品在砚文化史上的主要地位。

南宋官采的记录见于元代江光启的《送侄济舟售砚序》和清代徐毅的《歙砚辑考》。理宗时，谢墍担任徽州知府，作为椒房之亲，理应在进贡上动点脑筋。他的贡物是新安四宝澄心堂纸、汪伯立笔、李廷珪墨，砚则取自北宋采过的旧坑。开采之时，坑上五色祥云有如锦衾，当即决定按照五彩祥云的飘移覆盖开采砚石，果然得到了上佳的石品，石上有白文绕两舷，有如两条白龙缠绕。制作成砚后，砚坑上面的祥云再也不见了。

封建时代，关于帝王的一切，民间往往附以神秘色彩以示祥瑞。这样的描述，恰恰说明好砚台可遇而不可求。同是成书于理宗时期的赵希鹄《洞天清录集》论龙尾石，"或有隐隐白纹，成山水、星斗、云月异象，水湿则见，乾则否。此亦是卵石"，也算是对这一传说的呼应。

尽管元代因为皇位纷争和民众反抗而一直不稳定，但江南地区基本保持了宋代的农村社会结构。

前述《送侄济舟售砚序》的作者江光启，"旃坑人，以诗名"。旃坑与龙尾山相距不过30里，他少年时曾"南至交广，北渡易水"，是一位熟悉本地情况又见过世面的文人。作为文人，自然与家乡名物有着深厚情感。

虽是诗人，但江光启写作严谨，实地考察，查阅史料，田野询问样样精到，因此，《送侄济舟售砚序》为后人留下了很多有价值的信息。在他的记载中，石工从顽石中取得还是比较粗麻的砚材，再经过层层剥取，在核心部位得到最佳的石材，由外及里，依次为"为罗纹""为丝""为浪"。经过千辛万苦，工人们将这些"平视之，疏疏见黑点如洒墨，侧视之，刷丝粲然"的砚材，称作"砚宝"，这样的"砚宝"只有旧坑枣心坑可能有。

当年苏轼诗中高度赞扬的眉子坑，此时已经被溪流埋没，宋坑满目疮痍。江光启写道："旧坑在双溪（芙蓉溪和武溪），时已埋，不知何年再辟；至元辛巳，再埋，而石已尽。"对于这样的陵谷变迁，江光启感慨良多。

旧坑埋塞，人们又如何取石制砚呢？江光启了解到，为求得一方佳石，那些靠此养家糊口的石工只好等候梅雨季节的水退，在炎热的夏秋之日，沿着旧坑之下的溪流寻觅，寄希望于那些从前开采遗弃并被急流冲刷而下的"残珪断璧"能够被自己发现，但五寸以上的石材再也难寻。

江光启的忧伤，更在于当时龙尾砚质量下降、以假乱真。他说，求取龙尾砚的人，都以端方且有一定尺度为标准，而那些从溪流之中苦苦搜寻而来的零碎砚石却求不得好价钱。无奈之下，石工们就从其他地方采集"顽黝滑枯粗糙而有丝纹之石"，将它们事先埋在旧坑之下，让人以为旧坑所得，价位自然高了上去，而真正的旧坑溪石却无缘出售。名砚供不应求，鉴别水准下滑，文房市场混乱，这在当时已是不争的事实。

此时，能正常开采的坑口仅剩紧足坑一处。紧足坑在芙蓉溪北岸，《歙州砚谱》并未录载，应当是北宋治平以后到南宋年间开发的坑口。元代前60年，"独紧足颇有大石"，吸引了砚户采挖，"数年前，工人告予，紧足石斫凿已尽，予不之信"。江光启说："至元十四年辛巳，达官属婺源县令汪月山求砚，发数都夫力，石尽山颓，压死数人，乃已。"又说："今至元五年十月二十八日夜，堙声如雷，隔溪屋瓦皆震，禽惊兽骇。"前后两个"至元"，第一个是忽必烈的旧章，而后一个则是元顺帝的第二个年号，从第一个"至元"到第二个"至元"，其间相距60年，故江光启感叹："六十年间，两见此事，亦可一慨。"硕果仅存的紧足坑，由于不堪过度索取而崩塌了，崩于公元1339年。

从存世的元代旧砚来看，江光启所说求购者的两个标准"端方""尺度"，可以得到印证。元砚粗犷朴拙、浑厚大气，不满五寸的石材自然不能满足市场需要，能出大石的"坚足坑"不堪重负，两至崩塌，也是命运必然。

比江光启小30余岁的侄子江济舟，将要"挟砚以游"。江济舟出游有两层意思，利用龙尾宝砚来打通上层关系，并经销龙尾砚。对于这两点，江光启都不赞同，"予弱冠时南至交广，北渡易水，将求当路贵人，卒未有合也。今将怀旧坑真材以取不售之辱乎？将怀伪石以为欺乎？"侄子无言以对。江光启接着要求："且子之售砚也，不二其价，不以伪石乱真石，其得不欺之道乎！"他又从工人琢砚的过程得到人生修道的启发："视工人之为砚也，琢以椎凿，磨以砂石，渐次而不骤，其得自修之道乎！若是，则无为疑而速行也。"最后感叹："噫！砚微物也，其通塞际遇且若有数存乎其间，济舟行乎，尚有味于予言。"

有明一代，未见官方在龙尾山组织采石的文献记载，但采石作业并未停顿。

明代有两段经济发展时期，即洪武开国到宣德朝的近70年，嘉靖、万历两朝的近百年。两段时期的社会相对安定，商品经济的繁荣和工商业的发展超过前代。砚石等文房用具的发展，往往与工商业和文化发展密切相关，没有官采记录，恰恰反映当时逐步适应于市场化、商品化的民间制砚作业客观现象。

从存世明代龙尾砚质量之优、数量之多，可以猜想龙尾砚的承续发

书乡砚语（汪立浪 摄）

展。砚体硕大，婺源博物馆所藏的几方明代"蝉砚"，长都在 30 公分以上，厚 5 公分以上。清人谢慎修的《谢氏砚考》说，他藏有明代京师藩王旧邸中辗转流出的一方龙尾大砚，"砚长一尺一寸，阔六寸四分，厚一寸七分"。纹饰绚丽，《中华古砚》所著录，有银星一种，眉纹两种，刷丝纹、水浪纹三种，光素无纹一种。江光启所说宋末壅塞的双溪旧坑，如眉纹、罗纹、水舷等，明代已被民间琢砚作坊陆续恢复开采，因而又重现了宋代各有特色的石品。砚式多样，《中华古砚》等专书著录的明代歙砚，有长方抄手砚、平底砚、蝉式带足砚、圆砚和半留本色的随形卵石砚，作为砚式标准器，大体反映了明代的制砚特色：砚体敦厚大气，线条简洁规范，风格自然率真而少有人工雕饰，即便有，也一般是在砚缘、砚底等处作仿生肖形等图案，力求精美细致。

1991 年秋，婺源砚矿工人在龙尾山发现一处古砚坑，坑旁有古时采石用的上锈腐烂铁钎等工具，同时，在坑旁岩石上发现刻有一首朱元璋的诗,"朝为田舍郎,暮登天子堂。将相本无种,男儿当自强",并刻有年号"大明万历"。字刻得很粗糙,属当时采石工人所刻无疑。

清初,康熙、雍正二帝首重故乡的松花砚,安徽官方除定制方贡外,没有置办龙尾砚进贡皇帝的情况。康熙年间,官府曾在玉山县采石,玉山沙溪岭石似龙尾石中之细罗纹,南宋时被朱熹称为"怀玉砚"。后因石质坚硬,又转采玉山干坑石制砚。

清宫职官档案表明,乾隆三年(1738年)四月,带兵部左侍郎衔、新任安徽巡抚孙国玺,行文歙州知府于民间"构求精砚",但不强调官采。次年十月,孙国玺卒。元旦,内阁学士陈大受以吏部右侍郎衔接任安徽巡抚。陈大受和安徽按察使刘柏,把徐毅从"协理"歙州知府办贡,升到"专办"贡砚事宜,"前后数役",直到乾隆六年(1741年)七月陈大受调离。专办贡砚的徐毅于乾隆五年(1740年)五月,写成《歙砚辑考》。

徐毅的工作显然不限于搜罗民间旧砚遗石,他自称"莅歙已久,品石不计万千",对各坑砚材的质色多有评点,于前人评砚的基础上,又有所新见。这应是他对分布在砚山的各坑石材亲磨亲试的结果。由此可见,从乾隆三年到五年(1738—1740年),已经有了官方在龙尾山区开坑办贡的记录,这个记录,比以往以程瑶田《通艺录》所说乾隆四十二年(1777年)为清代唯一可考的砚山开坑纪年说法,提前了将近40年。

程瑶田的《通艺录》是这么说的:"乾隆丁酉(1777年)夏五月,余从京师归于歙,时方采龙尾石琢砚,以供方物之贡。其石不中绳矩者,砚工自琢之,以售于人。"由此可看出,那些中绳矩的砚石由官方征收,统一制琢,作为贡品。这次由官方组织的采石规模不会太小,乾隆四十四年(1779年),漕运总督进献的玉器珍瑰清单里,就有"湖笔一百枝,歙砚九方"。这个清单,为程瑶田的记载作了注脚。

这一时期的制砚自然受到宫廷工艺的影响,追求精雕细刻、玲珑繁复风格,题材上大多吉祥富贵。

乾隆一朝，安徽官方只有按定制进献歙产方物，而鲜见巡抚个人贡献龙尾砚，可以从政治心理做出解释：乾隆看不上痴迷于龙尾砚的南唐、宋朝的两朝君主，不屑自己因为"几暇怡情"而将来在青史上和他们并列齐名，同时也担心因进贡而搞乱了地方风气。这并不代表乾隆皇帝不喜欢歙砚，在清宫造办处清单里，有安徽巡抚闵鹗元按内宫设计样式上交的龙尾石仿古品，"玉兔朝元砚二分计十二方"，这批砚台经乾隆皇帝反复审定，有6方摆进了养心殿。

乾隆后期，婺源紫阳山长周鸿在《婺源山水游记》中记载：

予于戊申秋（1788年）龙尾采砚，得数十枚，铭制仿古，次第为鉴赏家携去。近因自用阙如，再游龙尾，品石愈熟，选石愈难，搜罗十余日，始得五枚，珍如璆璧。

乾嘉之交，纪晓岚记下了友人的一段话：

和庵自广东巡抚还京，以此砚赠余曰："端溪旧石稀若晨星，新石之佳者则上品矣。"竹虚亦言，歙石久尽，新砚公采于婺源。然则端紫、罗文已同归于尽，又何必纷纷相轧乎！嘉庆甲子年四月晓岚记，时年八十有一。

从铭中"新石公采于婺源"可以看出，在程瑶田写出《纪砚》之后，砚山"公采"又持续了约20年。

乾隆驾崩，嘉庆很快发了长篇上谕，严禁前朝屡杜不绝的督抚进贡陋习，认为这是"吏治之害"。而继位的道光皇帝更以节俭出名，他两年两次核减安徽方贡祖制，把每年以"公项制买"的墨砚等贡品从三次改为两次，每次又减少份额，"计减徽墨三分改一分，歙砚二分改一分"。此时，国家内忧外患，清廷风雨飘摇，政治、军事、经济、文化全面处于衰退之时，往日砚山采石的盛事，成了过眼云烟。

  新中国成立前夕，砚山村也只有一户居民靠拣废坑残石制砚，龙尾砚生产濒临灭绝。直至1964年成立砚台生产合作社，恢复龙尾砚生产。1973年，砚台生产合作社改称工艺美术厂。1979年，由工艺美术厂更名婺源龙尾砚厂，时任全国人大常委会副委员长邓颖超访问日本，挑选龙尾砚为国家礼品。同年10月，婺源龙尾砚以"中国龙尾砚"首次在北京展出，得到了刘海粟、吴作人、李苦禅等书画名家赞赏。改革开放之后，婺源龙尾砚先后获得国家外经部、轻工部和省经委"优质品证书"，以及"全国工艺美术品优秀创作设计奖"等。从此，享有"砚国明珠""石冠群山"盛誉的龙尾砚，声名鹊起，扬名海外。

墨里春秋

松烟制墨在唐代开始流行，河北易州奚超等人善用此法，后人称奚氏松烟制墨技艺为"易水法"。

唐末战乱，奚超带着儿子奚廷珪来到歙县，带来的还有松烟制墨技艺。鉴于南北气候的差异和随地取物的客观条件，奚超父子对传统的易水法进行改良，改良后的墨锭"丰肌腻理，光泽如漆"，且"久存不败，墨色如初"，迅速引起社会关注。

不久，奚墨传入南唐宫中，深得后主李煜赏识，他将"廷珪墨、澄心堂纸、龙尾砚、诸葛笔"列为"天下之冠"，并赐奚廷珪以国姓李，这是很高的荣耀。因古人多以地名物，李墨又称"新安墨"，新安墨是歙（徽）州一带产墨最早的总称，也是婺源墨的前身。

李廷珪的河北老乡张遇稍后也徙居黟县。张遇擅长油烟制墨，此前，油烟制墨鲜有记载，学界视张遇为油烟墨的开山鼻祖。李、张家族数代传承，加上后来沈珪、潘谷等人殚精竭虑，锐意创新，歙州墨业进入辉煌时代。

同属歙州板块的婺源，富于松材原料，制墨肇于南唐，但真正形成规模，是在北宋。

北宋末年，黟、歙一带能制佳墨的松材资源接近枯竭，而婺源北部地域广阔，优质松林遍地皆是，制墨名工纷纷前来，以他们精湛的技术，用婺源出产的优质原料，再配以名贵的冰片、麝香等中药香料，制成新一代"婺墨"。这种墨作书绘画不粘不涩，不滞不滑，运笔自如，更兼清香四溢，由此名声大震，受到了艺坛的青睐。此时，歙州制墨中心已由黄山移至婺源境内的黄岗山。

关于黄岗山，有业内人士曾对江湾黄岗山进行探访，发现墨房遗址，认为古籍中的"黄岗山"即此。清人周鸿却将黄岗山认定为"城西七十里，与梅山、柑子山、汾水松云塔、珍珠池山、高楼山相近"，并且进行了实地考察，大约在今中云、赋春一带。

绍兴八年（1138年），婺源墨工戴彦衡制"复古殿"等墨，墨模上刻有"双龙角""圭璧""戏虎"等纹样图案。这些精美的图案由著名书画家米友仁所绘，趣味横生，气派潇洒，与米派书画风格浑然一体。米友仁是大书画家米芾的长子，子承父业，也以书画出名，时称"小米"，当时高宗朝内府书画大多经米友仁鉴定，深得高宗赵构的倚重。以米氏的为人、性格和威望，能亲手为戴墨配画，可见戴墨在当时墨界的地位。史书记载"彦衡尝出贡余一圭，示米元晖（友仁），米以为罕有其比"。作为婺源墨最早一位见书的大师，戴彦衡被婺源墨界尊称为"墨祖"。

戴彦衡在墨史上最有名的事有两件。一件是他与沈珪等人摸索出"和胶法"，解决了李墨"对胶法"失传带来的制墨难题。另一件是他对于原料把关至严。墨工在禁苑建窑，就近取九里松烧烟制墨，戴彦衡坚持要用黄山生于峭壁之上的松树，因为生长在峭壁缝间的黄山松长期抗击风刀冰剑，其根瘤、木瘿松脂最为丰富，烧烟制墨也最好。他说："生于道旁平地松不可用。"很多人不以为然，仍取他山之松制墨，最终如戴彦衡所言，均未成功。

吴滋是第二位出现在文献中的婺源墨工。宋高宗以吴墨质量极佳，破例赐缗钱二万。吴滋制墨取自松烟，选料精良，妙在"滓不留砚"。吴

古墨名村虹关（洪元培 摄）

墨不仅制法精到，且不求厚利，深受士大夫及文人墨客赞赏。

元代墨史，只留下尚未得到实物佐证的制墨名家单子，以及极少的元墨实物。婺墨在这个短暂的王朝中，一定有过出色表现，只是没有留下文献资料。

明代是徽墨的黄金期，呈现了几个特征。市场化明显，不再是单一以进贡皇室和满足政府需求为主。徽州制墨名坊多达一百余家，产品除供应国内，还远销日本和东南亚各地。技艺不再局限于家传和世袭，更多的雇佣劳工和"外人"参与，更多制墨能手脱颖而出。原料选择不断改进，徽墨生产不限于松烟，桐烟、漆烟的应用大大降低了生产成本。所产墨品也从实用品，变成实用和欣赏并举，集锦墨问世。

这样的背景下，徽墨名工辈出。明正德、嘉靖年间，徽墨逐渐形成了歙县、休宁、婺源三派，各领风骚。婺墨的主流是"朴实无文"，以供给普通百姓和小知识分子使用而名扬全国。到了清代，婺源墨铺数量、墨的产量和销售数量均远超其他两县。

婺源墨商集中分布于婺北几个村落的几个姓氏，包括虹关詹氏、岭脚詹氏、凤山查氏、花桥吴氏、沱川余氏，极少见于东、西、南乡。墨商在村落和姓氏上如此集中，有其地理位置、家族传承、姻亲关系等原因，而墨商名家和经营业绩则以詹氏为最。

詹氏一族在婺源的繁衍，最早可以追溯到隋代之庐源（庐坑）。庐源在五老峰下，属于深山野岭之域，詹氏紧依大山繁衍生息，而后支系播迁，遍于江南各地。在婺源，以庐源为中心，形成虹关、庆源、察关、岭脚（环川）、西岸、水岚、秋溪等詹姓聚居的古村落。以墨为业的是"鸿溪詹氏"和"环川詹氏"两支，即今天的虹关和岭脚。

虹关詹氏涉入墨业，大约在明代中叶。编纂于光绪年间的《鸿溪詹氏宗谱》，收录了一份詹氏从十二世至三十六世的详细迁派图，从中大略看出虹关詹氏墨商家族的经营网络。由分迁图考可知，三十世前，虹关詹氏迁徙主要在婺源及其周边几个县邑，三十一世后，范围大为扩展，已经远及山东、苏州、南京、崇明、赣州、河南、河北、温州等地。三十一世裔孙生活时代，大体在明万历、天启年间。经营墨业是三十一世之后的主要行当，迁徙人物绝大部分是商人，虽然迁徙原因未必由于经商，但至少可以断定，明末至清光绪年间，虹关詹氏因经营墨业不断外迁，他们多在家乡采集松烟、油烟，运到北京、上海、武汉、南京、扬州、苏州等地制成墨锭，并在当地销售。

三十世詹元秀（1627—1703年）一脉，是典型徽墨世家。詹元秀祖、父辈在明代就开始经营墨业，传至元秀时，"涉远经营，以扩乃目而广乃心，武林、吴门皆有车辙马迹，虽所规者什一，而不屑屑于鱼盐，浙水湖桐以资龙香剂用者，远师佽朗，近效幼博，则所货，盖文房上烟也。价不二如韩康之药，有法度如苏翁之菝树，三吴巨公文人靡不乐与之交，亦心折其高义，以是名益噪而赀乃益赢，视祖父若较裕焉"。在改进技艺、光大家业上，詹元秀无疑超过了前辈。他的三个儿子继承父业，均有建树。三子詹鸣岐墨，远销东瀛。

清康熙年间，日本著名古墨制作收藏家松井元泰（1689—1743年）曾远涉重洋来到中国，向虹关詹子云等徽墨名家请教制墨秘笈，并带回大量婺源墨。他在所著的《古梅园墨谱跋》中说："徽州官工素公（功）、游元绍、詹子云，三子盖当代之名家云。"日本人市河米庵所撰《墨谈》三卷，成于嘉庆十七年（1812年），其中所载詹氏墨工约十余家，明代有詹华山、詹文生，清代有詹鸣岐、詹文魁、詹成圭、詹方寰、詹西园、詹子云、詹子雯、詹衡襄、詹茂圭、詹成宇、詹公五诸家。

詹元秀以下六代，全部经营墨业，具有强烈的家族色彩，均有制作精良、形色质俱佳的墨品传世，而以詹方寰、詹成圭两支墨品传世最多。

詹方寰是国学生，"慷慨仗义，和厚敦伦。尝经商齐鲁吴会间，济急扶危，所至有义声"。所制墨品自康熙、乾隆以历晚清经久不衰。墨肆称"世宝斋"，其"凤阁腾辉""青麟髓""天下文明""龙翔凤舞""蓊淞草堂""青圭"等墨锭，模制甚精，烟质亦轻。随后墨肆不断分业，一旦另起炉灶，即须另加标识，号称"某氏"，后代尚有"广立氏""文章氏""有章氏""詹纤三""瑞记"诸款。故宫博物馆收藏有詹方寰"壶中日月"墨。

詹成圭在苏州经营墨业，堂号为玉映堂。詹成圭制墨以做工华丽、技艺精湛而著称，墨品上保留了大量的历史信息。乾隆年间，詹成圭曾仿制明代"竹燕图"墨一套四锭，联为通景，首锭侧边下端有楷书阳识"詹成圭监制"，深受藏墨家青睐。

三十五世詹应甲于乾隆甲辰（1784年）南巡时应召试，钦取二等，戊申（1788年）中举，先后在湖北天门、远安、汉阳、汉川诸县任职，嘉庆廿一年（1816年）后，任宜昌府通判、直隶州知州等官职，为官三十余载，于湖北水利颇著政绩，湖北天门县有他督民修筑的"詹公堤"。詹应甲深得湖广总督林则徐赏识，他死后，林借墓铭称赞："南畿名邑数婺源，笃生人杰昭代繁。汪江朴学世钦重，才华惟君脱篱藩。令一县，尹一州，大才小试殊优优，所谓伊人对松楸。"

这样一位詹成圭后人，即便政务繁忙，也不忘祖传制墨技艺，他所制的"日月合璧、五星联珠"贡墨，曾被大批收贮于清宫懋勤殿，故宫至今藏有他一锭"赐绮堂墨"。

清代中后期，婺源制墨世家为了扩大影响，纷纷在大、中商埠或文化中心开铺设店，如上海、苏州、长沙、广州、兰州等地，包括长江南北，黄河上下几十个城市。婺源人所设墨肆，在当地很有影响。

詹大有五老图集锦墨

在长期经营中，墨商们认识到在销售地直接生产墨锭，可以随时和用户见面，也能及时收集文人墨客的意见，对改进工艺很有帮助，于是，逐渐改变在家乡生产成墨的方法，而从婺源运去价格低廉、质地优良的原材料，在消费地直接生产墨锭。晚清，这种现象更为普遍，甚至延伸到另两大制墨中心歙县和休宁，当地不少婺源籍制墨家也从家乡运取烟料。

这一时期，一些墨著中便把婺源作为一个原料供应地来介绍，如《歙县志》卷六《食货志》里就有："墨虽独工于歙，而点烟于婺源，捣制于绩溪人之手，歙唯监造精研而已。"

事实上，婺源并非限于点烟，捣制和监造毫不让人。以虹关詹大有一家为例，衍出乾行氏、真瑞氏、小竹氏、少竹氏、允成氏、成记、文星氏、悦庭氏这些分支，均精于制墨。这些墨铺至今保留有不少文字记载，还有实物保存，其中不少是墨中精品。故宫博物院收藏的古墨之中，婺源墨商所制有二百余锭。

与虹关詹氏拥有共同远祖的环川（岭脚）詹氏，墨业经营重点在湖南。1993年版《婺源县志》载："明末，便有本县人在湖南衡阳开设詹有乾墨局。"而詹永康的《衡阳詹有乾墨局小史》一文却说得颇为精确。文章说，清乾隆时，环川詹有章与詹乾述叔侄二人跋涉千里来到湖南衡州府。他们精通制墨技艺，又曾经营过文具用品商业，初到时，肩挑贩运宣纸、湖笔、徽墨、歙砚出售，赢得衡阳文人的好评，引来邻县人前往购买，打开了销路，获得厚利。两三年后，他们在衡州南正街择得一家门面，开设笔墨坊店，自产自销，将二人名字的头一字拼合起来，命名为"詹有乾墨局"，后来又在马嘶巷内九号房屋开设詹有乾墨局作坊。

詹有乾墨局自制徽墨，是考虑了他们的优势。首先是家乡盛产的松脂可供燃火薰烟，作为制作墨条的原料；又多桎木、楠木，是雕刻墨模的好材料。第二是自信能够与衡邑的文人学士、能工巧匠保持密切关系，既有销路，又有改进制墨和模板制作的技术支持，因此成品日臻精良，可与徽州胡开文墨店媲美。

詹氏叔侄为何来到湖南？这得从取烟说起。虽然桐油、麻子油、皂青油、菜子油和豆油等均可烧烟制墨，"但桐油得烟最多，为墨色黑而光，久则日黑一日。余油得烟皆少，为墨色淡而昏，久则日淡一日"。桐油的产地主要集中在江西、湖广及四川，由于运输困难，他们便派人前往湖北荆州府、襄阳府和湖南辰州府、沅州府一带侨居，以其廉价桐油就地烧烟带回，这就是詹氏叔侄由江西前往湖南的主要原因。

经历数代，詹有乾墨局已经成为湖南徽墨名店之一。曾国藩在其早年的家书中，就曾专门提及自己使用的詹有乾徽墨，婺源博物馆收藏有李鸿章等人向该墨局定制的墨锭。

后来，詹有乾设分号于湖南长沙的坡子街。坡子街是长沙最为繁华的商业街区，汇集了詹有乾、詹彦文、詹文裕等多家婺商开设的墨号。到了光绪初年，詹有乾又在广东、广西设立分号，每年销墨五至七万斤。

清末，墨局面临重大危机。光绪二十九年（1903年）闰五月初五，墨号后人詹逢光向官府递呈了《长沙店号长来信托岘樵做递长沙存案禀稿》，主要内容是向官府陈述墨局的创业历程，眼前面临的困境，"计亏实银三千二百余两"，回乡变售房祀产给以扶持和另行选择经营管理者的计划。基于情况复杂，特别说明"议定未交以前，号内有无蒂欠，惟经手是责。既交以后，除移数外，旧经别有亏空，新经不得检认。第民房支丁颇多，各省本省概有私置房舍、营谋生意者，恐不肖子弟混扯小店名号，典借来往票据，倘非预为杜渐防微，难保不无蔓延赔累之害。只得据实磕恳仁宪大老爷，赏准批示存案，以杜后累而泯轇轕"，目的是请官府作个见证，以免日后纠缠不休。

领头具禀詹逢光，是晚清婺源著名文人。方志记载他"醇醇力学，工诗赋，科岁试屡列优等，乡闱荐未售。课徒有师法，游其门者，多蜚声庠序。精岐黄术，济人不索谢"。陈五元编纂的《婺源历代作者著作综录》，说詹逢光著作颇丰。庐坑詹鸣铎章回自传《我之小史》提及，同治七年（1868年），詹逢光曾与庐源詹沣、凤山查人纲等人，联合婺源东北乡的环川、虹关、凤关、查村和山坑五村，组织丽泽文社。光绪二十四年（1898年）编纂的《璁公房修詹氏支谱》，修谱领头人也是詹逢光。

这样一位儒商，其先人在湖南经营墨业已历数世，经他之手向官府说出的话，证明詹有乾墨号几乎到了行将闭歇的境地。詹逢光等人着手对墨局进行重组，以期起死回生。重组方案得到了官方认可，并在具体实践中收到效果。

同为环川詹氏的詹彦文墨号，较詹有乾创立略晚。据詹秉渊《邵阳詹彦文墨局的兴衰》一文介绍，乾隆年间，詹彦文来湖南詹有乾墨局谋

浙源岭脚古村（詹东华 摄）

生，后任管事，稍有积蓄之后，谋设墨局。经过长期筹备，嘉庆年间，他的孙子詹斯漳才在长沙坡子街正式开设詹彦文墨局，并设作坊。詹斯漳雇请的是徽州墨工，使产品保持徽墨的特点。墨用桐油以秀山为佳，道光年间，墨局在四川省秀山县开办了小型熏烟房。后来原料日增，成本减少，销售日益畅旺，远销日本、南洋群岛。光绪六年（1880年），扩建秀山烟房，熏烟工人达300余人，烟房面积30多亩，桐烟的产量除供应长沙、汉口、南昌三处作坊外，尚有部分出售。

詹彦文曾孙修和、邵和相继理事，在当时的宝庆府（邵阳市）设立墨局。宝庆是府治，为湘西南政治经济文化中心，云、贵、川三省要道，当时三省尚无徽墨庄号，于此处设一墨局，既满足宝庆府属各县的需要，又沟通了云、贵、川三省的徽墨市场，足见布局高明。

在修和兄弟理事的40年里，曾先后在汉口、开封、广州、湘潭、南昌等地开设詹彦文墨局，并在汉口、南昌设立作坊，被人称为"徽墨大王"。

詹彦文墨号曾于1909年参加南洋劝业出口协会的评奖，1915年又参加在美国主办的巴拿马万国博览会，都获得奖项。

从环川（岭脚）发源的各支系中，还有湘潭的詹开元墨店，常德的詹文成墨店等。

凤山查氏也是婺北望族。凤山田少山多，距离虹关和岭脚均在10里路程内。宋乾德甲子年（964年）建村，至今已经有一千余年。一千多年来，虽然凤山查氏一族在科甲方面并不突出，却是当之无愧的徽商世家，收入《婺源县志》的查氏商人约有60人。但他们并非专门从事墨业，也兼及木材、茶叶和盐业，其中有在江西赣州、瑞金和福建汀州经营墨业，以清代为主，而且世代相沿；有在西南地区经营木材或墨业的；有在广州和上海等经营茶业或者墨业，大都在太平天国运动之后。

查氏墨商所开墨号（墨铺、墨店、墨肆）为数不少，有传世作品的包括查轶山步云斋墨、查东山墨、查亨吉蕴古斋墨、查同春墨、查炳辉墨、查森山玉华斋墨、查声山墨、查松山墨、查二妙堂墨、查二妙堂绍记墨、查二妙堂友记修竹斋墨等十数家。在这些查氏墨号中，以查二妙堂最为著名。周绍良所藏二妙堂墨纪年最早为道光丙午（1846年），经历同治年间墨肆重新改组，牌号之下另加"绍记"二字，至光绪末年重又改组，另加"友记"，号"友于氏"。光绪末年，二妙堂已历三代，到了民国，已是同詹大有鼎峙而立的上海婺源墨号。

花桥在浙岭之北，历史上归属婺源管辖，新中国成立后才划归休宁。花桥吴氏与婺北詹、余各村保持较为密切的姻亲关系。早在明代，吴氏一族已经在京城附近一带经商，自吴文光中式嘉靖二十五年（1546年）丙午应天乡试以来，有多人考取举人、进士。

花桥吴氏经营墨业始自于乾隆年间。家谱《吴砺园先生传》记载，吴砺园因为家贫不能安读，"遂服贾于吴松之间"，乾隆六十年（1795年）居住在苏州，才开始仿松烟制墨，同时研医问药，着手成春。吴砺园死后，两个儿子继承了父亲的墨业，也继承了花桥吴家的儒学家风。

沱川余氏载入民国版《婺源县志》的业墨者有余天降、余国炳、余国镇等；周珏良提及有余子上、余福从、余方也；1993年《婺源县志》提到"余有乾""余有元"墨店。因为志书和宗谱侧重商人义行，因此婺源墨工、墨商记载遗漏甚多。

1924年5月31日至7月下旬，上海婺源制墨工人发动罢工，这次罢工规模不大，但持续时间近两个月。

罢工的起因是"店主对工人之待遇不良，益以物价上涨、工资未变，生活难以维持。加之时代思潮的影响，墨工乃酝酿集体向店主提出条件，要求提高薪资"。此时，墨工也筹组了自己的工会"制墨工会上海婺源部"，团结一致以维护正当权益。但詹大有、成记等家不但不接受，而且利用端午日停工之际，将组织工会的工人40余人歇业，由此引发了婺源墨工300余人集体罢工以声援。事情并未如愿，店主坚持不允，反将发生冲突的工人代表二人扭送警署，另有三人被拘押于巡捕房，被判各押西牢一个月。风潮不断扩大。尽管有息事宁人的警厅介入，徽宁旅沪同乡会的援助，双方仍然陷入僵局。

6月19日，200余工人手持棒香，随店主赴警厅，双方发生冲突，受伤工人有二三十人，其中两人重伤不省人事，事态进一步扩大。6月22日，墨工400余人集议茶楼，决定全体退工回籍，别寻生计，并发《泣告书》，请各界公论。次日，他们陆续携带铺盖结账出店，因人数众多，无处栖身，暂借徽宁会馆住宿。因该会馆董事中有墨作店主多人，拒绝收纳。此时天气炎热，多人露宿街头，景况凄凉，不得已，多数工人搭车赴杭州换船回婺源。而苏、杭两地墨工一致声援，愿意响应集体回原籍。

看到这种情形，一部分小店主表示愿意让步，但大店主却竭力坚持，一任事态扩大。

仍然滞留上海的 84 名墨工，流离失所，从 7 月 4 日起顽强与店主对抗的 22 天里，一直栖息于旅沪全皖同乡会馆的会议厅及仓屋楼上下各处，生活全靠在沪同乡接济，其中就有同乡会评议、婺源人俞郎溪，每月送洋 50 元以救济墨工，并前往查二妙、詹大有两处大店劝解。与此同时，通和洋行买办司徒达臣、嘉兴益经堂墨店主婺源人俞汝华提出了一些合理可行的建议，积极促和。

渐渐看清形势，一部分墨作小店主开始让步，7 月 10 日，詹方寰墨店首先开工。警厅为了防止风潮再大，双向施压，加之又有墨工投江自杀获救，舆论更紧，更多的小店主因"出货短少，攸关营业，均愿即日加资"，陆续开工。

詹大有、查二妙等仍未让步，但墨工们得悉多数店主对于部分内容可予通融后，经全体商议，愿意静候调解的最后结果，于 7 月 25 日移出全皖会馆，陆续赴店上工。

清末民国，内忧外患，民生凋敝，加上钢笔、墨汁等进入书写领域并逐步占领书写用品市场，印刷业全部改用新式油墨，传统制墨每况愈下，制墨世家为了寻求生活出路，纷纷转产转行。解放后，各处婺源墨庄积极参与公私合营。1979 年，婺源县二轻局开办墨厂，传统制墨技术得以传承，生产的烟墨产品深受书画界青睐。1982 年，制墨名家詹成圭后裔詹颂墀先生"特将祖上制墨模具 512 副赠给婺源墨厂"，促进了墨业生产的进一步发展。1985 年，婺源墨获江西省优秀产品奖。

窑神之殇

婺源的瓷事，当从一座古镇说起。

清华，原名清化，唐开元二十八年（740年）被选作婺源县治。当时，这里既是船运码头，也是古驿道的交汇地，且毗邻浮梁昌南（即今之景德镇）。县衙设此前后，这里已经建窑烧瓷了。

说建窑烧瓷，是因为20世纪50年代，清华花园一带大规模建设鄣公山垦殖场，机声人声响起，工地上出土了不少完整的碗、瓶等物，匣钵、垫饼之类的窑具，以及古窑址和大量瓷片。

感谢两位重量级的陶瓷大家。一位是中国世界陶瓷专家、故宫博物馆研究员陈万里先生，50年代，他曾写过"景德镇的烧瓷是从婺源发展而来"这样一段话，并在同一篇文章内提到，"……就是在鄱阳、婺源两县境以内，也还有不少窑址"。另一位是古陶瓷学者叶喆民先生。70年代，在故宫工作的他曾实地考察婺源清华，发掘出一些瓷器及匣钵等窑具，他提到，"当年在传说为窑址的土地上及县城工地上，还曾捡到过少数瓷片，其中有唐代白瓷唇口、玉璧底碗片和一些青瓷片，北宋影青碗底、元代黑釉器底、明代青花瓷片，以及匣钵、垫饼一类的窑具等物（这些均已带回故宫收存）"。叶喆民根据现场考察，得出结论，"如此看来，婺源不仅有窑业，而且其烧瓷历史相当早，推测其上限至晚不会下于唐代"，"婺源在唐代曾烧制过白瓷"。后来，在他编著的《中国陶瓷史》第七章"唐代陶瓷的辉煌成就"第五节"南北方白瓷名窑"，专门列出"江西婺源窑"。

以制瓷而论，婺源占有地利，瓷土、燃料、水系，三大条件满满当当。《婺源县志》《浮梁县志》，以及明人宋应星《天工开物》等文献，都有婺源向景德镇供应瓷土的记载。《婺源县志》中记有："婺源不石九十斤，值银八钱，淘浮土七十二斤。"《天工开物》则说"景德镇土出婺源、祁门两山"。明代张自烈《正字通》中谈道，"婺源县界，麻仓窑有土可洵。景德镇取婺源所产料名画烧青，一曰'无名子'"。《景德镇陶瓷史稿》记录景德镇制瓷原料和燃料的分布情况时，也曾提到，"婺源西乡松柴，距镇六十华里左右"。与景德镇周边地区的万年、乐平、祁门、都昌、湖口等供松柴地相较，婺源距离最近，资源最丰富，婺源是景德镇最主要的木柴供应地。

上面只记录了婺源向景德镇提供原料和燃料，并未提及婺源的瓷窑，这只能说明在瓷都盛名之下，婺源瓷业因没有形成特色而被文献无情遗漏，而叶喆民从遗址中发掘并考证认定的唐、北宋、元、明数代瓷片，是以实物的形式说着婺源瓷业的千年往事。

经历了唐末五代十国的战乱，宋初，陶瓷渐渐有了广阔的海内外市场，获得了前所未有的发展，形成南北呼应，百花争艳的局面。

景德元年（1004年），浮梁县昌南镇烧造瓷器贡于朝廷，温润如玉的青白瓷深受真宗皇帝垂青，当即下令瓷器底书"景德年制"四字，于是"天下咸称景德镇瓷器，而昌南之名遂微"。

这时候，一个神级的人物出现。

景瓷受到皇帝垂青后，朝廷开始派遣官员来这里管理御瓷生产，称为"督陶官"，征调民窑器之精品为御用贡品。

进士出身的婺源人齐宗蘷，景祐三年（1036年）开始受任窑丞，成为宋代景德镇第二任"督陶官"。齐宗蘷从小生活在瓷矿和窑场周边,接受朝命之后,很快熟悉业务并精于管理,任劳任怨,深受朝廷信任,窑丞职位一干就是10年。这期间,经他之手贡于皇宫的瓷器应该是一个巨额数字。

庆历五年(1045年),齐宗蘷奉命押运御瓷前往汴京(开封)。从浮梁到汴京,山高路阻,千里迢迢,不幸的是,途中御瓷受损。羞愤交加的齐宗蘷吞下了碎瓷自杀,死后尸身不倒,神情悲愤。

齐宗蘷忠于王事,付出了生命,后代窑工奉他为"窑神",从此有了"齐总管庙"。这些庙宇在临安(今杭州)、婺源清华等地均有,景德镇民间曾有一种传说和习惯,即每当窑工祭奠窑神时,都必须提到"清华古镇"一词,这个"清华古镇",就是曾经遍布瓷窑的婺源古县治,窑神就是曾经生活在清华窑场的齐宗蘷。

清华瓷窑广布于东园一带,烧制的青瓷、青白瓷、青花瓷等器具质量较好,产品"上越五岭,下渡七十二滩",大量销往皖浙赣交界地区。清华街长约1100米,是当年婺源县的第一长街,号称"五里长街",两侧店铺林立。下市街东段靠近船运码头,从宋至明,曾是瓷器街,"三户一家窑货铺,五户一间瓷器店"。

较长的历史时期中,清华一带不仅向浮梁供应瓷土、松材,向周边运销精美瓷器,而且向瓷业中心输送了大量陶瓷人才。清华胡崇峻、胡洋培、胡文耀、戴朝霞、戴炽昌、诗春施梦仓、施世沮、施照礼、施德栋、施应炼、施应通、施天显、甲村李廷镛等,都先后在浮梁、景德镇或经营瓷器,或从事其他商业贸易。施天畀,"字秉初,捐职县丞。尝业瓷景镇,贩至粤东,藩宪方公联乡谊,推为商中君子"。施天哲,"幼孤,随兄往镇,初业瓷,次贾钱肆,握算持筹,辄皆如意"。婺源在景德镇经商人数增多,迁徙定居此地的人口也在迅速增加。

清华瓷窑青烟袅袅,不绝如缕。历史进入明代后期,瓷业高度发达的景德镇,迎来了一位年轻的婺源人。陈仲美离开婺源时,已身怀绝艺,他闯入景德镇艺场，很快以善造陶瓷玩具著称，所制作的窑器鬼斧神工，景德镇陶工纷纷仿效。《景德镇陶录》说，他与当时的制瓷名手周丹泉"俱工仿古窑器"，陈仲美制作的窑器，大多运往外地出售，在景德镇反而很少买到。

这样的从业环境里，陈仲美认为自己的价值无法得到充分展示，他不愿与人竞逐，于是放弃作瓷，来到宜兴鼎蜀镇，从事紫砂制壶。在鼎蜀镇，他擅长配置紫砂壶土，制作精巧卓绝。《阳羡茗壶系》中说："陈仲美，婺源人，初造瓷于景德镇。以业之者多，不足成其名，弃之而来。好配壶土，意造诸玩，如香盒、花杯、狻猊炉、辟邪、镇纸，重锼叠刻，细极鬼工，壶像花果，缀以草虫，或龙戏海涛，伸爪出目。至塑大士像，庄严慈悯，神采欲生，璎珞花蔓，不可思议。智兼龙眠、道子。心思殚竭，以夭天年。"对于陈仲美的评价，《阳羡茗壶系》可谓是极尽丽辞。陈仲美为钻研陶瓷工艺心力交瘁，未尽天年而卒，艺术才华没有得到充分发挥，令人遗憾，但万历年间宜兴紫砂器工艺的空前繁荣，与陈仲美的影响密不可分。

景德镇的瓷业历史中，不能不提"徽帮"。

在长期生产过程中，景德镇瓷业形成了行业相对独立，又紧密相连，分工精细，彼此不可或缺的局面。到了清末民国，"徽帮"与"都帮""杂帮"，一道成为了掌握景德镇经济命脉的三大帮系。都帮纯属在景德镇业瓷的都昌人，由于绝大多数人经营陶瓷圆器业和烧窑业，俗称"窑户"。杂帮是指都帮和徽帮以外的行帮，所属行业是陶瓷琢器业。而徽帮是指原徽州府所属各县旅居景德镇人员所聚合的一帮。与都帮、杂帮把持瓷业生产不同，徽帮则垄断商业，他们绝大多数经营钱庄、布店、南货、百货、油盐、粮食、银楼、药业以及陶瓷原料的瓷土、颜料等行业，把持垄断了全镇的金融。徽帮看似与瓷业关系并不密切，实际上颇具影响力。

在景徽帮以黟县、婺源、祁门三县人数最多。据1937年《江西统计月报》载，旧时景德镇的十里长街，店铺有1221家，其中70%以上是徽州人开的。道光年间，徽州人集资建会馆，婺源詹永樟"随父客景德镇，督建徽州会馆"，而大有功于徽州会馆的婺源人还有詹士淳、詹必亮、戴炽昌等。婺商财力雄厚，还于光绪三年（1877年）单独捐建婺源会馆，也称紫阳书院，址在小黄家上弄，馆内供奉朱子神位。晓起瓷商汪国仪捐出巨资，手订章程，乡人"立长生位于厅事旁"。

与商人以赢利为目的不同，婺源旅景同乡中，有一批坚持在瓷画创作上展示独特风格的杰出人才，为后人开创新的路径。

自号"砚溪渔人""砚溪山人"的婺源人俞子明，大约出生于龙尾砚发源地一带。他的作品活跃期为同治十一年（1872年）到宣统二年（1910年）之间，历时38年，是晚清浅绛彩画师中创作周期最长，作品存世量最大的画师。

俞子明的浅绛彩瓷板绘画人物十分出众，且人物、花鸟、山水均擅，因其绝无仅有的独特性格和超凡脱俗的艺术魅力而广受好评。清代著名书法家鲁琪光定制过俞子明的作品馈赠好友，一些官员的名字也经常出现他的作品之上。俞子明与程门、金品卿、王少维、汪章、汪藩、周友松、王凤池等人，同列清末御窑厂陶瓷彩绘名家行列。

御窑厂画师、婺源人许品衡生卒年不详，从作品来看，主要活跃于光绪十一年（1885年）至1918年间。他师法明代徐渭和清代华嵒笔意，流畅中有跌宕之气。又擅画博古清供图，存世精品较多，艺术品位较高，成为杰出的浅绛彩瓷绘名家，作品曾作为宫廷用瓷，藏于南京博物院。岁供清供是明清瓷器常见的题材，瓷器上的清供图，以金石、书画、古彝器、盆景等可供赏玩的文雅器物为主，再敷以花卉、果品点缀，渲染成图，被称为"博古清供"。许品衡曾和方家珍同在珠山寻经读画之楼作浅绛瓷画，和方家珍、戴裕成、戴焕昭并为博古图四大名家，不少人认为，他的博古图"堪称当世第一，无人能比"。

为生计所迫，许品衡后来组建了画舫，为迎合不同层次的消费者，他的徒弟和舫中艺人纷纷参与创作，大批出自许品衡画舫的嫁妆瓶源源输入北方。他的名头响亮，定烧器物都很精致，是上流社会相互赠送的礼物。

1911年辛亥革命，结束了清朝统治，延续500多年的宫廷皇家御窑厂终结，由官窑引导的"官民竞市"景德镇陶瓷生产形式，变成民窑唱独角戏的局面。御窑瓷器主流地位的终结，给陶瓷艺人创造了极为宽松自由的创作条件，大批供职于御窑的陶瓷工匠和制瓷艺人流入民间，纷纷自立门户，加入到陶瓷艺术创作中来，如前述之许品衡等人，他们技艺高超，给景德镇瓷业发展注入了鲜活的力量。

这一时期，景德镇陶瓷彩绘行业大都以个体作坊生产经营，俗称"红店"，一般前店后厂。

红店瓷绘艺人还在继续绘制浅绛彩瓷，而其他外来艺术家，如饶州省立甲种工业窑业学校图画专业教师潘匋宇，曾在杭州以绘扇面为业、小有名气的汪晓棠等，开始致力于民国彩瓷研究探索，力矫浅绛彩末期之颓风，在浅绛彩瓷基础上，把中国画的笔墨韵致与粉彩工艺融合在一起，探索出独具现代绘画风尚的"新粉彩"瓷画。

在从事新粉彩瓷画的艺术家中，成就最高，影响最大，被尊为奠基人的是潘匋宇、汪晓棠、张筱耕等，"珠山八友"之中的汪野亭、程意亭、刘雨岑均出自潘匋宇、汪晓棠的门下，当时已有一定声望的珠山八友之一王大凡曾向汪晓棠行弟子礼。

汪晓棠的家乡是婺源段莘裔村，宣统年间从杭州来到景德镇自学彩瓷。他有很高的绘画造型能力和书法艺术修养，所绘瓷画水平很高，不到数年便名闻遐迩。他擅长工笔人物，尤善仕女，笔下仕女体态轻盈，褶如行云流水，设色柔和淡雅，作品笔精墨妙。其时，曾任袁世凯陶务总监督的郭葆昌聘请汪晓棠彩绘"洪宪瓷"，可见其艺术地位。汪晓棠39岁病逝，由于英年早逝，作品流传极少，却是当之无愧的景德镇新彩瓷奠基人之一。

在浮梁知县何心澄的倡议下，成立了景德镇"瓷业美术研究社"，陶瓷实业家吴霭生为社长，汪晓棠担任副社长，同为副会长的是王琦。美术研究社以改良和振兴瓷业为宗旨，主要任务包括陶瓷艺术作品的创新研究，陶瓷器物造型的创新设计，颜色釉名贵品种的恢复与创新，汪晓棠在其中发挥了旗手作用。

如长江浪涛，前后相继，光绪年间进入景德镇余立卿红店学绘粉彩的婺源人张志汤，被大官僚袁秋舫聘至南昌画彩瓷，因而得见宋、元绘画的珂罗版印刷品，眼界大开，技艺猛进。1935年，入浮梁陶瓷职业学校任饰瓷教师，1937年至1944年创作极多，以山水瓷板为主。1945年后，任教于江西省立陶专、景德镇陶瓷学院。

张志汤擅长山水，早年多参照宋元画印刷品绘彩瓷，笔法工细，构图谨严，40年代，受郎世宁绘画影响，大量绘制骏马，形象逼真，姿态生动，颇受客商欢迎。晚年在教学之余，偶作粉彩花卉小品，姿态轻盈，设色淡雅，尤为精妙。张志汤的教学，影响了一大批瓷画后人。他与"珠山八友"以及王步、方云峰等同为珠山画派新粉彩瓷绘名家，建国后，还赢得了景德镇市人民政府授予的"陶瓷美术家"称号。

瓷上五彩缤纷，颜料其功甚伟。景德镇陶瓷颜料业多为自产自销的手工小作坊，经营者以婺源人居多，民国期间先后登场的11家颜料作坊，其中有9家是婺源人在经营。

清末民初，陶瓷颜料市场为德国、日本、英国等国所控制，他们凭借先进的化工技术，多样的品种和雄厚的资金，占领了彩瓷和贴花市场，而国产颜料则逐渐萎缩。振兴国产颜料，就成了景德镇陶瓷颜料厂家们的当务之急，婺源诗春人施维明出现在这一历史时期。

施维明的父亲是清道光年间的秀才，以塾师终身，家境清贫。童年的施维明就失去了双亲，8岁开始砍柴换米，12岁来到景德镇红店学徒，其间，他暗地学习陶瓷彩绘技术。18岁因代人受过被店主辞退。19岁时，在广东瓷商的帮助下，开了小瓷器店，开始彩绘加工，为日后制造颜料打下了较好基础。

进口颜料价格昂贵，促使施维明萌发研究与生产颜料的念头。他专赴上海，拜访都昌颜料商人李子甫，并经过李的介绍，认识了留法归来的化工工程师雷瑞锋，提出向雷学习研制颜料工艺。谈妥条件之后，施维明回到景德镇变卖了店内全部瓷器，并在岳父的帮助下，二赴上海以重金拜雷瑞锋为师。在为雷瑞锋帮工的3年期间，施维明学会了多种技艺，也耗尽了全部积累。

学成归来却身无分文的施维明，无法启动颜料生产，只能等待时机。不久，他以彩绘作品参加杭州国际巴拿马博览会，获得了二等奖，成为景德镇陶艺界获得国际奖章的第一人。以此为契机，他克服重重困难，在龙泉窑颜料店技工汪双泉的帮助下，终于在光绪末年开设了第一家颜料店，牌号为"祥和珍"，一年多时间，就炼出了大红、大绿、苦绿、玻璃白、雪白等多种陶瓷绘画装饰颜料，质量不让进口陶瓷颜料，价格上又有明显优势。从此，国产陶瓷颜料能与德、日、英的舶来品抗衡，在景德镇颜料市场上占据重要份额。

由于施维明在国产颜料研究、生产、经营方面取得的巨大成就，民国初年，他被选入景德镇总商会为会董，后来还当上了景德镇商会临时维持会的主事人，前后时间长达十年。2011年，施维明被追忆为"中国陶瓷美术大师"。

WUYUAN
THE BIOGRAPHY

婆源传

第六章 霜月满天

古道漫漫

婺源多山，川谷崎岖，峰峦起伏，人们出行异常艰难。由于缺乏文字记录，对于古道最初的状况，只有传说和猜想。

最早纳入历史记忆的是婺北浙岭，此处至今耸立着一块"吴楚分源"石碑。古有军队来往其间，相传到了战国，已经修建了供行人车马来往的简易古道。

春秋末年，勾践灭吴，流放吴太子鸿于今婺源境内的龙尾山，居今江湾湖山。他的流亡之路一定充满荆棘，后人猜想吴鸿应该经过浙岭这一关隘。

曾经担任过陈东阳郡赞治大夫的詹初，先是隐于歙之篁墩，隋大业年间（605—618年），又携家人匆匆来到距离浙岭不远的五老峰下。这里远离都市，远离战乱，詹初的隐居之路同样也没有避开浙岭。

距离浙岭不远的清华镇，唐开元二十八年（740年）被选作县治时，有"婺水三面绕城"和古道交汇的交通基础。县衙开张，驿传和军队活动在倒逼路网的完善和升级。

因军事的需要，以及茶叶、瓷器等贸易的繁荣，唐咸通六年（865年），设置了弦高、五福二镇。唐末，在婺东增设三浯镇。四镇之间，由

吴楚分源

于北方氏族南迁，融入当地社会，已经形成了100余个村落，兼有在乡间影响较大的通元观、报恩光孝禅院等20余处寺观，于是，古道上响起了官员诗客、驿传赋役、乡野村夫、虔诚信众的匆匆脚步。

为这种猜想作注的，是民间传说和谱志记载。诗仙李白过境，曾在太白码头泊舟登岸；常侍胡始祖胡学随父问道通元观，一生戎马的他，晚年择居便选定了年少时路经的清华；诗人独孤筠在朋友的陪同下游览莲华洞、涵虚洞；胡三公秘携唐太子越玛瑙山至胡村（今考水）。独孤筠的诗中有"扪萝攀磴步欹危"之句，可见当时已有不太规则的石径通向了今天仍属偏僻山区的灵岩洞，县城和集镇周边道路等级应该高于这个水平。

唐末剧乱，五代纷繁，而婺源相对安定。这一带兵甲众、户口多，盛产茶叶和木材，朝廷便在婺源设置都制置使，统辖婺源、祁门、浮梁、德兴四县。南唐升元二年（938年），都制置使刘津率领关西士卒1500人镇守婺源，他动用辖下四县的人力物力，大规模修筑蚺城城池，婺源与邻县之间一定有了良好的道路交通。

赵宋王朝虽然在北疆防御上屡有败绩，但对内的经济文化政策却很是对头，物流渐渐繁荣，此时的婺源，茶、砚、墨以及稍后的木业，已经在全国具有一定知名度和影响力，贸易的扩大，贡品的运送，道路在艰难扩展。这一时期的路况，有了略多的文字实录。

五岭是婺源通往州府的要道，大约在建县之前便完成了简易开凿。入宋，官员频繁来往，路况却差强人意，黄庭坚于绍圣元年（1094年）沿着五岭前来访砚，在他的眼里，"陆不通车""步步穿云"。

约略同时的《畈上丈人汪君绍传》这样描述五岭："初，驿道由里中达休宁之黄茅，曲折沿涧，谷水暴发，则桥道皆坏，乡人病之。"汪绍"严重好义，崇德乐施"，看到这种情景，"言于郡府，愿以已资辟芙蓉对镜驿道，直抵黄茅，较旧路近十有五里，且无水患"。

大畈汪绍是官员后代，巨额财富是否经商所得暂无明证，他另外的身份是朱熹的堂姑夫，又与胡伸、王炎两位婺源名人有着密切关系，他的善行义举当然有人乐于特书大书，顺道留给后人宝贵史料。

五岭崎岖难行，留给后人的资料，不仅是汪绍的传记，还有不绝的诗声。两宋时期，除了黄庭坚《砚山行》之外，人们熟知的有朱松《度芙蓉岭》，参知政事权邦彦的《冒雨塔岭投宿二首》《出岭怀婺源》《听芙蓉岭下水声》，兵部郎中汪藻的《过五岭》，歙县诗人方回的《过五岭短歌五首》等，像"蜀道如天世路稀，那知五岭与云齐""平生所闻芙蓉岭，上如攀天下入井""第一岭望二三岭，蜿蜒似作长蛇缓"等，十分形象，令人难忘。同一时期的浙岭、回岭、平鼻岭等古道，也有不少好诗留存至今。

罗愿《新安志》记载，淳熙二年（1175年）之前，婺源已有新安、新定两个馆驿，陆路东通常山，西通乐平，南通德兴，北通休宁。这个

"北通休宁"，无疑是指婺北的浙岭和婺东的五岭。

相较民间善士的义举，此时官府和军队修道的力度要大些。北宋天圣二年（1024年），官府修建经深渡、汾水的婺乐古道。南宋初，岳飞率军经过五岭，大手笔对道路进行了维护，路况一新。

元代虽然短暂，匆忙间没忘留下几笔民间的义举。其中有至元年间被称作"善人"的在城人董兴之，他倾其所有，来砌城中道路，从东至西有几里长，700多年过去，当年修成的石板路，仍然平整、稳实，足见董氏功夫之深。

进入明清，婺源古道迎来了重大转机，深受朱子理学影响的婺源商人迅速崛起，民众踊跃其间，古道的修筑、维护，得到了坚定有力持续不断的支持。这时候，官府在其中所担角色，更多只是倡议、组织以及少数带头捐俸，且限于驿道和县道的修建。

明万历三十二年（1604年），县令谭昌言上任，下访民情，途经金竺岭，当时的情景是"东通一线，跨芙蓉，逾对镜，司郡门户，顾县壁千仞，鸟道纡回，攀萝而升，既虞前蹶；扶曳而下，又虞后踬。尤苦者，刀布盐米之辈，背为舟，踊为车，虽葛屦履霜，汗淫淫下"，商旅行路之难，谭昌言深为感叹。

真正促使谭昌言下决心的，是当地士绅提出的合理建议和承诺支持，他们需要当政振臂一呼。谭昌言启动的工程是开辟新的官道，较原来的省去10里路程，而非修缮，他捐出的官俸远不能支撑浩大工程的需要，工程受益民众自然不甘落后。

乾隆十七年（1752年）腊月初二，气温很低。上溪头村78岁的老人程兆枢在自家书房里写下了《小冲岭路阑干记》。程兆枢自幼读书，15岁父母双亡，背井离乡经营木业，后来获得成功，并捐得功名。回到家乡，"创祠宇，助祀田，建义仓，督造水口桥梁及文昌阁，勤劳六载"。作为这项工程的倡导人，事毕，自然有功德圆满之感：

百丈冲，……以冲石阑颓处，皆由路脚不实，阑干柱石与底又系青石，层纹易损。今小冲路脚较大冲虚浮更甚，欲垂坚久，须将岭路石脚从实錾平，石柱与底概用珠石，……枢老急欲观成，男喜奎、台奎、合奎协力鸠工，于乾隆壬申设石开宕。石板取诸枧岭（大冲阑干取石原处），珠石取诸栈岭，杂石取诸燕石阑培。岭路皆拆造，脚石皆从石壁凿平八寸，再用青石平垛，狭处升高，阔通夫轿往来。共安珠石柱八十一座，底条配用珠石坚筑；阑干青石板八十块，共长三十五丈；岭磡路面筑用青石平整，与大冲连接处，路石欹陷油滑者，拆修平实，路底面有大石浮碍，旧路即架石浮砌，不能移者，旁筑石塝以护，共享银一百二十两有零。匠工石板论方，每方二两五钱（众修大冲阑干，用石板二方，因旧宕石尽，恰谷小冲所用又另宕开取，每方加价五钱）；珠石、杂石点工，每工并钢铁炭九分五厘（取珠石用铁尖铁牌，共用铁五十余斤）；造岭路安阑干，每工九分。自三月至十月，日食大小菜皆备贴，估计议工搭厂彻厂皆供饭；开工献神，收工谢神，皆备席接请；安石花红，匠六人每人二钱，伙头一钱。每月朔望酒肉，计人另贴；端午、中秋咸蛋、馒头、池鱼、月饼皆另备（大冲附同取石，杂费筑省，惟安石、献神、收工并安石后贴菜半月，月朔酒肉一次）。石匠洪（天权兄弟三人，英武、治平等）共七人。扛石板本村包工，每工合八分六厘，扛珠石包工每工合八分四厘，扛杂石挑沙工每工八分，皆现雇，并不募助。督工孙锡绅。

这段记述，为我们描绘了一幅古人开山筑路的风俗画卷，前人在完成赀费筹集后，选出理首、督工，组织日常管理，整个过程井然有序：开工献神，收工谢神；如何设石开凼取料；何处凿平，何处平垛；何处筑塝以护，何处架石浮砌；何处升高，何处加阔；日常饮食的安排，逢节遇庆的酒菜等，十分周密。

小冲岭路阑干在塔岭,是婺源人由溪头经五城,入屯溪,登白岳(齐云山),抵篁墩,直往徽(歙州府)的必经之地,作为富有财力的所在地上溪头,自然把路况的维护看得很重。

路况好了,路亭是其标配。碑刻《赵侯平五岭记》让后人看到,金竺岭开通后当地民众的建亭热情:"俊彦叶隆祖造亭于对镜岭山之巘。耆儒江茂龙,俊彦江士龙、江聚星造亭于羊斗岭山之腰。休阳俊彦程廷宾造亭于心岭冷泉之侧。江耆儒恭订羊斗岭亭匾额,曰'赵公亭'。"在如此密集的区域造有如许的石亭,既是当地财力的表达,更是造福路人的用心,当然还有歌颂当政业绩的美意。

亭子多了,便有不同称呼,大路间的叫路亭,桥梁上的叫桥亭,山岭中段的叫腰亭,岭脊头的叫岭亭,村口的叫水口亭,各有其名,或悬以匾额,或镌以石刻,或流于口碑。有表彰功德的,如上述"赵公亭";有表达情怀的,如思口新源"遗痴亭";有嵌入地名的,如清华上堡"姚家亭";有纪念喜庆的,如思口"宝宝亭";也有表达良好愿望的,如冲(原作翀)田"积庆亭"。

文人雅士意犹未尽,顺手缀以亭联:

车马绝喧阗,忆前人三径怡情托迹不殊陶靖节;
鸡犬声相闻,惟此地四民安堵落花犹似武陵源。(段莘庆源别有天古亭联)

雄联鄣岳,远接湖峰,夸胜地巨观,迷雾雨风千壑树;
静锁烟岚,幽通梵宇,喜良宵清景,满川星月一声钟。(沱川郭村水口桥联)

平淡无奇的建筑,有了联文点缀,顿觉灿然生辉。

最受欢迎的是路间茶亭,冬姜夏茗,以济行旅。茶亭能够维持良性运行，是有坚实支撑的，有的向官府报批设立"茶亭田"，有的为茶亭设立茶会负责维护，有的为茶亭配有山林资产。如浙岭茶亭，自明代就配有几块茶地，数亩苗竹林，所产茶叶除去日常用度，剩余的归烧茶人所有，竹林也归之经营管理，烧茶人口粮则由祠众公田按一定数量供给。此外还有各地贤人义士纷纷捐出茶钱。虹关棣芳堂一本清康雍年间墨账有记，雍正二年（1724年）十二月初二，捐稻谷一石，供浙岭茶庵烧姜汤四日。也有通过处罚来烧茶济众的，诸如"违禁在养生河中捕鱼者，旧罚烧茶一月济众"等。茶亭周围辟出一眼山泉，栽上一片茶树，浙岭的"一线泉"，大鳙岭的"水窟"，锦田的"冷水坑"，泉水甘洌，长年不涸。

茶亭的管理很有讲究，梅岭积庆义济茶亭刻有"住亭规"：

外设添灯一炷，夜照人行，灯火不得熄灭，如违议罚；

长生茶一所，无论日夜，不得间断匮乏，如违重罚；

客行李什物倘有失落，查出住亭人私匿，先行议罚，再行逐出不贷；

住亭人不得引诱赌博，查出议罚逐出；

住亭人不得开设洋烟，查出议罚逐出；

住亭人不得窝藏匪类，留宿异端，查出议罚逐出；

住亭人恃势逞凶，无故闹事，报知村内定行议处；

梅岭磡，每逢朔望之日，住亭人须将扫净，如违，查出议罚。

小小茶亭，居然别有一番天地，日有茶，夜有灯，过往有宿，文明有序，禁赌，禁烟，禁盗，禁匪，干干净净，的确是旅人洗去征尘，沐浴春风之所在。

古道的精美、舒适，忠实记录了人们的呵护。

白露一到，婺源才真正进入秋天，族长便组织男女劳力，自带锄头镰刀，将村周各条山岭两边有碍行走的草木全部清除，并对损毁的地段和岭墈进行修整，各处茶亭加瓦盖漏。也有选择农历七月半，或是中秋、冬至次日进行的，届时年满18周岁的村民，都早早去祠堂集中，随行上山劳动。

岭上培荫是婺源千年未变的规矩，目的有三，为来往行人提供荫凉优美的环境，保护古道两旁水土，为沿途亭宇庙观修理备料。对于失火延烧或者偷盗者，都将严惩不贷。这样的石刻禁文，婺源古道至今仍然保存不少，诸如道光二年（1822年）的《沱川鸣约公具石碑》，道光四年（1824年）立在浙岭的《奉县正堂示禁碑》，光绪七年（1881年）的《平鼻岭石亭茶亭禁碑》，对于保护沿路生态都有明确规定。

古道在密林间向前延展，是一道亮丽风景，令行者怡然忘倦。这样的情景，自宋以来便是如此，北、南宋之间的郑望之，留下的行书《婺源帖》写道："向过婺源，山川草木，大胜饶、信间。明日越芙蓉岭，到新安，江山气象，反不如属县。"

1914年四月，担任江苏省教育会主要负责职务的黄炎培，在数省进行了广泛的教育考察。此次考察"由皖入赣，历彭泽湖口德化、德安以抵南昌，绕鄱阳湖至饶州，泛昌江至景德，遂折而入皖南"。他在婺源境内沿着徽饶古道前行，日记中真实记录了当时古道的状况：

  自入婺源，道皆铺石。无一石倾攲，无一步跪危。出冲田村，得冲田岭，累石为级，度之，石宽八尺，级高三寸，每二十三级得平地若干步，以节行者劳。上岭行八百八十八级，下岭略如之，而足不感疲。叹庐山莲花洞牯岭间，竭租界七国之力以成，未能及此也。

  冲田岭以上古木参天，层峦合沓。自甲路至清华街，经一岭，高壁有大石洞，黝然以深。土人谓，往年中喷大水，铁拐李撑铁船出入其间。可笑。树头松鼠，往来如织，其身硕大，不避人。

浙岭古道（洪元培 摄）

  行十里至山坑，……十里至石保（什堡），山头森林益密，道旁时见围二三丈之大树。十里至鸿瑞湾（虹关），又五里至浙岭脚矣。忽大雷雨，暂避村舍，观岭头云气漪然，山泉奔注，随处成大瀑，电光射云气，其光唊唊。深山雷雨，此为第一遭。少顷止，舍舆步行上岭。岭高三千三百级，屏息疾走，登其巅。得亭，亭后石刻"吴楚平分"（实为"吴楚分源"）四大字，盖赣浙间之分水岭也。此山脉来自闽浙间之仙霞岭，蜿蜒望西北去。时已日暮，雨后云渥，四山雷声犹兢兢不已。上下岭凡十五里，抵庄前村宿。是日行七十里。

>当余离景德时，或告余行浮梁宜少留意，一入婺源，其高枕可也。比入婺境，惟觉终日行康庄大道，每三里或五里，必有亭，方栋斜甍，其栋之大，虽富家听事不是过。两壁设槛，以坐客。亭之隅有灶，陷铛其中，茶香一缕，既温且清，以竹为杓，任客饮，不索酬，亦不见人司也。

从黄炎培的日记内容来看，婺源古道路况强于他邑，已是世人公认。

随同黄炎培考察的还有文字记录顾志廉，摄影师吕天洲。他们考察的是教育，沿途路况却成了重要收获，以致不惜浓墨重彩。相信在吕天洲的相机里，一定频频出现过婺源古道的精绝美景。

这样的精绝美景，并非只在徽饶古道，大而言之，境内每一条古道都与周围山脉、水系、古木、长亭、村落、田园融汇一起，共同描绘了一幅百看不厌的画卷。据20世纪80年代《婺源县地名志》统计，村落之间，有清晰起始记载的古道263条，全长1160余千米，路程之长，建筑之坚，配套之善，维护之周，沿途之美，令人叹为观止。

尽管从20世纪30年代修筑婺白公路及环城公路开始，人们不再把石板连接的古道作为交通建设的重点，但民间修桥铺路并未停歇。建国后，出于维护乡间民众正常生产生活秩序，以及后来文物保护、旅游观光的需要，政府和集体还不时组织对于古道古桥的修理维护。至21世纪的今天，婺源乡野仍然保存有大量刻录沧桑的古道，吸引着天南地北的人们户外运动，摄影观光，文化考察，搜奇探幽，漫漫古道在新世纪的阳光下涅槃重生。

水上虹飞

婺源是丘陵里的江南：气候温润，雨水充沛；高山耸立，沟壑纵横。地势东北高、西南低，落差近1600米。区域之内，深涧、溪流、江河盘错其间。

唐宋间，中国石桥墩砌工艺不断改进，石桥建造的数量和质量飞跃发展，给深山更深处的婺源破解出行之难，带来了智慧和力量。

唐龙纪元年（889年），家住永川河上游晓鳙村的曹仲泽，出现在荒无人烟的汪口。唐时的汪口尚未建村，地理形势却引人注目。曹仲泽遍踏青山，终于在这里为先人找到一块风景优美的长眠之地。时节上对祖墓的祭扫，是一道不能缺失的礼仪，从此在晓鳙与汪口的山间小径上，有了曹氏一门的频繁走动，也有了山间水上的一座小石桥，人们习惯称为"曹公桥"，应该是婺源第一道飞翔在水上的石质虹霓。

以当时条件，建造石桥绝对是件有轰动效应的事，以至于历次县志不忘提上一笔。尽管我们已经无法看到曹公桥千年前的尊容，但曹氏后人继承祖志，屡毁屡建，锲而不舍的精神，却让人心怀敬意。今天的曹公桥宽约2米，长约4米，只有一拱，它横跨水坑，坑水自西向东，汇入远去的永川河。

婺源"三眼桥"（詹东华 摄）

科学技术是宋人的强项，木工喻皓撰写的《木经》三卷，李诚编成的《营造法式》，内容包括土木工程技术、建筑设计规范和估工算价，虽然不属于桥梁专著，但由此可以察知工程技术上的一般法则，自然也包括桥梁，直到今天，人们仍在深入研究其中蕴含的巨大价值。这些著作的传播，与婺源桥梁之间有着怎样的联系，无法一一对应，但同时期出现在婺源桥梁史上的作品，算是一种历史深处的回应。

建村于宋大中祥符三年（1010年）的李坑，其始迁祖是唐朝宗室，曾任从五品朝散大夫、殿中御史的李洞，他迁居于此的本意是隐居求逸，以保子孙后代平平安安。9年后，村中一位叫李侃的读书人，沿着科举之路重返仕途，官至中书舍人，封尚书左丞。

此时的李坑不在通往州县的主干道上，与段莘水路也不接境，李侃衣锦还乡的道路颇为坎坷，当他走进村口，目睹因水阻而出行不便的情景，决定出资建桥。千年已过，这座青砖券砌的中书桥在时光的剥蚀下，依然横跨于李坑村口清溪上。中书桥单拱，桥长约4米，宽2.5米左右，高3米。许是出于对桥的爱护，后人在桥上建了凉亭。

砖在建筑中的大规模使用，可以追溯很远，但在歙州，已经到了唐初。据《新唐书·韦丹传》记载，唐初，歙州隶属江南西道，时任观察使的韦丹见"民不知为瓦屋"，便"召工教为陶，聚材于场，度其费为估，不取赢利。人能为屋者，受材瓦于官，免半赋，徐取其偿。逃未复者，官为为之。贫不能者，畀以财。身往劝督"。由于韦丹的劝导、督促，砖木结构的瓦屋开始在歙州民间传播。李侃出资所建的中书桥，正是青砖烧造技术在婺源民间应用的一例，给宋桥记载寥若晨星的婺源桥梁史添上了耀眼的一笔。

宋政和年间（1111—1118年），徽饶道中的甲道（今甲路）村已是人烟稠密，各业兴旺，店铺林立，有"五里长街"之称。一条清溪自北向南流经村落，而源自六山的几条溪涧自西向东以"川"字形将村庄隔成几段，横穿长街，汇入清溪，跨涧而过的均为木桥，行人时有不便。

村中有位长者张组，《甲道张氏宗谱》记载他"平生以气概自任，凡所行所为，不居人下，而财力亦有余，能丰饶其家"。他在意时事，敢向官府提出自己的意见和建议。木桥不便行走，张组当仁不让，捐出家资，招募工匠，"砻石建桥，创亭其上，立名'义方'"。义方桥，即后人常说的"花桥"，岳飞奉朝命征讨李成时曾经路过，留下诗句。900多年来，此桥数废数兴，至今健在。

义方桥建成不久，历史进入了南宋。绍兴十三年（1143年），担任过建康太守的施仲敏，走进了距离清华20里的一座名为"下小坑叶家源"的山坞，从此婺北有了诗春村。施仲敏原居于浮梁椰木田，曾师从朱子的父亲朱松，他以明经登第，先后在西安、常德、建康等地任职，深得民心，得到过宋高宗赵构的召见和嘉励。出于对时局的深度担忧，施仲敏激流勇退，告病归隐。

33年后，施仲敏"在住基水口上造石桥一道，桥亭七间，号小溪桥"，当地村民称"敏公桥"。石桥建在天马山下的小溪上，有亭7间，说明了石桥的长度。

蒙古人建立的元朝政权时间不长，此间婺源关于桥梁的记载不多，唯独考水村建造石桥的文字却有数处。书院桥，"元，里人胡樵叟建"；村周明经桥，"元，胡安国建"。邑人汪泽民《明经桥碑记》记述，明经翁十五世孙胡学，同知江南牧马府事，于至元三年（1338年）对建于宋初，位于晓岭之麓太子桥村的木质明经桥进行翻建，"易木以石，并为洞桥，屋其上，翼阑其旁，材良石坚，可永久弗坏。构亭桥侧，像设观音大士，割近田为亩若干，命守祠者馈浆茗，休息往来。经始于三月壬子，讫事于八月庚午"。汪泽民是段莘裔村人，诗人，气节高拔，清正廉明，风闻于朝。时任山东衮州知州，恰逢回乡省亲，"桥适成，村耆俨然群进，请纪诸石"。

明经胡氏不仅是唐皇室后裔，而且于元代正处于兴旺时期，胡云峰等"七哲名家"闪耀登场，明经书院声名远播，汪泽民耳熟能详，当然欣然作记。这可能也是元代考水建桥文字记载独多的主要原因。

婺源乡间建桥，"通济"不是唯一目的。李坑村中有座彩虹桥并非供人行走，而是用以弥补村庄布局上的不足。村人李景溪认为，水口是一个村庄的门户，水口紧则村庄财旺。李坑村的缺陷是"地户"（水流出的地方）不济，需要通过建桥筑堨来补救。在当时，这种带有几分迷信色彩的理念，常常引领民间建桥的风潮。

从某种意义说，桥梁给人们心理上带来了某种慰藉，于是，水口桥梁在婺源便成为普遍现象，菊径的水口虹桥、庆源的福庆桥、篁村的大夫桥、察关的祭酒桥、虹关的通津桥……这些桥梁兴而废，废而兴，始终如一道彩虹飞架在村庄最美丽的地方，成为婺源乡间一道标志性符号。

与李坑做法不同，婺源的另一个深山古村——桃溪（坑头），则用修桥的方式来表达特殊心理需求。

千年桃溪，倚偎在林木茂密的鹅峰山中，这里涧水长流，在村周蓄成数道清泉，终日潺潺。村人因势筑居，高低错落，小溪两边全用石板垒筑成塝，高四、五米不等，房屋就塝而建。整座村庄筑有大小不等的36座半石拱桥，大的跨度有20米，高6米，宽6米，小的仅有一米多。每座桥梁的修建，都与一位名人，一段精彩人生，一个敬老孝亲故事关联。

桃溪村第一个在村中建桥的是潘汝翼，他在宋绍兴二年（1132年）登第，衣锦还乡之时，把光宗耀祖的那份荣耀，以石桥的形式留在了桃溪之上，给后人以榜样。

352年过去，明成化二十年（1484年），潘珏考中进士，随后，潘珍、潘锜、潘潢、潘鈘、潘士藻、潘之祥等，在100余年的时间里陆续登第，他们与迁居在桃溪下游的孔村、豸峰潘氏一道，共同书写了"奕叶相承，代有闻人"的氏族荣光。桥与"轿"同音，村中建桥，便专属这些科举入仕者的资格。

据县志和宗谱记载，桃溪潘氏登进士者15人，贡士9人，中举23人，经考试选拔的贡生有33人，太学生36人。与之相应，溪上石桥次第而兴。

能在村庄建桥的无尚荣耀，始终在激励后人。清代桃溪有一富商，想出资在桃溪上建一座石拱桥，便向族人表明了想法。族人考虑他虽然没有功名，但义举不断，最终同意他在小船坑坞建了半座桥（一边是券洞，一边是直角），并应允，等他子孙发迹做官，再改建成圆形的石拱桥。这"半座桥"的遗憾，历史终究没给这位富商弥补的机会。

像桃溪那样把民居建在溪流两旁，形成"小桥流水人家"格局的村庄，婺源到处都是，桥梁的合理布局，使村庄既有亲水之利，又无阻隔之叹。人们依水修建桥梁、石碣、水埠、鱼塘，又植以佳木幽篁，把世代安居的家园，绘成一幅江南水乡长卷。稍稍数数：段莘官坑10座古桥，许村汾水14座石桥，清华诗春17座石桥……"翠园深处淡烟浓，古木森森一径通。流水小桥花细落，有人笑指武陵中"，说的就是有27

座桥梁的庆源古村。人们心中,桥梁代表着福缘、财富、平安等更多的祥瑞。

与桃溪有密切姻亲关系的考水,也是一座架在桥梁上的村庄,自步云桥、迎恩桥、四封桥、明经桥、长寿桥、云峰桥、书院桥、前街桥、维新桥、双灵桥,而至双溪口桥,桥桥叠彩生辉,与众不同的是,其中一座桥由村中女子捐建。

明代中期,槃水河畔的4位胡姓姑娘,在家族的支持下拿起了经史子集,她们常年都要跨过木桥或者涉水到对岸精舍读书,桥上桥下,目睹来往村民的不便,一合计,就出资建了一座石拱桥,人们将这座石拱桥称为"四姑桥"。后来,4位姑娘出嫁,因夫贵子贤都得到了诰封,村民就改称为"四封桥"。四位姑娘何许人也?她们是尚书潘潢母、副使方舟母、佥宪潘选妻、参政潘鈢妻。"四封桥"的出现,是一道婺源女性的高光,在封建时代照亮了多少深闺。

婺西与浮梁县交界的游山村,是婺浮古道上的繁华商镇,发源于凤游山的浚源水在这里汇聚了9条支流,"S"形穿村东行。村里最早出现的石桥是西头的"儒林桥",开基始祖董知仁建造,后裔孙董齐曾重建,有两座石墩,由9块长条青石铺成桥面。最引人注目的是位于下游的题柱桥,建于明万历二十七年(1599年),与村庄门户函谷亭相邻。

"题柱"桥名,源于西汉。相传西汉司马相如小时家里很穷,读书却很用功,只是屡试不中。有一天,他途经一座桥时当众发誓,今后如不高车驷马,决不过此桥。后来,司马相如果然如愿,并得到汉武帝刘彻的赏识。他重过此桥,为该桥取名"题柱"。游山人借"题柱"美意,希望宗族子弟能像司马相如那样刻苦勤奋,有朝一日光宗耀祖。

源于这种美意,千烟游山形成了一种习俗,村中婚嫁迎娶都必须行经题柱桥,送亲队伍到桥头时,燃放3个双响炮,另一端等候的迎亲队伍方可过桥迎娶。

函谷、题柱,一个连着春秋,一个源于西汉,游山人并不缺少历史的厚重和荣耀，他们先是在科举道上一路狂奔，中过4位进士；继而专志在商海中奋勇搏击，把智慧和成就写成了县内县外6000余亩良田，村中20多座雄伟壮丽的宗祠，鳞次栉比的徽居，各业并兴的店铺，以及远近闻名的慈善事业。浚源河上，桥影如月，波光涌银。

河流承载希望，而桥梁或许藏匿着不愿回首的往事。

婺源黄氏二世祖的黄诚，在家乡所在的灵岩洞求得一签，说是"得'遇槎而止'之兆"，他从甲道出发，去寻觅新的定居地，泛槎顺流而下，来到一个叫"鲍汀"的地方，"槎横不去"。他弃槎登岸，就在这里娶妻生子定居下来。时值北宋。

到了明代，村庄虽然有南津、北泽两座石拱桥横跨小溪，而宽阔的横槎水上却只有渡船来往。一位法号"淡斋"的僧人，"不知其何自来，慨然十方劝捐，建置石桥，颜其桥曰'仁寿'，宛然有送客虎溪之遗风焉"。后人又嫌桥短，"不能横接汀东之路，行人有上下之艰"，于是，"横槎溪西海初，溪东乾初等勉力成事，今汀之东所接造石桥是也"。仁寿桥为三拱石桥，桥面由青石板铺成，两边各有石阶上下，桥长有84米，宽7.5米，见证过附近龙门观的香火和婺浮、婺乐古道上的热闹。

婺源本非兵家必争之地，不料想，清咸丰七年（1857年），仁寿桥却成了太平军与清军的遭遇地。太平军石达开部将张宗相，在这里与清军展开了殊死作战。二月二十五日，战斗在仁寿桥打响，战事惨烈，战场上陈尸数里，血染河水……

石桥在婺源遍地开花，木桥却依然在乡野溪流上唱着田园牧歌。

木桥在乡间的遗存，与桥梁功用以及河宽密切相关。婺源木桥以板凳模样架在河面上，它由桥脚、桁枋、桥板巧妙组成，桥板一般由数段刨平的杉木并排拼成，杉木之间有木楔固定，桥脚材料杉、松均有，桥脚和桁枋起着支撑稳固作用。桥板就是桥面，每片桥板和每搭桥脚均拴以粗粗的铁链，铁链的另一端牢牢地系着粗重且深埋地下的石桩，更长的木桥，便选择以高大的石狮作桩来镇。梅雨一到，洪水冲垮木桥，桥身各部位由铁链牢牢掌控,一任在浑浊的水面上飘摇。洪水退去,出梅的晴天,人们便组织搭桥师傅入水。搭桥是从两岸开始的,桥头有石板条嵌接挤压,桥脚呈八字形植在河床上,以桁枋固定,架上桥板,一板接着一板,直到合龙。

婺源民间有桥山、桥会、桥屋,都与木桥勾连。桥山,指由个人或合众出资购买的蓄木搭桥或者养木修桥的山地。桥会是类似于建桥修桥的民间组织,桥会中设有桥户,隶属于桥户的佃仆称为桥仆,由桥仆负责木桥的搭建和桥山的管护。桥屋,则是放置建桥修桥材料的仓库。

桥山是禁山,神圣不容侵犯。请看下面一则《加禁帖》:

> 立加禁桥山帖。□□处等原置桥山,盖为津梁永赖,是以向行严禁。近见借采薪之名,而并其树木残毁弗顾,立睹山林濯濯,禁令废弛,若不严饬于先,何以遏止于后!自今特行加禁之条,毋得入山林取柴薪,庶山林之木常美,而梁桥之济不可胜用矣。如有仍前不遵者,通众公议罚银若干,入桥会内公用,决不徇情,特帖通知。

下溪头村的一座山谷,至今仍以"桥木林"命名,这片林地生长的木材,都是供下溪、岭背两村修建木桥所用,除了建桥,任何人不得以任何理由进入桥木林砍伐树木。

在很长的岁月里,婺源县城几个重要出口,搭建着这样的木桥。民国《婺源县志》记载:

> 东门桥。在县东门外。宋为绣溪渡,元知州史宾之创建桥船,名绣溪浮桥,后改木桥,水溢,济以渡。
> 南门桥。在南门外。旧名横济浮桥,今改木桥。
> 西门桥。在西门外。宋为瀛洲渡,元知州史宾之建桥船,名瀛洲浮桥。明韩节妇余氏改木桥,名曰"登瀛"。徐朝钦捐赀续建,捐

漳村大河桥（洪元培 摄）

田以备岁修。

北门桥。程亨嘉建。……邑人胡仲里买东溪地构屋贮桥板。

与县城长木桥相媲美的，是思口漳村北渡口的木桥，由 23 板桥板搭建而成，人称"大河桥"。宽阔的河面，绵延的青山，古老的村庄，挺拔的树木，成了呈微微弧形的大河桥的背景。

大河桥始于何年无须考证，桥下的潮涨潮落却见证了漳村及周边人家的繁衍生息。思口漳村，是古时连接清华至蚺城两个古镇的通衢要道，板桥北岸连着的枧田岭通往高枧、西源一带数十个村庄，行人来往频繁，桥在晴雨风雪中的挺立，成了无数远行者的乡愁。清乾隆年间，在京任职的王友亮，回到家乡漳村时，留下了数首诗作，其中一首为《漳村晚步》：

南岸十亩竹，北岭千株松。
碧溪贯中央，写此松竹容。
幽人喜清景，逍遥曳孤筇。
远寻板桥去，著脚声跫跫。

宽阔的水面上，木桥一次次地完成向石桥的蜕变，清华彩虹桥是其中的典型。

此桥于宋代就有记载，在清华人的记忆中，"本里彩虹桥，始仅木桥，溪暴涨辄坏"。这时候，两个默默无闻且又坚韧不拔的当地人出现在公众面前。

一位是住在清华上街河畔的胡永班，他在街上做小生意，每天早出晚归。当时河上只有木桥，清华上街的农人下田劳作，上山砍柴，甚至舂米打碓，都要经过此桥。这里又是北乡数十个村庄来清华、过屯溪的必经之路，出外经商的，就学赶考的，进山采购办货的，妇孺老少，都要打从桥上过。"桥旧，徒杠往来之人，日以千百计，冬间常苦霜滑，兢兢焉有恐坠之意。"胡永班是个热心人，一到冬天，他坚持每天清扫桥面，消除霜雪，一干就是26年。另一位是削发剃度在林坑庵的济祥和尚，他有一个俗家的名字，叫胡宏鸿。

两人相遇相知在河畔，商定在河上建一座可供行人避风挡雨的廊桥，一位负责募化资金，一位负责学习建桥技术。济祥和尚的募化之路充满了艰辛和酸楚，5年的1800多个日夜里，孤独和信念，冷眼和热心，交织在不知里程的奔波中。胡永班深信"众擎易举"，也曾致力募捐，但他把更多精力用在学习石桥建造技术上，从桥梁的定线、固桩、清基，到桥墩、桥台、桥面的取石施工，亲力亲为。终因积劳成疾，一病不起。临终之时，拉着济祥和尚的手说，"吾志毕矣"。说完，安详地闭上了双眼。

此时，一座长140米，桥面宽3米，四墩五洞的廊桥飞架在宽阔的河面上，人们借用李白"两水夹明镜，双桥落彩虹"的诗意，取名为"彩虹桥"。

桥前的古碑，字迹漫漶，模糊不清。两位造福家乡的人物被请进了桥身中间桥亭的神龛，那里供奉三尊神像，中间是治水有功的大禹，当地人把禹王看作镇水的神仙；一左一右便是"创始理首胡永班"和"募化僧人胡济祥"。

彩虹桥列入清华八景，声名远扬，留下了胡永焕、齐彦槐等多位诗家名人的吟咏。

古代乡间，石桥建造是件大事，酬神敬天，一样不少。一旦礼数缺失，在民间的传说中，容易发生伤人事件。建造规模稍大的石桥，则先成立"桥局"，即民间自发组成的建桥管理班子。班子成立后，草拟"新（重）建某某桥启"，广告四方，一来争取各方人力物力支持，二来选择工匠队伍。大的桥梁为了赶工期，可几股分承。桥局拟定石工承约，并定各种石材的价钱，这些都是重大事项，当事双方公同商酌，当面签下承约文书。文书内容大体包括工程要求，工期约定，石料规格、验收和价钱，伙食补贴和关键节点上的酒席钱，以及对于匠班在治安等方面约束等等。"身等承造一股，先行打石，计方论价，建造起卷，自食点工。"定址设计之后，便是定窟（取石点）设厂（石材加工场所）。取石之前，按照当时的习例必须敬神祷告，一般是寅时禁土起神，辰时开工打石，工程正式启动。

建桥的石料分为洞石、吓石、板石（含勒石、压力石、横石路心）、散石、撑石，即分别对应着弧洞、燕嘴、桥身、燕嘴中心等部位。因为形状不同，石材要求不同，每种石材以"方"而论的计价不同。

一切石材准备就绪，木工进场承做卷桥架，桥架完成，石工登场。婺源石工各处均有，民间习惯称他们为"石师"，他们的手艺，岭、路、塝、碣、坊、亭、础、井，各有侧重，若以修石桥论，则以清华花园为著。修桥铺路，石工们往往组成团队，旧时称"班"。

匠人靠手艺吃饭，没有社会地位，谱牒志书中没有留下名姓。但他们把最精美的技艺和最忠诚的职业道德，留在了无数行人通向坦途的路上，每座石桥，就是一座属于他们的丰碑。

码头帆点

山是婺源的骨格，水是婺源的血脉。

尽管东有五岭之险，北有浙岭之峻，一条连贯无数上游溪流的乐安河，让山高路阻的婺源在经济贸易上有了勃勃生机。借助水路，境内山林之利得到充分实现，大量日用品逆流而上输入婺源，散入千家万户。仅粮食一项，清末民国，每年都要从鄱阳、乐平等产粮区购入八九百万斤。

段莘水、古坦水、武溪水、浙源水、潋溪水、高砂水、横槎水、赋春水先后汇入乐安河，长溪水流入昌江，镇头水注入乐平。这些河流的巨大运输能力，为古人创造惊人的商业业绩提供了充分条件。

境内水运三条航线，两条内运，一条外运。内运航线东通秋口、汪口、江湾，更远可达港口；北通思口、漳村、清华。外运航线以西关埠头为起点，途中融汇几条水流，经马家、坑口、玉坦、曹门、太白、临河至小港，通往德兴、乐平、万年，进入鄱阳湖。汛期，河面不宽的长溪水、镇头水也有零星外运。

在河上讨生活的，除了商贾，就是船工和簰工，他们赖以为生的是大小船只和搭连起来的木簰。民国前，机船尚未出现在婺源，各处河流

婺源古码头

的航船，一般分为内运小船和外运帆船。一个人、一艘船的"单干"是不妥的，只有几个人、几条船互相帮助方可撑船航运。河流之上，逐渐形成若干船帮，按地域划分，东河有"秋口帮""汪口帮"；北河有"思口帮""清华帮"；县城有"大河帮"。还有广丰、上饶、玉山的夫妻船、兄弟船，他们离家谋生，与婺源船民和谐相处，很多人因此落户婺源。

船工以船为家，生活十分简朴，寒冬、腊月脚穿草鞋，遇到秋冬枯水季节，如是上水（逆水）行船，一天里就有20%左右的航程需要他们下水沿岸背纤。顺水行船，若遇到搁浅、淘沙，也要上岸背纤才能起动船身。船工有时住在船上，多数时候，他们在码头旁边的河滩上搭棚暂居。

簰工则在簰上搭棚安家，吃睡都在里面。他们与船工的境况十分相似，只不过簰工都是顺水而下，遇滩过潭，小心翼翼。滩是急流，领队组织各行簰齐心协力，逐行通过。潭是深潭，篙不着底，长簰在水上随风漂动，很难控制方向，情况紧急时，箄工划着单箄上岸，赤脚踩沙背纤。遇到散箄，箄工紧急处置。一旦横箄或搁浅，那怕寒冬腊月，箄工会毫不犹豫跳进刺骨的河水，潜入箄底处置。

船箄经行之处，大小水埠、码头星罗棋布，形成一处处繁华市镇，市镇又借助古道挑运的联通，对接千家万户。这些水埠、码头，当以东乡江湾、汪口，北乡清华、漳村思口，县城西关埠头，以及乐安河畔的太白、小港为著。

婺源县城的航运最早可以追溯到南宋，到了明代，县城西门之外已是一片繁忙。

城西"宝婺门"外的西关埠头，是婺源最大的船埠码头，舟楫云集，商贾络绎，最多时停泊船只200余艘。河边埠头，高大的荷、杨垂下一片绿荫，一座财神庙筑在高高的台基上，眺望江水，滔滔远去。对岸一片沙滩，称"环村洲"，是木箄、竹箄停靠整装之地，建有江西会馆。会馆门外，一座长长的板凳桥直通对岸"石壁头"，石壁头前一座婺女庙，正对财神庙的大门。从下游输入的粮食、食油、日用百货等，除运入城中，更多的于此换乘小船，东运汪口、江湾、北运思口、清华。外运的山货物产，自上游而下，多在此装船驶达鄱阳湖。

西山脚下，街道狭窄，人烟稠密。据记载，为方便装卸货物，"光绪辛卯（1891年），城宣讲乡约朱守先、王焕章、叶树臣、石德徽、孙英远、张景清、董尔篪、单治卿、程汉卿等，集己资买游锦荣、汪锦明地，纵十三丈，横一丈六尺，砌石完固，以益官街，请示勒石，严禁摆摊搭棚。地契两纸存紫阳书院"。

紧靠西关埠头的有四条深巷，由东向西是龙船巷、和兴祥巷、猪行巷、盐行巷。龙船巷是婺源县城造船处之一，除造龙船外，也造大鸭秧船与小鸭秧船。根据康熙《婺源县志》记载，这一带还造过漕船和兵船。和兴祥巷有和兴祥号店铺，是条热闹的商业小街。猪行巷名如其实，以猪行为主，生猪多由乐平、余干、万年、鄱阳水路运来。猪行巷上端是盐行巷，择高处屯积食盐，是商人的明智选择。四条深巷对应西关埠头，是航运货物吞吐贮藏之地。

随着船运规模不断扩大，与之相对应的配套经营也渐渐兴起。1942年"因鉴交通梗阻，为谋便利货运起见"，江养涵曾邀友人集资10余万元为本，在西关外组织"公泰运输行"，办理水上货运。同年，程叔和邀集股东集合资本8000元，在金家巷开设"春记"运输行，专为诸家商店贩运各货。

运输行业在本地俗称"担货棚"，每当商号有货到达西关埠头，店家即时到棚叫人卸货；若商号有货物外运，则会派员到棚请人装船。无论装船、卸货，挑夫均以管事发给的计数篾牌结算工钱。从事装卸货物的挑夫，主要由缺少生产资料的贫民组成，一般长期受雇于某运输行或某商号，也有一些由水客（商店负责采购人员）临时招雇。

船离埠头，不仅要穿越激流险滩，有时还会遭遇盗匪的抢劫。民国《婺源县志》记载：

> 光绪初，乐匪徐延坡纠众阻船，捉人勒赎，籲请弹压。蒙督部堂沈札九江道，提徐延坡讯供，就地正法。派拨炮船三号，驻扎乐河，河道肃清。近年乐匪又于上游肆扰，复请添拨炮船驻婺。

八年十二月初一日，又奉爵阁督部堂左公批：

> 据禀，已悉。查该县与江西乐平县境地接壤，匪徒藉故阻船，捉人勒赎之案不一而足，虽节次严拿惩办，而此风仍未稍息，实属愍不畏法，亟应添拨炮船，以资弹压。候照，饬湖口镇照数拨往驻巡；并一面咨会江西巡抚部院转饬一体遵照，俟炮船到防加差，会同各哨弁加意巡缉，务期匪戢民安，是为至要。仍将该炮船到防日期报查缴。

后炮船到婺，一驻西关外，一驻小港。

爵阁督部堂左公即时任军机大臣、调两江总督的左宗棠。左曾驻军婺源，阻击太平军，得到当地官绅的支持。由于左宗棠的关照，婺源水上运输曾经风平浪静了一段时间。

战乱年代，水上的平静是暂时的。据婺源县档案馆资料记载，"元和"药店经理游云汉呈报，1945年8月，他携带巨款搭货船前往鄱阳等处采购药业，21日夜船泊玉坦埠头时，于午夜间突来匪徒6人，手持短枪3支，鸣放数响，上船迫令登岸，将他带去购货的30余万元巨款抢劫一空。同年，"宏业"绸布百货商店经理程鸣哉向县府警局呈报，8月23日凌晨，玉坦地方发生匪徒劫舟，"小店水客程澧泉适搭此船赴乐平采办土布，……除他自带衣物银钱尽遭洗劫外，小店交给办布款项壹拾贰万伍仟元被劫去无存"。

江湾是婺东大集镇，陆地与休宁、开化相接，一条大道经谭公岭去休宁、屯溪，道途有"五岭"之险；一条是翻越大鳙岭，直达开化、华埠。水路从村边梨园河启航，经汪口直到县城西关埠头。

梨园河在江湾村外汇聚了三条细流，一条发源于休宁岭南溪西，一条发源于栗木坦，一条发源于晓鳙敕坑，均难以承载船只的运输，因此，江湾是婺源东部水路交通网络的终点，船到江湾，便舍舟走陆，翻越谭公岭前往徽州府，或翻越大鳙岭前往浙江开化。

清末民国时期，江湾老街店铺林立，商业发达，经营者以木行、茶行、米行、手工制造业、饮食服务业、商品批零业、运输业7类为主，光木行便有利昌、仁德、元德、顺德4家。水道外运的最大宗是木竹，包括杉木、松木、毛竹，船载运回的是大米、面粉、油、生猪和其他日用百货。

因为布局多年的商业网络，远在深山的江湾码头联通着屯溪、开化、鄱阳、杭州、南昌、上海诸地，这些运来的货物，由挑夫散入江湾老街各家店铺。靠挑夫挑运的还有本地产的茶叶山货，越过五岭送往屯溪、休宁。挑夫来往于江湾与屯溪、休宁之间，一出门就十天半月。若单独为某个商店（铺）挑货，商家还会派水客领队，也叫跟班，以保证挑货人的安全。

码头在梨园河出村弯道处，一个叫"三亩"的地方，因旁边有块三亩大的水田而得名。每年的正月到汛期结束，这里热闹非凡；而秋冬枯水季节，河道较浅，大船止于汪口，江湾码头过客稀少。

段莘水与江湾水的汇合处，是俞姓人家繁衍的汪口村。双溪汇合后的汪口水，历史上又称"永川河"。村庄与向山之间，河面开阔，丰水季节，船运上行可达港口和江湾，下行达西关埠头，通往乐安河。

汪口建村于宋徽宗大观年间，遵照先人意愿，将村落建成完整的网状形态，与周围的自然山水和谐统一。汪口人亦儒亦贾，村内有裕丰、悦来、宏大、兆记、德通、益泰、同茂、立和等商行店铺，以及裕馥隆、怡生蔚、发芬源、裕盛悦、裕泰祥等80多家茶号。水运陆运均比较便利的汪口，久而久之，便成了东乡木竹制品、山货外运的中转站，运回的粮食和日用百货，仍然靠人力运往休宁和婺东的段莘、溪头、江湾。

出于防火、排水、人流、物流等方面的考虑，前人设置了从永川河至村落纵深的18条主要巷道，每道巷口均配有路灯（天灯），以便夜晚行人出行。18条巷道联着18处溪埠码头，这些码头比较简陋，大多用木桩、溪石堆砌成溪埠，只便于泊船和装卸货物，被戏称为"草鞋码头"。汪口码头肇始于南宋，清代达到鼎盛。

沿河许多水碓，饶州、信州运来的稻谷在这里舂米扬糠，运往歙、休等地。最繁盛时，仅"上浇龙"舂米水碓就有80多支，日加工大米达160多担。康熙年间，诗人、医家张正金乘船自江湾而下至县城，他看到"两岸石碓200余座。夜夜灯火微茫，上下联接，舂声如拍板、鼓吹不断，佐以湍峡怒响，月夜乘流直下，尽可观听，令我应接不暇"，正是真实写照。

常到汪口的货船种类很多，汪口人各有称呼：汪口当地的主要是

"小驳子船"。清华来的称"北路鸭鸯",长两丈六尺,有3块船篷。鄱阳来的称"大鸭鸯",长三丈一尺,有4块船篷。乐平来的称"东港船",长三丈六尺,有5块船篷。余干来的称"鸭尾子船",有3到4块船篷。广丰来的称"雕子船",同样3至4块船篷。小驳子船载重3000斤左右,而鸭鸯船可载重万斤。永川河中商船相接,桅杆林立,繁华嘈杂,灯火通宵达旦。

从汪口到县城的河道上,主要险滩有鸭尾滩、黄源潭、庙滩、王村滩和北门滩。运送货物的船只一般十余艘结伴而航,首尾相连,互相帮衬。船队每遇险滩,先是停下来,互相"打帮",由经验最老到的船手撑头舵,让头船顺利过滩。头船一旦顺利通过,"咬"在头船后的其他船只,则基本不存在通过问题。

最惊险的是县城上游"北门滩",滩上架有木桥,船若冲撞木桥,不但要赔偿,请人另搭桥,还会造成桥倒船翻人亡的大事故。船队或木竹簰快到北门滩时就格外小心,领队必须胆大心细,心明眼亮,牢牢掌控船(簰)的走向变化,及时把正航向,用力扳桨撑篙,让船(簰)从北门桥下像"泥鳅"一样滑过。

船运带动村庄百业,人力挑夫需求也十分旺盛,汪口"代客发夫"业相当发达,最有名的是俞利通行,店号门口有大幅广告:"俞利通行,代客过载发夫。"

唐代的清华,作为县治所在地,曾有100余年历史。宋代,这里设有"税课局",同时设有戍卒来往住宿和传递邮件的"清华铺",清华一直是婺北中心集镇。

源自大鄣山的婺水,东南直下60里经清华村北,在村东侧寨山下汇合浙溪水,南流县城。河水三面绕镇,"吴楚舟楫俱集于此",古时清华既是船运码头,又是几条古道交汇点。徽饶古道穿境而过,由此北至徽州,西至景德镇,南经蚺城,可达饶、信、衢,古称地处"京省要津"。本地的瓷器,邻近的鄣山、古坦、沱川等山乡的山货在这里销售和外运,甲路、赋春等西南乡乃至乐平、鄱阳的大米运抵这里，又从这里销往缺粮山区。号称"五里"的清华古街，从上到下，几乎都是店铺和客栈，清华商业千年不衰的活力，与这里的船运埠头密切相关。

船运埠头在东园石苈，又叫东园洲码头，昔日船运发达时，村南侧的东园洲常有百十号船只停靠。码头建有"胡老爹庙"，清华人的传说中，胡老爹是船工出身，有非凡法力，船工们视为职业保护神，定期祭祀。下街庙后堂的观音娘娘殿下，还有船工组织——船会。船工多数为外县人，清华本地的船工也不少，据1941年统计，有清华9人，东园4人，西园坦6人，双河15人，寨山下3人，横坑口3人。因为埠头建在东园，船到之后，货物均由东园人负责搬运，他人不得参与。地头垄断，搬运费抬高了，很多当地人赖以为生。

漳村介于清华古镇与婺源县城之间，婺水绕过清华，在这里形成一处开阔的水面，人称"漳溪"。漳溪岸边，就是船形的漳村，对岸是18座"金"字面的连绵青山。漳村有个古渡口，平时架着长长的板凳桥，汛时过河依靠渡船。河对岸沿林底有石板路连接枧田岭，上通西源、浙源，远可达休宁，这里曾是婺北重要通道。

建村于宋的漳村，最早由邵、张两姓居住，继以"三王""二单"成为大族，又有其他十几个姓氏纷然杂存，应该与这里发达的水运有关。漳村人读书入仕，业木业茶者甚众，祠堂壮观，民居气派，鳞次栉比。村中的庙巷、五家巷、江家巷、金家巷、亦政角、龙船巷，高墙遮天，青石铺地，通往河边所对应的五六处水埠。埠头古树林立，俨如桅杆。

清道光年间，婺源山水画家黄海受邀来此，与春台先生泛舟溪上，品茶、饮酒、论诗。很多年后，客居海上的黄海绘成了一幅漳溪山水小景，遥寄家乡友人："我别漳溪久，思君十载余。何时泛小艇，重访子云居。"在黄海的画作中，码头一带，两山夹溪，古木连绵，新柳拂岸，溪边茅舍隐现。

春染湿地画中游(汪立浪 摄)

  村庄上游有处亦政洲,洲地与村庄之间有处很大的码头,人称"装茶埠"。几百年来,漳村外运的茶叶都从这里上船。清代的王延芳、王有恒,民国时期的金振东、金晖吉、王炜襄、王礼和,都与装茶埠有着不解之缘。

  茶商王礼和,年轻时为人家茶号帮工,装茶埠是他洒过无数汗水的地方。后来自办茶号,不仅在漳村和前坦开设有"吉和隆"茶厂,还在县城开办"和兴祥"杂货店。

  从码头走向远方的漳村人,不仅仅是茶商,还有一批文人、官员以及在常州、南京一带有影响力的木商。

  与漳村相隔一片万松林的思口村,因为地处思溪水和漳溪水的汇合处，建有水运码头，与漳村码头彼此呼应。思口码头呈现的是"一条小街两面店，船来船往埠头忙"小景。

发源于金牛尖的横槎水经赋春、中云进入太白境内，经荷岸村汇入乐安河，在这里形成一片开阔的河面。太白东北距婺源蚺城35公里，东与德兴铜矿隔河相望，南邻杨村，西接潘村，北靠薛村，借助乐安河的水运优势，与鄱阳湖、长江保持着水运的畅通。自古以来，太白水路交通十分发达，是婺源水运的南大门，也是婺源"商船总会之所"。

早在唐初，太白就有金氏在此建村。后来随着水路运输逐渐发达，过往商旅日益增多，又有蚺城程氏和万年陈氏迁入。相传，诗人李白在此舍舟登岸，饮酒赋诗，后人为表敬慕，将此命名为"太白仙市"。

因为太白五方杂处，且有鄱阳湖匪出没，地近乐平、德兴，纠纷繁多，元至正十三年（1385年），设立"巡检司"，不久撤去，明初复置，至清乾隆三十年（1765年）才予裁撤。

巡检司的作用是管理地方治安，拥有官兵武器，又兼赋税征收。乾隆间，"以两箱为一引，十年前在太白纳课，近年因旺产溢额，融入杂税，在西关纳课，仍太白设关隘以验行"。巡检司虽然撤销，但"太白司"这个名称却一直流传。

河水滔滔，风帆点点，码头情景甚美。清初时曾在巡检司任职的湖南人徐士明有诗描写："星江春水洞庭秋，片片樯帆似点鸥。日落长沙怀李白，不教人醉岳阳楼。"周鸿惊叹道："所以春夏溪流初涨，风帆往来，登高俯视，如断云惊鹭，出没于洲屿竹树间，洵大观也！"

太白码头重在船运，以粮食百货为主。大船要装2至3万斤货物，一般船也装一万多斤，相传船运繁盛时，经太白码头来往于婺源、乐平、鄱阳、德兴的船就有200艘，从齐村滩一直到太白，三华里长的河面，桅杆蔽天，蔚为壮观。每逢初一十五，逢年过节，船老板和撑船人都要到荷岸村祠堂祭祖、担饼、请班唱戏，热闹非凡。

货上货下，码头异常繁忙，挑夫十分辛劳。太白码头附近有所谓

"上有五岭,下有七十二滩"之说,七十二滩是指沿河下行至鄱阳的险滩,而五岭则是锦云岭、羊公岭、石龙坑岭、老鸦坞岭、高障山岭。山高岭陡,即使独轮车也派不上用场,只得请挑夫将茶叶等山货挑到码头向外船运,又将百货沿水路船运到县城、江湾、清华,而附近中云众村都来太白挑货。

码头运货船多,政府在这里设立厘金卡(局),厘金卡专收船税,由乐平入婺源的船到太白要停,从婺源往乐平、鄱阳的船也要停,交了税金就放行。交税有时间规定,早上集中放一拨,下午4至5点钟放一拨,一拨有几十船。尽管船多人杂,却很有秩序。他们将经过太白的船只编队,一般4船一组,12船一队,统一时间出发。组有组长,队有队长,组长、队长由船民选举产生。1931年,取消厘金制度,厘金局改为税务局。

船运货物日增,民国时期木船猛增四五倍,簰运也是以往的二至三倍,太白成为全县最繁华热闹的大码头。因此有了造船业和木船修理。造船师傅在河滩上搭个棚,从婺源县城西门运来造船材料,一般10天可造一艘小船。

河边搭棚的不仅是造船师傅,更多的是船工和簰工,太白人多,德兴人也不少。棚搭在河滩,木头做架,六根木柱,上下拴牢,便于拆卸,上面盖瓦,也叫活动棚。搭棚是方便船工、簰工吃饭,吃夜宵,一直摆到夜半。棚内点蜡烛和煤油灯,还有的点松脂照明。因为是活动棚,涨水时可拆到高处重搭。

1937年,太白遭逢一场特大洪灾,房屋倒塌,禾苗被淹,一片汪洋。码头所在地的荷岸村地势低洼,山洪暴发,全村一千多户全部冲毁,仅存两人。遭此一劫,太白水运大码头销声匿迹了一段时间。民国后期,因乐平、鄱阳、德兴与婺源船运来往频繁,太白码头下移至太白村。

清雍正年间,江西按察使凌燽在《香屯戴村地方设立浮桥委拔员弁弹压堵私议详》中写道:"县属香屯地方,与江南徽州府婺源之小港接界。小港本系荒僻边都，而奸商群聚，广开浙盐官店四十余铺，以致乐邑戴村、洛口等处愚民图贱越贩，冲入香屯。"凌按察说的是当时不少盐商私贩浙江盐，由江西信州经德兴进入婺源，走的是水路，与德兴接壤的小港成了商人聚集之地，"广开浙盐官店四十余铺"。生计所迫，这种情况由来已久。

文中提到的荒僻边都小港，为婺源海拔最低点，是婺源众水相汇之地，被人戏称为"钵底"。乐安河在这里接纳赋春水后，离开婺境滔滔远去，小港也是逆水船沿乐安河进入婺源的首境。

元代，小港即有民众居住，因为与乐平、德兴两邑交界，历史上边境民情多有纠纷。光绪年间，为了御防水上"枭徒""抗官滋事"，左宗棠下令从湖口镇调来的两艘炮船，其中一艘就部署在小港河道。

小港码头以簰运为主，船运为次。码头建在赋春水与乐安河交汇处的村庄南面，前方是由千万年大水冲积而成的大港洲，乔木丛生，可供系缆；土地肥沃，是村民种植杂粮谋求生计的地方。簰工们在大港洲前的开阔水面上扎簰搭棚，汇齐出发，过德兴，经乐平，下鄱阳，号称经"七十二滩"，散入江南江北各地。

码头不远，目送乐安河由南转西而去的是村庄"大路街"，大路街头一座双拱门墙，犹如村庄的双眼，当地人称"圆门洞"。街两面排列着歇脚的客栈，售货的店铺，为簰工提供了方便。撑簰人当地的、乐平德兴的均有，这一行当一直延续到80年代初，技术好的，林业部门还奉为座上宾。

赋春水畔，水势较缓，木商们沿河搭建了不少吊脚木棚，是买卖双方洽谈生意的临时处所，双方谈妥，长簰便沿着乐安河出发，乘风破浪，逐利远方。

义行天下

南宋以来，朱子理学思想影响扩大，教化逐步加深，儒家伦理道德深蕴社会生活的各个层面，婺源社会习俗随之发生深刻变化。

尽管在封建时代居于"四民之末"，婺源商人却能在几百年时光里完成一次次的人格翻身。他们先儒后贾、亦贾亦儒，出于感恩、积德、庆寿、祈福，以及赢得乡间声誉和载入志书、谱牒的心理需要，在义行道路上一路奔走。各地会馆的兴建和运转，无疑是他们依靠集体力量义济天下之重举。

乾隆二十五年（1760年），婺源孝廉汪澎入京，在前门外石侯街胡同路西访得一块旧碑，认定这是婺源会馆的原址，与京里京外同乡商量，在原址重建婺源会馆，作为官员来往下榻的场所。但房屋"止十数楹，初盖限于资，既而公车辐辏，半寄寓他所，群以为病，欲稍增廓之，而苦其局于地也"。

33年后，身在北京任职兵科掌印给事中的婺源人王友亮，目睹会馆情状，提出重建，重建倡议得到婺源籍京城内外的官吏和商人积极响应，大家踊跃捐资，但因种种原因，筹资时断时续。直到王友亮去世18年后的嘉庆十九年（1814年），才在旧馆附近的大耳胡同购房30余间，次年春拆除旧房，进行重建，数月后完工。接着，又以余资修治旧馆，续收的捐款则用来添盖房屋。这座会馆被后人称为旧会馆，后来还建有新址会馆。

南京是婺源举子的乡试地，同治、光绪间，婺源人在这里建了新、旧试馆，分别位于江宁县镞子巷此字铺、百花巷大字铺，江宁县顾楼河字铺。开始是"专为乡试旅居之所"，由五乡轮流推举一人管理，每届三年。房租收入除支付管理薪俸、修理房屋和零星日用之外，尚有结余，结余银两除添造房屋外，逢乡试之年则用于资助应试士子的盘缠。

无论是北京还是南京，会馆的初旨在于解决官员往来停留和考生赴试住宿，在实际操作中，却赋予了更多功用，也因此得到了婺籍商人的大力支持。

敏锐的商人开始重视和挖掘会馆的各种社会功能，对于在自己经营所在地建设并运作会馆，婺商们乐此不疲。

由于徽州认同感的强烈存在，以及需要吸引更多财力，会馆一般由徽州六县同乡共同出资创办，命名为新安会馆或徽州会馆。有与宁国商人合建的，称为徽宁会馆。婺源商人独资兴办的，称婺源会馆或者星江会馆。由于朱子是婺源人，朱子在徽州社会具有广泛影响力，各地徽州会馆多奉祀朱子神位，这类会馆有时也被称为徽国文公祠或朱文公祠。维持会馆日常运转的费用则来自于商捐、馆产租金和余资生息等，日常运转均由选举出来的董事会负责。

徽州会馆遍布各地，见证了盐、木、茶、典、墨等商人在中华大地的纵横驰骋。以地域分，当以江南为盛，以省份而论，则江苏、浙江为最。据不完全调查，江苏有南京、苏州、镇江、泰州、常州、芜湖、溧阳、江阴、吴县、宝山、崇明、扬州、淮安、清河、如皋、盐城、海门、吴江等；浙江有杭州、湖州、嘉兴、德清、富阳、海宁、建德、遂安、衢州、乌程、西安、兰溪、常山、平湖、海宁等；安徽有安庆、亳州、六安、怀宁等；江西有南昌、赣州、饶州、宁州、九江、景德镇、上饶、乐平、玉山等；湖广有汉口、长沙、常德、德山等。此外，还有广州、福州、上海、嘉定，不一而足。商业活动需要，会馆还会发展到集镇。

各地徽州（婺源）会馆一般有如下功能：祭祀汪公、朱子等徽州乡土神以及文昌帝君、关帝等全国性神灵。安排流寓异地的同乡在馆内团拜聚餐，谈文论艺，密切同乡交流与联系。为有需要的同乡提供援助，从资助回乡、贫病医治到身故浮厝、扶柩归里等，建立一个独立于官方救助体系之外的民间社会保障机制，如义庄、义园、善堂。制定旅居同乡所共同遵守的规章制度，有助于维护社会秩序，较好地融入当地社会。切实维护旅居人的合法利益，代表商人处理商业纠纷，与官府交涉商业事务。

维护商人利益方面，当以杭州木业公所在保护3690亩沙地使用权的讼案中为最，而设置善堂或义庄，则是各处会馆认真考虑且投入人力、财力、物力最多的事项。《新安思安堂征信录》中说，"通都巨镇成业寥寥，商而佣者十居八九，小失意辄罢归，归又旋了，客死者一岁中常数百十人，故所在有会馆之设，以董理其事"。对于讲求叶落归根的徽州（婺源）人来说，不幸身故他乡，那么，魂归故里就成为了人生头等和最后的大事。

《塘栖新安怀仁堂征信录》甚为感人：

……虽然丈夫志在于四方，究人情心悬于八口，试叹征车就道之日，伊谁不念父母之难离，含声一咽，昏乱心神；骊歌甫唱之时，何人不恋妻子之难分，忍泪双流，忧愁眉目。此情此状无人无之，迥想别离之日，惨境可悲，尤识同乡之人攸关与共。……虽无生馆之饶富，幸有死殡之处地，实乃情深桑梓，同类相感之义。

见文思境，催人泪下。徽州人背井离乡的无奈与哀愁，具有一种同病相怜的巨大感召力。

目前所知徽商在江南最早的善后设施，是明代设于虞山北麓常熟西庄的梅园公所，"置地厝棺，以安旅骨"。以中心城市而论，上海的思恭堂、广州的归原堂影响较大，前者是乾隆十九年（1754年）由徽、宁两府茶商集资建立，后者是道光四年（1824年）由婺商捐银建造。偏远地区有湖南德山婺商朱昌孝的笃谊堂，毗邻的有景德镇婺源会馆的义祭堂。

以江苏如皋为例，这里的朱文公祠又被称为"石庄敦义堂"，咸丰二年（1852年）由婺源商人洪国桥等人捐建，敦义堂在老霸头置办良田30.6亩，每年收租粮27.45石、租钱1600文。洪国桥业儒出身，《婺源县志》中对他的记载是"嗣受延川聘，总理如皋质库，其间平讼累、厘清宿弊，建会馆，立义阡，置腴田拜扫，皆赖桥筹划襄成"。婺源诗春人施天缉在如皋经商30余年，"凡公益事皆输金提倡，如星江会馆、育婴堂、雨香庵，缉皆与，有大力焉"。

婺源当地也有一些以行善为宗旨的组织，最有名的是虹关镜心堂，"纯以慈善为宗旨，凡地方之亭路，以及施衣施棺并掩埋诸善举"。1927年，镜心堂组织发动了一次较大规模的浙岭重修活动，从《征信录》中，可以看出有全国各地募集单位或个人，地方远的如上海、香港、四川、杭州、广东、兰溪等，近的如屯溪、思口、凤山、汪坑、樟前、凤腾、梓坞等，外省的新安会馆（徽州会馆）、婺源会馆以及茶庄、布庄等，每一处都有一两个负责人，总共21处，送到大洋7340元。修理的项目包括平路、修塝、建茶亭、置亭产、印书刊、购工具以及工资、补贴等，19个项目共支出大洋7325元，账目清楚，工程顺利。

为经营地办好事，除了"义"字当头，婺源商人还有一种营造"人和"环境的考量。在景德镇，张德远"输资倡茸观音阁、浇岭亭，沿途造路千余丈"。在严州遂安，吴宗淦"造渡船，掩骼施茶，济饥平粜，遂安父老至今尤称其事"。在海门，宋宗芳"与弟改造石路，商民称便"。在南京，俞星灿"助金陵赈饥及修大王庙、三元宫、新安会馆，并乐输助"。因千里寻父而入四川经营木材的詹文锡，在重庆与涪陵交界地"惊梦滩"的山崖上,开出了一条通道,沿途数里,全铺上石板,了却了早年的一桩心事。当地民众在岭头立碑勒石,命名为"詹商岭"。也许,这就是婺源商人几百年来屡战屡胜的江湖秘笈。

婺商心中的社会责任,并没有停留简单的物质层面上,他们为家乡造宗祠、建文庙、考棚、义塾、书斋,创文社,修书院,在文化教育上有了话语权;积极禁赌、严禁溺女、助贫完婚、赡养节妇、平息争讼,以及培育山林、禁河养生,在道德层面上有了新建树。他们平日节衣缩食,却往往能够一掷千金。

清华水南出古镇,流往婺源县城。出镇 10 里处,形成一片平滩,滩上古村名为长滩,清康雍乾年间的木商俞焕出生于此。

据俞焕自述,他小时候身体多病,四处求医访药,才得以"五十而精神气力百倍"。漫长的求医过程中,俞焕深深理解"与人为善"的庭训。长大后,他因担心供养父母财力不足,就与兄长贩木于江湖,历尽艰辛,获得了巨大成功。与志书谱牒轻商重义的编纂理念有关,《婺源县志》与《龙溪俞氏宗谱》对俞焕的木业经营轻轻略过,而对他的义举着墨甚多,"因遂以其余润,竟含五公之志",含五公是俞焕的父亲,这个"余润",却是一般商人不可企及的巨额资费。

俞焕的义举,传记中说,"凡夫足迹所至,义行难更仆数",涉及的方面相当广泛。以崇祖睦族而言,为始迁江南远祖纵公,"议于唐山之麓,沿溪抱堤,直接石桥,改故道环绕村外,其间择址建纵公祠,祠之费公独任";为婺源始迁祖俞昌墓,"正其经界,表其墓道";为长滩始迁祖彦勋公之敦伦祠,"输田百亩供祀事,且备馂膰";为家乡长滩"备荒、兴学,具有条理"。同时为县府修缮学宫,建浙源凤山的仙姑桥,"其费逾巨万"。在所经营之处,"于宁国则建《泾县志》。协桥于太平,则造芜湖枭矶祠、澛港埠、岸江神庙。于苏州、饶州并输建会馆"。金陵上新河是俞焕生活时间最长的地方,他"于江宁作江上草堂,辟江干水路,赈济施棺,置义冢地百余亩"。同时,他在附近建有望佛楼、安仁庵、志愿

长滩（詹东华 摄）

亭、栖幽所、如来柱、泗州庙以及茅舍等，供行人歇脚饮茶，躲避风雨。在贵州，他立御火祠、百神庙。在湖广，修洞庭亭、汉阳台榭。其义举地除家乡之外，涉及南京、苏州、宁国、太平、饶州、贵州、常德、汉阳诸处。在济世方面，"故尝与大兄尔介、仲兄彦方，精选药料，秘制丸散，若寸金丹、催生丸及太乙灵膏，普施广送，毫不取其直"，但他认为"传药不如传方，盖传药则吾一家能辨，而传方则人人可辨也。乃网罗旧闻，摭拾新编，几费采择，而后付诸剞劂，将以布诸海内，俾远乡僻壤之家，咸得一目了然。思所以预防而疗治之，以无负余意。其有未曾经验者，概不录。书既成，仍颜之曰《丹书类编》"；"踵刻多方，另为开

雕"。支持地方政府建设，则有捐修江宁城工之举。

为表扬他的义举，地方官员逐级请示议叙，先是"以捐赈故议叙主簿"，后至盐运同知加二级，循例授中议大夫。

乾隆壬辰年（1752年），年届古稀的俞焕回到家乡长滩，祭告家庙祖墓，父老姻亲朋友为了感谢他对于家乡事业的贡献，纷纷欲设酒宴作贺。俞焕坚辞，他说："我这是完成父亲、祖父们的遗愿，绝不是为了荣耀！我已经老了，随时都有可能离世而走。"临终前，将子孙和所有借债人招到面前，当面折券弃债，仅此一项"不下六万金"。由婺源西清源人王佩兰作的传记，对俞焕作出评价："公禀慈祥之性，所见又大且远，终其身乐于为善,虽老无间,其为族姓矜式宜已。"据记载给出的基本判断是,"至今称义举者必于焕首屈一指"。

宋代敦励风俗,江州陈氏、会稽裘氏、信州李氏、南康洪氏,因"义"受朝廷旌表,被称"义门"。清代中叶,齐彦槐在提笔为家乡人作传时,盛赞一个家族"于吾婺称德门"。

这个被齐彦槐赞为"德门"的是"金门山头王氏"。世居县治昭义坊的王姓,几经辗转,最终定居在漳溪,成为漳溪"三王二单"之一。首迁漳溪的王启仁雄才大略,他弃儒业贾,开启了家族的恢宏事业。王氏先是木业,继而亦商亦儒亦仕,一百余年,一门数代,身份不断变更,但孜孜公益的行为未曾稍改。齐彦槐与王氏子弟诗文唱和,交往密切,知之甚深。

王启仁生活于康熙年间,经营木业于常州,历尽艰辛,晚年为公益事业又耗费了大量心血。同乡李有乾记述:

> 曩两遭岁歉,民日握钱之市,竟虚而归,嗷嗷汹汹,几莫知所定。会公自和州运米百艘至,人谓当有厚获。公瞿然曰:"奈何幸灾为利?"亟减价以粜,贫不能粜者,辄给赈之。旬月,四方云集,无不各厌所求去,得活数万人。芜湖为东南巨冲,商旅不幸客死,往往暴尸江滨,岁不下千百。公恻然伤之,捐赀澛港,于五显庙置田若干亩,令僧人募收骸骼而掩之,岁终,祭不祀之厉。至于所在桥梁大路圮坏则修之,坎险则积沙累石以荡平之,数里必有亭,亭必有茶,自星源以达毗陵、姑苏、京口、秣陵诸要会,征夫行役无不人人歌王公德者。

"自星源以达毗陵、姑苏、京口、秣陵诸要会",好壮阔的一幅千里施义图!有人计算,从婺源至常州的路上,由王启仁捐建的路亭就有70余座。李有乾在传记中感叹:"公之后裔行将接踵而兴矣。"

李有乾显然有先见之明，王启仁家风良善，他开创的义举"接踵而兴"，后人"沾溉先泽，慕义好施"。王启仁生有五子，士鉴、士锦、士镜、士镛、士鋖，均以德以义列入宗谱。王士鉴劳于家政，王士锦为医济民，王士镜经营木业，王士镛随父居南京，无论在家乡还是旅居路上，兄弟同心，义举相随，声名远播。五子王士鋖幼年丧父，回到漳村养育，他虽财力最微，力所能及，积极而为，卖妻的出金以救，母子失所的"授宅以居"，还助人娶妻，赙金完丧，等等。

王氏第三代王文德、王文光等人的传记中，为官为商，遇善均为，花钱从不顾惜。王文光认为，"以谓事所得为为之，尽吾心之所安而已"。而他的侄辈王廷言说得更为透彻："利己莫如读书，利人莫如施惠，否则奄忽以终老，不几负此七尺昂藏为哉！"义举之为，在他眼中，这才算不负男儿平生之志。

王廷言与王廷享、王友亮兄弟三人，既有官声，又有义举。王廷言先后任职于云南和曲、广东顺德，因眼疾而辞官回乡，在乡间立积仓、兴文社、辟岭建亭，因为品德高尚，有幸参加嘉庆元年的"千叟宴"，得以与太上皇在皇极殿欢聚良宵，并受到赏赐。王廷享、王友亮与袁枚交往更多，袁枚在为王廷享作传时由衷赞叹："君兄弟三人，皆怀文抱质，有古贤风。"

与林则徐、袁枚均为好友的王凤生是金门山头王氏的第五代，他长年置身官场，治政、治河、治盐，为民众大事鞠躬尽瘁，所任之处，都留下了显著的官声。后人的传记中写道："又以乡民死不殓葬，生而孤弱，情至可悯，先后为度地于上新河之隅，与乡人有力好义者创义冢，以供瘗埋。创建公局，以助棺木。收育幼孩，事行在壬戌者，曰'广善堂'，在甲午者，曰'义济堂'。其于家也，遇宗族诸从昆弟子侄，外至姻党故旧之属，皆有缓急见亲爱。而遇孤侄世林，恩义尤备。"

光绪三十四年（1908年），旅外徽州人展开了一次历史上规模最大的赈济活动，婺源商人积极组织参与。

这一年入夏以后，徽州各县雨水不断，池塘沟渎日见盈满。农历五月二十四日，倾盆大雨直泻而下。次日午后一时一刻左右，阴雨迷漫天空，洪水瞬间陡涨，势若倒海。时人称："方一瞬间即涨至一二丈高，当者无法防维逃避。"地方官员称："本年五月间阴雨连绵，乡民以为霉雨之常，均未设备。迨二十五日下午，阴云四合，迷漫天空，霎时山洪陡发，蛟水奔腾，卷地而来，房屋冲倒，人口淹毙，田地被砂石填压，财物随波涛荡尽，哭泣之声惨不忍闻。"受灾区主要沿河溪分布，长达300余里。由于洪水从高山奔涌而下，以往不近水之处也波涛数丈，休宁县西乡、南乡遭灾尤惨；歙县西南各村镇遭洪水洗劫；婺源县大畈、江湾以及官亭各处，沿河一带民居、田地多付之东流，幸存之屋东倒西歪，未死之人流离失所，物价腾涨，道路饥馑相望。

地方官绅率先在本区内进行筹募赈济。由报纸获知消息的旅沪徽商以最快速度将第一笔赈款5000英洋和各报馆筹垫的3000元汇到屯溪公济局时，本地绅董洪廷俊等人才意识到，从家乡走出的商人群体是一股巨大力量，立即致函旅沪徽商，汇报了婺源、休宁等处遭灾情形。旅沪徽商通过媒体进一步播传了灾区消息，设立旅沪徽州水灾劝赈所，委托赈款总汇处，推举收支员，议定了办事程序，同时急电请求安徽巡抚拨官款赈济，并由徽商分处投报进行募捐，全面拉开了募集赈济的序幕。随后，江南徽商大本营的杭州、苏州、无锡、九江、汉口纷起而响应，时任徽州知府的刘汝骥颇有感触："沪、汉诸君子奔走呼号于炎天烈日之中，高义凤麟，固堪景跂。"

旅外徽商赈捐活动持续了近半年时间，总共收到九八规元53500两、英洋43945.438元，另收到上海寄来物资棉衣、痧药、药水、药茶无数，大大弥补了官赈的不足，有效保障了受灾民众的生命安全，维护了灾区社会秩序的稳定。

事情妥当，以"徽宁会馆同人"名义发布的《皖南徽州水灾劝捐公所截止劝赈声明》，作为此次募捐活动的正式结束，赈余之款全部用于修造黎阳大桥。

此次赈济活动中,婺源绅董设立了义赈分局,承屯溪公济局委派,开展赈济工作。婺源县共发放78村,合计给赈英洋24224元。赈捐全部结束后,洪廷俊等人将收支各款的明细刊刻成征信录400本,分发各地,接受各方面审核监督。

自此之后,义赈发展为一种具有广泛社会影响和强大活动能力的民间赈灾机制,并创造出一套新颖而有效的工作程序和方式,婺源商人的义行之举由此而更加贴近民众的生活实际。

WUYUAN
THE BIOGRAPHY

婆源 传

山水邂逅

第七章

李白醉酒

李白过婺像一则神话传说。

1993年版《婺源县志》第六十八章"轶事"载:"唐朝大诗人李白(字太白),曾乘舟漫游至婺,在今太白乡所在地的湖山处停舶逗留。旧县志有'李白曾涉此'的记载。后该处聚落名'太白',山名'太白湖山'。"

地处婺源县西南部、乐安河中游北岸的太白,现在是婺源县下辖的一个镇,镇政府所在地可见李白雕像和李白诗歌墙,意欲营造李白曾到此一游的文化氛围。很遗憾诗歌墙上的诗句不是李白为太白镇写的。

李白"好入名山游",一生共去过18个省、206个州县、80座山、60条河流、20多个湖潭。据安徽学者胡贯中先生梳理,李白对安徽、徽州情有独钟,平生曾五次游住安徽:第一次是天宝元年(742年)春末,42岁的李白由东鲁南下,移家于皖南南陵县,秋天奉诏入长安;第二次是天宝六载(747年),47岁的"翰林供奉"李白为唐玄宗及其亲信们所不容,被迫离开长安,辗转至洛阳、扬州、金陵,然后溯江而上,到达当涂县,次年经皖西到皖北,游览了亳州,参谒了老君庙;第三次是天宝十二载(753年),53岁的李白经砀山到皖南,游九华山、黄山、歙县练江、贵池秋浦，然后又到宣城、当涂、铜陵、泾县、黟县、婺源、旌德、繁昌；第四次是在唐至德二载（757年）二月，57岁的李白受永王李璘的牵连，由丹阳逃到皖西太潮避难，不久被投入寻阳狱中，在流放夜郎（今贵州铜锌一带）途中遇大赦，重获自由；第五次是唐上元二年（761年），李白获赦后沿长江顺流东下，途经汉阳、江夏、巴陵、豫章，于次年春天回到皖南，游览于宣城、泾县、当涂等地，最后投靠他的族叔当涂县令李阳冰，定居于当涂采石，逝于斯，终年62岁。

这是概而言之，实际可能不止这个数。据记载，李白自25岁第一次到当涂开始，直至62岁去世，37年间他曾先后七次到此寻幽揽胜，题诗吟咏，共写下56篇诗文，并最终选择终老于当涂，葬于大青山脚下，他的诗文集也在当涂由李阳冰结集作序，传之后世。据统计，李白留存下来的1000多首诗中，有200余首是在安徽写的。

"诗仙"李白第一次千里迢迢到徽州，动机之一是访神人许宣平。据宋罗愿《新安志》记载：

> 许宣平，歙县人，唐景云中，隐于城阳山南坞，绝粒不食，颜如四十许，人行及奔马。时负薪入城卖之，担上桂花瓢及曲竹杖，醉归，独吟曰："负薪朝出卖，沽酒日西归。借问家何处，穿云入翠微。"每拯人艰危，救其疾苦。访之多不见，惟壁有诗云："隐居三十载，筑室南山巅。静夜翫明月，闲朝饮碧泉。樵人歌垅上，谷鸟戏岩前。乐矣不知老，都忘甲子年。"好事者题之于洛阳同华传舍间。天宝中，李白自翰林出，览之曰："此仙人诗也。"乃游新安，涉溪登山，累访不获。题其庵云："我吟传舍诗，来访真人居。烟岭迷高迹，云林隔太虚。窥庭但萧索，倚杖空踟蹰。应化辽天鹤，归当千岁余。"是冬野火燎其庵，不复知所在……

访仙不遇，李白有些失落，遂在朋友们的照拂下游山玩水，作诗自娱或换酒钱。他在安徽写的两百多首诗中，不少家喻户晓，流传至今，如写于宣城的《独坐敬亭山》："众鸟高飞尽，孤云独去闲。相看两不厌，只有敬亭山。"写于当涂的《望天门山》："天门中断楚江开，碧水东流至此回。两岸青山相对出，孤帆一片日边来。"写于贵池的《秋浦歌十七首》之十五："白发三千丈，缘愁似个长。不知明镜里，何处得秋霜。"还有写于泾县的《赠汪伦》："李白乘舟将欲行，忽闻岸上踏歌声。桃花潭水深千尺，不及汪伦送我情。"

李白不愧为"谪仙人"，他这首二十八字的《赠汪伦》，让安徽泾县县令汪伦留芳千古。据清代袁枚《随园诗话补遗》记载：汪伦者，泾川豪士也，闻李白将至，修书迎之，诡云："先生好游乎？此地有十里桃花；先生好饮乎？此地有万家酒店。"李白应邀前往，乃告云："桃花者，潭水名也，并无桃花；万家者，店主人姓万也，并无万家酒店。"李白哈哈大笑，并无怪罪之意。袁枚这么记，好像李白是第一次到泾县似的，其实不然。

《赠汪伦》写于755年，此前的753年，李白还有一首写于泾县的《泾川送族弟錞》，诗云："泾川三百里，若耶羞见之。锦石照碧山，两边白鹭鸶。佳境千万曲，客行无歇时。上有琴高水，下有陵阳祠。仙人不见我，明月空相知……"泾川乃泾县别称，现在泾县仍有泾川镇。既然李白此前到过泾县，自然知道泾县没有十里桃花和万家酒店，由此可证汪伦信诱李白的故事纯属文人附会。

事实上，汪伦是李白的故友，他得知李白又到了泾县附近的宣城，便立即去信请他来作客。既来之，则好酒好菜款待，走时还赠名马八匹，官锦十端。这些贵重物品价值多少？有好事者测算过，《旧唐书》中说一匹马大概能换四十匹绢，那么一匹名马至少可以兑换五十匹绢。在唐朝的交易市场上，绢帛的平均价格在五百钱左右，十钱等于一两，而汪伦送给李白的那些礼物，价值应该超过了一万八千两白银。当初李白入朝为官担任翰林供奉的时候，他的俸禄是二十八两左右，汪伦送给他一万八千两白银，相当于让李白一次性拿走了二十多年的俸禄。李白当时很落魄，这份重礼能帮他解决大问题，但他无以为谢，秀才人情纸半张，作绝句一首留别。现在回头看，好诗比金子珍贵多了。

这个靠打赏李白千古留名的"豪士"汪伦，与婺源有一点关系：婺源太白汪姓始迁祖汪道安与汪伦同一支派，都是唐越国公汪华第七子汪爽后裔。汪伦是越国公汪华五世孙，汪道安是十三世孙，中间隔得不算远。或许汪道安后来镇守婺源时，选择定居太白，与先祖老友到过此地有关吧。古人很看重这种跨时空的情谊。

有一种说法，李白与王昌龄去襄阳送别孟浩然之后，结伴同游婺源。此说不确。孟浩然逝世与婺源立县均为740年，他们不可能来这个刚平息洪真谋反、社会治安很乱又无知名度的地方旅游。更大的可能是，李白得了汪伦的馈赠，口袋里有了银子，游兴大发，先去庐山故地重游，写下名诗《望庐山瀑布》："日照香炉生紫烟，遥看瀑布挂前川。飞流直下三千尺，疑是银河落九天。"此诗收在《李太白集》中题为《望庐山瀑布二首》，"其一"为五言古诗，"其二"为这首七言绝句。学界共识，这两首诗体裁不一，内容有部分重复，疑非一时之作，判定"其一"作于725年初游时，"其二"应是另外一次游庐山所作。把同为七言绝句的《望庐山瀑布》与《赠汪伦》放在一起比较，感觉是同一时期的作品。

李白游庐山，看了美景，作了好诗，喝了佳酿，心情很愉快，乘兴溯乐安江而上，或许是准备再去歙县寻许神仙吧。乐安江又称乐安河，发源在婺源县东北部的五龙山，向南流后折向西南，经婺源、德兴、乐平、万年，在鄱阳与昌江汇合后称饶河，现在是江西五大河流之一。李白喜欢坐船，一边看风景，一边写诗，最为惬意。过了德兴境进入婺源，岸边出现了一个很大的集镇，店铺林立，人声嘈杂，非常热闹。李白忙叫船家靠岸，他要上去逛逛，最好寻个酒馆喝两杯。现在太白渡口还存有"太白系舟处"古迹。清人徐士明《婺源山水游记》有诗写太白渡口："星江春水洞庭秋，片片樯帆似点鸥。日落长沙怀李白，不教人醉岳阳楼。"

传说李白系舟登岸后，直奔集镇最好的酒楼岳阳楼，痛痛快快喝了一通，喝得东倒西歪、人事不省，最后被当地巡检司的两个士兵扶上船。对李白这样出口成章的诗人来说，印象如此深刻，不应无诗。但翻遍李白的诗集，没有一首提到婺源，就连只言片语也没留下。

其实这也不难理解。李白匆匆过婺，而当时婺源立县才十多年，在讯息闭塞的旧时代，他或许压根就不知道地球上还有个婺源县呢，况且他一醉方休。但婺源人记得他，把此地命名为太白，以表示对他的仰慕和尊敬。"太白"之名历史悠久，在宋罗愿《新安志》中有载："新安驿在县东七里，旧曰来安，新定驿在西八十里，旧曰太白。"这说明，至少在宋代就叫太白了。

太白汪姓是大姓，他们的族谱上记着汪伦。不妨作个合理推断：将此地取名太白，许是汪姓人对李白的感恩呢。

苏东坡求砚

宋神宗元丰七年（1084年）元月，才华横溢的苏东坡来到与婺源一河之隔的德兴。那河就是李白乘船漂过的乐安河。

苏东坡原计划去汝州担任团练副使，突然接到十九岁的长子苏迈进士及第、特授德兴县尉的喜报，当即决定改变行程，先陪儿子去上任，并赠砚一方，嘱咐少年得志的儿子"以此进道常若渴，以此求进常若惊，以此治财常思予，以此书狱常思生"。

果真是无巧不成书，当时的德兴县令单锡，正是苏东坡同科进士，因有"同年"之谊，单锡对远道而来的苏东坡父子特别热情，不仅设宴款待，还陪同出游。德兴的文化谱系中因此有了苏东坡的组诗《单同年求德兴俞氏聚远楼诗三首》，"其一"云："云山烟水苦难亲，野草幽花各自春。赖有高楼能聚远，一时收拾与闲人。""其二"云："无限青山散不收，云奔浪卷入帘钩。直将眼力为疆界，何啻人间万户侯。""其三"云："闻说楼居似地仙，不知门外有尘寰。幽人隐几寂无语，心在飞鸿灭没间。"

单锡还陪苏东坡游览了德兴雷山舒啸亭，又收获诗一首："揽胜雷山舒啸亭，诸峰秀拱透云程。啸傲池边红日伴，舒怀岩壑白云迎。满目纵观天际迥，一腔收拾岁寒清。松花香遍银阳地，剩把新诗壮此行。"

宜兴人单锡为德兴文化旅游事业所作贡献，应载入地方史册。有作为的地方官员遇上大诗人、大文化人，千万别轻易错过。苏东坡之子苏迈在德兴亦颇有政声，康熙《德兴县志》称其"文学优赡，政事精敏，鞭朴不得已而加之，民不忍欺，后人仰之"。

有人说，无论快乐还是悲伤，得志还是猖狂，甚至是肚子饿了，苏东坡的文字无处不在。他给猪肉、河豚、荔枝、螃蟹、竹笋都写过诗，据说中国菜里有66道菜受到苏东坡的影响，比如东坡肉、东坡鱼、东坡肘子、东坡豆腐……无论人、事、物，只要被苏东坡的文字抚摸过，足以不朽。

婺源龙尾砚就有幸被苏东坡"歌"过。

旧例以州府名特产，故歙州（后改徽州）婺源龙尾砚又称歙砚，为中国四大名砚之一。明陈继儒《珍珠船》卷一："李后主留意笔札，所用澄心堂纸、李廷珪墨、龙尾砚，三者为天下冠。"清叶廷琯《吹网录·明道二年贡砚铭》："盖宋人本重龙尾砚，故岁取以充贡篚。"苏东坡从十二岁得到天石砚，到临终时想以大书法家米芾所赠紫金砚陪葬，可谓一生好砚成癖，他爱砚藏砚，收砚赠砚，更是有砚必铭，留下了30多篇砚铭。他在没有见到婺源龙尾砚之前，曾深爱一款建州（今福建建瓯）出产的凤咮砚，为此还写过一篇《凤咮砚铭》，对凤咮砚赞不绝口，并戏称龙尾砚为"牛后"。铭曰：

> 帝规武夷作茶囿，山为孤凤翔且嗅。
> 下集芝田琢琼玖，玉乳金沙发灵窦。
> 残璋断璧泽而黝，治为书砚美无有。
> 至珍惊世初莫售，黑眉黄眼争妍陋。
> 苏子一见名凤咮，坐令龙尾羞牛后。

"牛后"典出《史记·苏秦列传》:"大王事秦,秦必求宜阳、成皋。今兹效之,明年又复求割地。与则无地以给之,不与则弃前功而受后祸。且大王之地有尽而秦之求无已,以有尽之地而逆无已之求,此所谓市怨结祸者也,不战而地已削矣。臣闻鄙谚曰:'宁为鸡口,无为牛后。'今西面交臂而臣事秦,何异于牛后乎?夫以大王之贤,挟强韩之兵,而有牛后之名,臣窃为大王羞之。"苏秦的意思是,鸡口虽小,却干净;而牛后虽大,却恶臭,以此比喻韩国若向秦国屈服,就如同成为牛的肛门,将背负恶名。婺源人当然对苏东坡把龙尾砚比作"牛后"意见很大。

一个偶然的机会,苏东坡见识并体验到了婺源龙尾砚暨歙砚的妙处,他是识货的人,一蘸便知龙尾砚发墨快、蕴墨久、温润如玉,确为世上珍品。他想拥有一方,屡次向熟识的歙人求购,结果歙人都不肯卖给他,并嘲笑他说:"你自管喜欢你的凤咮砚好了,要我们的'牛后'干什么呢?"

北宋元丰七年(1084年),也就是苏东坡送儿子苏迈到婺源隔壁县德兴上任的那一年,他在奉议郎、歙州人方彦德的书房里见到一方大而奇异的龙尾砚,万分惊喜,对着砚台夸赞不已,爱不释手,按捺不住内心对这方龙尾砚的喜爱,当面向方彦德索求。方彦德说,"你既然这么喜欢龙尾砚,当年为何要在《凤咮砚铭》上将龙尾砚比作牛后呢?你若能重新作首诗对此做个解释,挽回不良影响,我便将这方砚台送给你,分文不取"。

其实苏东坡对早年的戏言也有些后悔,现在方彦德给他搭好台阶,他大喜过望,顺坡下驴,当即在方彦德书房里濡墨挥毫,写下了传诵至今的《龙尾砚歌》。

歌前有"引":"余旧作《凤咮砚铭》,其略云:苏子一见名凤咮,坐令龙尾羞牛后。已而求砚于歙,歙人云:子自有凤咮,何以此为?盖不能平也。奉议郎方君彦德有龙尾大砚,奇甚。谓余若能作诗少解前语者,当奉饷。乃作此诗。"诗云:

> 黄琮白琥天不惜，顾恐贪夫死怀璧。
> 君看龙尾岂石材，玉德金声寓于石。
> 与天作石来几时，与人作砚初不辞。
> 诗成鲍谢石何与，笔落钟王砚不知。
> 锦茵玉匣俱尘垢，捣练支床亦何有。
> 况嗔苏子凤味铭，戏语相嘲作牛后。
> 碧天照水风吹云，明窗大几清无尘。
> 我生天地一闲物，苏子亦是支离人。
> 粗言细语都不择，春蚓秋蛇随意画。
> 愿从苏子老东坡，仁者不用生平别。

苏东坡歌罢，方彦德说话算话，当即将砚奉上。苏东坡意犹未尽，再作《龙尾吟》七绝一首，以充"龙尾砚铭"：

> 玉质纯苍理致精，
> 锋芒都尽墨无声。
> 相如闻道还持去，
> 肯要秦人十五城？

苏东坡由此恋上了龙尾砚，他贬官黄州时，有一次看到朋友张近的一方水罗纹龙尾砚，非常喜欢，但他当时手上缺钱，竟以家藏古铜剑与之交换，并为换来的这方龙尾砚写了颇具诗意的砚铭："萋萋兮雾縠石，宛宛兮黑白月。其受水也哉生明，而运墨也旁死魄。忽玄云之霮䨴，观玉兔之沐浴。集幽光于毫端，散妙迹于简册。照千古其如在，耿此月之不没。"张近后来得知实情，连忙表示赠砚还剑。苏东坡微笑婉拒："诗成剑往砚应笑，那将屋漏供悬河。"张近后来身佩宝剑出镇高阳，人称张帅。

岳飞赠诗

岳飞追讨叛将李成到婺源，留下许多故事，新编《婺源县志》对此有记："宋绍兴元年（1131年），岳鄂王讨李成经过婺源。路过江湾时，村人江致恭随军任幕僚，并捐家财助军饷；经过鹤溪，驻兵在万贯洲；到甲路，题咏花桥诗和齐山翠微亭诗；并经灵岩洞一游，留有'岳飞过此'刻墨和'观山'石刻。"

李成原是宋朝试弓手，以勇悍闻名，像岳飞一样能挽三百斤弓，累次迁升至淮南招讨使。因嫌宋朝封官小，他聚众当了土匪，被朝廷击败后，他投降了金国控制的伪齐刘豫。这个叛将作战非常勇敢，临阵身先诸将，士卒未食不先食，有病者亲视之。正因如此，他常打胜仗。

岳飞与李成多次交手，胜多败少。建炎四年（1130年），岳飞全军大战金兵后，刚奉旨退到江阴休整，李成乘乱骚扰，接连占据了江淮十余州，连兵数十万，有席卷东南之意，并派遣他的副头领马进往攻洪州（今南昌）。

绍兴元年（1131年）正月，朝廷任命张俊为江淮招讨使，讨伐叛将李成。张俊因李成兵多势盛，心中畏惧，知道眼前诸将，只有岳飞智勇双全，敢与李成较量，便向高宗赵构要求让岳飞作他的招讨副使。赵构

灵岩洞（詹东华 摄）

当下准了。二月，岳飞受命前往鄱阳与张俊会合，三月初三打到洪州。敌兵连营西山，宋军无法渡江。张俊及手下诸将一时无计可施。

　　岳飞想了一夜，第二天对张俊说："贼兵多贪，不知虑后，岳飞不才，愿当前锋。"张俊见岳飞主动请战，满心欢喜。

　　岳飞早将木筏快船备好，自带骑兵三千，远远绕往上游，悄悄横渡大江。马进拥兵十余万，自以为守江万无一失，却不料岳飞冷不丁由上游渡江，出其不意攻打他的右侧。无防备则阵乱，阵乱则气泄，整个队伍就散了。岳飞的部队趁乱抢渡大江，强攻敌营，大获全胜。马进带着残余四五千人逃到了几十里外的筠州（今江西高安），岳飞随后追到。这是李成重兵布防的地方，陈兵十余万。马进将城内贼兵引出，布下十多里长的战阵。

　　对峙几日，双方交战。岳飞早将诸将埋伏停当，自带二百轻骑兵向前挑战，敌人欺他人少，拼命往前围攻，埋伏着的岳家军突然跃起，杀

297

他个人仰马翻。这时岳飞让人挥动事先准备好的一面上绣白"岳"字的大红旗，众人齐呼："只要坐地投降，一律免死！"史料记载，这一仗有八万余兵投降，所得枪刀衣甲马匹之类，岳家军连着收拾了三天才妥当。马进准备逃到建昌去向李成求救，又被岳飞紧追不放，其随从连杀伤带投降的又是五千多，但马进最终还是逃脱了。

李成得到马进的报告，心下大怒，亲自带兵十余万来战。岳飞在楼子庄和他对阵，又将李成杀得大败。紧接着一路追杀，先后杀伤了贼兵两三万人，收降了七八万人，并砍掉了马进等几十名敌方头目的脑袋，得到战马五千多匹。

遗憾的是，让李成逃脱了。岳飞知道他是一员猛将，留着他是国家大患，于是不肯轻易放弃，一路追踪到了婺源境内。岳飞手下有问："大哥平日常说，这些盗贼都由内忧外患交迫而来，不应全当他们仇敌看待。李成、马进都十分勇猛，何不收降过来为我所用？"岳飞说："这班盗贼多是叛将，与各地民变不同。为首诸贼，乘着国家丧乱之时，到处奸淫杀抢，无恶不作。他们带着好几十万人马，对于金兵从无一矢之投，却在我军将要收复失地之时，到处骚扰作梗，使我军有后顾之忧，即此已该万死。马进出身是个恶霸，又与叛将李成勾结，焚掠州郡，欺压良民，非将他们除去不可。"

史载岳飞进入婺源带了七八千人的部队。

岳家军先在江湾停留。江湾是婺源地区的东大门，也是婺源通往皖、浙、赣三省水陆交通的要道。有一水湾，环村而过，村名云湾。后因这里江姓繁盛，于是改名江湾。江湾不仅风光旖旎，而且物产非常丰富，"江湾雪梨"久负盛名，是婺源"红绿黑白"四"色"中的白色。善良的江湾人看到岳家军纪律严明，秋毫无犯，感佩之余，主动捐资助饷，报名参军。村中富户江致恭知道岳飞爱砚台，不仅捐钱捐粮，还把家藏的一方歙砚、一方端砚送给岳飞。

岳飞过婺时只有二十八岁，血气方刚，诗情勃发。他带兵经过的甲

路村有一座建于北宋中叶的花桥,桥上有亭,桥两头连着老街,店铺作坊很多,一派繁华景象。岳飞漫步花桥,心有所感,脱口吟道:

> 上下街连五里遥,
> 青帘酒肆接花桥。
> 十年争战风光别,
> 满地芊芊草色娇。

新编《婺源县志》还收录了岳飞到甲路写的另一首诗《题齐山翠微亭》,颇有"偷得浮生半日闲"之趣:

> 经年尘土满征衣,
> 赢得寻芳上翠微。
> 好水好山观未足,
> 马蹄催送月明归。

此诗的归属有争议。安徽池州(今贵池)人认定岳飞是写他们齐山,题《池州翠微亭》,诗句略有差异,诗意基本相同。诗云:"经年尘土满征衣,特特寻芳上翠微。好水好山看不足,马蹄催趁月明归。"鉴于两地都有古翠微亭,按照正常逻辑推断,此诗恐与两地都有关联:诗初成于岳飞过婺源的1131年,改定于岳飞驻兵池州的1135年。非作此想,不好解释为何一诗两题、两个版本。

岳飞在婺源还写过另外一首诗,虽然县志未录,但《清华东园胡氏勋贤总谱》有载。说岳飞驻兵清华镇时,曾组织兵士为当地百姓挖了一口方塘,还写诗记其事:

> 提戈闽事寄南征,一宿殷勤见主情。

凤阁龙楼依日月，金书玉卷灿星辰。
笑谈樽俎如吾兴，带励山河待尔盟。
此去长安天路近，冥鸿早夕寄秋声。

查《岳忠武王集》，未见此诗，但从诗的格调和语气看，不似伪作。方塘今存，有好事者书此诗立于塘畔。当年岳飞吟诗告别，带着婺源人的深情厚意和江致恭奉送的两方砚台，一去不复返，1142年一月被糊涂的宋高宗赵构和奸相秦桧以"莫须有"的罪名谋害致死。

岳飞生前常用江致恭送的那方端砚，并在其背镌刻八字砚铭："持坚守白，不磷不缁。"岳飞遇害百年后，南宋末年著名诗人谢枋得收藏了岳飞砚，并在其铭文上刻一小记："枋得家藏岳忠武墨迹，与铭字相若，此盖忠武故物也。"

咸淳九年（1273年）十二月，谢枋得把岳飞砚寄赠因得罪宦官董宋臣、权相贾似道而遭贬斥的文天祥，鼓励好友勇毅前行，匡扶宋室。文天祥得砚后，运刀镌跋于铭文之侧："砚虽非铁，难磨穿心；虽非石，如其坚。守而勿失，道自全。"后来谢枋得坚不仕元，在今北京法源寺绝食而亡；而"宋末四杰"之一的文天祥写下《正气歌》，以"人生自古谁无死，留取丹心照汗青"的豪迈从容就义。

此后，这方得自婺源的岳飞砚不知流落何方，直到清康熙间重又现身，被吏部尚书宋漫堂所得。宋尚书做江苏巡抚时曾被康熙誉为"清廉为天下巡抚第一"，他深知此砚价值所在，故以"正气砚"名之。宋漫堂谢世一百多年后的1894年，福建科举时代最后一名状元吴鲁在安徽学政任上偶逛古玩店，眼睛被一块黑乎乎的石头吸引。出于文人的习惯，看到石头上模糊的小字后，就用衣服擦了擦。这一擦不要紧，吴鲁当场跪在地上行大礼，把店里的人吓了一跳！原来这是岳飞的"正气砚"。吴鲁幸得此砚，欣然以"正气研斋"名书室，并作"正气砚题记"：

余家藏正气砚,为岳忠武故物。背镌忠武"持坚守白,不磷不缁"八字之铭,旁镌文信之跋,上镌谢叠山先生记。三公皆宋室孤忠,得乾坤之正气者也。旧藏漫堂先生家,因名之曰"正气砚"。甲午秋,余得之皖南,如获至宝。

从此,"正气砚"与这位愤而写过《百哀诗》的吴状元朝夕相伴。吴鲁病重弥留之际,将砚传给儿子吴钟善保管,并嘱其秘不示人,代代相传。吴鲁之所以嘱咐儿子秘不示人,是因为他有过这方面的教训。当年吴鲁的母亲去世,吴鲁回家行孝。吴鲁的学生许世英当时是驻日大使,得知恩师母亲去世,特地从日本赶回来看望,与许世英同来的还有另外两个日本人。由于得意门生前来探访,因此吴鲁为他们大开方便之门,让他们看了家中的珍藏。没想到待他们走后,吴鲁发现那方古砚离奇失踪。于是他让小儿子吴钟善火速赶到东京寻找许世英。吴钟善的到来让许世英感到十分突然,后来他询问两个同去的日本人,才深知其中有诈。吴钟善在日本经过一个多月的追寻,在许世英的通力配合下,才将那方被盗的古砚从东京追回国。当时日本人对自己的行为感到不好意思,先将砚台放到东京一家华人办的商务印书馆的书架下,让吴钟善到那儿将砚台取回。

现在,正气砚郑重传至吴钟善手上,他谨遵父命,将自己的书室更名为"守砚庵",并在砚面镌上"守砚斋"三字,以示虔敬和守砚的决心。他在《守砚庵记》一文中写道:"先君尝得岳忠武公遗砚于皖南,……因以名其斋。钟善编次先君遗文,以正气研斋名其集,亦先君遗志也。其石则端州产地,纵九寸有奇,形圆而不椭,下广而上略狭,莹然而泽,其背渥然而焦。望而知其出乎数百年以前也。"又吟成《岳忠武公砚》长诗一首:"岳忠武公有遗砚,泽肤焦背顽而圆。有沟如弓池如月,日退毛颖短陈玄。草檄余闲偶铭底,亦复衷圣标真铨。龙跳虎卧绍义献,假宠或出公亲镌。咫尺不到黄龙府,大书露布驰甘泉。不碎风波亭下石，随公骑箕归九天。石华松梅化为碧，坐阅代谢今犹全。谢公卖卜岂尚在，文公玉带知几传。公之斯砚有谢跋，信为公物征其缘。其旁文铭廿一字，君直寄赠咸淳年。蕞尔块石九鼎重，中有大宋三名贤。乃令小子守勿坠，先公付与何其虔。……留取丹心照两曜，归来灵气栖一拳。墨浪淋漓血和泪，大节相辉谁后前？摩挲手泽耿遗训，庶谢缁磷完白坚。"上述诗文见于吴钟善《守砚庵诗文集》。

"文革"波及岳飞砚！1966年，吴氏一家被扫地出门，家中文物被查抄，正气砚从此下落不明，至今杳无踪影！

辛弃疾招游

辛弃疾与婺源人的缘分，至今还是个猜不透的谜。

据《宋史》记载，辛弃疾（1140—1207年），字幼安，号稼轩，历城（今山东济南）人。年轻时以蔡伯坚为师，与党怀英同学，并称"辛、党"。当初两人占卜仕途，按照事先的约定，党怀英得到坎卦，于是留在北方为金主做事，而辛弃疾得到离卦，就下决心南归大宋。

金主完颜亮死后，中原豪杰纷纷起义。耿京在山东聚集人马，号称天平节度使，调配管辖山东、河北效忠大宋王朝的军马，辛弃疾在耿京手下做掌书记，就劝耿京作南归决断。僧人义端，好论军事，早先辛弃疾跟他有来往。等到辛弃疾在耿京军中，义端也聚集了一千多人，辛弃疾劝他投奔耿京，让他做了耿京的下属。义端一天晚上，窃得耿京的大印而逃，耿京大怒，要杀辛弃疾。辛弃疾说："请给我三天为期，不抓到他，再杀我也不晚。"他推测义端一定将义军的虚实报告金帅，马上行动抓住了他。义端用计道："我知道你真正的命相，是青犀相，你有力量杀人，希望你不要杀我。"辛弃疾并不理会，仍斩下义端的头颅，回到义军中。从此以后，耿京更加看重辛弃疾。

绍兴三十二年（1162年），耿京命令辛弃疾带奏表归宋，宋高宗正在建康劳军，召见了他，嘉奖了他，授他承务郎天平节度使掌书记的官职，同时用节度使印和文告召耿京。正遇张安国、邵进已杀耿京降金了，辛弃疾回到海州，与众人谋划道："我因主帅归顺朝廷的事前来，没想到发生变故，拿什么复命呢？"于是邀约统制王世隆及忠义人马全福等直奔金营，此时张安国正与金将饮酒兴浓，就当着众人将他捆绑起来带走，金将没追上他们，辛弃疾将张安国献给朝廷。朝廷在闹市中将张安国斩首。朝廷还是将先前的官职授予辛弃疾，改做江阴检判。当时他23岁。

乾道四年（1168年），辛弃疾到建康府做通判。乾道六年（1170年），孝宗召见大臣们在延和殿对策。当时虞允文掌管国事，孝宗帝在恢复中原问题上态度坚决，辛弃疾乘机谈了南北形势及三国、晋、汉的人才，所持的观点强硬而直露，不被孝宗帝采纳。辛弃疾写了《九议》《美芹十论》和《应问》三篇献给朝廷，论述敌我不利和有利的条件，形势的变化发展，战术的长处短处，地形的有利有害，极为详细。因为朝廷和金主讲和刚成定局，所以他的建议不能实行。他被改任滁州知府。滁州遭战火毁坏严重，村落破败，辛弃疾放宽并减轻赋税，召回逃难流散的百姓，教练民兵，提议军队屯垦，于是创立了奠枕楼、繁雄馆。朝廷征召辛弃疾做江东安抚司参议官，留守叶衡很看重他，叶衡入朝为相，竭力推荐胸有大志谋略过人的辛弃疾。孝宗召见，改任仓部郎官，做江西提点刑狱。因为铲平大盗赖文政有功，加官秘阁修撰。后调任京西转运判官，做江陵知府兼荆湖北路安抚使，后历任江西、湖南安抚使等职，成为封疆大吏。

如果他仕途一路顺遂，原本与婺源无缘。但他太渴望驰骋沙场，收复失地，言行举止严重妨碍了权贵们的利益，淳熙八年（1181年）十一月被交章弹劾，以"用钱如泥沙，杀人如草芥"等罪名，罢去所有官职。他对此似乎有预感，在此前一年的淳熙七年（1180年）再知隆兴府（今江西南昌）兼江西安抚使时，便起意在上饶兴建园林式的庄园，安置家人定居。淳熙八年（1181年）春，开工兴建带湖新居和庄园。他根据带湖四周的地形地势，亲自设计了"高处建舍，低处辟田"的庄园格局，并对家人说："人生在勤，当以力田为先。"因此，他把带湖庄园取名为"稼轩"，并以此自号"稼轩居士"。他也意识到自己"刚拙自信，年来不为众人所容"，所以早已做好了归隐的准备。在被罢官时，带湖新居正好落成，辛弃疾躲到上饶，开始了他中年以后的闲居生活。此后二十年间，他大部分时间都在乡闲居。正是在此期间，他认识了婺源马荀仲，并写下了这首《定风波·用药名，招婺源马荀仲游雨岩。马善医》：

  山路风来草木香。雨余凉意到胡床。泉石膏肓吾已甚，多病，提防风月费篇章。 孤负寻常山简醉，独自，故应知子草玄忙。湖海早知身汗漫，谁伴？只甘松竹共凄凉。

  雨岩是上饶附近广丰县博山的一处山崖，在博山寺附近。古时岩上有泉飞泻，飘洒如雨，故名雨岩。辛弃疾多次访游，寄情于雨岩胜景，先后写下《念奴娇·赋雨岩》《水龙吟·题雨岩》《山鬼谣·问何年》《生查子·独游雨岩》《蝶恋花·月下醉书雨岩石浪》《玉楼春·风前欲劝春光住》等数首词作，可见其情有独钟。《定风波》是其中唯一一首用中药名招好友同游雨岩的词。因为欲招来同游的婺源马荀仲擅医懂药，辛弃疾这么写便有趣味，对方扫一眼就能看出词中"木香"、"雨余凉"（禹余粮）、"石膏"、"防风"、"常山"、"知子"（栀子）、"海早"（海藻）、甘松等均为药名，一经嵌入词中，却全不露痕迹，几乎读不出药味来。

  词意不难理解：下雨过后，山路上轻风吹拂，被雨水洗过的草木也都发出了清香，居室内也凉快起来了。我的游览山水名胜之病已入膏肓，算是没有药可救了。虽已多病，却还甘愿去为这些风月闲情费精神。我也知道你忙于著述，所以平常我也总是一个人寻醉，是怕打搅了你。社会上早就知道我是一个可有可无之人，除了好友如你，还有谁来伴我出游呢？如你再不来，那我只有跟松竹共凄凉了。

让后人犯难的是：婺源马荀仲是谁？

新安医学是中国传统医学重要组成部分，唐代以后，随着文化的昌盛，徽州研究医学的逐渐出现，名医辈出，婺源也涌现了程约、张杲、程汝清、马肃、张良卿、王国瑞、程门雪等名医。程门雪出生清末，致力研究伤寒、温病学说，博采古今，熔经方、时方于一炉，是上海中医学院首任院长，在近代和现代中医药发展史上有着重要地位。但翻遍新、旧《婺源县志》，却找不到有关马荀仲的只言片语。搜寻安徽科学技术出版社1990年版《新安名医考》，也不见他的踪影。倒是婺源地方史研究者毕新丁提供的新编《婺源历史科技人物》一书中有他的简要介绍："马荀仲（生卒年不详），南宋婺源人。工医，善针灸，与程约齐名。爱国诗人辛弃疾与之友善，交往默契，并以词赠之。"

同书介绍与马荀仲齐名的程约时，明显抑马扬程："程约（生卒年不详），字孟博，南宋孝宗时婺源弦高（今紫阳镇）人。世业医，其先世号'种德先生'，邑宰许应龙因改其居之坊曰'种德坊'。约承家学，尤长于针灸。同邑名医马荀仲自诩和程约齐名，约不以为然。徽州太守韩瑗患病，马荀仲于右胁针之，针入其半而断，马失色曰：'非程孟博不可。'约至，乃为左胁下进一针，须臾而断针出，病亦随愈。"这个故事应该是民间戏言，当不得真。

新编《婺源历史科技人物》还介绍了婺源另一个姓马的名医："马肃（生卒年不详），字叔敬，号敬斋，元代婺源竹庄人，人称'马竹庄'，宋知府马咸九世孙。以儒医赴北京，游虞（今山西平陆县一带）谒二阁老之门，授三山路医学教授，后为江西等地医学提举。著有《竹庄吟稿》梓行于世。"

马肃的这条材料值得注意。对婺源姓氏来源有所了解的人都清楚，婺源土著先民是"山越"人，战国初年，吴国被越国灭后，吴王夫差的长子吴鸿流放来此，成为最早定居婺源的外来居民。延至隋朝，有詹氏一姓迁入。而马姓，直到宋代才迁入定居。

通过追溯婺源姓氏来源，敏感的地方史研究者不能不关注到元代婺源名医马肃的祖辈"宋知府马咸"。弘治《徽州府志》卷十"马咸"条下有记："宣和间，仕至朝请大夫、直秘阁，知遂宁府，因谏大臣蔡京有忌，辞官居闲。迁婺源，咸业儒医，尝梦二青衣童子执符曰'上帝号汝为清虚先生'。"遂宁知府马咸是辞官后迁居婺源的，其年代与辛弃疾归隐上饶大体重合，且也写诗，这首《遂宁好》就很有意思："遂宁好，胜地产糖霜。不待千年成琥珀，真疑六月冻琼浆。"

从马咸的经历、爱好、迁居婺源的时间及后代业医等情况推断，他极有可能就是辛弃疾的婺源善医好友马荀仲，荀仲是马咸的字，他们是同一个人。

辛弃疾与这位婺源好友情谊深厚，他在《定风波》之后又作《再和前韵，药名》一首：

仄月高寒水石乡。倚空青碧对禅房。白发自怜心似铁，风月，使君子细与平章。 平昔生涯策竹杖，来往，却惭沙鸟笑人忙。便好胜留黄绢句，谁赋，银钩小草晚天凉。

词中空青、使君子、小草（远志）均为药名。据著名宋史学家邓广铭先生考证，辛弃疾这两首"招游词"应作于淳熙十四年（1187年）以前。那时辛弃疾在上饶家居，成天游山逛水。

黄道周被俘

黄道周在婺源被俘，标志着南明隆武朝山穷水尽。

黄道周，字幼平，号石斋，福建漳浦铜山（今东山县铜陵镇）人。天启二年（1622年）进士，历官翰林院修撰、詹事府少詹事。崇祯十七年（1644年）三月十九日，崇祯帝煤山自缢身死，明朝灭亡，正在老家漳浦明诚堂讲学的黄道周五月始闻北京三月之变，遂率弟子在崇祯帝牌位前祖发恸哭三日。在明朝的皇帝中，崇祯算是勤躬政事的，但他为人刚愎自用，从不虚心纳谏。黄道周一生的政治颠簸都是在与崇祯的反复抗疏又反复被罢斥的循环中走过来的。但黄道周依然忠于明朝。五月十五日，南明弘光小朝廷在南京建立，拥立朱由崧即帝位，以明年为弘光元年，马士英为首辅，召用黄道周为吏部右侍郎，后升礼部尚书兼翰林院侍读学士协理詹事府事。黄道周本不欲出，马士英嘲讽说："人望在公，公不起，欲从史可法拥立潞王耶？"不得已，只能去南京就任，去之前向续弦夫人蔡玉卿告别说："我只欠先帝一死，此身不复能依依松楸，遂终于二人墓下。"夫人深知他这次等于去送死，但她深明大义，鼓励丈夫为朝廷效力。

61岁的黄道周拜别祖先之墓，十月起行，于弘光元年（1645年）正月抵达南京接受召用。但弘光朝廷满足于偏安江左一隅，从皇帝朱由崧到主持政务的马士英、阮大铖等，只想利用江南富庶的物质条件过上纸醉金迷的生活，其腐朽程度较之崇祯王朝有过之而无不及，黑暗与堕落无药可救。黄道周大为失望，悲愤地对同僚说："吾辈顽石，捣骨合药，无补于天，犹冀后人嗅此药气也。"即便如此，他还是不忘臣子之责，上任后立即陈述自己收复失地的七条办法，却如石沉大海，毫无回响。接着明末大儒刘宗周被逐，忠良之士都失去信心，于是黄道周自请出祭位于绍兴的禹陵。祭事完毕，南京城破，在位仅八个月的朱由崧逃往芜湖，弘光小朝廷灭亡。黄道周在富春江上乘船避难，忽然接到镇江总兵、福建老乡郑鸿逵通报唐王行踪，并于十三晚舟中会见唐王朱聿键。唐王慷慨激昂，以恢复大明江山为己任，博得黄道周的好感。于是，他与郑鸿逵等几位大臣约定成就大业，并于会见第二天具启请唐王监国。黄道周原希望唐王驻跸衢州，以便号召二浙，联络江右，但众声喧哗，他无力阻拦。福建巡抚张肯堂、巡按史吴春枝等接到黄道周书信，奉唐王进入福州履行监国职责。

闰六月二十七日，黄道周在福州与巡抚张肯堂、总兵郑芝龙、郑鸿逵等大臣尊奉唐王朱聿键登上帝位，颁年号隆武，以福州为"福京"。任命黄道周为少保兼太子太师、吏部尚书兼兵部尚书、武英殿大学士，成为政府首脑。但黄道周行使首辅职权时，遭到心怀异志、拥兵自重的武臣郑芝龙与郑鸿逵集团的掣肘，矛盾冲突逐渐公开化。郑芝龙原是海盗，后被明朝招抚，到明朝覆亡时，他已经拥有左右福建地方军事和经济的实力。他因迎立隆武成为定策勋臣之一，希望借隆武朝廷的名义巩固自己在福建唯我独尊的地位，而朱聿键的政权是依靠郑芝龙兄弟的支持才得以建立，又处于郑芝龙集团势力控制下的福建，一切作为必然受到郑芝龙的挟制。黄道周颇为愤慨，感觉在朝堂上很难有所作为，又看到清军南下，直逼江南，形势危急，反复请求巡视边疆抗击清兵。隆武帝最后勉强同意他募兵防御闽北边境，并命令郑芝龙资助一些军费，但郑芝龙一毛不拔。

黄道周于七月二十二日辞朝，沿途召募义士组建抗清义旅，他亲自书写《安民檄》，说明募兵本意，得到不少官绅、秀才、义士、仁人志士响应，出资的出资，投军的投军。黄道周把从闽南、建安、建阳、崇安、延平及省外募集的义士编成12个营，每营384人，部队总规模达到4608人。八月十一日，广信（今江西上饶）知府解立敬、知县蒋元士、乡绅詹兆恒等派人请黄道周到上饶驻兵，因此他下定决心从中路出省，伺机谋取徽州。九月十六日，黄道周先遣6营2304人出福建崇安分水关入广信，几天后他亲率4营也经分水关入广信。然而等大军到达江西广信时，徽州已沦陷，广信也遭到清军的烧杀抢掠。但广信府的士绅和军官热忱邀请黄道周进城，当地仰慕大义而参军的不少，部队扩编为17营约6528人，此外还有施福、施琅所率水军2000余人，军威声势颇为壮观。黄道周激情澎湃，呈上《四不敢疏》，汇报军情，申明取道婺源、徽州，直捣南京的理由，表示义无反顾的决心。他说，他之所以"黾勉自请行边，拮据关外，冒霜露与士卒为伍者"，并非"慕葛侯之智，袭田单之业"，而是希望尽到他的责任：

> 譬之鸡然，风雨如晦，而鸣声不已，即有不寐之人，起而刀俎之，亦无可奈何而已。……臣何所营而坐困于此哉！所以苒苒嗷嗷，瘁毛镞羽，以为朝廷守一日藩篱，固一日之众志，非曰能之，亦各尽其义而已。

上书不获答复，黄道周按计划行动。十月六日，他以5个营近2000人，组成北伐军，进击徽州婺源。事前派监纪王纲至婺源海口，委任董寿庚、董彭庚为参将，令其率义士800人接应，并约原婺源副总兵游麟、江自强等义士100余人协助。北伐军出征后，连续下了十几天雨，有3个营按计划向婺源挺进，但也有2个营以阴雨路滑，不便大队并进为由，擅自向清兵占据的徽州休宁进发。黄道周得知北伐军分兵,非常着急,一天内发出4道谕令,命北伐军各路合兵一起攻打婺源。但当时通讯落后,不同方向的部队收到命令已相距一二百里,无法做到合兵。黄道周只得命令各部加快推进,列阵婺源城下乐安河支流南岸。不久传来好消息,北伐军应天祥营阵前活捉清将姜美光,后又有婺源清军骑兵渡河掠阵,应天祥营和董寿庚部迎战,斩清将4员、清兵80多人。借着这股气势,义军对清军实行合围进攻,获得小胜。参将王加封英勇杀敌,亲手杀死十多人,最后力竭身死。但在延平、建宁招募的士兵因训练不足,还不适应阵战,被敌人的骑兵践踏。最后统计,义军杀敌80多人,但自己也牺牲了30多名将士,游击李忠远被俘。

多次缠斗下来,黄道周麾下总兵力尚有万余人,其中北伐军约存3000人,西伐军约存2300人,广信府大本营约3500人,施福、施琅驻铅山水军2000人,广信巡抚徐世荫率领近千人。但他们多数是临时拼凑起来的,没有经过系统训练,战斗力不强。冬至日那天,婺源、休宁的清军同时发动突然袭击。从休宁出发的清军有300多名骑兵,义军派参将应士瑛等率200人应战,杀死清兵27人,正在调整之际,敌人骑兵主力到达,前后夹击,义军将领全部牺牲。驻婺源的清军骑兵袭击了义军应天祥、黄奇寿营,鄱阳湖东面的部队3个营1200人分路进攻,最后也溃败了。

黄道周深感自己指挥无能,上书请罪。他说除去在外行军作战的以外,他所剩下的部队也就一两千人了,事态危急,请皇上急令方国安率大军直捣徽州,或许可以破敌,即便不行,也能解除上饶的危局。隆武帝即刻命令方国安、郑鸿逵分别出兵,两路部队牵制清军。但他们无视圣旨,按兵不动。黄道周见此情形,召集几位将领商量,与其退却四处逃散,不如一决胜负,报答朝廷。

十二月初六,黄道周孤注一掷,率两个营768人,以及乐平、德兴将士1000余人,携3日粮食,北征婺源。当部队行至童家坊(今江西玉山县北）时，传来乐平失陷的噩耗，而从铅山等地招募的2000余义勇也未按时赶到。为此，广信守将和乡绅都力劝黄道周暂缓进兵，但他认为部队已经出发，就应该义无反顾，否则会扰乱军心。二十四日，部队在距婺源十里开外的明堂里（今婺源县紫阳镇下村）安营扎寨。当天夜间，黄道周将随身携带的"招征印"和隆武帝所赐"良弼章"，以及《易筮命》《诗暑正》《春秋表正》等著述，托付中书舍人陈骏音带回故乡，"令连夜从间道还家"。显然，黄道周已知事不可为，无力回天，但他要与清兵决一死战，"欲以蛭颐螳臂，伸大义于天下"。他们在明堂里与清军遭遇，苦战多日。十二月二十五日清晨，清军提督张天禄率所部四路合击，黄道周临危不惧，指挥义军死战到底。兵溃之际，黄道周终因寡不敌众，被清军所俘，同时被俘的还有各级将领100余人。

黄道周一行被押解到婺源城内，清军将领张天禄等请他们喝酒，劝他们投降。黄道周慷慨悲歌："我生为大明人，死为大明鬼，虽马革裹尸，死而无愧！"他的夫人蔡玉卿听到丈夫被俘的消息，派人送去一封信，说："自古忠贞，岂烦内顾，身后之事，玉卿图之。"黄道周得书大笑，抱定必死的决心，开始被囚婺源期间第一次为期七天的绝食。隆武二年（1646年）正月初三，黄道周被押离婺源，正月初六日抵达徽州，次日开始第二次持续十四天的绝食，直到离开徽州才进了一些水浆。他有诗《发自新安，绝粒十四日复进水浆，至南都示友二》记其事：

> 诸子收吾骨，青天知我心。
> 为谁分板荡，未忍共浮沉。
> 鹤怨空山曲，鸡啼中夜阴。
> 南阳归路远，恨作卧龙吟。

正月二十日，黄道周被押抵江宁（今南京）。他先被幽禁在城中，后被关进膳宿监狱。他入狱后又开始绝食，已经降清的福建老乡洪承畴怕他饿死，千方百计劝他进食，遭坚拒。洪承畴不死心，找了几位福建漳州商人到狱中相劝，还陪他逛街，顺便拐进饭铺，但黄道周就是不吃。最后洪承畴亲自出马，以福建同乡关系劝降。黄道周高声大骂："你是什么东西，竟敢冒认我好友洪承畴？洪承畴已在松山以身殉国，先帝为之致祭十六场，那是何等哀荣，名垂青史。你是何等货色，快快给我滚出去。"

清廷多方劝降，黄道周宁死不屈。据说洪承畴曾为他求情，"伏望皇上赦其重罪，待以不死"。但清廷权衡再三，最终还是决定处死他，以绝后患。

关于黄道周赴死情形，说法很多。《明史》有记："当是时，国势衰，政归郑氏（郑芝龙），大帅恃恩观望，不肯一出关募兵。道周请自往江西图恢复。以七月启行，所至远近响应，得义旅九千余人，由广信出衢州。十二月进至婺源，遇大清兵。战败，被执至江宁，幽别室中，囚服著书。临刑，过东华门，坐不起，曰：'此与高皇帝陵寝近，可死矣。'监刑者从之。幕下士中书赖雍、蔡绍谨，兵部主事赵士超等皆死。"

清代广西、江苏巡抚兼署两江总督梁章钜晚年隐居福建浦城所著《归田琐记》一书，在卷四"黄忠端公"条下对此有更详细的记述，种种细节活灵活现。以梁章钜的总督身份和广博见闻，所记当可凭信。文字不长，抄录于后："吾乡黄石斋先生为千古伟人，初不知其生前如何风采，余曾得其《待漏图》画像，则恂恂道貌，蔼然可亲，绝无一毫凌厉气概。相传石斋先生就逮时，门人多相随。石斋一再辞之曰：'我为大臣，义宜死，诸君无为也。'犹不去。石斋乃曰：'诸君践土食毛，义亦可死。但未食禄，亦可以无死。今与诸君诀，甘殉难者止，否则各有父母妻子，毋为冒不测也。'众乃泣别，惟七人愿从，江西四人，福建三人。是时遭逢仁恕，令前代遗臣梗不服者，得请方行刑，毋许专杀。由是石斋师徒皆下狱以待。石斋入狱即绝粒，大帅忧其蚤毙也，百方进食饮，皆不顾，乃募漳人之贾于江宁者至狱，以乡情相慰藉，犹不食。于是邀与游于市，入饭肆，强之不可，乃入酒肆，共酌以献。石斋曰：'酒以合欢，今乡井相聚小饮可乎？但必毋过三爵。'众皆喜诺，遂饮三爵，更一肆，则又三爵，以此阅数日不至于毙。及就义之晨，二官入谒，拜如议，曰：'为公送喜。'石斋曰：'国破君亡，何喜之有？'二官曰：'已得请，许公就义矣。'石斋笑曰：'是诚可喜，但汝辈安能解此。'因历数二公之家世阀阅而呵其罪，二官皆浃背而去。顷之，石斋乘小车出，七人从。中途，石斋返顾后车，七人者皆无人色。石斋笑曰：'怖乎？忍一刻即千秋矣！'七人皆应曰：'然。'比至西华门，石斋忽坠车下，一指挥趋进掖之，且慰曰：'毋恐。'石斋瞋目叱之曰：'是何言欤！天下岂有畏死黄道周哉！此地为辇路所经，吾不可以乘而过。因绝食足弱，下而致仆，吾何恐哉！'指挥愕然易容，因跪曰：'此地万人瞻仰，公又困惫，即就大事可乎？'石斋四顾曰：'善。'遂命布席，南向拜讫，一老仆请以数字贻家，石斋踌躇曰：'无可言者。'固请，乃裂衣襟，啮指血曰：'纲常万古，节义千秋。天地知我，家人无忧。'七人者皆亦血书一幅云：'师存与存，师亡与亡。'石斋体故昂藏，立而受刑，又义风凛凛，行刑者手慄，刃下不殊。行刑者大悸，急跪曰：'公坐。'石斋颈已中刃，血淋漓，犹颔之曰：'可。'乃坐而受刑焉。"

好一个视死如归的黄道周！南明隆武帝听闻其殉国情形，感动至极，赐谥"忠烈"，追赠文明伯，并于福州立"闵忠庙"，建"中兴大功坊"。清朝乾隆皇帝也敬佩黄道周的风节，追谥"忠端"，称他"立朝守节，风节凛然，其奏议慷慨极言，忠荩溢于简牍。卒之以身殉国，不愧一代完人"。见多识广的旅行家徐霞客大赞好友黄道周"字画为馆阁第一，文章为国朝第一，人品为海内第一，其学问直接周孔，为古今第一"。

左宗棠征剿

咸丰十一年（1861年），左宗棠率部进入婺源征剿太平军。这是湘军统帅曾国藩给他的差事，也是他人生的转折点。

事情要从上一年说起。咸丰十年（1860年），太平军与清军围绕生死攸关的安庆之战各作打算。洪秀全专门在天京召开军事会议，研究太平军战略部署。英王陈玉成力主回师安徽，击退围攻安庆的湘军。忠王李秀成主张先拿下苏南、上海，再救援安徽。这两人洪秀全都得罪不起，只能折中他们的意见，于是太平军先奔袭杭州，大破清军江南大营，再攻击苏常。八月，陈玉成带了大兵渡江，直扑桐城，联络捻军各部，兵力扩充至十余万，声势浩大。太平军将领杨辅清、李世贤也领兵进入皖南，以策应陈玉成。

刚荣升两江总督的曾国藩感到压力很大。据说咸丰帝原想抽调湖北巡抚胡林翼担任两江总督，后听从权臣肃顺的建议，以曾国藩督两江。咸丰十年六月八日，曾国藩被任命为署理两江总督加兵部尚书衔，并于八月十日实授两江总督，以钦差大臣办理江南军务，统领江苏、安徽、浙江和江西四省军政事务。经过这么多年的南征北战，曾国藩终于圆了他的督抚梦。这标志着，清廷开始完全信任曾国藩了，曾国藩也终于有了军政实权做大事了。有学者甚至认为，从曾国藩实授两江总督开始，大清的权力向汉人倾斜，中央的权力渐渐向地方转移，大清的整个政治格局发生了根本性变化，以至影响到后太平天国时期清朝的军政大局。

但眼下最急迫的事情是如何平定太平军。大权在握的曾国藩召集胡林翼、左宗棠、曾国荃、李瀚章、李鸿章等湘军各路将帅会议研究对策，得出一个基本判断：安徽乃是整个战局的关键，而安徽的关键则是安庆，如果拿下安庆，则可以把握整个战场的主动权，直接威胁金陵。最后议定：先拿下安庆，再取金陵。咸丰帝对他迟迟不肯出兵江南很不满，警告他"不可师心自用，务期虚己用人"，江浙两省大员也频频向他求救。但曾国藩坚持既定主张，置咸丰帝的警告于不顾，决定将两江总督的大营设在徽州祁门。

这是一处危险之地：祁门处于群山环抱之中，与外界只有一条联系通道，极易形成瓮中捉鳖之势。但曾国藩选择将大营设在此地，当然有他的通盘考虑：这是赣皖交界之处，上可达安庆，下可通南昌，他亲自坐镇此地，既方便联系各方，也向咸丰帝亮明适时进击苏常的态度。另外，他坐镇祁门，也可掩护安庆战场湘军的侧翼，使弟弟曾国荃可以全力攻打安庆。曾国荃曾想撤兵入皖南，被乃兄坚决制止。

咸丰十年（1860年）六月十一日，曾国藩领兵一万余人进抵祁门。驻扎期间，他每天天未亮就起来亲自操练部队，黎明时巡视营垒。有人对他下如此狠劲整顿部队不以为然，他谆谆告诫部下：要做第一等人，就要吃第一等苦。

当时江浙两地遭李秀成部猛攻，危机迭现。都以为李秀成有意图谋两省，不料他却突然率部从江苏回师，进入皖南，威逼曾国藩祁门大营。曾国藩派出最早追随他的老将李元度守卫徽州，结果他十六日抵达徽州，二十五日就被太平军攻破城池。这位救过曾国藩性命的老人无奈败逃浙江，太平军兵锋直指祁门大营。

那个时候，部队都派出去打仗了，祁门大营只剩三千人左右，根本抵挡不了太平军的进攻。曾国藩急命老部下鲍超率军来援，同时写好遗书，做必死的准备。

十月十九日，李秀成部两万余人侵入皖南，距离曾国藩祁门大营不到六十里地的黟县失守。幸好鲍超率部及时赶到，二十日大败李秀成。

关键时刻，左宗棠也赶到了曾国藩祁门大营。

左宗棠曾做过湖南巡抚骆秉章的幕僚，很能办事，骆秉章对他充分信任，湖南一切事务都放心交他办理。原本幕僚帮办军政是不能拿到台面上的，但左宗棠毫不避讳，咄咄逼人，把钦差大臣、湖广总督官文得罪了。

官文是曾国藩、胡林翼都不愿与他正面冲突的满洲正黄旗人，在八旗排序中，正黄旗列第二，左宗棠在他眼里算个啥？他指使下属简单写了一封告状信，便得到咸丰帝的密谕："如左宗棠果有不法情事，可即就地正法。"

又是提携过曾国藩的权臣肃顺救了左宗棠一命。肃顺是满洲镶蓝旗人，虽然平时专横跋扈，但识人很有眼光，对汉人大臣也非常看重。他受胡林翼所托，通过下属悄悄告诫左宗棠加以收敛，并在咸丰帝面前公开为他评功摆好。南书房行走、探花潘祖荫也在咸丰帝面前力保左宗棠，称"天下不可一日无湖南，湖南不可一日无左宗棠"。胡林翼也求平时关系不错的官文放左宗棠一马，说"惟有烧香拜佛，一意诚求，必望老兄俯允而已"。

众人合力总算将左宗棠保全了下来。他是明白人，知道湖南巡抚衙门里不能再待了，可环顾天下，哪里有自己的容身之地呢？说来也巧，那一年（1860年）咸丰帝三十大寿，开考恩科，四十八周岁的左宗棠决心北上搏功名。他在路上收到胡林翼的信，告诉说京师对他成见很深，去了也是白搭，不如去找曾国藩试试。左宗棠听进去了胡林翼的话，放弃北上，直奔安徽投靠曾国藩。

虽然左宗棠在当年湘军惨败岳州、曾国藩欲跳江自尽时骂过他"不忠不孝不仁不义",但曾国藩明白他的好意,现在左宗棠求上门,他当然不会置之不理。权衡形势利弊,曾国藩上奏保荐左宗棠,特旨为四品京堂,襄办军务。

左宗棠旋即赶回湘军老巢湖南招兵买马。几个月后,他拉起了一支5000人的队伍,号称"楚军"。曾国藩对左宗棠寄予厚望,希望他领兵去四川开辟一块新的根据地,但左宗棠表示,他志不在入川,而在平吴。曾国藩明白他的意思,很高兴,当即奏请将左宗棠部调回江西。左宗棠本是个能任事的人,他在江西表现优异,多次大败太平军,为曾国藩祁门大营提供了有力支援。此次左宗棠来祁门,曾国藩高度重视,亲自迎送,并密谈多日。左宗棠离开祁门后,与鲍超联手,在景德镇与太平军大战一场,终于为祁门大营解了围。但祁门毕竟是险地,左宗棠、鲍超为了确保曾国藩的安全,再三建议大营趁早挪地方。咸丰十一年(1861年)初,曾国藩终于同意离开险情不断的祁门,将大营设在江边的大船上。

在此前后,为了牵制太平军,左宗棠、鲍超在江西大展拳脚。继景德镇大战之后,他们还和太平军黄文金、李远继部在鄱阳谢家滩、龙塘苦战多个回合,双方伤亡惨重。

咸丰十一年(1861年)正月二十七日,太平天国侍王李世贤兵分十八路,从休宁进入婺源。

婺源人对多次袭扰家乡的太平军已经见怪不怪了,称他们为"长毛",因为他们皆披头散发。或许是在北方遭遇的抵抗比较凶猛吧,他们在北方一再屠城,进行无差别的杀戮,使得他们在北方民众的心里变成了妖魔。但他们在婺源实行的群众路线要温和一些,即杨秀清提出的"官兵不留,百姓不伤"。太平军将士在婺源基本遵循这一原则。

太平军与清军在婺源缠斗近十年。史载太平军第一次出现在婺源是咸丰五年(1855年),那年的二月十六日,太平军将领范汝杰率部自安徽休宁进入婺源清华镇,二十八日占领县城。浙江金华知府石景芬、江南大营提督邓绍良，分别领军来攻，战至三月十五日，太平军败退。四月初七日，又有一部太平军进至婺源中云、横槎，四天后进军浮梁景德镇，后又折返婺源赋春、甲路。在婺源人的传说中，横槎之战非常激烈，陈尸数里，血流成河，清军参将师长镳阵亡。四月十五日，又有一部太平军涌入婺源。浙江都司夏宝庆率军与太平军激战于婺源清华，大败，千总王标、把总蒋叙元等战死。咸丰六年（1856年）三月初八，太平军再占婺源县城，三天后退往皖南休宁、祁门。八月二十五日，太平军分两路经婺源海口、太白等地攻取婺源县城，遭到清军极力抵抗，清军守备徐勇、千总胡鹏飞战死。三天后，太平军从婺源撤向安徽休宁。咸丰七年（1857年）二月十五日，太平军自景德镇往攻婺源清军兵营，十九日攻占婺源县城。二十七日，太平军与婺源各乡团练多次交战后退据高砂，次日取道潭埠、新建，退往德兴新营。闰五月初一，太平军又自休宁进入婺源，于平鼻岭与团练接战，互有伤亡。六月间，浙江方面派知府毕太旺，参将王国政，都司王恩荣、丁文尚、罗承勋等，领兵进驻婺源县城，防堵太平军回师。七月初二，太平天国"国宗"洪春元（洪秀全族侄）率军攻占婺源县城，清军战败，知府毕太旺牺牲。婺源县团练使阴招，用毒饼毒死近百名太平军战士。太平军以牙还牙，大开杀戒，血流成河。直到九月初四，太平军才退出婺源。第二年（1858年）四月初一，太平军又从浮梁进入婺源，与团练战于船槽岭，六天后退入德兴境内黄土岭等地。七月二十五日，由福建回师江西的太平军杨辅清部自德兴进入婺源，两天后向黄瓜尖清军发起攻击，清军参将丁文山溃逃，千总周战雄阵亡。八月初一，太平军攻占婺源县城后，分兵驻守高砂等地。清军屯兵武口、香屯、三都、香坑，不时遭太平军袭扰。这一年，太平军与清军在婺源相持数月，老百姓苦不堪言。咸丰九年（1859年）正月二十九，清皖赣镇总兵江长贵、浙江衢州镇总兵李定太，各率所部围攻被太平军占领的婺源县城，杨辅清指挥太平军顽强坚守至二月初一，实在支撑不住，不得不退出婺源，进入浮梁。八月间，另有太平军一部自上饶退入德兴，继从德兴退入婺源，据说沿途各地团练不敢迎战，可见声势不小。咸丰十年（1860年）十一月初一，太平军再次占领婺源县城。两天后，左宗棠部迅速收复婺源县城，太平军败退浙江开化。

时序进入咸丰十一年（1861年），太平天国忠王李秀成的族弟、侍王李世贤要与左宗棠在婺源较量。二月上旬，李世贤部自婺源往攻乐平，之后于十二日与左宗棠部在婺源甲路大战，难分胜负。时人记述说：自初九至二十日，婺源乐平纵横万里间，皆太平军行军部队。其规模胜过左宗棠部。他在家书中写道："甲路之役，稍有挫折。然全师还镇（杀贼四五千），亡伤不及百名，于大局无伤也。"

左宗棠的楚军斗志旺盛，太平军难敌其锋芒。三月中旬，李世贤部败退德兴，与德兴团练发生激战。十九日，太平军再度夺取婺源县域，但立足未稳便被左宗棠部赶了出去。五月二十二日，太平军企图卷土重来，但进入婺源县域仅两天就只好撤向安徽休宁。十月初三，左宗棠移驻广信府，此后未再进入婺源。接下来的同治元年（1862年）、同治二年（1863年），婺源未见太平军的踪影。太平天国首都天京被湘军攻陷，洪秀全之子、幼王洪天贵福被俘的同治三年（1864年），太平军至少还到过婺源三次，但已是强弩之末了。

对左宗棠过婺，1993年新编《婺源县志》有如下记载："清咸丰十一年（1861），太常寺卿、闽浙总督左宗棠领兵'征剿'太平天国起义军到婺。县人于同治二年（1863）建有'左文襄公生祠'。"后一句显然有误，"文襄"是1885年左宗棠去世后的谥号，县人不可能提前二十多年预知。

WUYUAN
THE BIOGRAPHY

婺源传

乡愁万里

第八章

乡村典仪

"咚咚铛咚咚铛咚咚——铛……"

鼓点，是对婺源"跳傩"的一种召唤，在傩旗的引领下，踩着锣鼓的节奏，借助"开山斧"的锋芒，打开了长径村春天的窗口。于是，粉墙黛瓦的婺源乡村，在古朴神秘的气息里开始萌生鲜活的民间色彩。

婺源古时"跳傩"，首先是土铳三响，再鞭炮锣鼓齐鸣，随之出场的是一个个"戴着木刻面具，身穿蟒袍，手执干戚等兵器"的舞者。尤其威风凛凛的盘古氏，以巨人之躯，手执"铜钺"，挥手一辟，乾坤初转。自此，"天地分，万物生"。

朱熹在《四书章句集注》中说："傩虽古礼而近于戏。"婺源傩舞，俗称"舞鬼"或"舞鬼戏"，是民间"驱鬼逐疫""禳灾祈福"的一种舞蹈，流传广泛，历史上有"三十六傩班，七十二狮班"之说。在秋口长径、秋溪、金竹坑、李坑之外，浙源庐坑，段莘庆源，中云龙山、坑头，镇头游山，许村汾水，江湾大潋、旃坑、古蜀地、栗木坑，以及沱川理坑、溪头等地均有"狮傩班"。顾名思义，狮傩班是既舞狮又跳傩，而狮班只舞狮不跳傩的，是少之又少。"石佛人家挖木勺，庆源人戴戏面壳"。俗语中的"戏面壳"，即指庆源村"狮傩班"的傩面。

傩舞的诞生年代可以追溯到三千多年前（汪立浪 摄）

源于自然崇拜的傩舞，诞生年代可以追溯到三千多年前。汉唐时，宫廷设"大傩之礼"，素有中国舞蹈"活化石"之称。那傩舞是何时从宫廷传入婺源民间的呢？

傩舞"由明嘉靖间任陕西苑马寺卿的程文著（长径人）从陕西引来，在长径、秋溪及附近一带流传，每逢秋醮（超度孤魂）或农历正月初一演出。"

关于程文著，民国《婺源县志·宦绩》载："程文著，明嘉靖四十一年（1562年）进士，历任永嘉令，……后升陕西苑马寺卿，以疾乞归。"其实，比程文著在陕西任职还要早一百多年，婺源就有傩班出现了，据抄本《茗洲吴氏家记》："正统十四年（1449年），社中仪，首春行傩人。婺源州香头角抵之戏，皆春秋首醵米物，酬与诸行傩者，随为例。"

位于率水河畔的休宁县茗洲村，靠近祁门县。婺源到茗洲村的里程摆在那里，婺源傩班能够去演出，说明当时已有自己的生存空间，可谓名声在外了。这也印证了民间关于傩舞从唐代，或是更早传入婺源的说法。

"山阻而弗车，水激而弗舟"的地理交通环境，使婺源傩舞仍然保持"古朴、粗犷、简练、夸张、形象、传神"的风格。傩舞之所以能够在婺源民间传承至今，主要是村民通过"跳傩"实现心中的祈愿：风调雨顺、五谷丰登、人畜平安、国富民丰。在仪式流变和传承的过程中，婺源傩舞创造了独具特色的傩文化。

"摘下面具是人，戴上面具是神"。作为跳傩的舞者，也是俯身大地的农民，他们藏在面具背后呈现的神秘意境，既是对神话传说、历史人物、典故的演绎，亦是跨越时空与天地神灵的对话。

在婺源傩舞具有代表性的长径村，傩班选定跳傩的起始日子是每年腊月廿四，也就是南方的"小年"和"祭灶日"——在祠堂摆起供桌，敲起锣鼓，"开箱"请出傩神，跳起傩舞，进行祈福迎春，护佑平安。然后，在除夕还要请出"老郎菩萨""八十大王"等傩面到崇福桥桥亭，以便村民和过往行人在大年初一"拜菩萨年"。傩班大年初二在村里演出一天，初三就开始去外村巡演了。

通常，长径傩班把《开天辟地》《魁星点斗》《丞相操兵》《刘海戏金蟾》《小儿抛帽》《土地巡逻》《后羿射日》《太阳与月亮》《孟姜女送寒衣》《猴子偷桃》《双双对猴捉虱》《饮毒酒》《舞小鬼》《舞仙鹤》《打松鼠》《北斗星》《耘田》《搭架》《收场》等节目表演一遍之后，才开始"斗傩米"。

所谓的"斗傩米"，即跳傩人"收耗"——上门驱除室内"鬼疫"，取走东家准备的食物。这与当地民谚中"麻痘稀疏，成人变豹"的意思，如出一辙，都是寄望小孩减少"麻痘"（麻疹），健康成长，平安喜乐。

伏义天地自然，野气分散，道气长生。神童有界，凡有起口，庐根清香。仙神拜请：今年今月，今日今时，四值班功曹，传张幼者。今处江西省婺源县万安乡长城里，长径樟安社，潘源花木社，祈合拜请：驱傩神会上先锋夜叉大神、复国荣烈大将军……

表演者默念的《起神词》主要是拜请傩神及周边神灵对"社""会次"的观照。在婺源民间，对迎傩神出场"焚烧纸钱、跪拜作揖、敬献酒饭"的过程，俗称"打傩醮"。民谚中所说的"夜打目连日舞鬼"，即是白天跳傩，晚上进行目连戏演出。

傩舞年年演，傩面年年"封箱"，能够在十年动乱中逃过一劫的，剩下的是跳傩艺人私藏的"八十大王""李斯丞相"等四个傩面。遗存的四个傩面是木雕的，据说更早的还有铜制的。跳傩艺人不会拿自己的命运来逞强，私藏傩面完全是出于对民间艺术的挚爱——有傩面在，心中就有盼头。不知底细的人，很难理解四个傩面遗存对于傩班的分量。

那么，根据婺源傩舞剧目，旧时傩班有哪些傩面呢？

盘古氏、魁星、后羿、太阳、月亮、傩公、傩婆、八十大王、李斯丞相、蒙恬将军、六路诸侯、二小鬼、八仙、哪吒、夜叉、观音、萧氏夫人、张天师、判官、关公、孙权、张飞、周仓、刘海、唐僧、沙和尚、猴子、仙鹤、金蟾、鸡公精、鸡母精、土地公、土地婆，等等，傩面为香樟木雕刻，或浮雕，或镂雕，或朴拙，或率真，神情各异，油漆上彩，栩栩如生。所有这些傩面，既是傩祭、傩仪的道具，亦是原始的图腾。

历史上，长径村的兴衰，仿佛是与傩舞连在一起的，傩庙、傩画，已坍塌散佚在岁风月雨中。长径傩班遗存的"八十大王""李斯丞相"等四个傩面，是村庄傩舞久远历史的见证，并以民间文艺的传承，吸引着专家学者关注的目光。

而长径傩班则用激情点燃的引线，用锣鼓与鞭炮回荡的声音，用跳傩者震撼的出场，对人们作出了回应。或威武，或凛然，或怒目，或狰狞，或憨态的傩面，成了傩在民间的神秘化身。

长径傩舞(汪立浪 摄)

长径傩班的节目,既有反映神话故事与民间传说的《开天辟地》《太阳射月》《孟姜女送寒衣》,又有模仿动物习性的《舞仙鹤》《猴子捉虱》,还有模仿农耕狩猎的《耘田》《捉鸟》,等等。跳傩的道具,除了傩面、衣饰,大多是村民的生活用具,比如笊篱、晒盘、木椅、木棍……村民答谢傩人的一般是一小碟黄豆、芝麻、大米,抑或茶叶。不过,也有例外,清代詹元相《畏斋日记》载:"康熙四十五年(1706年)正月初二,阴。接狮傩会神。支银五分赏傩人。"

《追王》的出场,犹如电光火石,会给人带入一个奇幻的境地——铳响锣鸣,药炉引路,"八十大王"手舞"开山斧",如策马狂奔,观者追随其后,过桥穿巷,一路浩浩荡荡。无论男女老少,只要追上"八十大王"就有个讲究,让"开山斧"在头上劈几下,据说能够驱邪祈福,预示健康长寿,好运连连。

伏羲,说财大旺,新春以来,重出中堂,和合喜神,八十大王来收场。一年四季,添进人丁,广进财粮,老子者多福寿,少者寿命延长。寿比南山、福如东海。龙生凤养,读起诗书,考晋升台,大比之年,一举登科。做起经商买卖,一钱为本,万贯为利,多财进宝,满载而归。种起五谷,五谷丰登,一籽落地,百籽全收……

婺源傩舞所有的祈愿与祝福,都蕴含在《追王》一唱众和的唱彩之中。

锣鼓歇,土坦空,烟雾散去。那古民居大门上的饕餮,俨如傩舞幻化的又一种容颜。

2006年5月,婺源傩舞被列入第一批国家级非物质文化遗产目录。同期入选的还有:婺源徽剧、婺源"三雕"、婺源歙砚制作技艺。事实上,从2003年开始,婺源就在全国率先扛起乡村文化发展大旗,先后将婺源傩舞、婺源徽剧、婺源灯彩、婺源抬阁、婺源民歌等搬上了"婺源·中国乡村文化旅游节"的舞台,并连续举办10年,把文化与旅游进行有机嫁接,实现公共文化服务最大化,成功打造了"乡村文化旅游"和"中国最美乡村"品牌。2013年10月,在第十届中国艺术节上,"婺源·中国乡村文化旅游节"荣获"群星奖"。

每年正月的"跳傩",可谓是婺源乡村年俗活动的一场秘约。而在婺源各地异彩纷呈的年俗活动中,段莘、坑头等地的"迎十八"特色明显。"迎十八",是婺源民间祈求先祖保人丁、贺太平的一项祭祖大典。究竟,祭祖大典源于何时,没有文字资料可考,民间相传所祭的先祖为"汪帝"。

汪帝,名为汪华(586—649年),字国辅,史称吴王、越国公,民间则称汪帝或汪公大帝。

据《新安汪氏族谱》记载,汪华出生于南朝陈至德四年(586年)正月十八日子时,世居古歙州华阳镇(唐朝分县后的绩溪登源),少年以勇侠闻于乡邑。隋大业十一年（615年），应新安郡守之募，平"回玉乡寇"有功，士勇皆附之。时及炀帝政乱，四海豪杰蜂起，新安郡守因贪酷而被众所诛，众推汪华为摄郡事，据歙州，并先后平定宣、杭、睦、婺、饶五州之地，成为"带甲十万"的地方武装，建号吴王。"为政明信，远近爱慕"，归属者如云，因而使歙州以免遭战乱10余年。唐朝建立后，武德四年（621年）汪华奉表归唐。高祖嘉其忠义，授其持节总管六州，任歙州刺史，封越国公。3年后，汪华调京师任职。太宗即位，汪华仍颇得重用，征辽东时，诏为九宫留守。贞观二十三年（649年），汪华病故于长安。永徽三年（652年）归葬于歙北7里之云岚山。《开元五年唐玄宗明皇帝诰敕》：

> 煌煌纶音，光贲我祖。
> 保据勋高，大启尔宇。
> 威著款诚，为唐室辅。
> 持节六州，分茅胙土。
> 生也食邑，殁也六舞。
> 捍患御灾，诸方安堵。
> 锡封累朝，为百神主。
> 克开厥后，荐馨笃祜。
> 白牡骍刚，世酬绳武。
> 呜呼休哉，于录万古。

汪华去世后，各朝各代的追封与民间的膜拜，将其不断神化，各地也纷纷建起汪帝庙。歙（徽）州人不仅祭祀这位乡土英雄，甚至"郡有水旱则祀之，民有疾疹则祀之"，把他奉为徽州乃至成为宣、杭、睦、婺、饶州一带民间的灵神。

婺源与歙县、祁门、淳安等地一样，民间建有汪王祠、汪帝庙祭祀。

汪王祠的楹联，高度概括了汪华的一生："乱世据六州，保境安民，煌煌功业垂千古；治平朝帝阙，忠君爱国，赫赫英名满神州。"横批是"生为忠臣"。段莘村是婺源北部最大的"千烟之村"，每年农历的正月十三至廿三，都要为汪帝举行 10 天的祠祭。十八日是正日，故名"段莘十八"。

  祭祀活动主要有供猪，演戏，灯会，祠祭等内容。祭祀用的供猪在头年中秋之后就开始准备，即用祠堂祭田的谷租，由村民抓阄定四户人家各养一头肥猪。确定的养猪户要选购 200 多斤的大猪进栏。从八月十五起，用 5 个月左右的时间，将猪养到 350 斤以上。当地就有"段莘十八，全靠猪大"的说法。请戏班演戏，是"段莘十八"的重要娱乐活动。请的戏班是徽班、目莲戏班，从正月十三晚上祠堂戏台开锣，到廿三送戏班出村，一共演出 10 天，其间，每家每户纷纷邀请四乡八里的亲朋好友前来观看，十分热闹。演出中有两天为"保寿""保痘"日。"保寿日"即保佑老年人增福添寿，多子多孙，这一天不演杀人戏；"保痘日"则保佑儿童出水痘出麻疹顺利，这一天不演花脸戏。正月十五是元宵节，灯会是必不可少的。这天上午，村民把村中上社、下社、通天社的社公老爷，关帝庙、五猖庙和庵堂的菩萨都抬出庙宇，请神明赏灯。下午则由三十二房派人敲锣到各户去催灯。入夜后，各家各户将灯板点上蜡烛到祠堂会合"接灯"（各家之间，灯板首尾相连）。接着，灯会用祭品祭拜祖宗，请龙王（灯）动身。长达 100 多米的板龙灯穿街过巷，烟花齐放，鼓乐喧天，一片欢腾。祠祭是段莘"迎十八"的重头戏，祭仪及摆设非常讲究。享堂正中悬挂祖宗容像，供桌中置汪帝牌位，前置一石制香炉，供桌两侧摆放"两面大点翠屏"（钿翠座屏），一对一人高的"人物花瓶"；中堂两厢矗立有全副锡质銮驾与仪仗兵器，"回避""肃静"牌分立两侧廊道；主梁上还悬挂"六州屏障"锦绣一帧，四周横梁上则挂有各式垂珠宫灯。居中的八仙桌用来摆放各房供奉的祭品：四珍、六鲜、八荤、五素、七果、三酒、一汤、二茶。其中酒、饭、茶、汤，必须天天更换。此外，还要在盛满黍米的插碗中插上用彩纸、米粉扎裱的神态各异的仙人像。祭品中，还有用甘蔗、荸荠雕成杨梅、桃子等四季的果品，着色后摆于祭台。4头供猪按照重量依次摆在前堂，最重的头插金花，脚戴金镯，次重的戴银花银镯，再者只有戴用纸剪成的翡翠花镯了。祠祭仪式的程序为：鸣炮、族长上香、主祭人列位、击鼓、各户男丁列位、宣读祭文、跪拜、初献、再拜、亚献、再拜、三献、再拜、击鼓、再上香、焚烧纸钱、鸣炮、礼毕。祠祭每天早晚两次，场面庄严肃穆，隆重热烈。

西冲村花灯（汪立浪 摄）

3天后，按男丁数发放丁饼和分配祭品。到了正月廿三，首先要把汪帝牌位请回后堂，再安排各房保管贵重的祭品，最后送戏班出村，至此祭祖大典才算结束。年复一年，祭祖大典依序而行。

坑头村又名桃溪村，建村于1100多年前。坑头村"迎十八"祭汪帝活动设有"保孩案会"。该会有会友59户，每年的祭祀活动由5户会友轮流承办，1户为会首，其它为同会。祭汪帝前的正月十三、十五、十七早晨，先要祭神，再给会众发丁饼。在坑头村，"保孩案会"相当于当地的一个保护儿童的组织，遇到小孩成长不顺，或者身体虚弱的，可以"寄世给汪帝"。寄世时，家长要在汪帝庙燃烛焚香、祷告，然后把《寄世帖》贴于庙中。

正月十八这天天刚亮，鸣锣通知所有会众先去汪帝庙集合、祭祀。祭祀之后，再次鸣锣，抬起汪帝神像在村里巡游，并抬到上水口朝汪帝夫人所在的方向鞠躬。原来，所谓的汪帝夫人，是指上水口的一棵香樟树，而汪帝神像正是这棵香樟树雕刻而成。巳时，再迎汪帝神像进村入仰贤祠。一路上，村里家家堂前均设案上香，燃放鞭炮迎接。迎汪帝入祠堂后，日夜有专人守护，香火不断，红烛长明。祭祀的工作人员通称"礼生"，有通赞、引赞、司尊、司帛、司祝、司馔、司盥、司过、司毛血、司胙等，分工明确，各司其职。祭仪程序大体与祭祖相同。首先是通赞陪赞唱"序立"，众人就位，行祭礼，再是启犊、降神、瘗毛血、奠帛、行初献礼、读祭文、行亚献礼、三献礼、侑食、侑乐、辞神、送神、彻馔、饮福分胙等。祭祀一直持续到下午1点左右，再将汪帝菩萨神像送回庙中。坑头村祭汪帝的祭品有：全猪全羊、适时采摘的五种水果、用面粉制成的五禽五兽、五鲜五素等上百个品种。

"保孩案会"有45处田庄，每年收田租275秤，以供祭祀之需。正月廿一活动结账，并办理下一年的移接交事项。

在同样的日子里，大畈、溪头、凤山、李坑、古坑、槎口、篁村、郭村、燕山等地，也纷纷举行活动，虽然名目不一，但祭祀汪帝的民俗主题是一致的。祭汪帝，称得上是一年之中村庄最为热闹的日子，请徽班、串堂班演戏，请邻乡、邻县的亲朋好友来做客，看戏，既娱神，也娱己。

婺源乡村文化的积层，都是土地与时间共同滋养的。正是经年有了傩舞、"迎十八"之类的民俗活动，乡村的日子多了几分自在、安然。

方婆遗风

茶与毒的对抗，是神农勇于尝试、剖白，才发现了茶的神奇和意义。

婺源茶的种植史，可以追溯到汉晋时期。公元八世纪，"茶圣"陆羽在中国历史上的第一部茶叶专著《茶经》中提到了婺源茶。那时，婺源立县不久。根据陆羽的记述，足见婺源不仅是歙州茶的主产地，且在唐代已经声名远播。后来，陆羽在婺源茶商心目中实现了从人到神的华丽转身，并走向神龛——在婺源人开创的茶号、茶栈、茶店，甚至茶馆，一律将陆羽作为茶神供奉。有的婺源茶商，将微缩版的陆羽塑像作为"茶宠"，摆在茶灶、茶台上，还有的专门请画师画陆羽像挂在茶号醒目的位置，以示尊崇。

探寻婺源的茶文化，方婆、朱熹都是千载流芳的人物。

相传五代时，有一位方姓女子在婺北浙岭头的茅屋中居住，她每日挑水、生火，为过往的行人与挑夫煮茶解渴，长年累月从不间断，且不收分文。天长日久，人们都亲切地叫她"方婆"。

浙岭，春秋时为吴国和楚国的分水岭，也是商旅行人通往徽州、饶州等地的必经之路。据道光《徽州府志》记载：徽州"东有大鄣山之固，西有浙岭之塞，南有江滩之险，北有黄山之阨"，可见浙岭地理位置之重

婺源茶的种植史，可以追溯到汉晋时期。（汪立浪 摄）

要。方婆去世后，葬于岭上。过往行人感其恩德，拾石堆冢，年复一年，竟然堆成了一座大石冢。"撑空叠石何嵯峨，世传其名曰堆婆，……乃知一饮一滴水，恩至久远不可磨。"明代诗人许仕叔来到浙岭，感动难抑，留下了《堆婆石》诗。

  古时，婺源在通往乡村的路上，设"五里一路亭，十里一茶亭"，亭名的内涵也丰富——望春亭、月岭亭、松山亭、紫云亭、憩云亭、步云亭、新坑亭、新庵亭、燕窝亭、湛然亭、超然亭、怀清亭、环绿亭、栗树亭、清隐亭、承考亭、集和亭、永新亭、如心亭、继志亭、思源亭、梅光亭、善济亭、彰善亭、积庆亭、毓秀亭、慈荫亭、种德亭、仁寿亭、洪源亭、前亮亭、黄荆源亭、横龙岗亭、界碑石亭、茅坦亭、高岭亭、七里亭、社公亭、泗洲亭、永兴亭、挹芬亭、漱芳亭、友芳亭、流芳亭……数不胜数。据民国《婺源县志》载记，清代时婺源有古亭188所。最早的路亭为晓鳙村建于宋靖康年间的"泗洲亭"，亭内供"泗洲菩萨"。月岭是清华通往沱川的古道，明代天顺六年（1462年）建成，岭腰的月岭亭却建于清乾隆三十三年（1768年），引"山间明月、岭上白云"之句得名，两边亭额上分别题刻"半岭佳气""竹色松风"，落款是"乾隆戊子季仲秋月榖旦"。而翀田梅岭的积庆亭不仅济茶，还有管理条规8条"勒石"，其中第2条便是"长生茶一所，无论日夜不得间断匮乏，如违重罚"。以茶命名的茶亭则有同春亭、茗香亭、甘泽亭、冷水亭、石碗亭、石茶亭、饮泉亭、上店茶亭、汪太茶亭、梅心庵茶亭、西冲挹秀茶亭、言坑岭茶亭、古箭茶亭、金章茶亭、晓和茶亭、南关茶亭、永济茶亭，等等。清末建于段莘珊厚村的石碗亭，是为行人解渴，在亭旁石壁上凿穴如碗，以聚泉水，方便济茶。始建于明代的平鼻岭，是沱川塘窟与休宁汪村岭脚的分水岭，岭头的石茶亭，为片石所砌，常年有守山人为行人供应茶水。在茶亭门口，还立有一块"山林禁碑"。此外，还有东山村永济桥、诗春村钟秀桥、秋溪村新桥、五亩段村江家桥等一些桥亭也加入了煮茶济茶行列。在清华东北下市的聚星桥，《清华胡氏仁德堂世谱》就有"今架亭设茶于桥上"的载记。赋春的尚义桥，明代吴裕"慷慨好施，凡桥梁道路，如吴村、善源、洪源、梅源诸处，独力建造而工费浩大。惟本村（赋春）尚义桥为最，且于其上盖亭、列肆，设义浆、施药饵，行旅赖之。"在光绪《婺源县志·人物·义行》中，不仅记载了吴裕捐资建桥修路，还在桥上免费济茶施药。

也就是说，在方婆故事的感召下，乡民以礼待客，以做好事为荣，越来越多的人投入到济茶公益中来。婺源各地开始在一些山亭、路亭、桥亭、店亭设缸烧水济茶，免费提供给过往行人解渴消暑，民间茶礼、茶俗蔚然成风。婺源人把这种风俗，称之为"方婆遗风"。

然而，随着婺（源）白（沙关）公路（1957年）、婺（源）景（德镇）公路（1951年）、婺（源）德（兴）公路（1962年）、婺（源）休

(宁)公路(1967年)相继通车,以及王(村)赋(春)线等全县19条支线公路(县乡公路)的开通,人们的出行方式发生了改变,詹启邦(浙岭)、洪三保(五麻岭)、曹德寿(东山岭)、洪爱兰(觉岭)、查顺归(青山岭)、齐发祥(茶培岭)、吴灶全(枣木岭)、黄应桑、张谷开(龙池岭)、余根德(沽坊路亭)、俞永生夫妇(太尉庙汪太茶亭)、江桂祥、江水金、江福祥(五亩段桥亭,3人轮流)、王根荣(西源宝宝亭)、彭建红(新岭亭)、胡法娟(诗春毓秀桥亭)、施茂进、洪福美夫妇(常安寺亭)、潘启仁(严田岭脊亭)、詹瑞和(秋溪茶亭)等成了婺源岭亭、路亭、桥亭、茶亭最后为行人设缸烧水济茶的人。

历史上,婺源在浙岭之外,连通徽州还有羊斗岭、对镜岭、芙蓉岭、塔岭,以及如今在休宁的新岭等五岭。宋代婺源人汪藻以《过五岭》描述了"陆路交通线"的险峻、崎岖:

蜀道如天世路稀,那知五岭与云齐。
登临直上凌霄去,仰视何妨稳步跻。
仁杰思亲聊税驾,王尊念国欲鞭蹄。
往还勿谓兹山险,更有无穷万丈溪。

而元代用诗吟诵五岭岭头免费供应茶水的,是婺源人王仪。他在池州任职,经常往返于五岭,成了岭头茶亭烧水济茶的见证者:"五岭一日度,精力业已竭。赖是佛者徒,岭岭茶碗设……"(《过五岭》)可以想见,王仪在如此陡峭的山岭上,能够喝上一碗茶,那是何等的惬意。同样济茶的情景,在《羊斗岭头募化烧茶偈》也有体现:"冬汤夏水力无边,奉劝檀柳莫惜钱。随意挥毫生喜助,往来感赞福三千。"在清代道光四年(1824年),浙岭头万善庵也开始与茶结缘:"浙岭头万善庵,通衢要道,行旅络绎,尚建亭宇,冬汤夏茶,捐济旅众。"(《万善庵奉县正堂碑记》)到了清末,万善庵重修时,南壁上镶嵌了一块"募化重修浙岭头万善高佛殿茶亭石板暨庵前石塔"的石碑,茶亭的墙上还有"饮水即思源"的题字。

其实在婺源山野之间,曾有许多济茶的茶庵都载入了地方志中。比如:"博泉茶庵。在十四都吊石岭,沱川人余凤腾、余德明、余朝珙重建";"长生茶庵。三都渔潭村程钊兴、程佑创建";"如露庵。在十都之燕岭。通休孔道,设茗济众";"沸涛庵。在八都之坑口上流,里人众建。置茶、田若干亩";"裕福庵。在四十七都之藻睦水口上。济众长生茶";"蛟岭庵。在四十七都。旁建茶亭。庚辰重造";"斑竹庵。在大汜斑竹山岭头。施茶济众";"万安庵。在十四都之浙岭山腰,乾隆丙申被毁,甲辰浙源詹姓重建,施茶济众";"莲花庵。在回岭。廉宪汪兆谊建。施茶";"汇源庵。在二十三都之凤山水口,里人查公艺捐建,施长生茶。庵前又建文笔峰及养生潭";"晬桥庵。在十都之晓起。汪继蕃建桥,以祈母寿。蕃卒,妻洪氏造庵于左,用表眷念,捐田十亩,施长生茶";"连云庵。在十一都之回岭侧,有宜尔亭,汪思孝建。捐田十亩,施长生茶。乾隆丙午,回岭、裔村、西垣、西岸、东垣助修";"万圣庵。在四十二都之项村。项茂桷建。输田济茗";"天衢庵。在十八都之清华高奢。(天衢)庵、外茶亭,俱江汝元建"。……

还好,正是有这样的文字存在,人们才能够在废弃的茶庵,抑或茶庵的废墟上找到婺源民间生活的修行,以及精神的持守。这些在当时的时代背景下,都是具有社会意义和文化意义的。即便在当下,仍具有研究茶文化的历史价值。

在婺源茶俗中,"客来斟茶,双手捧上",是主人的第一礼,情感真挚,朴素大方。后在逢年过节、婚丧喜庆之时,衍生出吃"粿子茶",就是除了敬茶外,还要摆上干果点心之类的食品佐茶。除夕之夜,要斟茶敬"灶司爷"(灶神)。大年初一,俗称"初一朝",婺源人家第一件事是摆上"粿子盒",首先泡茶、烧香(燃香)、拜揖(作揖),请祖宗喝茶。在岁之首日,一家人以崭新的风貌面对祖先,献茶追思,以告慰祖先的在天之灵。然后，打爆竹开大门、拜"上天言好事，下地保平安"的"灶司爷"，再一家人才能坐下来"吃茶利市"。初一这天，婺源人家忌讳扫地和朝外倒茶水，以免走了财气。在聚族而居的村庄，正月还要在祠堂设"香茗粿饵"，挂祖宗容像，进行祭祖。

"无茶不在丧""以茶为祭"，表达了婺源民间习俗中茶与丧祭的关系，并几乎贯穿了丧祭的全过程：长辈辞世，送终的儿孙要看准时辰，为刚落气的逝者放入"口含钱"和"甘露叶"。"口含钱"，即金子或者铜特制的钱；而"甘露叶"，则是茶叶做成的"菱"。这，就是俗语"手中自有甘露叶，口渴还有水红菱"的去处。相传，逝者有了这些，就可以不喝"孟婆汤"，当然也就不会忘记祖宗了。报讣的时候，报讣者不管天晴落雨，都拿一把伞进门，伞尖朝下倚着八仙桌的桌脚，自己则一声不响地坐在上门头。这样的举动，俨如婺源民间报讣的暗号，主人一看便心领神会，泡上两杯茶，左边的敬献逝者，右边的才是给报讣者喝的。只有喝了一口主人泡的茶后，报讣者方能说出逝者的身份。遇到丧事，亲戚朋友都会主动去帮忙，从某种层面凸显家族的团结与邻里的和睦。入殓时，棺椁内不仅要放"五谷包"（缝制的布袋内，分别装有稻、黍、稷、麦、菽），还要放"茶叶包"，五谷是一种象征，作为随葬物品不难理解，而茶叶随葬，据说是有"洁净、干燥"的作用。灵位前，一日三餐还要供茶饭。旧时，不同的亲人参加祭奠的祭品是有区别的，《婺源县志》中就有"亲朋祭奠用茶果，婿、甥祭奠用鸡鱼肉"的记载。亲朋好友前来"吊香"（拜奠），必须要喝一口丧家端上的茶水。按照婺源民间的解释，一是表示答谢，二是可以免除灾晦。

婺源乡村的民间习俗如此，侨居闽地的婺源人朱熹也随乡俗。朱熹的门人程深父亲病逝，他"深为悲叹"，在《与林择之》中说："香茶在其弟处，烦为于其灵前焚香点茶，致此微意。"

茫然、敬畏、悲凉、神秘、虚无，共同构筑了婺源民间丧祭的迷宫，而茶，无疑是重生的喻体。

"礼有五经，莫重于祭。"慎终追远，无论祭祀与丧礼，都是对亡灵与生命的尊崇与敬畏。

男婚女嫁是人生的大事，历来被民间所重视。在婺源乡村，传统风俗浓郁，男婚女嫁的过程都离不开"三茶六礼"。

婺源的姑娘出嫁前，要用最好的茶叶扎成一朵朵"茶花"，出嫁时精心冲泡，敬公婆，谢宾客。"定茶"（结婚）送妆奁时，在新娘给新郎家做的一套鞋中要放入红纸剪成的鞋样，鞋样上还要放一撮茶叶，寓意"茶不移本，植必子生""茶叶年年发新枝，采（踩）不尽芽还发"。迎娶之日，花轿到女方家后，媒人、鼓吹（民间乐手）要稍作歇息和吃茶点，到了吉时，鼓吹随即吹奏催请新娘上轿。接着，侍娘走到轿前，把米和茶叶撒向轿顶，意为"驱逐邪祟"。有的乡村，女儿出嫁在轿边要挂红布袋，袋中装有茶叶、板栗、红豆、枣子。显然，板栗、红豆、枣子有吉利和早生贵子的寓意，而茶叶，作为圣洁之物，应是辟邪之用。"合茶"（入洞房）前，还要吃"三道茶"（即：第一道为百果，第二道花生、莲子、枣子，第三道是茶），寓意早生贵子，多子多福。民间俗语说："'三朝'识认大小"。婚后的第三天，称为"三朝"。"三朝"那天清早，新娘起床第一件事就是烧水泡"茶花"，一敬公婆表示孝心，二敬亲戚表示认亲，而亲友们则会细细观赏"茶花"的形态，品味"茶花"的汤色与清香，品评新娘的手艺。民间称此为喝"新娘茶"。事实上，古婚礼纳采、问名、纳吉、纳徵、请期、亲迎，都离不开茶。

总而言之，自方婆之后，婺源的茶俗以礼为先，它在婺源人的日常生活中不可或缺，世代相袭。

而朱熹，一个"茶"字，叠印、漫溯着他一生的具象。

朱熹与茶结缘，称得上属于家传——家乡婺源是远近闻名的"茶乡"，父亲朱松嗜茶成癖。按世谱排序，朱熹为婺源茶院朱氏九世孙。他出生的第三天，父亲就用陈茶煮水为他"洗三朝"，还吟《洗儿》诗以记：

> 行年以合识头颅，旧学屠龙意转疏。
> 有子添丁助征戍，肯令辛苦更冠儒。
> 学生三朝寿一壶，百年歌好笑捻须。
> 厌宾已识天公意，不忍回头更指渠。

按婺源风俗，茶在"洗三朝"时的功用是祛毒健身。而在洗澡的陈茶水中放铜钱、秤锤（秤砣）等物，是寓意婴儿"命重值钱"。在洗浴的过程中，一边用煮熟的鸡蛋搓滚婴儿全身，一边念"滚滚头，有人求；滚滚手，样样有；滚滚腰，步步高……"的祝语。然后，还要请"接生婆"和起名的"先生"喝茶、吃点心。其实，婺源人家在为小孩满月、周岁、十岁"庆生"，甚至婚嫁、辞世，都离不开茶、酒。等于说，"茶之礼俗"贯穿人的一生。

"年少时，曾戒酒，以茶修德，用茶可以明伦理，表谦虚……"《朱文公全集》中所谓的"年少时"，是指朱熹年轻的时候。"茶取养生，衣取蔽体，食取充饥，居止取足以障风雨，从不奢侈铺张"，是朱熹一贯的生活准则。即便到女儿、女婿家做客，他仍然坚持如此。

> 茗饮瀹甘寒，抖擞神气增。
> 顿觉尘虑空，豁然悦心目。

朱熹的《咏茶》，表达了他的"爱茶之切"。朱熹嗜茶爱茶，创作了许多茶诗，《茶阪》《茶灶》《饮茶》《春谷》《积茶圃》等，分明是他在吟诵同类题材的不同情景中，以茶为镜像，见山，见水，见人，见事，见思想。作为一位理学家和教育家，朱熹常借品茶晓喻求学之道，阐明"理而后和"的道理。他说："物之甘者，吃过而酸，苦者，吃过即甘。"他认为学习的过程是个吃苦的过程，要勤奋多思，狠下功夫，才能先苦而后甜，乐在其中。朱熹还借论茶喻学之机，以"家人嗃嗃，悔厉吉；妇子嘻嘻，终吝"来告诫门人，礼治应以中庸之说。

众所周知，宋代茶的烹饮方法仍沿袭汉唐时的煮茶、煎茶，在其中要掺杂姜、葱、椒盐之类的佐料。朱熹曾将治学比作饮茶，"一味是茶，便是真才，有些别底滋味，便是有物夹杂了"（《朱子语类·经下》）。这一比喻，既通俗易懂又妙趣横生。

这是朱熹与其高徒林夔孙的一段对话，以"礼"入"理"，先"理"而后"和"，堪称经典。

到了晚年，朱熹自称"茶仙"。

"熹登第五十年，仕于外者仅九考，立朝才四十日。"（《宋史》）朱熹的一生，始终罩着一团迷雾，入朝堂，遭弹劾。但，无论境遇如何，他骨子里明理、爱茶的本真未曾改变，以致最后还是选择日常一杯清茶，在讲学与著述中终老。

的确，中国茶文化的核心，离不开一个"和"字。"理而后和"，朱熹以茶论道传播理学，他把茶视为中和清明的象征——"以茶修德，以茶明伦，以茶寓理，不重虚华"，只有爱茶思茶的人，才会有这样精辟的阐述。朱子理学倡导自我修养，而茶，无疑是提升修养的最好伴侣。

"奉茶为礼尊长者，备茶浓意表浓情。"南宋以来，特别是明代，婺源因是"文公阙里"，儒学盛行，文风鼎盛。婺源人奉行朱子《家训》《家礼》，礼仪甚严，民风淳朴，作为待人的茶礼就更为讲究了。

一片叶子，增加了婺源历史人文的厚度。千百年来，婺源人在种茶、制茶、饮茶、卖茶的过程中，渐渐形成以"礼"为核心的茶文化。由于朱子思想的影响和"徽文化"的浸润，婺源茶文化具有独特的地域色彩。1988年，当地文化学者王涧石、詹永萱从婺源民间茶礼茶俗中进行挖掘、整理、研究，根据饮茶主体、条件、环境、功用等方面的不同，通过艺术加工，把日常的饮茶引向艺术化，以"农家茶""富室茶""文士茶"进行细分，创编出具有鲜明地方茶文化特色和不同意蕴的婺源茶道，将其内涵和精神总结为"敬、和、俭、静",提升了饮茶的境界,从而赋予了婺源茶艺更强的灵性和美感。1993年4月,婺源茶道表演队在国内参加了多场文化和经贸交流活动之后,随中国国际贸易会代表团赴科威特"献艺"。2004年5月,婺源县人民政府以"展茶乡风采,会四海宾朋"为主题,主办"第一届婺源·国际茶文化节"。2014年11月,婺源绿茶制作技艺被列入第四批国家级非物质文化遗产。2022年12月,婺源绿茶制作技艺被联合国教科文组织列入《人类非物质文化遗产代表作名录》。

茶,那么古老、醇香。婺源,千年茶乡,茶为重礼,以茶相伴的生活如此美好。

味蕾上的追寻

皮薄馅多的豆腐包，或者柔软爽口的汽糕，是婺源人早餐的标配。那菜籽油隐隐透过包皮，豆腐韭菜香气飘逸，辣油铺展在汽糕表面，葱花点撒，软糯、滑爽，都是对食欲的一种诱惑。

起锅，趁滚，吃得热乎乎的，那种惬意与舒坦，只有置身其中，才能体会得到。

如果佐粥的是一碟酸辣椒、酸薤头、酸豆角、酸萝卜条，或者豆腐乳，那就心满意足了。

每一个婺源人对饮食、味道的偏好，完全出于一种家乡情结。

豆腐包只不过是婺源人俗称"菜包"的一种，以馅料起名，简单明了，萝卜馅的称萝卜包，荠菜馅的称荠菜包，品名依馅而定。如果是包肉馅的，那无疑是称"肉包"了。

细心的人发现，婺源人家的早餐随着"四时八节"也会悄然发生变化，年糕、清明粿、木心粿、灰汁粿、汽糕、馍粿、菜馅粿、糯米子糕、蛤蟆酥、烧麦、粽子，花样翻新。有别于其他地方的是，粽子是婺源人家春节的应节食品，而婺源端午时兴吃汽糕。究其原因，更多的是先民考虑粽子在春节期间利于存放，开春出外劳作方便携带、食用。所有这

每一个婺源人对饮食、味道的偏好，完全出于一种家乡的情结。（詹东华 摄）

些食品，都是以米为主料的。

婺源耕地历代或垦或废，变化较大，粮食生产波动更大，在置县前后没有发现数据载记。

"农终岁勤劬，亩不获一口之入"；"子妇拮据，场仅告涤，瓶已云空，冬月多挖蕨根以充饥。……农之苦，孰有如婺者"；"一亩所入不古六斗，……幸而岁丰所入可饱半年，余皆取于浙江、江西等处"。旧志中类似的载记，直通婺源遥远的农耕年代。婺源"山多田少，稻谷产量低，水稻收成难以满足需求，农家多利用山地种植苞芦（玉米）、番薯、粟米等杂粮"。"乡间东、北多山，贫民种玉蜀黍作饼食。"古时以耕种为主的婺源人，日子过得紧巴巴的，连一日三餐吃饱都困难，灶间的烟火也生不出多少花样。况且，所种庄稼还经常受到野猪、猴子、狗熊的侵害。"巧媳妇难为无米之炊"。于是，乌佬（狗脊根粉）粿、豆腐渣粿、苞芦饭、苞芦粿、番薯粥、粟米粥、豆角番薯饭、南瓜豆角饭，成了一日三餐的补充。

"居乡者，数月不得沾鱼肉，恬以为常。"况且，无论是田间耕种，还是上山劳作，耗费的都是体力，免不了出汗，这是导致山村人家饮食口味偏重的主要成因。口味偏重体现在蔬菜的腌制（辣椒、豆角、萝卜、藠头、青菜、芥菜、雪里蕻，都是腌菜的主要原料），鱼、肉、禽的风干、腊制、烟熏上（鸡、鸭、鱼、肉，包括猪头、猪耳、猪腿、猪脚、猪肠，都是风干、腊制、烟熏的主要原料）。盐，无疑成为食品最好的保鲜剂。

"一日省一餐，一年省几斗"；"省、省、省，一筒米打块饼"。民谚中虽说的是婺源寻常人家的节俭，从另一个层面却道出了婺源人对谷物的倚重和食物的珍视。而婺源文士之间性情使然，他们对饮食、味道、环境，一饮一啄，都有讲究。"盘菜味拒霜雪气，地炉火带竹松香。年来无好藏味迹，欲向山伦惜草堂。"明代婺源诗人余绍祉，在诗中袒露了心迹。

毕竟，生活是参差多态的。

那以大米为主粮的婺源，古时耕地面积有多少呢？

元延祐二年（1315年），岁赋田409699亩。明弘治五年（1492年），岁赋田378995亩，较元延祐二年减少7.5%。万历十年（1582年），岁赋田383961亩，较弘治五年增加1.3%。清康熙元年（1662年），岁赋田429100亩，较万历十年增加11.75%，较元延祐二年增加4.73%。民国二十三年（1934年），全县耕地427908亩，与清康熙元年基本相等。(民国)三十七年(1948年),县府上报全县耕地面积254218亩,较二十三年减少173690亩,减少了40.59%。

从旧县志载记的耕地面积中,即可走进古时婺源人生活的深处。彼时,"由于元末战乱,外地人口纷纷避乱来婺山居,人口增多"。"洪武四年(1371年),全县人口有27640户、120564人。"此后300多年间,随着人口外迁,以及"水旱灾荒频发","人口剧减"。直到清顺治之后,人口才"逐年有所增长",在乾隆十六年(1751年),全县已达户数"42831户,142190人"。到了"民国三十七年(1948年),全县有30540户,143663人"。问题是,耕地少,产粮不足,能不能解决温饱,都是一个未知数。而"水旱灾荒频发",意味着饥荒。除了水灾旱灾,还有风灾、雹灾、虫灾给农业生产带来的灾害。

因此,"所产粮食不足以自给"的婺源,早在明代就建立了常平仓(又称廉惠仓,为婺源县的官仓,丰年由官府积谷藏储,遇灾荒用以赈济灾民)和社仓。社仓与"邑中常平相辅而行,常平主积以备欠,社仓主贷以利农,取息不多,春夏之交,农民藉以济之,而无告贷素封倍秤偿息之苦"。社仓在明万历初年始建时,婺源只有东乡古坑、北乡清华、南乡董村、西乡霍口4所。清乾隆二年(1737年),又在此前"四乡"增建了1—2所。社仓管理民主,社长、副社长由社民选举产生,3年为一届。在官仓与社仓之外,"乡人多捐资兴建义仓",共同发挥其救灾的效能。光绪《婺源县志》记载有义丰仓、义济仓、集积仓等28所。事实上,民间建立义仓的数量比记载的还多。明代邑人余懋衡在《北乡富教堂记》中有记:"邑故有预备仓,然遇祟及赈,大半饱积胥市猾。乡民赴领,忍饥待哺,至不偿往返费,间持空囊以归。不如乡有峙积,望门投止,稍治升斗,得济缓急之为便也。"

春种秋收,婺源人对水稻的虔敬,几乎贯穿了稻子一生。春天秧苗发青之时,按农家风俗,要到秧田边供请土地菩萨"安苗",祈求护佑秧

多彩晒台（汪立浪 摄）

苗苗壮。插秧的那天清早，农家要"开秧门"，祭祀"五谷神"，以祈五谷丰登。婺源一些乡村在春季或秋季，还形成了"春醮秋醮"的民间习俗。在婺源，春醮又称春祈，而秋醮亦称秋报，前者以祈"五谷丰登、六畜兴旺"，后者则是以祈"合村平安、消灾避祸"。

只要有田地可以耕种，即便穷乡僻壤，也会给生活带来生机和希望。主粮不足，杂粮补，如种番薯、苞芦（玉米）、大豆、粟米、荞麦，等等。何况，还可以利用山坞坡地和房前屋后边角地，种植瓜果蔬菜。

久而久之，俭朴持家的婺源人家，日常餐桌上就有了"盂饭盘蔬"。

"君看百谷秋，亦自暑中结。"一到每年大暑前后，在新谷登场之时，婺源人家以"吃新"习俗来表示感恩："煮新米饭或做新米粿"，"供献'五谷神'和祖先"。如果到了农历七月十五，也即中元节那天，田里的稻谷还没有成熟，那怎么办呢？"有的农家便在田间摘几株稻穗，放在饭甑里的米饭上,供献'五谷神'和祖先,表示开始'吃新'了。"

确实如此,田地的收获,劳作的意义,何尝不是藏在一粒米之中呢?

民以食为天。古时只有"瓜果半年粮"的婺源人,对此话的理解更为深刻。民间俗话"雷鸣打",即是"遭雷公劈"的意思,如此恶毒诅咒,能够匹配的,除了谴责伤天害理之事外,那就是对人为浪费粮食的行为。

婺源,是"八分半山一分田,半分水路和庄园"的山区县,独特的地理环境和自然资源条件,催生独特的饮食文化。在拮据的年月,婺源寻常人家对一日三餐没那么讲究,早晨习惯柴火灶捞饭蒸饭,米煮成饭坯即捞出,剩下少量的饭粒与米汤煮成粥。粥的浓稠程度,体现早餐的质量。蒸饭坯时,在饭甑沿蒸上番薯、苞芦,就算把早餐应付了。也有的,用头天晚上的剩饭,下锅清水煮,撒些菜叶、食盐,一锅菜泡饭就完成了。家境稍微殷实一些的人家,煮菜泡饭时会加些索面(面条)、番薯丁,以及腊猪油调味。去山间田野劳作的农户,需要早出晚归,早餐必须吃抵饥的"硬货",如番薯、苞芦、炒饭、粽子,等等。

而调味的腊猪油,寻常人家腌制的初衷,是为了便于一年四季存放,以备缺油之需(通常炒菜用素油,即菜籽油、山茶油)。没想到,腊猪油腌制出的咸油味,给婺源粉蒸菜、清炖菜带来了味道上的意外惊喜,成就了婺源菜肴中难得的人间烟火味道。也就是说,腊猪油的碳水化合物、脂肪、蛋白质,融入粉蒸菜、清炖菜中,能够提鲜提香,那口感激发的是食欲,还有味蕾上的享受。

这,也是人们对婺源粉蒸菜绵软柔滑、清炖菜清香鲜嫩,一直青睐的所在。

县人爱吃粉蒸菜,无论荤腥园蔬都喜用生米粉蒸,如蒸鸡、蒸鱼、蒸肉、蒸猪脚、蒸白菜、蒸苋菜、蒸莴苣、蒸南瓜、蒸豆角、蒸芋头、蒸萝卜、蒸野菜，等等。还有用板栗、芋头、萝卜、冬笋等与猪肉混合蒸，称为蒸杂碎。除此，也喜用米粉糊菜，如糊猪肺、糊豆腐、糊豆芽，等等。

记载中列举的，只是婺源蒸菜、糊菜的一部分，摆上餐桌的，远远不止这些。既然"无论荤腥园蔬都喜用生米粉"，那磨米粉的手工石磨，无疑是婺源人家的必备用具。其实，手工石磨在婺源人家用途很广，不仅可以磨米粉、磨辣椒酱，还可以磨豆浆做豆腐，磨水粉蒸汽糕，磨苞芦晒"苞芦松"。

时间在推移，磨盘也绕着磨芯在旋转，而俭朴好客的婺源人，对生活的耐心，以及对食物味道的追求没有变。至于饮食上"食不厌精，脍不厌细"，还有"珍馐美馔"，那都是科第出仕的婺源文士，寄命商海的婺源富商，他们回归故里"会客于茶楼酒肆"，相互交往的美食习尚。

"肴馔之美，贵在本真。"婺源菜，以"糊"与"蒸"为主，虽然源自农家的家常菜，却让人在身心体验原汁原味的同时，不知不觉地获得了食物的益身与养生。

在中国菜系的序列里，婺源菜属于"八大菜系"之一的徽菜，却在传承中有了创新与发展。"无蔬不可糊，无荤不可蒸"，是婺源菜的独家风味。无论是岁时节令的宴席，还是居家过日子的家常便饭，婺源人都欢喜将荤腥时蔬与米粉相拌，入甑蒸，入锅糊，烹饪起来不繁杂，却得食之真味。

聚族而居的婺源人，重节庆、重礼仪，热情好客。所有这些，都是不断提升烹饪技艺，促进饮食文化发展的原动力。每一个村庄，都活跃着一个或几个烹饪"高手"，有的是家庭主妇，有的上了年纪，已当上了奶奶、婆婆，她们无一例外，都是乡村特色菜肴的代言人。据记载：

县人每逢结婚、寿诞、建新房等喜庆之日，必办酒席，宴请亲朋。菜肴以丰盛为诚敬，县城和东北乡尤甚。一般酒席，配有佐酒菜八碟，主菜有四蒸、四炒、四煮、四海（海菜）、四汤，还有四点心，均以荤腥（鸡、鸭、鱼、蛋）为主，咸、酸、甜、辣参杂。酒席丰满的，菜肴更多。结婚、寿诞、建新房称红喜事，菜数成双；长辈丧葬称白喜事，菜数为单。

俭朴持家的婺源人，日常餐桌上虽然只有"盂饭盘蔬"，却用心用情烹饪宴席，即便是一道道家常菜，也烹饪出了至味。婺源民间有句俗话，磨刀不误砍柴工。做菜，亦是如此。大凡宴席的菜肴，从选料、备料，都是经过精心准备的。

慢工出细活。亲朋好友对菜肴味道的认可、称赞，是她们最好的慰藉。

总体来说，"不时，不食"，是婺源人顺应时令，长期形成的饮食习俗。山地上的野菜，菜园里的时蔬，都是婺源一年四季糊菜的主要原料。春日，菊花菜是婺源糊菜的首选——取其茎叶切成碎末，入高汤，拌米粉，稍加熬制就有了凉爽清口与浓郁的菊花芳香；夏秋时节，路边野地的马齿苋，焯水去涩，用高汤与米粉也可糊出微酸滑爽的美味。在花样繁多的糊菜中，糊豆腐是当之无愧的代表菜，也是婺源传统宴席必不可少的佳肴。首先，将豆腐切丁或捏碎，倒进煮高汤的热锅里，加上虾仁、肉茸、香菇丁、火腿末等调料，一手搅拌，一手撒米粉，煮至浓稠适当后放入切碎的香菜，出锅再浇上小磨麻油，撒些许胡椒粉和葱花。青是青，白是白，滑嫩鲜爽，香糯可口，是为一绝。

此外，萝卜菜芽、青菜、莴苣、鱼腥草、黄瓜、南瓜，以及瓠子，都能糊出一碟佳肴。

婺源蒸菜的原料就更丰富了，可荤可素，荤的如鸡、鹅、鱼、肉，甚至排骨、猪脚、猪肠皆可拌米粉粉蒸，素的更多了，白菜、萝卜、苋菜、莴苣、丝瓜、冬瓜、南瓜、豆角、扁荚、落苏（茄子）、芋头、番薯叶、山蕨、黄花、马兰、茶菩藤等无一不可。还有将各类蔬菜、野菜焯水晒干,需要食用时浸泡一下,就可以拌粉入锅蒸(当然,干菜与猪肉一起煮,也是不错的选择)。蒸熟的干菜,丰富的食物纤维会增加嚼劲,香味浓郁。粉蒸肉是婺源蒸荤菜中的招牌菜,将五花猪肉切成块状,用豆瓣酱、料酒、姜末、盐拌匀,腌醒半小时,再滚上生米粉,入碗放在蒸锅,大火蒸上一小时即可——肉质的层次融合,丰腴细腻,肉香纯粹,肥而不腻,别有风味。

尤其是婺源俗称的"农家乐",不仅可以做到"一锅熟",还能保持"一甑鲜"——饭甑蒸饭,在饭上再铺上荤素搭配的菜品一起蒸,如腊肉蒸黄花、腊肉蒸山蕨、腊肉蒸苋菜、蒸莴苣(掺入少许鱼腥草,味道更佳)、南瓜蒸豆角、落苏(茄子)蒸豆角等,饭与菜的香味在旺火蒸腾中互相渗透,香气氤氲,特别鲜美。

野菜、山珍,自然的馈赠,一旦与家常的食材搭配,风味凸显。

山野间,草木葳蕤。不仅马兰、水芹、苦荠(败酱草)、强盗草(鸭掌芹)、野芝麻、山蕨、竹笋等野菜轮番登场,成为餐桌上的首选,许多树叶、花朵也可以食用,如南烛叶滤汁拌糯米蒸乌饭,猪头花(野紫藤花)焯水凉拌或粉蒸,金樱子花氽汤或拌米粉摊鸡蛋饼,那过程与味道都是妙不可言的。

至于野生的香菇、木耳,可遇而不可求。

腐婢,又称观音柴、豆腐木,有清热解毒的功效。摘下鲜叶,沸水浸烫,揉搓,沙布滤渣,然后在滤出的腐婢中加入草木灰纱包,进行均匀搅拌,即可做成翠润、滑爽的腐婢豆腐。喜欢吃甜的,腐婢豆腐加糖,口感滑爽,入口即化。不喜欢甜味的,可以加姜蒜入锅氽汤,出锅撒上葱花。那嫩嫩的,带有草木清香的口感,即便是魔芋豆腐都不可比拟。

在应季菜中,婺源民间还有特别的做法,那就是"火煨"。当新鲜采摘的辣椒与火灰或炭火相遇(即使炭火,也是小火,不能急,慢慢煨),辣椒的样貌与质感,在二三分钟之内就发生了神奇的变化。然后,用火钳将辣椒夹出，轻轻拍净火灰，放在袖珍石臼，抑或碗中，与蒜瓣一起捣碎，加少许食盐、小磨麻油，即可食用。辣椒地道的辣味，火煨激发的辣椒鲜香，还有与蒜香的融合、缠绕，带给人们的是不一样的味蕾享受。

"清溪流过碧山头，空水澄鲜一色秋。"中秋，不仅是季节的分野，还是团圆的节日。婺源人家的中秋往往从耐人回味的菜肴开始。千百年来，婺源乡村人家有沿涧沿溪挖塘筑池，进行流水养鱼的习俗。由于山高水冷，鱼以野生自然植物为食，色泽乌黑，生长缓慢（一年还长不到1斤）。婺源人对流水池塘养的草鱼，有一个贴切的称谓——冷水塘鱼。然而，这些冷水塘鱼平时是舍不得吃的，只有到了中秋节才会捞上几条，连同"酥月"（婺源本地的传统月饼）、"江湾雪梨"一起馈赠亲友。

清炖冷水塘鱼头、粉蒸冷水塘鱼肉是婺源人家中秋餐桌上一道不可忽缺的珍肴美味。无论是清炖或粉蒸，大都要用盐、料酒搓腌过。清炖时，姜片、蒜头、香葱、腊猪油都是必不可少的，水烧开后入锅，旺火炖上15分钟左右，即可尝到清炖冷水塘鱼头的鲜美。纯正的冷水塘鱼，汤汁乳白浓酽，肉质清鲜甘甜，味道鲜香无比，富含蛋白质、氨基酸、不饱和脂肪酸。粉蒸的冷水塘鱼，则要采摘一种婺源人称之为"塘鱼草"（石菖蒲）的植物，洗净铺在竹制的蒸箅上，然后将鱼块滚上米粉、紫苏抑或香苏，水烧开后入锅蒸上8至10分钟，出锅时浇淋熟菜油、酱油。鱼的鲜美爽嫩沁入植物的清香，妙不可言。清炖冷水塘鱼头、粉蒸冷水塘鱼肉，滋味与营养，都堪称婺源菜肴中的上品。

中秋，是婺源人家一年之中看重的节日。一般人家，晚宴都要摆上12大碗，8样小碟，再温上一壶带着田野糯香的水酒，一家人长幼有序，斟上水酒，"满之""干之"，让醇和甘甜在舌尖与心间回荡，其乐融融。殷实人家，还要千方百计买一只野生鳖（甲鱼）清炖，寓含团圆之意。菜品虽然各有喜好，但招牌菜基本上是一致的。

在婺源夏秋之夜，比薜荔凉粉还消暑的是一道美味——炒螺蛳。

从夜幕四合到午夜钟声响起，街边夜宵摊铁锅与螺蛳嚓嚓地欢吟，泥炉上飘逸的螺蛳鲜香，时时会勾起人们吸吮的欲望。关于乡村的许多轶事，很快被此起彼伏的"嘬嘬"声淹没了。在婺源，夜里最过瘾的事，除了喝茶乘凉看萤火虫数星星，莫过于去炒盘螺蛳嘟嘟。

螺蛳的来源，是山中缓缓而淌的小溪或河流，灵动、清冽。山里流淌的溪流，从源头开始就具有养育性，不仅养润着人、土地、鸟、水草、鱼虾，还有螺蛳。一到夏秋的日子，那青壳的螺蛳匍匐于浅滩的鹅卵石上，时时牵引着人们的目光。许多人欢喜赤脚走入浅水中，提一竹篮或提一鱼篓，加入捡螺蛳的队伍。不过，与捡螺蛳的惬意相比，要想嘟到螺蛳的鲜香，却要经过繁复的过程——从河里捡来的螺蛳拎回家，是不能马上炒食的，还必须净水漂上半天或一天褪去泥腥，再用老虎钳一枚枚地剪去螺尾，备上紫苏、葱、姜、蒜等多种佐料，才能入锅爆炒，然后转小火加入豆瓣酱，以及啤酒焖上二三分钟，收了汤汁即可出锅，装盘时撒上葱花，一盘调动味蕾的炒螺蛳才算大功告成。

炒螺蛳作为婺源地方风味小吃，不仅炒法有讲究，要想吃得潇洒也决非一日之功。在吃的技巧上，嘟，是上下唇与舌尖上的功夫。嘟一嘟，两腮仿佛都陷了个小窝。娴熟的如蜻蜓点水，单手筷子一挟，用嘴对着螺口一嘟，就尝到了鲜美的螺肉。反之呢，"嘬嘬"几声之后，还要双手并用求助牙签，才能把螺蛳肉从壳里剔出来。怕辣的，虽然吃得鼻尖脑门上冒汗，却还是停不下筷子。索性，不管不顾地嘟起来，连肉带汤汁一起吸入，又鲜又香，欲罢不能。

俗话说，一斗螺蛳三斗壳。嘟上半天，螺蛳壳一大堆，能够下肚的螺肉并没有多少，关键是享受嘟的过程与味道。说到底，一盘炒螺蛳，食材、火候是关键。

打开婺源人家年夜饭的情景，那堂前摆满佳肴的八仙桌上，与喜庆色调最为贴近的，莫过于清炖荷包红鲤鱼了。"吉庆有余（鱼）""连年有余（鱼）""富贵有余（鱼）"……一尾通体红艳的荷包红鲤鱼，在婺源人心目中开始氤氲古老的寓意。似乎，家家户户一年比一年红火的日子，荷包红鲤鱼便是最好的凭证。

往往民间美好的食物，总是寄予了人世间的温情与暖意。

以形似荷包而得名的婺源荷包红鲤鱼，民间的推崇可谓到了极致，它曾与婺源绿茶、龙尾砚（歙砚）、江湾雪梨一起，以"婺源四大名产"的身份经久地出现在公众的视野。

历史的波光，映着一尾尾红鲤鱼游入婺源溪流之中。那是神宗皇帝的赏赐。

水是鱼的天空，也是鱼的产房。意想不到的是，告别了皇宫御花池的红鲤鱼，在婺源青山绿水间繁衍生息，身体竟然蜕变得千娇百媚，有了"雍容华贵之体态，鲜妍吉庆之色彩"。一旦，荷包红鲤鱼离开了婺源水系的滋养，其外形、颜色、肉质、营养，都会发生变异，而且屡试不爽。

通体红艳、拥有富丽金鳞的荷包红鲤鱼，在婺源民间历来被视为吉祥、喜庆的物种，不仅养在池塘中作为观赏，而且婚嫁迎娶作为礼品馈赠，更是年夜饭和宴席上一道必不可少的佳肴。早在200多年前，清代婺源学者汪绂还发现了婺源荷包红鲤鱼美味之外的药效价值：此鱼"和脾养肺，平肝补心，孕妇最宜食之，安妊孕，好颜色，止咳逆，疗脚气，消水肿，治黄疸"。

在"无荤（菜）不能蒸，无素（菜）不能糊"的婺源菜肴中，荷包红鲤鱼称得上是地方特色风味鱼馔，烹饪虽然可清蒸可粉蒸，亦可红烧，但从原汁原味去考量，清炖最能突出营养和鲜香。其实，清炖荷包红鲤鱼的烹制方法简单易学，首先将鲜活的荷包红鲤鱼剖好洗净，抽去鱼筋，分别在鱼身两边划上斜花刀，用一小块腊猪油揉搓鱼身，再放入盆内撒上少许食盐、料酒，腌渍二三分钟即可。此刻，趁着准备香菇、姜丝、葱白等配料，刚好把锅中的水烧开，入锅盖上锅盖，大火清炖12分钟左右，一道鲜香扑鼻的清炖荷包红鲤鱼就可以摆上餐桌了。

梦里老家（詹东华 摄）

腊猪油，时间造化的味道，它在清炖荷包红鲤鱼中的提鲜提香，不断俘获婺源人和外地食客的味蕾。

细究起来，婺源真正实现饮食的华丽转身，是在千禧年发展乡村旅游开始：婺源"三色"、婺式粉蒸藕夹、泥鳅炖豆腐、筒骨炖苞芦、酒糟辣三蒸、思乡排骨、生煎牛肉、猪肚包鸡、白切鸡、徽州腌鲜鳜、清炖鳝鱼、盘鳝、菊花羹、野生菌小米羹、麦香养生羹、太极八卦糊、粉蒸松子鱼、秘制猪手、牛气冲天、云雾茶香肉、竹签无骨鱼、稻香田螺鸭、富贵红鱼拼虾球、蒜茸虾仁、进士猪脚、霸王牛蹄、腊肉炒藜蒿、腊肉炖笋、一品荷香鸡、一品神仙鸭、鱼羊一锅鲜、烤全羊、养身汽锅鸡、酒香醉蹄花、婺里看花、婺源皇菊丸、金丝红鱼丸、翡翠虾卷、果蔬鱼茸卷、黄金香脆卷、富贵石榴包、滋补药膳甲鱼、美容养生野菜球、特色中华荷包红鱼，等等，这些菜肴是在本土菜肴的基础上，进行了改良和创新。一道道美食锦上添花，不知让多少来自天南地北的旅人一饱口福。比如农家乐，其实就是婺源的粉蒸菜，只不过是蒸菜的器具——饭

355

甑，换成了微缩版而已。

乡村民俗活动、旅游业的发展，不断促进了婺源饮食从材料的选用、烹饪的技艺，以及形式表达的提升，在烹饪方式上，以"蒸"、"糊"为鲜明特色，最大限度地保留了天然食材的原汁原味。在溪头龙尾等地，菜肴的制作挖掘"医食同源，药食并重"的中医养生原理，将饮食菜肴与中医养生原理相结合，形成了婺源美食鲜明的地域特色。

而药食同源的中药材，大多来自山野，如灵芝、黄精、铁皮石斛、何首乌、伏苓、党参、三七、甘草、桑葚、大蓟、藿香、百合、山楂、薄荷、菊花、白芷、蒲公英、葛根、板栗、青梅、罗汉果、杏仁、桃仁、芡实、莲子、蜂蜜，等等。

从果腹，到讲究色、香、味，再到原汁原味本真味道的回归，这既是婺源人味蕾不断追寻的过程，也是饮食习俗中透出的民间智慧。一道道家常美食，经年抚慰着婺源人的胃和乡愁。

想来，在饱览婺源山水和感悟乡村文化之后，不可辜负的一定是美食。

WUYUAN
THE BIOGRAPHY

婺源传

第九章 只此青绿

树的荣光

沱川东山寺"槠树王"的身世扑朔迷离。

尽管这棵树的保护等级,婺源县政府在2014年就定为国家一级,但这棵苦槠的树龄只是概数。

> 沱川乡王家村后山的苦槠树,相传长于汉代,是婺源最古老的一株树,早在唐代就被村民视为汪帝菩萨的化身,在此建庙三座,取名东山寺,其中最大的一座称汪帝庙,该树胸径3.66公尺,高约15公尺,冠幅半径约15公尺,经历二千多年仍生机蓬勃。树干中空,能放置一张八仙桌,人可自由进出,是当地一景。

在婺源县林业局1986年编印的《婺源古树》一书上,沱川乡王家村的苦槠树是婺源发现"最古老的一株树"——汉代苦槠,"唐朝银杏、千年楠木、北宋紫薇、南宋牡丹"都排在它身后。

此后,在1993年版《婺源县志》中,东山寺"槠树王"的身份得到进一步确认:"东山寺苦槠,在沱川乡王家村后东山寺。相传此树长于汉代,有2000多年树龄。树高15米,胸径3.66米,冠幅半径约15米。

婺源清华苦槠树（汪立浪 摄）

树干中空，能放置一张八仙桌，人可自由进出。"

而东山寺出现在《徽州府祠庙考》中，只是"东山寺，在沱川，余氏众建"，也没有标明始建年月。在东山寺前方，清代嘉庆年间的铁钟、风化的石碑，以及苦槠树神神龛，都是不同年代时间的注解。

苦槠，壳斗科，锥属。这棵"槠树王"树皮皲裂、起翘，树身朽空，形成的洞窟也完全塌了，树兜只剩下一圈树皮，以及开叉的枝干。究竟是什么劫难让它落得如此模样，根本无从知晓。不过，失去了树身，仍然活着，足以显示"槠树王"顽强的生命力。一只天牛，二队蚂蚁，同时在朽木上出现。蚂蚁钻进朽木的缝隙里，从树兜到树梢，宛如在千山万壑中远征的大部队。树身空了，树的年龄，树的过往，都成了谜团。这一切，并不影响它盎然的古意。它的变老与生发，是经历了怎样的生命涅槃呢？

物竞天择，适者生存。

王家村，俗称"寺底"，说明建村年代晚于东山寺建寺，而"楮树王"早在唐代就已经"被村民视为菩萨的化身"了。虽然"楮树王"的身世无从稽考，但当地民间慰藉人的故事比树的枝丫还多。村民一旦把精神寄寓一棵树，这棵树便有了自然的玄机。

树兜凹陷的地方，砌一神龛，传统形制，方方正正的。神龛是供人敬香、祈祷的地方，一个神龛专属一棵树，那这棵树自然多了几分神秘。

一棵苦楮树，一座寺庙，在王家村后山相互见证生命的传奇。

午时的阳光当头照下，恍惚"楮树王"的每一片叶子都泛着光。神龛朝向的地方，是王家村、是河东河西，还有沱川远处的崇山峻岭。

沱川古树的存量，虽然不能与江湾、镇头等地相比，却是婺源古树古村较为集中的地方，西北的鹅头尖处于赣皖交界，海拔1224米，理坑、溪头、金岗岭、篁村、查平坦等，古树古村相拥，共同汇成沱川绿色长廊。

如果溪流是这些古村的经纬线，那参天的古树就是地标。

苍翠蓬勃，树身斜展、枝干遒劲、表皮浅裂，是篁村罗汉松耸立在溪边土坦上的样貌。而圆形的松木栅栏，拓宽了罗汉松的生长领地。博落回、龙葵、狗尾巴草、马蓼、丝茅、苎麻、青蒿、犁头草、牛筋草、大蓟、菟丝子，以及小叶海金沙在树兜周围肆意生长。一只红嘴蓝鹊站在罗汉松树梢上鸣叫，与溪边香樟树上的同伴呼应着。倏忽，又一前一后向着笔架山乔木林中飞去。

这棵列入"江西十大罗汉松"的古树，编号1706，"树龄约900年、胸围4.6米、树高10米、冠幅14.4米"，保护级别为"古树一级"，责任单位是"沱川乡河西村篁村组"。事实上，罗汉松早在20世纪60年代就列入了《世界自然保护联盟濒危物种红色名录》（IUCN）。

不承想，这棵让人动容的罗汉松竟然是倒插的，不仅落地生根，还决定了一个人的去留和一个村庄的诞生。那是"北宋末年，桐城主簿余道潜路过婺源,见城北远处高湖山一带,重峦叠翠,景象非凡,于是循径而走,行至沱川篁村,随手在溪边倒插罗汉松一枝,不久插枝长出绿叶,生机勃勃。余(道潜)认为这里定是'养人宝地',随即定居于此"。《婺源古树》所记载的,是篁村世代相传的故事。余道潜回到《沱川余氏家谱》中,他与朱熹的父亲朱松是北宋政和八年(1118年)同科进士,于北宋宣和二年(1120年)迁入,为沱川余氏的始祖。

> 时朱勔采奇石异卉贡献朝廷,将次桐庐,道潜曰:"吾岂剥民以媚权贵。不去,终必有祸。"遂挈妻子之婺源沱川(篁村)。未逾年,方腊果起兵,以诉勔为名,浙东西遂大乱,人始服公之先见。

余道潜举家迁入篁村的缘由,载记于光绪《婺源县志·寓贤》中。余道潜令人刮目相看,还有一个重要的原因,那就是朱熹曾为他的画像题赞:"精神秋水也,莹澈清滟;心胸开阔也,江淮济渎;忠以事君也,诚一不二;谨以抚下也,事毫不苟。噫!宜其德光于前,至今后裔能不固守。宁徽郎直徽猷主管台州崇道观,年家弟朱熹拜题。"至于余氏开枝散叶,人丁兴旺,分迁另立村居,在周边形成了鄣村、燕山、理坑、东坑等村落,那是后来的事了。

地理、植物、生命,赋予了时间的意义。

树的粗粝,草的柔软,对比强烈。况且,周边有爬满薜荔的砖墙,蜿蜒的溪流,连接大夫桥的古道,寓意笔墨纸砚的古树、池塘、田地、山峦,以及"始基甲第"题额的余氏宗祠。

罗汉松之于篁村,是漫游,也是召唤。

篁村面向笔架山,背靠的却是云衢山。在古樟古枫,以及罗汉松的遮蔽中,云衢山还存有"不二山房"遗址——石基之上,曾是明清时期的经馆书院,明代诗人余绍祉、余绍禄,清代学者齐彦槐都曾在此读书修身。他们,无疑是在篁村罗汉松旁穿梭或凝望的人。"三间草屋藏山坞，万树松花照石泉"所对应的，应是婺源乡村"山间茅屋书声响，放下扁担考一场"的场景。本来，"不二山房"只剩下残基、石阶、石碑，荒凉、落寞，是古樟虬枝斜逸，树荫铺地，又有了几分静雅。诚然，那苍翠的古樟，是云衢山中"寻史考据"的最好物证。

绵延的云衢山，古树遮天蔽日，古道旁一块清代康熙年间约族禁伐林木的禁碑已经风化。即便在无人居住的云衢山，依然可以看到婺源县人民政府挂上的名木古树标牌。醒目的标牌上，那一个个数字编码，好比是一棵棵古树的身份证。山径、石碑、古树、鸟鸣，都是生命的存在，它们与山垄、乔木、茶丛、虫豸融合一体，共同组成了云衢山的深幽与静谧。

树，是群山的子孙。在婺源的秘境里，群山绵延，树大根深，全县挂牌保护的13221株古树名木成为自然与文化的共同遗存。去追寻一棵古树，与一棵古树对话，即是向乡村历史的深处掘进，向乡村的先祖和自然山水致敬，去实现自然的朝圣之旅。比如：清华的苦槠、游汀的罗汉松、金岗岭、篁岭、方思山、龙池汰、古蜀地、卿云洞、源头的红豆杉，段莘的银杏，严田、虹关、车田、岩前、磻坑、晓起、荷田、泽山的香樟，大汜、郭山的香榧，洙村的黄楝，一都的红椆，黄砂的黄檀，龙山、庐坑、塘村、马家的楠木，李坑、厚塘的紫薇，珊厚的五谷树，石城、长溪、阆山、对冲的枫香，等等。

它们，只是在不同村庄以同样的名字生长，都有数百年，甚至上千年的身世，许多村庄因树而发端。

《燉煌郡洪氏通宗谱》载："唐大中年间（847—859年），延寿公由歙县黄墩迁婺北黄荆墩，是黄荆墩始祖。"伫立在黄荆墩上眺望轮溪的，是唐代归隐长史洪延寿。他放眼大郭山、天马山的神奇与苍翠，在黄荆墩植下香樟一棵，萌发了心中无限的诗意："崛起石垒墩，仰依天马峰。天马高高昂驰骤，俯瞰轮流溪浪洪。余欲览春色，一一植樟松。瑞蔼氤峰龙池拱，金乌玉兔喜相逢。风雷隐隐郭山麓，沿陲培荫育青枫。青枫林绿叠青峰，枫峰尽化老苍龙。"

究竟，古时的黄荆墩又是一个怎样的地理样貌呢？

从黄荆墩走到武城任知县的洪量，他在明嘉靖年间写的《黄荆墩记》中给出了答案："问今之轮溪始何名，曰：古所称黄荆墩是也。其地自率水发脉，从北转西抵通元洞，历角子尖迢递，而南高耸御屏，遂降势结局，甫田崛起石墩，峨然横距距，汇率水通元二水，而环绕之盖，形若转轮……"

如今的车田，初名"轮溪"。在洪氏后裔心中，这棵耸立在黄荆墩上的香樟有一个特别的名字——延寿樟。其实，一棵树在落地生根的那刻起，就把它的理想交给了天空。黄荆墩上，成片的黄荆丛一退再退，香樟树、桂花树、茶树站了起来。

"清太平天国天王洪秀全，其祖居是婺源。"1993年出版的《婺源县志》，根据旧志和浙江人民出版社1982年版《洪氏宗谱》中的载记，认定洪秀全是洪氏二十七世祖洪延寿的后裔，并一一列出了他祖上的迁徙路径：

唐代，洪氏二十七世祖洪延寿（官至长史），自安徽歙县篁墩迁婺源黄荆墩（后为浙源乡轮溪，今为鄣山乡车田）定居。广明间（880—881年），洪氏二十九世祖洪古雅（官至大司农）的次子洪玉，因黄巢起义避居乐平枫木桥，再经十四或十六世，其后裔洪贵生又迁潮州（今广东）丰顺县汤田布心定居。洪秀全是潮州洪氏世系的第十六世。

拨开历史的迷雾，想不到洪秀全定都天京（今南京），专程到轮溪古樟边的大训堂祭祖，并赋诗：

如盖亭亭樟覆霓，专程祭祖到轮溪。

残庐依旧莽荆发，故墅犹新鸡鸟啼。
河曲流长翁醉钓，山崇峰峭月忧低。
裔今壮志乘天马，大训堂开阅战车。

此行洪秀全还写了一首《轮溪祭祖与钱东平于天香斋对菊饮》（今存南京总统府"漪涟阁"史实展览馆），以表达自己的踌躇满志：

近岁烟氛迥不同，天公有意助英雄。
神州被陷终难陷，上帝当崇毕竟崇。
明主敲涛曾咏菊，汉王醉酒尚歌风。
从来事业由人做，黑雾收残一览中。

诗句之中，一个人骨子里的心气是藏不住的。不知洪秀全走出大训堂，回眸凝望古樟的那一刻，是否会发现那些曾经与自己一起征战的人（也包括他自己）功名成就之后，逐渐有了奢靡、潦倒的气息？以他的才情智慧，是否会意识到，与古樟相比，自己还是一棵没有扎根的树？冥冥之中，他从心理上又是否想得到古樟和先祖的庇佑呢？

洪延寿的选择是退，洪秀全选择的是进，不同的选择，决定了不同的人生走向。

一个人对安土之地，有些是不能带走，也带不走的，譬如"延寿樟"。以这样的命名方式，更多的是源于洪氏后裔对先祖的尊崇。

车田敦叙堂、大训堂、永裕堂、六经堂、星公祠、天香院、牌坊、皓公亭、四翁亭、武城宰、刺史第，等等，都在不同年月被人为损毁，或时间销蚀，而黄荆墩上的古樟历经沧海桑田，依然苍翠如盖，屹立在天地之间。

黄荆墩的古樟下，等待的是一位位还乡的人。

树大，根深。往往能够扎根的，是民间文化丰厚的土壤。

婺源乡村生长着的千年银杏树，存于地方志与谱牒中。通常，婺源人称银杏树为"白果树"，或"公孙树"。这样的俗名都好理解，前者想必源自银杏树上结的果实，而后者则含有公公栽树，到孙子才能得果之意。事实上，银杏树为中生代孑遗的稀有树种，素有"植物界的大熊猫"之称。它结的果实，也就是婺源民间俗称的"白果"，"熟食温肺益气，定喘嗽，缩小便，止白浊；生食降痰消毒、杀虫"。

如同地标，在段莘境内耸立着4株银杏树：

> 树龄均在1100年以上；西安村、庆源村各有1株，汪槎村有2株。在汪槎村的2株银杏，一雌一雄，分别长在村口小溪两岸，根相连，冠相靠，显出难分难舍之状。古时近地男女新婚，必对树礼拜，以祈白头偕老。

拜自然所赐，汪槎一雌一雄的两株银杏树，能够在《婺源县志》中载记"以祈白头偕老"，显然是接地气的，直通民间文化的基因密码。

而庆源村的银杏树，"雌株，胸径2.04公尺，高28公尺，冠幅半径约13公尺"，树下还设有神龛，当地人称"仙子庙"，神龛中供奉的"白果仙子"竟然是传说中的"种花仙子"。与其对应的，是西安村的雄株，"胸径2.34公尺，高34公尺，冠幅占地约一亩"。在庆源人的心目中，每一株上了年纪树木的身体里，都住着一个神灵。神奇的是，庆源村与西安村相隔十里左右，彼此两株千年银杏，一雌一雄，却能够"风婆传授花粉"，"遥相结合，生男育女"。

每一株千年银杏树的年轮里，分明藏着"时空压缩"的植物、民间风俗双重通道。

往往，时光会在一株株古树的苍颜中沉淀下来：

> 文公杉，在晓林乡文公山上。南宋淳熙三年（1176年）二月，

朱熹回乡扫墓，在第四世祖朱惟甫妻程氏墓周围亲手栽下杉树24株；现尚存16株，最高的35.6米，最粗的胸围3.07米，其中一号树的树干材积达11.94立方米。杉群之罕见，被誉为"江南杉王群。"1985年列为江西省风景名胜点。

黄砂黄檀，在珍珠山乡黄砂村水口。树高22米，胸径1.44米，冠幅半径约12米；树龄近千年。

大泛香榧，在段莘乡大泛村庄。相传是明代户部侍郎游应乾还乡扫墓时，嘉靖皇帝赏赐其树苗，游应乾栽在祖坟旁，含有"流芳千古"之意。树高19米，胸径2.36米，冠幅半径约9米，每年深秋季节，硕果累累。

方思山红豆杉，在溪头乡方思山村口。树龄有1000余年，高30米，胸径2.36米，冠幅半径18米，能结出两种果实，一是红豆，一如橄榄形香榧。

洙村黄桐，在梅林乡洙村。树高20米，胸径1.82米，冠幅半径10米。数百年前，该树树干曾被雷电击开一条大裂缝，但生机不减，年年花开满树，可不结果，雷击裂缝却逐年长拢。

李坑紫薇，在秋口乡李坑村。北宋祥符庚戌年（1010年）建村时栽种。现残存半边，胸径宽0.3米，厚仅3厘米，年年萌发新枝，绽蕾开花。

……

在1993年版《婺源县志》中，开设《古树》一节，载记各地古树。疑惑的是，方思山红豆杉"能结出两种果实，一是红豆，一如橄榄形香榧"。众所周知，红豆杉是第四纪冰川遗留下来的古老树种，雌雄异株，花期2—3月，果期10—11月，是因樱桃大小的红色豆形果实而得名。而方思山红豆杉，树上没有寄生植物，却长出不同果实，是否存在植物变异，抑或其他原因，至今仍然是个未解之谜。

而段莘乡珊厚村的五谷树，"根颈直径1.10米，高约9米，树龄距今有800多年"，果实却形态各异："果实椭圆扁平，周围有狭翅，像一穗瘪谷，并有一些长如豆、圆麦形的果实间杂其中。"在婺源民间，五谷树历来被视为神奇的树，不仅眼力好的人能看出它的果实如稻、黍、稷、麦、菽之形，甚至有经验的农民还能够预测年成的丰歉。

黄桐，曾与楠木、樟木、梓木一起，位列"四大名木"。洙村，初名"洙源"，处于潋溪东岸，距梅林村8公里左右。《洙源马氏宗谱》载："明末，当地马家马贵明徙此，继有张姓迁入。"洙村的黄桐，被雷击后，伤口的愈合，以及生命的退场，都是悄无声息的。它接纳了雨露阳光，也承受了风云雷电。最终，黄桐从洙村的土地中长出来，如今也成了洙村土地的一份子。值得一提的是，它还存活在洙村老辈人的记忆中，存活于地方志的文字里。

列入国家重点保护野生植物名录（II级）的闽楠，在凌云桥头高耸入云。这棵跻身"江西省十大古闽楠"的楠木，2021年立碑保护："闽楠，樟科，楠属；树龄：约510年；保护级别：古树一级；责任单位：婺源县浙源乡庐坑村委会。"

"水声无昼夜，山色有春秋。"在庐坑"崇炎社庙"旁，还有三棵粗壮的闽楠，只是年龄比凌云桥头的闽楠要年轻一些。闽楠安静地站在那里，向着山垄之上的箬笠尖行注目礼。

迎着风，一棵树的浓荫在鸿溪边荡漾开来。这棵树的树种是"四大名木"之一——香樟，却活成了千年的样子。树高26米，胸径3.4米，树皮粗糙,上十人才能合抱,那树冠的浓荫就更广了,能够罩地三亩。

或许,高耸、苍翠,还有岁数长,才是"虹关古樟"名声的来由吧。好比村民长寿一样,古樟是虹关生发的资本,吉祥的寓意。

在婺源,有樟就有村,无樟不成村,村前村后都能看到香樟"亭亭如盖"的身影。一棵树,有一棵树生长的秘密。而虹关古樟的秘密,藏在它的身世里。《鸿溪詹氏宗谱》述及:"自八世必明公以山阴令归隐宋村。……又数传至同公复迁方村段即今之鸿溪也。"就是说,虹关最早是方姓的集聚地——方村段,北宋末年方姓外迁之后,庐源詹氏二十一世裔孙詹同,从宋村"卜居于此"。而虹关的村名,是他建村时源于"仰虹瑞紫气聚于阙里"。实际上,詹佩弦在《古樟摄影征题诗文启》中明确香樟的身世比詹同建村还早:

> 樟为吾村口古木,相传为南宋时物。自我二十一世祖同公卜居婺源虹关时则有之。……若此樟者,生于吾乡,长养于吾乡,由明蘖而拱把而数百围,常以浓阴蔽荫行人,聚天地英灵之气佑我虹关庶姓,历七百余年之久,村人奉若重器以视。夫松也、柏也、桐梓也、杞柳也,此岂有幸与不幸之别哉,抑以地灵所钟而得天独厚也。予更推而广之,复摄影于彝陵,遍乞文人墨士为之题咏,以彰灵异,他日载之家乘,传诸后世。

是否像詹佩弦预想的一样,"樟因文人之题咏而名愈传,文人之佳作亦因樟而传愈远"呢?

虹关,历史上"吴楚分源"之地,曾是徽墨的重要产地,穿村而过的古道,一头连着徽州,一条连着饶州。明清时期,婺源制墨的作坊只有一百家左右,而虹关詹氏一姓就占了八成,从中可见在外从事墨业的人数之多了。在久远的年月,村口一棵高耸葱茏的古樟,无疑是虹关人出行或回望的地标。

民国二十二年（1933年），羁旅湖北彝陵（又称夷陵，今宜昌市）的虹关人詹佩弦，收到了一张拍自家乡的古樟照片，而这张照片的拍摄者是旅居上海的老乡詹子瀚——他如获至宝，并以古樟照片广征诗词——《古樟摄影征题诗文启》甫一发出，就得到了旅外乡友和詹氏族人纷纷响应。

  虹关詹氏族绵延，生聚今逾七百年。
  地钟灵秀非偶然，倚惟古樟得气先。
  栽培远至南宋前，几番灰烬感桑田。
  下根磅礴达九渊，上枝摇荡凌云烟。
  ……

客居彝陵的婺源荷田人方克和，吟《民国癸酉暮春题同邑虹关詹氏古樟摄影》一诗以赠。寓居彝陵的"里人"詹守株，詹佩弦的父亲——詹恺良等忝列其中。出乎意料的是，客居彝陵的外地人石兆兰、卢鸿翔等也赋诗题赞。石兆兰《题古樟图》颇有气势：

  尺幅苍然肖写真，古樟画里远传神。
  灵根借得南山寿，蔚气疑逢亘古椿。
  村外又村千户荫，树间生树四时春。
  无关胜似虹关景，七百余年论废兴。

"悄然乡思展樟图，低回欲作古樟歌。……百年树人千年树，时时树德莫蹉跎。"詹守株将思乡之情和心中愿景寄寓古樟，表达了虹关旅外族人的共同心声。

作为寓居他乡的人，香樟即是故乡。

羁旅外地的詹佩弦，是位有心人，他于民国二十三年（1934年）把征集到的诗词50多首，连同古樟图、序言、征题诗文启、跋文编成《古樟吟集》，交予宜昌维新石印书局印行。

一个人连怀乡都怀得如此诗意，如此纯粹，不知给后人留下了多少怀想。

确实如此，为一棵树，征集编印一本诗集，应在世界上都属十分罕见。想必，这是一棵古树迎来的高光时刻。那集结的吟诵，好比鸿溪潺潺的水响，流淌着不息的乡愁之声。而收到诗集的每一位游子，恐怕眼睛里都会生起潮意。

其实，一棵千年古樟所储存的信息，远远超过了一本书的容量。读一棵古树，何尝不是在读家园厚土呢？有时，读一棵古树，比读一本书更为直接，更为丰富。"若问几何年曰宋曰唐古樟自晓，溯回多少事分吴分楚浙水长流。"古樟下永济茶亭的联文，丰富了一棵古樟与一个村庄的历史意趣。

在虹关，还有比一棵千年古樟生命的神奇，更为荣光的事吗？

"雨过千山润，风来五谷香。艳阳腾紫气，霜雪点古樟。"像阅读《古樟吟集》中的诗词，以及诗人、书法家对古樟的题赞一样，人们对一棵树的阅读也是常读常新的。往往，一棵古树的根，牵引着村人思乡的魂。相信每一位伫立在古樟下的人，不仅读到了一棵树与一代代虹关人的缘分，还读到了一个古老村庄的信仰。

像《古樟吟集》这样一本遗落在故纸堆中的书，能够被有识之士重新校注、辑录，给读者带来的裨益与意义，都是值得珍视的。

诚然，每一个人的心中，都有一个绿色家园的梦想。正如"里人"詹寿康在《古樟吟集·跋》中所言：

> 吾家始祖黄隐公，见隋纲之乱，自东阳郡守解组，卜居邑之龙川（庐源）。多植佳木，因名其堂为"绿树祠"。八传至必明公，观唐节度之建，由山阴令而赋遂，初退居浙源之宋庄。迨我二十一世

岭脚村树坚强（詹东华 摄）

祖同公，仰虹瑞紫气聚于阙里，因名之"虹关"，而迁焉。

虹关古为方氏之村，方姓地多栽有荫宅之株，表道之树，肖然不蠹立者，亦阴阴成林。同公审其葱茏而可以点缀芳景者勿剪勿伐，爱若甘棠，滋之培之，视同樛木……

在聚族而居的婺源，栽植树木、建设家园，不会因姓氏的变化而发生改变。正是这样一代代的坚守、传承、栽植，婺源乡村才有了香樟、枫香、槠树、檀树、楠木、香柏、香榧、青冈、红锥、女贞、水杉、红豆杉等众多树种。而虹关村周围，能够遗存那么多名木古树，也就顺理成章了。

树与人一样，需要自己的厚土家园。在毗邻虹关的岭脚村，一棵树龄三百多年的古樟，早年被雷电击中起火，烧了三天三夜，树干内部已全部炭化，竟然奇迹般活了过来。树干中空了，只剩下两张交合的树皮，却萌发了新枝嫩叶，四季常绿。只不过，它被雷电拦腰折断、烧毁，身高由原来的40多米，降到了10米左右。

古樟失去了冲天的样子，树干完全空洞，仍"坚强"地活着。它的生命如此"坚强"，很大程度上得益于根系扎得深，还有这方山水与人的呵护。这，也是这方山水与人的造化。一棵古樟因遭受劫难而"走红"，是否源自人们对坚强生命力的好奇与惊叹？

古树尚且如此，人比树应更具韧性。

诚然，在婺源乡村的秘境中，所有的古树科、属不同，长相各异，给予人的感受却惊人的一致，那就是——生命、力量。

"峰峦三省聚青芬""千重古木满岩隈"。婺源古树名木蕴含的生态、历史、文化、景观价值，是其他物种无法替代的，它与古村山水人文融为一体，构建了最美乡村的美丽画卷。

深秋，婺源枫叶飘红，银杏流金，乡村处处呈现油画般的特质。那些攀援或悬空于树身的绿叶地锦,叶子红艳,络石藤却奋不顾身,始终把树干抱得紧紧的。最为活跃的是松鼠,在此树与彼树间流窜。许多树上的种子开裂,滚落在地上,抑或被鸟儿衔走,开始酝酿一场新的生命轮回。

鸟的天堂

"良禽择木而栖。"树,是鸟的安身之所,鸟类的共同家园无疑是森林。

能够生活在婺源的鸟类都很幸运,那就是在2967.78平方公里山清水秀的大环境中,划出了12992.7公顷作为婺源森林鸟类国家级自然保护区。

这是一片充满无限生机的天地:婺源森林鸟类国家级自然保护区"地理坐标为东经117°30'~117°51',北纬29°07'~29°35'",包括鸳鸯湖片区、文公山片区与大鄣山片区。在保护区分布图上显示,鸳鸯湖片区位于赋春镇西南侧,东至赋春来龙山,南接镇头镇风洞岭坞口,西临镇头镇汪坞尖,北与赋春镇公路为界,重点保护对象是鸳鸯种群及其越冬栖息地;文公山片区位于婺源县南部,涉及紫阳镇、中云、太白3个镇,重点保护对象是蓝冠噪鹛、中华秋沙鸭、白颈长尾雉等珍稀鸟类;而大鄣山片区则涉及大鄣山和沱川2个乡,北面与安徽省休宁县交界,重点保护对象是白腿小隼、黑熊、连香树等种群、群落及其生境。

既然是国家级森林鸟类自然保护区,那为鸟类的繁衍生息提供了怎样的环境保障呢?

> 朋友，你已进入江西婺源森林鸟类国家级自然保护区，请你自觉遵守以下规定：
>
> 禁止任何无关人员进入保护区的核心区；
>
> 禁止在自然保护区的缓冲区开展旅游和生产活动；
>
> 在保护区的核心区和缓冲区内，不得建设任何生产设施；
>
> 禁止在自然保护区内进行砍伐、放牧、狩猎、捕捞、采药、开垦、烧荒、开矿、采石、挖沙等活动。

这是《婺源森林鸟类国家级自然保护区禁示牌》上的文字。森林鸟类的生存环境和生存空间，在保护区得到了最大的保障。

事实上，婺源森林鸟类自然保护区从2010年开始创建，2016年5月晋升为国家级自然保护区。那婺源森林鸟类国家级自然保护区究竟有何自然特质？

> 这里是全球极危的蓝冠噪鹛的唯一栖息地，是凹耳蛙、黄山角蟾、三港雨蛙、短尾蝮、玉斑锦蛇、白腿小隼、白颈长尾雉、中华秋沙鸭、鸳鸯等珍稀动物的重要栖息地，是婺源凤仙花、婺源安息香、光假奓包叶的模式标本产地，是众多湿地植被类型的分布地，是中国鸟类最为丰富的保护地之一，是徽州文化影响下人与自然和谐的典范。

《江西婺源森林鸟类自然保护区生物多样性研究》一书的编者在《前言》中如是说。仔细去探究，保护区内还有"陆生贝类4目17科30属65种及亚种。环口螺科和钻头螺科标本号数最多，其优势种为长柱倍唇螺、索形钻螺和棒形钻螺。且巴蜗牛科的悬巴蜗牛和细条裂多毛环肋螺是模式标本种"。

若是一只鸟捎来一棵树的消息，那么婺源本土摄影家在其间拍摄到的200多种野鸟，会是一个怎样壮阔的森林景观？即便插上想象的翅膀，也很难准确去描摹不同森林的形态。在婺源，麻雀、四喜鸟、鹩哥、白鹡鸰、白头鹎、黑头鹎、黑喉石䳭、山斑鸠、珠颈斑鸠、三道眉草鹀、大山雀、乌鸫、丝光椋鸟、灰喉山椒鸟、灰眶雀鹛、栗耳凤鹛、长尾缝叶莺、红嘴相思鸟、画眉、家燕、白鹭、小鹀鹛，等等，都是日常能见的鸟种。有的鸟，根本不避人，还成为了村庄与居民区的常客。屋脊上，屋檐下，阳台或窗台处，经常出现家燕、麻雀、乌鸫、白头鹎、山斑鸠的身影。

林涛的奔涌，似乎把鸟群的争鸣液化了，清脆、婉转，如水哨之音漫开。树身挺拔，树冠浓密，目力无法企及，很难一一去分辨不同的鸟种。

绿在流淌，鸟鸣亦然。

深入婺源森林鸟类国家级自然保护区做水鸟调查，业内人士有许多说道，他们还是觉得称之为"点鸟"最为形象，通俗易懂。在选定的观测点，他们将借助单筒望远镜等设备，对观测点的经纬度，物种数量、雌雄成幼分布，以及生活环境和人为干扰情况进行观察记录，为保护鸟类提供准确的数据支持。

鸳鸯湖区是婺源森林鸟类国家级自然保护区的三个片区之一。在保护区范围内，棕噪鹛、白颈长尾雉、白鹇、绿翅金鸠、山斑鸠、勺鸡、青头潜鸭、白鹤、鸿雁、白额雁、凤头鹃鹛、鸳鸯等珍稀鸟类种群栖息其中。阔叶林、落林带、湖岸线连成环状的山野，与湖汊、湖面、水草一起，形成了独特的生态系统。从上世纪80年代开始，就有2000多对鸳鸯选择在鸳鸯湖区越冬，被誉为"亚洲最大的野生鸳鸯栖息地"。

能够目睹如此众多的珍稀鸟类，在湖面游弋、飞翔，显然那一刻比鸳鸯湖范围更大的，是点鸟者的"心湖"，还有鸟儿翱翔的天空。

通过在鸳鸯湖、星江河流域等观测点"点鸟"，他们发现鸳鸯、中华秋沙鸭等水鸟，已然成为婺源生态环境质量的指示物种。

鸟瞰石门村（汪立浪 摄）

    列入《世界自然保护联盟》濒危物种红色名录的中华秋沙鸭，能够有20多只从长白山飞到婺源星江河下游水域的石枧、渡头一带越冬，是婺源山水的荣光与婺源人的福气。宽阔的河流，清澈见底的浅水滩，沿岸裸露的岩石，以及山上常绿的阔叶林，都是中华秋沙鸭偏爱的生活环境。不可思议的是，中华秋沙鸭称得上"潜水高手"，却在高高的树洞里营巢。同时，鸳鸯、斑嘴鸭、白鹇、白颈长尾雉、松雀鹰、普通翠鸟、山斑鸠、短尾鸦雀、凤头鹰、黑领噪鹛、红头穗鹛、画眉、红嘴相思鸟、红嘴蓝鹊、夜鹭、白鹭等60多种鸟类在星江河流域和两岸繁衍生息。

    这方山水，有鸟的亲近，就多了几分灵性。在鸟类专家和爱鸟人士眼中，星江河及其两岸，是一条独特的观鸟风景线。

    位于星江河上游的秋口镇石门村，一个可以写入《世界鸟类史》的村庄，蓝冠噪鹛在20世纪已神秘消失，直到2000年5月24日婺源鸟种调查组成员郑磐基、洪元华在该村水口林中发现它小巧而灵动的身影。

由此,"蓝冠、黄喉、黑脸、褐腰,啼声清脆悦耳"的蓝冠噪鹛,吸引了中国科学院动物研究所鸟类专家的注目。

经过鸟类专家的考证梳理,蓝冠噪鹛的身世才慢慢浮出水面:蓝冠噪鹛的初名为黄喉噪鹛,雀形目,画眉科,噪鹛属,标本"是由法国植物学家古尔图瓦(F. Courtois)于1919年间在婺源采集标本时得到的,随后依据标本命名了一个新的亚种。此后,无论是在婺源,还是在婺源的周边地区,都没有再出现过该种的标本采集记录"。1993年,林业部野生动植物保护司曾收到一份发自英国的电报,称"英国鸟类保护协会在一批从中国进口的画眉鸟中,惊奇地发现混有一只世界濒危鸟类黄喉噪鹛",同时还附有一张黄喉噪鹛的照片。而转发这份电报的,是中国濒危物种进出口管理办公室。专家分析认为,"那批混有黄喉噪鹛的画眉,来自江西婺源的可能性较大"。

2000年6月1日,人民日报以《销声匿迹八十载 山林寻它千百度——一黄喉噪鹛重现婺源》为题,刊发了消息。正是这一条新闻,引起了世界自然保护组织和国内外鸟类专家对婺源的关注:

2001年4月,德国动物物种与种群保护协会主席罗兰德·沃思博士一行,专程赴婺源实地考察黄喉噪鹛,并签订了为期3年的合作协议,每年提供4000美元的专项保护资金。

2001年10月,世界自然基金会(WWF)把婺源黄喉噪鹛自然保护小区的建设列入"中国珍稀物种保护小型基金"项目,资助5000美元用于黄喉噪鹛自然保护小区建设。

2002年10月17日,美国"福特汽车环保奖颁奖典礼"在北京举行,"婺源黄喉噪鹛保护小区建设与保护小区功能研究"荣获自然环境保护项目一等奖。

2003年4月,香港观鸟团一行15人专程到婺源考察黄喉噪鹛。

2007年4月24日,婺源县林业局就黄喉噪鹛项目与英国北英格兰动物学会(NEZS)、德国动物物种与种群保护学会(ZGAP)、法国动物物种与种群保护学会(CEPA)、英国利兹市鸟类公园(LCBC)继续签订合作议定书。

一个被鸟类学家认为很有可能灭绝了的鸟种——蓝冠噪鹛,就这样走上了国际协作保护的道路。根据鸟类专家多年的跟踪调查,蓝冠噪鹛虽在秋口石门、鹤溪、太白曹门、湖田、五店等地均有集群现身,但总数却一直没有突破250只。蓝冠噪鹛每年4月在婺源现身,8月初又神秘匿迹,此间会完成产卵、孵化、育雏的全过程。至于其他时间在哪栖息,还是留给鸟类学家的未解之谜。

而蓝冠噪鹛在世界上的保护级别却逐渐升级:2007年,国际鸟类保护联盟列入世界极危物种名录;2019年,列入《世界自然保护联盟》(IUCN)濒危物种红色名录 ver3.1——极危(CR)。

石门村水口,香樟、枫杨、槠树、枫香、糙叶树成林成片。1993年,婺源县就在石门村划定面积330公顷为自然保护小区,列入全县193个自然保护小区之一(193个自然保护小区覆盖全县所有行政村,总面积达10.98万公顷)。在石门自然保护小区,蓝冠噪鹛、鸳鸯、寿带、黄鹂、冠鱼狗、星头啄木鸟、大斑啄木鸟、小灰山椒鸟、黑冠鹃隼、虎斑地鸫、领角鸮、普通翠鸟、山斑鸠、蓝喉蜂虎等40多种鸟类生活其间。

在石门村民居的墙上,赫然写着《爱鸟护鸟倡议》:"鸟儿拥有森林,生命才有依托。人们希望在绿色中生活,鸟儿渴望在森林中唱歌。在此,我们共同倡议,主动学习,积极宣传鸟类保护知识和《野生动物保护法》,牢记树立生态保护意识,营造爱鸟护鸟的浓厚氛围……从现在做起，从我做起，为鸟儿的安全栖息繁衍提供有力保障。"

随着鸟类博物馆、研学基地的开放，石门村可谓名声在外。

蓝冠噪鹛有"鸟中大熊猫"之称，是国家一级保护野生动物。它对生态环境的"苛刻要求"，无疑成了婺源的"生态名片"。"嘀呴嘀呴"，蓝冠噪鹛的叫声和身影，再次拉近了婺源与世界的距离。

2022年12月10日，在加拿大蒙特利尔《生物多样性公约》第十五次缔约方大会（COP15）上，通过图片和视频展示，不仅让世界人民进一步认识了婺源的"稀世之鸟·蓝冠噪鹛"，同时也感受到了中国江西保护珍稀濒危物种的成功实践。

鸟，是森林中的生灵，总会带来意外的惊喜。不过，人们面对一种名叫林雕的猛禽，多多少少还是有些紧张，主要是生怕它对饲养的家禽不利。其实，民间所谓"捉鸡"的老鹰是鸢，体型要比林雕小得多。

国家II级重点保护动物——林雕，称得上是生栖于婺源境内体型最大的猛禽，爪长、带钩，它飞在空中"君临天下"的气势，是不可小觑的。林雕把家安顿在高大的树木上，食单却异常生猛，鼠、蛇、蛙、蜥蜴、雉鸡、兔子，甚至雏鸟都是它掠食的动物。

在秋口镇渔潭村的山林、紫阳镇长源梨木岭一带偶见林雕的身影。其中，渔潭村的来龙山天然林，面积仅8.3亩，却保存有南方红豆杉、闽楠、香樟、香果树等众多的珍稀树种，以及林雕、白鹇等50多种鸟类。

盘旋、悠闲，自由自在，是林雕在阔叶林、混交林上空"游荡"的日常。与林雕同属鹰科，且在婺源生活的还有蛇雕、白腹隼雕、黑冠鹃隼、黑翅鸢、黑耳鸢、凤头鹰、松雀鹰、赤腹鹰、灰脸鵟鹰等。

人恋旧，鸟也恋旧。一对"入驻"浙江钱江源国家公园"种群重建"的朱鹮，经过野化放归后，恋上了婺源的山水，2023年3月开始落户江湾镇旃坑村。

朱鹮，鹈形目，鹮科，朱鹮属，列入《世界自然保护联盟》（IUCN）

濒危物种红色名录。而在婺源民间，象征幸福吉祥的朱鹮，历来被称为"吉祥之鸟"。旃坑村葱郁的森林，茂密的水口林，清澈的河流，毗连的水田，还有丰富的鱼虾、昆虫等资源，恰恰是朱鹮落户的首选。

分明，鸟类有属于自己的天堂，它们的天堂是以自己的直觉寻找的。那"夫唱妇随"的朱鹮，心中装着的山水，即是日常生活的环境了。它们或在田间散步，或在河滩觅食，或在乔木筑巢，不知牵引着多少爱鸟者的目光。其他野生鸟类，亦是如此。数据显示，婺源野生鸟类由2012年科考调查时的286种，增加到2023年的356种，其中国家一级重点保护野生鸟类14种、国家二级重点保护野生鸟类68种。

婺源，不仅跻身全国35个生物多样性保护优先区域之一，还成功入选"国家生态保护与建设示范区"。

鸟，藏着生命的奥义，不断丰富着一个地方的生态叙事。婺源人与鸟为邻，周围生活着一个庞大的鸟类族群。的确如此，生长的针叶林、针阔叶混交林、落叶阔叶林、常绿阔叶混交林、常绿阔叶林、竹林等合成了婺源83.67%的森林覆盖率，可谓鸟类无处不在。山峦、河流、水口、树梢，以及树梢上的云朵，都是鸟儿的路标。

一只鸟的飞行旅程，不断引发乡村生态建设的新形态。婺源的青山碧水，是对朱鹮、中华秋沙鸭等珍稀鸟类最好的邀约。观鸟催生的民宿，隐于婺源乡村粉墙黛瓦的民居之中。婺源森林鸟类国家级自然保护区区域内，保护区与有关部门设立的13所自然教育"飞羽"学校，已经开课……开启观鸟之旅，发现自然之美，在婺源既是理念，也是共识。

《荀子·天论》说："万物各得其和以生，各得其养以成。"每一只鸟的啼鸣中，都传递着婺源人的善良和友好。

和谐家园

锦簇花团,灿若云霞。

无论是五龙山、大鄣山的杜鹃花、山樱花,还是饶河源国家湿地公园的玉兰花、女贞花,都令人心向往之。有谁,会在鲜花烂漫的春夏景色中错过怡心养眼的机会呢?

何况婺源的春天,江岭、篁岭是壮观的梯田花海,乡村处处都有奔涌的油菜花,房前屋后还有次第开放的桃花、梨花、李花。更为奇妙的是,婺源的每一滴春雨中,似乎都是含有花香的。

没有人掐指去算山花的准确花期,花开得随意,赏花的人也看得随意。花,正开着,山垄、田野、村庄、河畔,满目都是花——饶河源国家湿地公园的花径,适合晨练、漫步;而乡村田野、山间古道,移步换景,适合徒步赏花——想去哪就去哪,安然、惬意。拐过一个弯,视觉中蓦然涌入层层叠叠的花海,触动你的将是尖叫的神经,还有一个美丽烂漫的梦。

进入春季,就进入了婺源的"花时间"。

究竟,有多少人沉浸其中?婺源以2001年10月获评全国唯一一个全县域命名的国家3A级旅游景区——"婺源文化与生态旅游区"为起

玉兰花开（汪立浪 摄）

点，乡村旅游业发展可谓一路"高歌"，四面八方的游客慕名而来。2011年11月婺源获批全国第一个"国家乡村旅游度假实验区"，也就是这一年，继花园村"九思堂"之后，乡村古宅改造民宿如雨后春笋般冒了出来，这些都是最好的答案——全县农家乐（民宿）2400余家（其中精品民宿600余家，中高端度假民宿160余家，百幢以上的民宿集群2处），花田溪、花满堂、水岸边、云水谣、七叶衍祥、流苏小筑、积微山舍、松风翠、半乡居、从前山居、留耕堂、儒意堂、悦源·婺扉、艺墅·忆家、墅家·墨婆西冲院、篁岭"晒秋美宿"，等等，成为美丽乡村向美丽经济转化的民宿"样板"，而"婺源乡宿""宿小二"智慧平台，又实现了携手发展、共创未来的华丽蝶变。即使你在县城度假，也可以在"全国首批甲级旅游民宿"厚塘庄园"赏花拜月"，到"从森林中长出来的"树蛙部落"躺在床上看星空"。

　　的确，要想看到皓月当空、繁星点点，前提必须是要选择在空气清新，有蓝天白云的地方。况且，在婺源城乡还有婺女洲、梦里老家、水墨上河、篁岭等一批大型休闲度假景区，又给你多了一个爱上婺源的理由。何况，婺源以"一核两翼六区"为重点，文旅产业升级"加速度"，大力推进大月亮湾区、大江湾区、大江岭区等项目建设，促进"全域景区化"发展。

在外地人的眼里，婺源人是有福的，一年四季生活在景区和"天然氧吧"之中，乡村山好水好，城区还有天然湿地——饶河源国家湿地公园2009年初开始筹建，2013年12月获批"国家级湿地公园试点建设"，2016年8月跻身"国家湿地公园"行列，2020年5月列入第一批《国家重要湿地名录》。《饶河源国家湿地公园概况》提供了如下数据：

> 北起秋口水电站，南至星江大桥，主要包括星江的部分流域（长约15公里）及其分叉支流的湿地生态系统及其周边滩涂地与部分山林地，占地面积为346.6公顷，湿地面积为320.6公顷，湿地率为92.50%。

秋口金盘、石门，以及县城的居民，在家门口看到了星江流域滨水环境空间的变化。沿河的滩涂湿地，成为万物生长的乐园——湿地维管植物218种，野生脊椎动物404种（其中，白颈长尾雉、中华秋沙鸭为国家一级保护动物；虎纹蛙、鸳鸯等37种为国家II级保护动物），在月亮湾保护区发现全国最大的蓝冠噪鹛野生种群。然而，这些不但丝毫不影响居民的日常生活，滩涂湿地和鸟类还引人入胜，给"绿色低碳"的生活增添了无穷的乐趣。

不错，婺源是江西五大河流之一——饶河源头的正源，饶河"源出赣、皖边界婺源县东北部海拔1469米的五龙山西南麓"（《中国水系大辞典》），即东北部段莘乡的莲花顶。能够生活在绿树成荫、花朵满树、河流相映的饶河源国家湿地公园，哪怕做一只鸟、一条虫、一尾鱼，也是隐逸、幸运的。

像花讯一样，赏花度假的人流是民宿的流向。是的，人在旅途，乐山乐水，所求无多，能够在山水之间有鸟语花香，足以慰心。何况，还有清风明月，还有石上清泉。

蜜蜂，是一个地方生态环境优劣的"晴雨表"，不仅需要开花的植物，还需要无污染的纯净水源。婺源1000多户蜂农放养50000多群中蜂（中华蜜蜂），全县各地都是蜜源地。很难想象，对生态环境十分挑剔的中蜂，这么一支庞大的队伍，所有成员都擅长"行为艺术"，既是率性的"舞者"，又是采集花蜜的"高手"。淳朴的蜂农，以花为媒，尝到了生态效益带来的甜头，在家乡用蜂箱建立起"甜蜜产业"。

源自大自然的蜂蜜，一如天赐。

若要细细去品味婺源山水与植物的慷慨馈赠，当然是茶。处于中国绿茶"金三角"核心产区的婺源，从"万里茶道"重要节点走向"全域有机、茶旅融合"，一步步打开了通往世界的绿色通道。2021年，婺源先后荣获"中国茶旅融合发展示范区""中国茶业百强县"。据2023年中国茶叶区域公用品牌价值评估结果，"婺源绿茶"品牌价值达32.02亿元。

"婺邑居万山之中"。山的包裹，给山村人家以自然的幽静，还有安宁。金岗岭，一个村庄植物的博物馆，一个草木葱茏的美丽所在——20多棵红豆杉与香樟、枫香、楠木、女贞一起生活在村口，成为"国家森林乡村"的标记。其中，一棵树龄超千年的红豆杉，为上饶市"十大树王"（树高约24米，胸围约6米，冠幅达22米）。百年千年的红豆杉集结成群，这是在金岗岭村口才能看到的自然景观。成就自然景观的，是一代代村人的呵护，是实行公益林和天然林保护制度，是设立的"红豆杉爱心认养园"。一旦，时序进入深秋，金岗岭村口红豆杉树身高耸茂密，绿油油的枝叶间长着一颗颗的红豆，如繁星满天，喜庆而华美。大鄣山乡鄣山村人家夏天盖棉被，并不稀奇，稀奇的是许多外地人慕名到鄣山村去品茗避暑——位于擂鼓峰下的鄣山村，海拔千米，峰峦叠嶂，

江岭花海（詹东华 摄）

飞瀑流泉，古树参天，方圆15公里杳无人迹，是理想的避暑胜地。而猕猴、藏酋猴、麂子、幼熊、猫头鹰、白颈长尾雉、草鸮等动物，堂而皇之地进入大鄣山、珍珠山、沱川、思口等乡镇的部分农家和村庄"做客"。所有这些，应是人与自然和谐相处的最好见证。

远山含笑，源头活水，草木清新。水，顺势而淌，花，应时绽放，这是自然法则的点化，亦是婺源山水带给人们的滋润。在依山傍水自然形态中形成的村落，让天南地北的旅人寻找到了心目中乡土家园原初的样子，亲切感油然而生。

许多人到婺源，不光是为了看风景，而是慢慢地感受和体验山水中蕴含的自然美学和乡村文化——一棵古树，一根老藤，一口深井，一泓清泉，一座廊桥，一个庭院，一方石础，一块木雕，一副楹联，甚至一杯佳茗，都是乡村文化的积层。

人，有人的生活习性，草木亦是如此。如秀水湖、段莘水库的紫云英、石耳山、灵山的山樱花，五龙山、大鄣山的杜鹃花，石城、大潋的玉兰花，翀山的禾雀花，龙廻坦的桐花，赋春港头的桂花，以及石城、篁岭、长溪、对冲、阆山、龙尾的红枫，几乎涵盖了一年四季。

四季是本，一草一木也有本。从原始的苔藓、蕨类，进化为草木、森林，许多植物都等待专家学者去发现、命名。譬如：婺源兔耳风、婺源安息香、婺源槭、婺源凤仙花、婺源荚蒾、婺源素馨、婺源花椒、黄山鼠尾草婺源变种，以及光假参包叶、光叶紫珠等，都是婺源模式标本植物。还有，新发现的尖叶栎为江西省分布新记录种、黄山舌唇兰为江西省首次发现，淋漓锥为赣东北分布新记录种，长序榆、榉树、毛红椿为国家Ⅱ级重点保护野生植物。

这样的发现和命名，赋予婺源生态系统生物多样性标志性的意义。若是认识这些植物，等于上了一堂堂生动的生态课。难怪，那么多人喜欢跟着专家学者来婺源，走进乡村，亲近大自然，不断去认知一草一木所带来的裨益。

青山绿水，生态家园，草木清香，大美四季而至。如果婺源的一草一木是生长的词条，那满目绿色汇成的自然就是一部草木词典。

当人们在不经意间向山野望去，一缕风让山花荡漾开来。所有目光所及的地方，人，花，无法分离。能够在绿水青山的花海里畅游，谁不心生欢喜呢？

去南方中国赏花，婺源已然是天南地北的旅人追逐的坐标。

倘若认为花海季节性强，那婺源山水与村落结合的水墨画般意境，会让你对乡土家园的感悟持续发酵，越发地想去寻找和抵达山水田园的美妙境地。于是，一年四季，青山绿水，古木修竹，粉墙黛瓦，小桥流水，俨如隐于山水画廊中的婺源乡村，成了人们理想家园的模样。

在主流媒体与自媒体融合的时代，"因生态而美丽、因文化而生动"的婺源，几乎成了全国人的精神"原乡"。乡风文明浸润的婺源乡村，处处是自然、和谐、平安的新景象，处处是安居、乐业、发展的新气象。

婺源已连续 16 年被评为"平安中国建设示范县",并两次荣获全国社会管理综合治理最高奖项——"长安杯"。

远远地,能够看到昌大石桥下的山溪,还有村庄的炊烟,它们如同流水般隐入秀水湖中。烟波浩渺的秀水湖,处在婺源、乐平、浮梁三地之间,是长江流域重要的饮用水水源地。

> 吾凤沙去县治九十里,于婺为遐乡,里有溪焉。沿溪观之,其水出浚源山,过凤游,合王封,经童尖南入东霓。黄岩、小港环绕于吾村,西流百里为洎川,又百里为镜河,奔腾彭拜,直抵鄱湖,如江如海,滔滔焉,莫之能御也。故其行也为通衢,其涉也为险阻……

在昌大石桥的桥头,立有《凤沙昌大石桥记》碑,落款为"明·春涛一贯撰"。彼时的凤沙,即如今的黄砂,而浚源山,分明是今属镇头镇的凤游山了。也就是说,凤游山的浚源水与鸡山的镇头水汇流,经黄砂而下。根据桥记的文字,昌大石桥建于明代成化年间。从昌大桥往下,即是 20 世纪 60 年代初(1958 年 9 月 3 日动工,1960 年 3 月 23 日竣工)建成的秀水湖(集水面积 124 平方千米,总库容 1.73 亿立方米),那漫长的湖岸线,延展与倒映着古村新姿、生态农庄、自行车赛道、体育中心、山垄林峰。

秀水湖库区森林覆盖率高达 89%,植被类型多样,有阔叶林、针阔混交林、针叶林和灌丛。南方红豆杉、银杏、香樟、竹柏、水杉、枫香、楮树、厚朴、木荷、檫木、泡桐、杜鹃、酸枣树、山苍子、鹅掌楸、紫玉兰、紫穗槐、湿地松以及楠木等,共同组成了库区的林相。

大号的扳罾,是黄砂溪流与湖汊交汇的标志。交叉的木架,十字形竹杆依在,而拉罾网捕鱼的人不见了踪影。鱼的家,在湖中。生长在秀水湖的鱼,可谓大族:草鱼、鲤鱼、鳙鱼、鲫鱼、鲶鱼、青鱼、乌鳢、黄丫头、黄尾、翘嘴、白鲦、螃鲅、石斑,等等。

春水漫上滩涂，成了白鹭的乐园，它们三五成群在浅水中觅食，或是栖于树上，忽儿喙入水中，忽儿仰头吞食，忽儿拍着翅膀，贴着湖面飞成双影。白鹭收起翅膀，缓缓落下，几乎与清澈的湖面融合在一起。在白鹭的前方，在湖湾的深处游弋的，是忘了归途的鸳鸯、鸬鹚、绿头鸭、斑嘴鸭，以及斑头雁。

秀水湖滩涂上，路亭还在，古道的一头，以及秀水古村已淹没在湖底。有人为了一杯香茗而来，有人为了滩涂上大片的紫云英而来，有人为了一湖清水而来，有人为了体育活动而来。

偏于一隅的黄砂村，在山水中注入体育休闲元素，2017年跻身"国家运动休闲特色小镇"，以体育赛事、自然风光、民俗活动为载体，成为婺源"体育+旅游"融合发展的典范。久而久之，在各类活动中，人们读懂了生态保护、家园建设、全民健身、体育竞技的要义。

荣获"2017—2020年全国群众体育先进单位"的婺源，加强全民健身公共服务体系建设，大力发展全民健身运动，举办体育品牌赛事，推动"体育+旅游"融合发展。近年先后承办了多届全国古驿道徒步大赛、"最美乡村杯"全国气排球邀请赛、婺源国际马拉松赛、环鄱阳湖国际自行车赛、中国排球超级联赛分站赛男女排比赛、全国青少年乒乓球赛（南方赛区）、2023"中国奥飞杯"国际职业篮球巡回赛（婺源站）等系列大型体育赛事。"体育+旅游"，方兴未艾。

"婺源境内山脉起源于中国三大山脉之一的南干山脉分支。"大鄣山、高湖山、五龙山、大庚山、大鳙山、石耳山、莲花山、翀山、巃崌山、大游山，高耸、绵延，层层叠起。山，是具有封闭性的，一旦公路、高速路、高铁贯穿其中，等于打开了婺源的门户。天南地北的人，来来往往，他们感受认识了婺源乡村文化，同时也把其他地域的文化理念带了进来。但，无论怎样碰撞、融合，婺源传统文化的根没有变，对一方山水的守护没变，建设和谐家园的初衷没变。许多人在婺源停下了脚步，从生态中国的视角来看婺源，发现婺源"赣风徽韵"，不仅全域宜居宜

人间仙境 梦幻石城（詹东华 摄）

游,"生态+旅游"以绿生金,而且有机茶、中草药、森林康养等生态产业发展潜力巨大。

《尔雅·释草》云:"木谓之华,草谓之荣。"倘若草木开花是草木的青春期,那婺源一代代人对树木山林的守护,并在全县范围内长期禁伐天然阔叶林,缔造了"最美乡村"的绿色传奇,迎来了新时代生态发展的黄金时期——坚持"生态立县",推进"两山理论"实践创新,在保护中发展、在发展中保护,不断探索"生态产业化,产业生态化"新路径,走出了一条生态环境高水平保护与经济社会高质量发展有机融合的"婺源之路"。

"人不负青山,青山定不负人。"每当人们透过氤氲的茶香,把目光掠过婺源"中国人居环境范例奖""全国文化先进县""国家生态文明建设示范县""国家重点生态功能区""全国森林旅游示范县""中国优秀国际乡村旅游目的地""国家乡村旅游度假实验区""全国首批低碳国土实

碧水绕田家乡美（汪立浪 摄）

验区""国家绿色农业发展先行区""全国'绿水青山就是金山银山'实践创新基地"这些殊荣的时候，才会真正品味和感悟到婺源生态文化的丰富、生态家园的厚重、人与自然的和谐共生，生态经济与生态文化的深度融合，还有建设"国际乡村度假旅居目的地"的必然。

"青山还是那样诚恳，绿水还是那样纯净，炊烟还是那样朴素，油菜花还是那样坦荡。一切仍然归于寻常生态，而这种寻常生态，正是全部智慧的终点。"作家、学者余秋雨先生访问婺源之后，心生感慨，他在为《婺源历史文化旅游丛书》作序时坦然承认，他向朋友介绍国内好去处的时候，首先推荐的是婺源。

众鸟争鸣，唤醒了蚺城春日的清晨。白鹭集群，振翅于饶河源国家湿地公园的薄雾之上，最大规模的一群超过百只。星江河畔，循着隐约的捣衣声望去，依稀有垂钓、晨练者的身影。宽阔的水面上，还有飞禽在嬉戏。蚺城山、儒学山、锦屏山，以及大庙街等"七街二十五巷"，都是一座古城的修辞。而千年古城的新气象，已经从"一江两岸""工业园区""现代农业示范园区""高铁新区"显影。远山如黛，一轮旭日刹那间从山脊线上跃了出来，新的一天开始了。

山水，动物，植物，都是自然环境的一部分，而人，才是自然环境的最大受益者。概而言之，绿水青山是一个地方拥有生态资源的体现，意味着居民的生活质量和幸福指数。正是婺源人遵循自然法则，坚持绿色发展理念，不断推进生态文明建设，才有了和谐的家园，才有了共同的未来。

婺源大事记

唐五代

开元二十八年（740年），析休宁回玉乡、鄱阳怀金乡建婺源县，县治设清华，隶歙州。

元和七年（812年），划乐平县丹阳乡归属婺源。

中和二年（882年），婺源镇将汪武迁下武口判县事。

天复元年（901年），县治正式从武口迁弦高（今县城）。

南唐升元二年（938年），筑新城墙。

宋

开宝八年（975年），歙州降宋，婺源随入宋朝。

庆历四年（1044年），创办县学。

绍兴元年（1131年），岳飞过婺。

绍兴二十年（1150年）春，朱熹第一次回乡。

咸淳五年（1269年），知县洪从龙邀请国史馆编校胡升编撰婺源历史上第一部县志《星源图志》。

淳熙三年（1176年），朱熹第二次回乡。

元

至元十三年，徽州降元，婺源随入元朝。

元贞元年（1295年），婺源由县改州。

至正十八年（1358年），朱元璋部队攻占婺源州城，婺源归顺朱元璋部。

明

洪武二年（1369年），婺源州复为婺源县。

正德十四年（1519年），宁王朱宸濠谋反，领兵攻入婺源县境。

嘉靖十七年（1538年），婺源县城失火，烧毁600余家房屋。

嘉靖十八年（1539年），婺源发生大水灾，全县淹亡300余人，冲塌民房2000余幢。

万历十七年（1589年），婺源大旱、大饥荒，又发瘟疫，民众饿死、病死"遍布道旁"。

天启四年（1624年），婺源再次发生大水灾，县城浸没，舟行驶于城墙之上。

清

康熙十三年（1674年），吴三桂、尚之信、耿精忠三藩叛兵攻陷县城，知县失印逃遁。

咸丰五年（1856年），太平军攻占县城。

光绪八年（1882年），编写县志，大学士李鸿章等作序。

宣统二年（1910年），县行政区划改原坊都制为区乡制，全县划为17个区。

中华民国

元年（1912年），县正堂改称县公署，知县改称知事。

四年（1915年），县产绿茶在美国旧金山举办的"巴拿马万国和平博览会"上获金牌奖。

十六年（1927年），县公署改为县政府，知事改称县长。

二十二年（1933年），邑人创办《星江报》。

二十三年（1934年），婺源划隶江西。

三十二年（1943年），流行性脑膜炎及天花蔓延，全县死亡3300多人。

三十六年（1947年），婺源从江西划回安徽。

三十八年（1949年），婺源复划隶江西，并将婺源县辖的浙东乡划属安徽省休宁县辖，浙东乡隶休后拆分为板桥、花桥二乡。

中华人民共和国

1949年11月，县首届人民代表大会第一次会议召开。

1950年6月，县第二届人民代表大会第二次会议召开。

1951年8月，婺（源）景（德镇）公路修复通车。

1952年1月，县人民武装部成立。

1953年10月，全县开始执行粮食统购统销政策。

1954年11月，虹川乡周坑、回家坑两个自然村被划归乐平县沿沟乡管辖。

1955年3月，县人民政府改称县人民委员会。

1956年4月，县徽剧团成立。

1957年12月，创办珍珠山垦殖场、鄣公山垦殖场。

1958年，县茶厂创制的绿茶"茗眉""奇峰"荣获国务院奖状。

1959年春，在高砂创建荷包红鲤鱼繁殖场，培育荷包红鲤鱼良种。

1961年12月，胡耀邦来婺源视察。

1967年6月，婺（源）休（宁）公路竣工通车。

1969年12月，星江大桥建成通车。

1971年，开始计划生育工作。

1978年10月，县人民检察院恢复。

1980年2月，婺源电视转播台建成并播放节目。

1982年，县产绿茶"茗眉"被评为全国30种名茶之一。

1983年，婺源被列入全国100个农村电气化试点县之一。

1985年，县茶厂精制的"山江牌"特珍特级、特珍一级和鄣公山茶厂精制的"鄣公山牌"雨茶一级茶叶，获国家优质产品银质奖。

1986年8月，国家文物鉴定会议在婺源召开，专家评论县博物馆为"全国最好的县级博物馆"。是年，县茶厂精制的"山江牌"贡熙一级、雨茶一级、珍眉一级茶叶，获国家轻工业部"优质产品"称号；"山江牌"茗眉茶叶，获国家商业部"名茶"称号。

1986年，婺源获评"全国基础教育先进县"。

1987年，全县完成造林4.5万亩，封山育林80万亩。

1988年，县茶厂精制的"特珍特级""特珍一级"和鄣公山茶厂精制的"雨花一级"绿茶3个产品，在首届中国食品博览会上获金牌奖；县龙尾砚厂生产的龙尾砚获中国工艺美术百花奖、新产品一等奖和创作设计一等奖。

1989年，县城东门大桥破土动工，县城农贸市场建成开张，全县完成1000门长途、市内、农村自动电话机安装。

1990年，婺源茶艺表演队成立，为全国第一支茶艺表演队。

1991年，香港邵氏影业公司董事长邵逸夫捐赠港币200万元，用于县第二中学兴建综合大楼（逸夫楼）。

1993年，省政府批准县第二中学改名"天佑中学"，著名科学家钱伟长为学校题写校名。

1994年，县邮电局6000门数字程控电话正式开通。

1995年，"纪念朱熹诞辰865周年暨朱子故里寻根考察活动"在婺源举行，海内外朱子后裔和研究朱子的专家、学者300余人参加了此次活动。

1996年，大鄣山茶获中国绿色食品中心颁发的"AA级绿色食品证书"，国家绿化委、林业部、人事部授予本县"全国绿化先进单位"称号。

1997年，婺源被国务院确定为全国唯一的茶叶农业标准化示范县。

1998年，全县农村建沼气池3000座。

1999年，婺源获评全国中医工作先进县。

2000年，县林业科技人员在本县鹤溪等地发现绝迹近90年的珍稀鸟类黄喉噪鹛（蓝冠噪鹛）。

2001年5月29—30日，中共中央总书记、国家主席、中央军委主席江泽民到婺源考察。

2001年，婺源文化与生态旅游区被国家旅游局评为全国首批3A级旅游区。

2002年，全县接待游客超过100万人次，建立开通省内第一个数码网站"e婺源"，县社会保险事业管理局被国家劳动和社会保障部记集体一等功。

2003年，县财政收入首次突破亿元大关，达10667万元。

2004年，婺源被评为全国首批生态农业旅游示范点，这是全国唯一一家把全县作为整体景区推出的示范点。

2005年，婺源被正式冠名为"中国茶叶之乡"。

2006年，婺源境内第一条高速公路景婺黄（常）高速公路正式通车。

2007年，婺源入选首批"中国旅游强县"，成为江西省唯一入选的县份。

2008年，文化部批准婺源和安徽省黄山市、绩溪县三地共同设立区域性文化生态保护实验区——徽州文化生态保护实验区，婺源古村落保护工程项目获国家建设部"中国人居环境范例奖"。

2009年，县第十四届人大三次会议通过《婺源县人民政府关于禁止采伐天然阔叶林的若干规定》，从2009年1月至2019年12月的10年内，全面禁伐天然阔叶林。

2010年，婺源境内第一条铁路——合福高速铁路婺源段建设进入实施阶段。合福铁路婺源段长52.22公里，投资额达70亿元。

2011年，婺源被农业部、国家旅游局授予"全国休闲农业与乡村旅游示范县"称号。

2012年，婺源被国家旅游局授予"全国旅游标准化示范县"。

2013年，江湾景区荣膺"国家5A级旅游景区"，全县财政总收入突破10亿元。

2014年，婺源朱子实业有限公司"传统技艺——歙砚制作技艺"被文化部命名为国家级非物质文化遗产生产性保护示范基地，"婺源绿茶制作技艺"被国务院公布为第四批"国家级非物质文化遗产代表性项目名录"。

2015年，合（肥）福（州）高速铁路通车，婺源结束不通火车的历史。

2016年，首届婺源国际马拉松赛在文化广场鸣枪开跑。

2017年，婺源被授予"中国歙砚（原产地）之乡"称号。

2018年，婺源荣获国家"绿水青山就是金山银山"实践创新基地、国家中医药健康旅游示范基地、全国森林旅游示范县、中国茶业百强县称号。

2019年，荣获全国第一批国家级文化生态保护区。

2020年，婺源建于南宋的全国重点文物保护单位、有800多年历史的彩虹桥被洪水冲毁。

2021年，连续4届16年获评平安中国建设示范县，蝉联平安建设最高荣誉"长安杯"。

2022年，中国传统制茶技艺及其相关习俗（婺源绿茶制作技艺）成功入选联合国教科文组织人类非物质文化遗产代表作名录。

2023年10月11日下午，中共中央总书记、国家主席、中央军委主席习近平到婺源秋口镇石门村考察调研。

参考文献

1. 彭泽修、汪舜民纂：弘治《徽州府志》，合肥：黄山书社，2021年版。
2. 王敛福纂辑：《颖州府志》，合肥：黄山书社，2006年版。
3. 罗愿撰，萧建新、杨国宜校著：《〈新安志〉整理与研究》，合肥：黄山书社，2008年版。
4. 戴廷明、程尚宽等撰：《新安名族志》，合肥：黄山书社，2007年版。
5. 程曈辑撰：《新安学系录》，合肥：黄山书社，2006年版。
6. 程敏政辑撰：《新安文献志》，合肥：黄山书社，2004年版。
7. 蒲霞：《〈永乐大典〉徽州方志研究》，合肥：安徽大学出版社，2013年版。
8. 曹嗣轩编撰：《休宁名族志》，合肥：黄山书社，2007年版。
9. 段玉裁、鲍桂星等撰：《清代徽人年谱合刊》，合肥：黄山书社，2006年版。
10. 施璜编：《紫阳书院志》，合肥：黄山书社，2010年版。
11. 刘光宿修、詹养沉纂：《婺源县志》，康熙三十三年刻本，复印本。
12. 江峰青总纂：《婺源县志》，民国九年刻本，复印本。
13. 婺源县志编纂委员会编：《婺源县志》，北京：档案出版社，1993

年版。

14. 婺源县地方志编纂委员会编：《婺源县志》，合肥：黄山书社，2006年版。

15. 王克生修、黄国瑞等同修：《鄱阳县志》，康熙二十二年刻本，复印本。

16. 廖腾煃掌修、汪晋征等总修：《休宁县志》，康熙三十一年刻本，复印本。

17. 乐平县志编纂委员会编：《乐平县志》，上海：上海古籍出版社，1987年版。

18. 陈仲联主编：《广清碑传集》，苏州：苏州大学出版社，1999年版。

19. 陈邦瞻：《宋史纪事本末》，北京：中华书局，2015年重印。

20. 中国方志大辞典编辑委员会：《中国方志大辞典》，杭州：浙江人民出版社，1988年版。

21. 陆峻岭、林干编：《中国历代各族纪年表》，呼和浩特：内蒙古人民出版社，1980年版。

22. 胡益民、王鹏：《明清徽州历史人物碑传研究》，合肥：安徽大学出版社，2016年版。

23. 钱希言：《狯园》，北京：文物出版社，2014年版。

24. 泰山选注：《岳飞诗文选注》，杭州：浙江古籍出版社，1999年版。

25. 岳飞：《岳忠武王集》，上海：商务印书馆，民国二十六年版。

26. 路振：《九国志》，上海：商务印书馆，民国二十六年版。

27. 葛虚存编：《清代名人轶事》，北京：书目文献出版社，1994年版。

28. 齐彦槐：《梅麓诗抄》，清刻本，复印本。

29. 齐学裘：《见闻续笔》，清刻本，复印本。

30. 张成权、詹向红：《从新安理学到皖派朴学》，合肥：安徽大学出版社，2023年版。

31. 樊嘉禄、张孝进等：《徽州民间信仰》，合肥：安徽大学出版社，

2016年版。

32. 唐力行：《明清以来徽州区域社会经济研究》，合肥：安徽大学出版社，1999年版。

33. 赵华富：《徽州宗族论集》，北京：人民出版社，2011年版。

34. 司马朝军主编：《文献辨伪新探》，武汉：武汉大学出版社，2018年版。

35. 陈庆元主编：《台湾古籍丛编》（第十辑），福州：福建教育出版社，2017年版。

36. 马伯庸：《显微镜下的大明》，长沙：湖南文艺出版社，2019年版。

37. 白晨光：《大明水师三百年》，北京：台海出版社，2018年版。

37. 何冠彪：《生与死：明季士大夫的抉择》，桂林：广西师范大学出版社，2022年版。

38. 袁灿兴：《湘军征战史》，北京：团结出版社，2019年版。

39. 袁灿兴：《朝贡、战争与贸易：大航海时代的明朝》，成都：天地出版社，2022年版。

40. 周重林、太俊林：《茶叶战争》，长沙：湖南人民出版社，2022年版。

41. 黎业明：《湛若水年谱》，上海：上海古籍出版社，2016年版。

42. 程云鹏、汪洪度：《新安女行录·新安女史征》，芜湖：安徽师范大学出版社，2018年版。

43. 宋平明：《太平天国狂飙实相》，北京：世界图书出版有限公司北京分公司，2023年版。

44. 安旗：《李白传》，北京：人民文学出版社，2019年版。

45. 田浩：《朱熹的思维世界》，南京：江苏人民出版社，2009年版。

46. 秦家懿：《朱熹的宗教思想》，厦门：厦门大学出版社，2010年版。

47. 解光宇：《朱子学与徽学》，长沙：岳麓书社，2010年版。

48. 张洪等编：《朱子读书法》，天津：天津社会科学院出版社，2006

年版。

49. 杨天石：《朱熹：孔子之后第一儒》，北京：东方出版社，2019年版。

50. 福建省政协文史委等编著：《大儒世泽：朱子传》，福州：福建人民出版社，2016年版。

51. 方彦寿编著：《朱熹：理学之集大成者》，福州：福建人民出版社，2016年版。

52. 尤溪县文体局、博物馆编：《南宋大儒朱熹》，2002年自印本。

53. 《朱子学刊》（总第二辑），福州：福建人民出版社，1990年版。

54. 林振礼：《朱熹新探》，北京：中国广播电视出版社，2004年版。

55. 安正辉选注：《戴震哲学著作选注》，北京：中华书局，1979年版。

56. 俞向东主编，胡兆保、程爱中编著：《朱熹与婺源》，北京：中国文联出版社，2006年版。

57. 苏正道：《江永理学研究》，上海：复旦大学出版社，2019年版。

58. 乔宗方：《江永易学思想阐微》，济南：齐鲁书社，2015年版。

59. 还珠楼主：《岳飞传》，武汉：武汉出版社，2012年版。

60. 林语堂：《苏东坡传》，长沙：湖南文艺出版社，2018年版。

61. 黄道周：《黄道周集》，北京：中华书局，2017年版，2019年重印。

62. 孙英龙编著：《黄道周：道德文章　一代完人》，福州：福建人民出版社，2016年版。

63. 梁章钜：《归田琐记》，北京：中华书局，1981年版，2012年重印。

64. 张相宽：《詹天佑传》，长春：长春出版社，2017年版。

65. 经盛洪：《詹天佑评传》，南京：南京大学出版社，2001年版。

66. 詹同济等编写：《詹天佑生平志》，广州：广东人民出版社，1995年版。

67. 容闳：《西学东渐记》，北京：中国人民大学出版社，2011年版。

68. 钱钢、胡劲草：《留美幼童：中国最早的官派留学生》，上海：文汇出版社，2004年版。

69. 柯丽莎：《铁路与中国转型》，南京：江苏人民出版社，2023年版。

70. 陈建华：《文以载车：民国火车小传》，北京：商务印书馆，2017年版。

71. 詹同济译编注：《詹天佑书信选集》，广州：华南理工大学出版社，2006年版。

72. 徐卓辑：《休宁碎事》，芜湖：安徽师范大学出版社，2018年版。

73. 刘汝骥编撰：《陶甓公牍》，芜湖：安徽师范大学出版社，2018年版。

74. 屠筱武、范泓：《张治中传》，合肥：安徽人民出版社，2003年版。

75. 冯剑辉：《篁墩：宗族迁徙的圣地》，合肥：合肥工业大学出版社，2013年版。

76. 董钟琪、汪廷璋著，婺源县老科学技术工作者协会点校：《婺源乡土志》（点校本），南昌：江西人民出版社，2017年版。

77. 郑建新：《徽州古茶事》，沈阳：辽宁人民出版社，2014年版。

78. 王启敏、简文乐主编：《天上徽州：徽州文化十大流派》，北京：中国文联出版社，2006年版。

79. 汪炬星主编：《婺源史话》，北京：社会科学文献出版社，2016年版。

80. 王振忠主编：《活着的记忆》，南昌：江西人民出版社，2013年版。

81. 王振忠：《重商思潮激荡下的传统徽墨经营》，《安徽大学学报》2014年4期。

82. 王振忠：《晚清徽州墨商的经营文化》，《复旦学报》2015年1期。

83. 王振忠：《明清徽商与长江流域的木材贸易》，《地方文化研究》2021年1期。

84. 王振忠主编：《徽州民间珍稀文献集成》，上海：复旦大学出版社，2018年版。

85. 王振忠：《明清以来徽州日记的整理与研究》，合肥：安徽大学出版社，2020年版。

86. 王振忠：《徽州社会文化史探微》，北京：商务印书馆，2020年版。

87. 王振忠：《清代佚名商编路程抄本之整理与研究》，《历史地理》，2014年1期。

88. 江进民：《黄庭坚的砚山行》。

89. 姚邦藻主编：《徽州学概论》，北京：中国社会科学出版社，2000年版。

90. 方利山：《徽州学散论》，北京：中国戏剧出版社，2009年版。

91. 洪忠佩：《松风煮茗：婺源茶事》，郑州：中州古籍出版社，2016年版。

92. 洪忠佩：《婺源的桥》，北京：生活·读书·新知三联书店，2014年版。

93. 陈五元编著：《婺源历代作者著作综录》，北京：中国文史出版社，2020年版。

94. 王世华编著：《明清徽商家训释读》，芜湖：安徽师范大学，2021年版。

95. 婺源县政协文史委员会编：《走进江湾》，2003年。

96. 上饶市政协编：《上饶文史》，2009年、2014年。

97. 上饶市政协编：《饶信文化》，2017年。

98. 婺源县政协文史委编：《婺源文史资料》，1986年第一辑、1987年第二辑、1989年第三辑、1993年第四辑、2000年第五辑。

99. 婺源县政协文史委、婺源县老科协编：《婺源茶人传》，南昌：江西人民出版社，2018年版。

100. 婺源县政协文史委、婺源县老科协编：《婺源古道》，南昌：江西人民出版社，2019年版。

101. 婺源县文史委、婺源县老科协编：《百世风范》，合肥：中国科学技术大学出版社，2022年版。

102. 婺源县政协编：《民国婺源》，北京：中国文史出版社，2016年版。

103.《婺源古树》：婺源县林业局1986年编。

104. 俞向东主编：《汪口村志》，2009年。

105. 汪禄生主编：《大畈村志》，2008年。

106. 潘永祥编著：《千年文化名村——坑头》，2009年。

107. 婺源县诗词楹联学会编：《古樟吟集》，2023年。

108. 方跃明校注，张丹崖著《遗胜诗钞》，北京：中国诗词楹联出版社，2017年版。

109. 詹显华：《婺源古村落古建筑》，合肥：中国科学技术大学出版社，2021年版。

110. 汪承兴、汪如红编著：《大唐越国公汪华颂歌》，北京：新华出版社，2009年版。

111. 卜永坚、毕新丁编：《婺源的宗族、经济与民俗》，上海：复旦大学出版社，2013年版。

112. 毕新丁：《婺源风俗通观》，北京：中国文联出版社，2006年版。

113. 毕新丁：《婺源虹关》，南昌：江西人民出版社，2015年版。

114. 毕新丁：《汪口：古埠老街》，合肥：合肥工业大学出版社，2013年版。

115. 陈爱中：《"山中邹鲁"——理坑》，合肥：合肥工业大学出版社，2011年版。

116. 王涧石主编，朱德馨编著：《婺源历史文化旅游丛书·诗文掬珠》，北京：中国文联出版社，2009年版。

117. 王涧石主编，胡兆保编著：《婺源历史文化旅游丛书·名人撷英》，北京：中国文联出版社，2009年版。

118. 朱德馨主编：《婺源对联大观》，北京：中国诗词楹联出版社，2013年版。

119. 婺源县地名委员会办公室编：《婺源县地名志》，江西省地名丛书，1985年版。

120. 陈志华、李秋香：《婺源：中华遗产·乡土建筑》，北京：清华大学出版社，2010年版。

121. 施景福摄影、程剑峰撰文：《婺源乡村水口》，中国文化出版社2009年10月版。

122. 程洁淮：《婺源野鸟》，加拿大自然与人文影像出版社，2019年版。

123. 郑磐基：《婺源林业的拓荒者：打造中国最美乡村纪事》，南昌：江西人民出版社，2019年版。

124. 李振基、陈小麟、王英永等：《江西婺源森林鸟类自然保护区生物多样性研究》，北京：科学出版社，2013年版。

125. 安徽省政协编：《江淮文史》2005年第二、三期。

126. 周珏良：《中国古墨述要》，《中国历史文物》2002年4期。

127. 张海鹏、王廷元：《徽商研究》，合肥：安徽人民出版社，1995年版。

128. 郑建新：《近代徽州茶业兴衰》，北京：北京时代华文书局，2018年版。

129. 邹怡：《明清以来的徽州茶业与地方社会》，上海：复旦大学出版社，2012年版。

130. 张小坡：《旅外徽州人与近代徽州社会变迁研究》，北京：中华书局，2018年版。

131. 钟健华、陈雨前：《景德镇陶瓷史》，南昌，江西人民出版社，2016年版。

132. 叶喆民：《中国陶瓷史》，北京：生活·读书·新知三联书店，2013年版。

133. 吴觉农、胡浩川：《中国茶业复兴计划》，北京：商务印书馆，1935年版。

134. 景德镇政协文史委编：《景德镇徽帮》，1993年。

135. 田正平、李笑贤：《黄炎培教育论著选》，北京：人民教育出版社，2018年版。

136. 庄晚芳：《中国茶史散论》，北京：科学出版社，1988年版。

137. 潘旭辉、王鸿平：《王凤生年谱》，南昌：江西高校出版社，2018年版。

138. 洪锋：《指尖上的梦》，合肥：黄山书社，2015年版。

139. 何建木：《徽州墨商世家——婺源虹关詹氏》，《寻根》2006年4期。

140. 何建木：《婺源墨作、墨商的分布与徽墨产销》，《徽学》第五卷。

141. 林欢：《清代婺源虹关詹氏制墨宗族史概略》，《徽州文博》，2012年版。

142. 徽州文化大辞典编委会：《徽州文化大辞典》，合肥：中国科学技术大学出版社会，2015年版。

143. 陆羽：《茶经》，北京：中华书局，2012年版。

144. 陶谷：《清异录》，上海：上海古籍出版社，2012年版。

145. 唐积撰：《歙州砚谱》，北京：中国书店，2014年版。

146. 何薳：《春渚纪闻》，上海：上海古籍出版社，2012年版。

147. 钱咏：《履园丛话》，上海：上海古籍出版社，2012年版。

148. 周高起：《阳羡茗壶系》，北京：中华书局，2012年版。

149. 余绍祉：《晚闻堂集》（影印本）。

150. 许承尧：《歙事闲谭》，合肥：黄山书社，2014年版。

151. 徐毅：《歙砚辑考》（影印本）。

152. 江光启：《送侄济舟售砚序》（影印本）。

153. 程瑶田：《通艺录》（影印本）。

154. 周绍良：《清代名墨谈丛》，北京：文物出版社，1982年版。

155. 范文澜主编：《中国通史》，北京：人民出版社，1994年版。

156. 茅以升：《桥梁史话》，北京：北京出版社，2012年版。

157. 安徽省社科联、黄山市社科联编：《徽州五千村》，合肥：黄山书社，2004年版。

158.程歗、郑国庆:《中国名砚——龙尾砚》，长沙：湖南美术出版社，2015年版。

后 记

三个婺源人通力协作，顺利写完了这本《婺源传》。

婺源是千年古县、朱子故里，历史文化积淀深厚，可写、应写的人与事很多，但一本书的容量有限，我们必须作出选择，甚至忍痛割爱。这从另一个侧面说明，我们搜集、占有的材料非常丰富，取舍游刃有余。

这话的意思不是自夸，而是想郑重告诉读者，我们是站在一大批专家学者的肩膀上完成这部婺源传记的，吸收了前人大量的研究成果，但由于体例的关系，不便在书中一一注出，只能在"参考文献"项下列出相关书名、作（编）者姓名和出版社名，以此向他们致敬。

我们能顺利完成婺源第一部文学与史学结合的传记，要致敬和感谢的人很多。要致敬和感谢促成这部书写作和出版的家乡领导徐树斌、吴云飞、周华兵；要致敬和感谢为我们开展田野调查、搜集文献资料等提供帮助的朋友胡健、王润石、胡兆保、詹荣钧、王卫、李见华、吴华生、杨军、叶淦庭、毕新丁、方跃明、詹德兴、俞炎保、王剑辉、王鸿平、胡文全、胡根来、邓若楠；还要致敬和感谢为本书提供配图的詹东华、汪立浪、洪元培……没有他们的支持和帮助，我们很难在短时间内达成目标。

婺源的历史比较复杂，有些问题见仁见智，学界并无共识，书中的观点代表我们的认知，真诚欢迎批评、争鸣。

作　者

2023 年 11 月

图书在版编目（CIP）数据

婺源传：中国最美乡村 / 何况，何宇昭，洪忠佩著. -- 北京：外文出版社，2024.3
（中国城记）
ISBN 978-7-119-13376-8

Ⅰ．①婺… Ⅱ．①何… ②何… ③洪… Ⅲ．①婺源县—地方史 Ⅳ．① K295.64

中国国家版本馆 CIP 数据核字（2024）第 038270 号

出版指导：陆彩荣
出版统筹：胡开敏　文　芳

图片提供：詹东华　汪立浪　洪元培　视觉中国
责任编辑：蔡莉莉　李　香
助理编辑：马若涵
封面设计：北京凤焉图文设计工作室　冷暖儿
内文制作：魏　丹
印刷监制：章云天

婺源传

中国最美乡村

何况　何宇昭　洪忠佩　著

©2024 外文出版社有限责任公司
出 版 人：胡开敏
出版发行：外文出版社有限责任公司
地　　址：北京市西城区百万庄大街 24 号　　邮政编码：100037
网　　址：http://www.flp.com.cn　　电子邮箱：flp@cipg.org.cn
电　　话：008610-68320579（总编室）　008610-68996167（编辑部）
　　　　　008610-68995852（发行部）　008610-68996185（投稿电话）
印　　刷：鸿博昊天科技有限公司
经　　销：新华书店 / 外文书店
开　　本：710mm×1000mm　　1/16
装　　别：精装
字　　数：300 千
印　　张：26.25
版　　次：2024 年 3 月第 1 版第 1 次印刷
书　　号：ISBN 978-7-119-13376-8
定　　价：92.00 元

版权所有　侵权必究　如有印装问题本社负责调换（电话：68996172）